21世纪法学系列教材

刑事法系列

刑事执行法学

主　编　赵国玲

撰稿人（按撰写章节先后为序）

徐　然　刘灿华

崔会如　赵国玲

图书在版编目(CIP)数据

刑事执行法学/赵国玲主编. —北京:北京大学出版社,2014.2
(21世纪法学系列教材·刑事法系列)
ISBN 978-7-301-23684-0

Ⅰ. ①刑… Ⅱ. ①赵… Ⅲ. ①刑事诉讼法-执行(法律)-中国-高等学校-教材 Ⅳ. ①D925.2

中国版本图书馆 CIP 数据核字(2013)第 321527 号

书　　　　名：	刑事执行法学
著作责任者：	赵国玲　主编
责 任 编 辑：	李　昭
标 准 书 号：	ISBN 978-7-301-23684-0/D·3493
出 版 发 行：	北京大学出版社
地　　　　址：	北京市海淀区成府路 205 号　100871
网　　　　址：	http://www.pup.cn
新 浪 微 博：	@北京大学出版社　@北大出版社法律图书
电 子 信 箱：	law@pup.pku.edu.cn
电　　　　话：	邮购部 62752015　发行部 62750672　编辑部 62752027 出版部 62754962
印 刷 者：	三河市北燕印装有限公司
经 销 者：	新华书店
	730 毫米×980 毫米　16 开本　23 印张　433 千字 2014 年 2 月第 1 版　2020 年 1 月第 3 次印刷
定　　　　价：	58.00 元

未经许可,不得以任何方式复制或抄袭本书之部分或全部内容。
版权所有,侵权必究
举报电话:010-62752024　电子信箱:fd@pup.pku.edu.cn

编写说明

刑事法学，或曰整体刑法学，由犯罪学、刑法学、刑事诉讼法学、刑事执行法学等刑事法学科共同组成，这些学科都以致力于描述和认定犯罪行为或者研究和探索防治犯罪为己任。其中，犯罪学观察犯罪现象、解释犯罪原因、提出预防对策，其主要的政策性功能对应着刑事立法活动，担负着划定犯罪圈和刑法保护范围的任务；刑法学对应着刑事司法的实体认定，以解释现行刑法为其主要任务，为法官裁判提供犯罪成立的要件及其法律后果的指引；刑事诉讼法学对应着刑事司法的程序认定，承担着为法官裁判提供追诉犯罪、认定证据的程序性保障的任务；而刑事执行法学，则对应着刑事司法中的执行环节，这是刑事司法活动的最后阶段，其主要任务在于研究刑事执行规律，提高刑事执行质量，保证刑罚的准确执行。

相比于犯罪学、刑法学以及刑事诉讼法学而言，刑事执行法学往往容易被人忽视。这其中一方面有我国刑事立法的原因，刑法学与刑事诉讼法学分别有《中华人民共和国刑法》与《中华人民共和国刑事诉讼法》这两部法典与之对应，而刑事执行法学则并没有相应的刑事执行法典，与刑事执行相关的内容分散地规定于《中华人民共和国刑法》《中华人民共和国刑事诉讼法》《中华人民共和国监狱法》等法律之中。另一方面则是学术传统的原因，我国长期以来重视对劳动改造、监狱行刑方面的研究，作为整体的刑事执行法学并未引起学界的关注。

然而，刑事执行法学的重要性又是显而易见的：其一，刑事执行是刑事司法的最后一环，生效判决能否正确得到落实，体现国家强制力的刑罚能否发挥实效，完全依赖于刑事执行这道工序。其二，由于现代刑罚理念是以目的刑论为主导，因而说到底，犯罪学、刑法学、刑事诉讼法学，甚至于整个刑事科学，都以刑事执行的效果为最终归宿。而能否有效发挥刑罚的个别矫治与秩序维护的功能，便是刑事执行法学的学科价值所在。

在学术传统上，我国刑事执行法学的内容通常被置于"监狱法学"之中加以论述。由于尚未对刑事执行进行统一立法，而监狱行刑又是刑事执行的重要组成部分，因此，以监狱法为研究对象的"监狱法学"仍然有一定的学术市场。需要注意的是，尽管监狱法学研究的监狱行刑在刑事执行体系中举足轻重，但是监狱行刑仅包括有期徒刑、无期徒刑和死刑缓期二年执行，并不能涵盖刑法所规定的所有刑罚的执行。具体说来，死刑立即执行、管制、拘役、罚金、没收财产、剥夺政治权利和对外国人适用的驱逐出境等刑罚的执行就不属于监狱法学研究的范畴。

同时,随着社区矫正实践的试点、推广,并为立法所确认,与监狱行刑相对应的非监禁刑执行势必成为刑事执行法学新的知识增长点,也由此将极大地改变监狱行刑在刑事执行体系中一枝独秀的局面。可以说,刑事执行法学的体系与内容将迎来更新换代,即从主要研究监狱行刑的单轨,升级为监狱行刑、社区矫正以及其他刑罚执行并行的三轨。

因此,我们认为,尽管目前尚未有一部统一的刑事执行法典,然而这并不妨碍刑事执行理论的建构与整合,毕竟,理论是要超前于实践的。考虑到刑事执行知识的体系性和完整性,监狱行刑、社区矫正以及其他刑罚的执行,都应当统一在刑事执行法学中加以研究。本书正是基于这样一种思路加以撰写和论说的:首先,通过对各种刑罚执行提取最大公约数的方式,将所有刑罚执行共通的部分形成本书的第一编刑事执行法学总论;其次,将刑事执行体系中的并驾齐驱的监狱行刑与社区矫正分两个专编加以论述;最后,将其他刑罚的执行汇总为第四编,至此形成一个完整的刑事执行学科体系。

本书的编写分工为(以撰写章节先后为序,部分章节为二人合写):

徐然:第一章、第二章、第三章、第七章、第十七章、第十八章、第十九章、第二十章;

刘灿华:第一章、第二章、第四章、第五章、第六章、第八章、第九章、第十章、第十一章、第十二章、第十四章、第十五章;

崔会如:第四章、第五章、第十三章、第十六章;

赵国玲:第八章、第十章、第十一章、第十二章。

编者

2013 年 10 月

目 录

第一编 刑事执行法学总论

第一章 刑事执行法学概述 (1)
第一节 刑事执行与刑事执行权 (2)
第二节 刑事执行法与刑事执行法学 (8)
第三节 刑事执行法学的学科体系与学科地位 (16)
第四节 刑事执行法学的研究方法 (21)

第二章 刑事执行的历史发展 (25)
第一节 国外刑事执行的历史发展 (25)
第二节 中国监狱行刑的历史变迁 (28)
第三节 中国非监禁刑行刑的历史变迁 (34)
第四节 新中国刑事执行的新发展 (37)
第五节 刑事执行的历史趋势 (40)

第三章 刑事执行法的任务、功能和基本原则 (45)
第一节 刑事执行法的任务 (45)
第二节 刑事执行法的功能 (47)
第三节 刑事执行法的基本原则 (49)

第四章 刑事执行机关 (53)
第一节 刑事执行机关概述 (53)
第二节 监狱 (60)
第三节 社区矫正机关 (65)

第五章 刑事执行人员 (70)
第一节 刑事执行人员概述 (70)
第二节 监狱人民警察 (72)
第三节 社区矫正工作者 (84)

第六章 罪犯 (99)
第一节 罪犯的概念及其构成特点 (99)
第二节 监狱服刑人员 (102)
第三节 社区矫正人员 (110)

第七章 刑事执行监督 (111)
第一节 刑事执行监督概述 (111)

第二节 死刑执行的监督 …………………………………… (116)
第三节 设施内执行的监督 …………………………………… (118)
第四节 社会内执行的监督 …………………………………… (128)

第二编 监狱行刑

第八章 监狱行刑制度概述 …………………………………… (133)
第一节 收监 …………………………………………………… (133)
第二节 暂予监外执行 ………………………………………… (136)
第三节 减刑 …………………………………………………… (140)
第四节 假释 …………………………………………………… (150)
第五节 释放与出狱人社会保护 ……………………………… (161)

第九章 狱政管理 …………………………………………… (173)
第一节 狱政管理概述 ………………………………………… (173)
第二节 罪犯考核制度 ………………………………………… (176)
第三节 分押分管制度 ………………………………………… (180)
第四节 罪犯与外界交流的管理制度 ………………………… (185)
第五节 生活卫生管理制度 …………………………………… (189)
第六节 罪犯奖惩制度 ………………………………………… (192)
第七节 突发事件的预防与处理 ……………………………… (195)
第八节 对罪犯服刑期间又犯罪的处理 ……………………… (203)
第九节 罪犯死亡的处理 ……………………………………… (204)

第十章 教育改造 …………………………………………… (206)
第一节 教育改造概述 ………………………………………… (206)
第二节 教育改造的一般规律 ………………………………… (208)
第三节 教育改造的原则 ……………………………………… (211)
第四节 教育改造的方法 ……………………………………… (213)
第五节 教育改造的内容 ……………………………………… (217)

第十一章 罪犯劳动 ………………………………………… (224)
第一节 罪犯劳动概述 ………………………………………… (224)
第二节 罪犯劳动的作用 ……………………………………… (229)
第三节 罪犯劳动的原则 ……………………………………… (231)
第四节 罪犯劳动制度 ………………………………………… (232)

第十二章 特殊类型罪犯的管理与矫正 …………………… (237)
第一节 未成年犯的管理与矫正 ……………………………… (237)

第二节　女性犯罪人的管理与矫正 …………………………………… (245)

第三编　社 区 矫 正

第十三章　社区矫正概述 ………………………………………………… (251)
　　第一节　社区矫正的概念与特征 ……………………………………… (251)
　　第二节　社区矫正的价值 ……………………………………………… (256)
　　第三节　我国社区矫正制度的发展历程 ……………………………… (265)
第十四章　社区矫正的适用 ……………………………………………… (270)
　　第一节　社区矫正的适用范围 ………………………………………… (270)
　　第二节　调查评估制度 ………………………………………………… (276)
第十五章　社区矫正程序 ………………………………………………… (280)
　　第一节　社区矫正的开始 ……………………………………………… (280)
　　第二节　社区矫正的实施 ……………………………………………… (284)
　　第三节　社区矫正的终结 ……………………………………………… (286)
第十六章　社区矫正内容 ………………………………………………… (289)
　　第一节　社区矫正人员的监督管理 …………………………………… (289)
　　第二节　社区矫正人员的教育矫正 …………………………………… (294)
　　第三节　社区矫正人员的帮困扶助 …………………………………… (300)
　　第四节　社区矫正人员的考核 ………………………………………… (306)
　　第五节　社区矫正人员的奖惩 ………………………………………… (307)

第四编　其他刑罚执行

第十七章　生命刑的执行 ………………………………………………… (311)
　　第一节　生命刑概说 …………………………………………………… (311)
　　第二节　生命刑的立即执行 …………………………………………… (320)
　　第三节　生命刑的缓期二年执行 ……………………………………… (327)
第十八章　拘役刑的执行 ………………………………………………… (332)
　　第一节　拘役刑概说 …………………………………………………… (332)
　　第二节　拘役刑的执行 ………………………………………………… (334)
第十九章　财产刑的执行 ………………………………………………… (337)
　　第一节　财产刑概说 …………………………………………………… (337)
　　第二节　罚金刑的执行 ………………………………………………… (339)
　　第三节　没收财产刑的执行 …………………………………………… (342)

第二十章　资格刑的执行 …………………………………………（345）
　第一节　资格刑概说 ………………………………………………（345）
　第二节　剥夺政治权利的执行 ……………………………………（349）
　第三节　驱逐出境的执行 …………………………………………（351）

第一编　刑事执行法学总论

第一章　刑事执行法学概述

刑事执行法学是刑事法学的下位概念。要研究刑事执行法学,有必要先了解什么是刑事法学。所谓刑事法学,或者刑事科学(Kriminialwisenscheaften),是致力于研究、规范和描写由犯罪及其防治所决定的整个生活领域的学科总称。① 这种包含了实体法、程序法、执行法、犯罪学等学科在内的刑事法学或者刑事科学,在德国被称为"全体刑法学"(gesamte Strafrechtswissenscheaft)②。"全体刑法学"理念和出发点在于实体刑法仅仅只能有限地回应刑事司法中的若干问题,例如刑法运用何种刑罚来威慑何种行为,至于国家刑罚权(ein staatlicher Strafanspruch)是否可以实现以及在什么条件下实现、犯罪行为的真正原因及其防控,以及如何才最有可能使行为人复归社会等问题,必须借由实体法外的其他刑事法学加以回应。

在我国,由于全国人民代表大会先后制定了《中华人民共和国刑法》和《中华人民共和国刑事诉讼法》这两部法典,因而分别以实体法的刑法与程序法的诉讼法为研究对象的刑法学、刑事诉讼法学便有了规范上的依据与学科上的界限,较易为人们理解和接受。然而,刑法研究的对象是犯罪认定与刑罚裁量,刑事诉讼法则以追诉犯罪的程序作为研究对象。通常而言,判决的作出、终审程序的结束,意味着刑法与刑事诉讼法功能的实现,至于生效判决的落实与刑罚的具体执行问题,则并非这两部法典所关注的重点。

因此,可以依据判决生效这一时点,将刑事法学研究对象划分成判决生效前与判决生效后两个阶段。在判决生效前的阶段,刑法与刑事诉讼法分别从实体法和程序法上确证犯罪以便作出妥当判决;而在判决生效后的阶段,则需要专门

---

① 参见〔德〕汉斯·海因里希·耶塞克、托马斯·魏根特:《德国刑法教科书》,徐久生译,中国法制出版社2001年版,第52页。

② 全体刑法学,也可译为整体刑法学,是由著名刑法学家弗兰茨·冯·李斯特在其创办的《全体刑法学杂志》(Zeitschrift fur die gesamte Strafrechtswissenschaft)上最早提出的。参见〔德〕克劳斯·罗克辛:《德国刑法学 总论》(第1卷),王世洲译,法律出版社2005年版,第7页。

的法来对生效判决的落实与刑罚具体执行问题进行规制。这种专门的法,便是刑事执行法,以此作为研究对象的则是刑事执行法学。与刑法典、刑事诉讼法典的立法模式不同的是,我国并未制定一部统一的刑事执行法典,相应的刑罚执行规定,散见于《中华人民共和国监狱法》《中华人民共和国刑法》《中华人民共和国刑事诉讼法》以及相关行政法规、司法解释之中。

"工欲善其事必先利其器",对于规范科学的法学科而言,基本的概念、体系、方法便是"器",对此有明晰地理解,便可以"利器"。刑事执行法学的基本概念主要包括刑事执行与刑事执行权、刑事执行法与刑事执行法学等;基本体系则包括刑事执行法的组成部分(内部)、刑事执行法与其他相关部门法的关系(外部);基本方法指的则是学习和研究刑事执行法中应当遵循的方法论准则和不可或缺的认识性工具。本章便是以这些基本概念、体系、方法作为论说和解释对象的。

第一节 刑事执行与刑事执行权

一、刑事执行

(一)刑事执行的概念

刑事执行具有狭义和广义之别:从狭义上而言,所谓刑事执行,就是"刑罚执行",是指国家刑事执行机关依法将人民法院生效的刑事裁判所确定的刑罚,依照法定程序付诸实施的刑事执法活动,故而也可简称为"行刑"。因此,狭义的刑事执行的内容仅仅是我国《刑法》第 33 条、第 34 条、第 35 条规定的五种主刑、三种附加刑以及仅对犯罪的外国人所适用的驱逐出境而已。而从广义上说,刑事执行是指对所有生效的刑事判决、裁定的执行,因而其不仅仅包括对上述刑罚的执行,还包括对非刑罚处罚措施、无罪判决的执行等等。根据我国《刑法》第 37 条的规定:对于犯罪情节轻微不需要判处刑罚的,可以免予刑事处罚,但是可以根据案件的不同情况,予以训诫或责令具结悔过、赔礼道歉、赔偿损失,或者由主管部门予以行政处罚或者行政处分。该条便是所谓"定罪免刑"的非刑罚处罚措施的规定,对该条的执行,在广义上属于刑事执行的范畴。

从体系性的角度看,作为最后环节的刑事执行,不应当将无罪判决和定罪免刑判决排除在刑事执行的范畴之外,因而广义刑事执行的概念具有合理性。但是,从知识性的角度看,无罪判决与定罪免刑判决的执行相对而言内容简单,而且这些非刑罚处置措施与其他国家的保安处分措施不可同日而语,将其与刑罚的执行并列论述,有可能会折损刑事执行的权威性和严厉性。同时考虑到国民对刑事执行的通常理解往往就是刑罚执行,因而狭义的刑事执行的概念亦有可取之处。由于对各种法定刑罚的执行是本书讲授的重点,因此本书在刑罚执行的意义上采用狭义的刑事执行概念。

(二)刑事执行的特征

(1)刑事执行的主体只能是国家刑罚执行机关。所谓国家刑罚执行机关是指具有刑罚执行权的国家机关。由于我国尚未出台统一的刑事执行法,不存在统一的刑罚执行机关。根据我国《刑法》《刑事诉讼法》《监狱法》的相关规定,有权执行刑罚的国家机关主要是人民法院、公安机关、监狱与社区矫正机关。其中,人民法院负责执行死刑立即执行、没收财产以及罚金刑;公安机关负责执行拘役、剥夺政治权利、驱逐出境等;监狱负责死刑缓期二年执行、无期徒刑、有期徒刑的执行;社区矫正机关负责管制、缓刑、假释、暂予监外执行等。除此之外,其他任何机关、社会团体、企事业单位或者个人都不能成为刑事执行的主体,无权执行刑罚。

(2)刑事执行的对象只能是判决生效并被依法判处刑罚的犯罪人。这里的犯罪人,又称服刑人员,俗称已决犯,指的是裁判文书已经生效,被依法定罪、确定刑罚的罪犯,既包括正在被执行刑罚的罪犯,也包括等待交付执行的罪犯。处在侦查、审判阶段的犯罪嫌疑人、被告人,俗称未决犯,不属于刑事执行的对象。拘留、逮捕等对犯罪嫌疑人、被告人采取的强制羁押措施,也不属于刑事执行。

(3)刑事执行的依据只能是人民法院作出的有关定罪量刑且已经生效的判决书或裁定书。由于刑事执行的功能在于落实生效判决、执行具体刑罚,所以刑事执行的逻辑前提和启动依据都在于是否具有已经生效的刑事判决。刑事执行必须按照已经生效的刑事判决书或裁决书中所确定的刑罚种类和相应刑期实施。所谓的"已经生效"通常指的是以下三种情况:其一,地方各级人民法院作出的一审判决和裁定,在法定期限内没有上诉、抗诉的;其二,中级人民法院、高级人民法院作出的二审终审判决和裁定,以及最高人民法院作出的判决和裁定;其三,最高人民法院核准的死刑的判决和裁定,以及高级人民法院核准的死刑缓期二年执行的判决和裁定。

(4)刑事执行的内容只能是法律规定的刑罚类型。根据我国《立法法》第8条第4款和第5款的规定,有关犯罪和刑罚、对公民政治权利的剥夺、限制人身自由的强制措施和处罚只能由法律规定。因此,根据我国《刑法》第33条、第34条、第35条之规定,刑事执行的刑罚类型,有且只有以下九种:管制、拘役、有期徒刑、无期徒刑、死刑这五种主刑与罚金、剥夺政治权利、没收财产、驱逐出境这四种附加刑。因此,刑事执行机关既不能创设也不能执行这九种刑罚类型以外的刑罚。

(三)刑事执行的意义

刑事执行是刑事诉讼的最后一个环节,在惩罚和改造罪犯的过程中占有重要的地位。其意义主要包括以下三个方面的内容：

（1）刑事执行是将刑事判决和裁定付诸实施的实际步骤。人民法院的刑事判决和裁定，是代表国家宣告被告人的行为是否构成犯罪以及适用何种刑罚，体现的是对被告人行为的否定性评价。而对被告人的刑罚惩罚，则必须通过刑事执行来实现。换言之，国家通过刑事执行彰显其在刑事立法时便已宣布的国家强制力。可以看出，如果只有刑事判决和裁定而没有刑事执行机关的刑罚执行，刑罚的惩罚作用就无从谈起，刑罚的目的就不可能实现，法院所作的判决或裁定就只是一纸空文。因此，刑罚的宣告和刑罚的执行是互相依存、密不可分的。刑事判决或裁定的宣告并生效是对罪犯实施惩罚的前提，而刑事执行则属于惩罚的具体实现，是将刑事判决或裁定付诸实施的必要步骤。

（2）刑事执行是改造罪犯的前提条件。我国对罪犯适用刑罚，不是单纯地为了惩罚，更不是为了报复，而是为了改造罪犯，使他们成为守法公民，重新回归到法制所要求的道路上来。把罪犯由一个犯罪者改造成为一个自食其力的守法公民，是一项艰巨复杂的任务，必须通过刑事执行活动来实现。惩罚和改造是相辅相成的。惩罚是改造罪犯成为守法公民的前提，改造罪犯成为守法公民是惩罚的目的所在。因此，刑事执行是改造罪犯成为守法公民的前提条件。

（3）刑事执行是预防犯罪的重要措施。刑罚是国家惩罚犯罪的强制方法，也是国家采取的各种强制方法中最为严厉的方法之一。通过执行刑罚，可以有效地实现特殊预防和一般预防的刑罚目的，从而预防犯罪的发生。从特殊预防的角度看：针对轻重程度不同的犯罪行为，实施不同的刑罚措施，实质上就是剥夺了其再犯能力。同时，通过惩罚与改造，使罪犯弃恶从善、悔过自新，进而顺利复归社会，重新成为守法公民。从一般预防的角度看，通过各种刑罚措施的执行，对社会中潜在的企图犯罪的人发挥威慑和儆戒的作用，使其悬崖勒马，不敢轻易越法律雷池一步。另外，刑罚的执行对广大公民具有法治教育意义，提高他们同犯罪作斗争的自觉性，从而减少和预防犯罪的发生。

二、刑事执行权

（一）刑事执行权的概念

刑事执行权，是指国家刑事执行机关将人民法院作出的已经生效的刑事判决或者裁定，依法付诸实施的权力，简称行刑权。刑事执行的概念回应的是经验层面的事实性疑问——"何谓执行"和"所为何事"，而刑事执行权的概念所要解决的则是规范层面的合法性问题——"有何权限"和"权力属性"。申言之，刑事执行权为刑事执行赋予了规范效力，使其具有了合法性的根基。

在现代国家，权力合法性既不来自于神授，也不取决于伟人意志，而是源于集体公意——宪法与法律的明确授予。刑事执行权同样不例外，其上位权力概念是刑罚权,二者均由宪法、刑法与刑事诉讼法等法律赋予其合法性。通常而言,刑罚权分为制刑权、求刑权、量刑权与行刑权:制刑权指涉立法,是指在刑事法律中创设刑罚的权力;求刑权针对起诉(公诉与自诉),是指请求国家审判机关对犯罪人予以处罚的权力;量刑权适用审判,是指具体裁量并适用刑罚的权力;行刑权则解决执行,是指对罪犯执行和实施刑罚的权力。[①] 由此可见,刑事执行权是刑事执行机关启动并执行相应刑罚的规范前提,无刑事执行权则无刑事执行。

由于作为刑事执行主体的国家刑事执行机关,既是刑事执行权的享有者,又是刑事执行的实施者,因此,刑事执行权的赋予与刑事执行的实施,在法律中通常是一并加以规定的。例如,我国《监狱法》第2条第1款和第2款规定,监狱是国家的刑罚执行机关。依照刑法和刑事诉讼法的规定,被判处死刑缓期二年执行、无期徒刑、有期徒刑的罪犯,在监狱内执行刑罚。也就是说,法律通过明确相应刑罚措施与对应的刑罚执行机关,来实现刑事执行权的授予。

(二) 刑事执行权的性质

关于刑事执行权的性质与归属问题,学界存在着广泛的争议,择其要者,主要存在以下三种代表性观点:第一种观点是司法权说。该说认为,"行刑权与量刑权——刑罚的裁量或适用一样,同属国家司法权,而与制刑权——国家立法权的行使相对应"[②]。第二种观点是司法派生行政权说。该说认为,"刑事执行权虽产生于刑事司法权,但通过自身要素的不断整合,又表现出较为明显的行政权特征,但又不是一般的行政权,准确地说,它应当是一种刑事行政权"[③]。第三种观点是司法权与行政权的统一说。该说认为,"行刑权作为刑罚权的一个重要组成部分,直接属性是一种国家司法权。但是,由于行刑活动是一个将法院生效判决和裁定交付执行的过程,具有一定的时间持续性。因此,不可避免地要涉及被执行罪犯的日常生活起居管理,这时的行刑权就带有一种行政管理的性质,可以说行刑权是司法权和行政权的统一"[④]。第一种观点较为鲜明,即持司法权立场,而后两种观点多少有点将司法权和行政权杂糅处理的意味,采取的是一种混合权立场。

其实,以上三种观点建立在一个假设和一个推论之上,其中第一个假设又是第二个推论的前提:其一,行刑权是量刑权的延续,是刑事司法活动的最后一个环节,因而自然属于司法权,第一种观点止于这一假设;其二,进一步推论,尽管

[①] 金鉴主编:《监狱法总论》,法律出版社1997年版,第201页。
[②] 同上书,第228页。
[③] 王公义主编:《刑事执行法学》,法律出版社2013年版,第14页。
[④] 夏宗素主编:《狱政管理问题研究》,法律出版社1997年版,第68页。

如此,但是通过考察刑事执行的内容,其中既有所谓司法权的运作,也有所谓行政权的运作,因而出现了特殊行政权或行政司法权统一说也就顺理成章。然而,第一步假设并不成立,也即尽管刑事执行是刑事司法的延续和重要环节,但并不能因此就认为其属于司法权,从权力所适用的程序来论证权力的属性并不充分。第二步的推论也存在值得商榷之处,即前提(刑事执行属于或者产生于司法权)与结论(刑事执行是刑事行政权或行政权与司法权的统一)本身就是矛盾的。

我们认为,刑事执行权本身的性质问题,应当还原到司法权与行政权的特征与区别之上,尽管"要准确界定'司法权'是什么从来都不十分容易"①。司法权和行政权的分野可以溯及到西方启蒙时期三权分立理论,该理论的集大成者孟德斯鸠鉴于法国司法的混乱现状,认为"如果司法权不同立法权和行政权分立,自由就不存在了。如果司法权和立法权合二为一,则将对公民的生命和自由施行专断的权力,因为法官就是立法者。如果司法权同行政权合二为一,法官便将握有压迫者的力量"②。因此,在这个意义上,司法权指的便是法院在审判及其相关活动中所行使的权力,而"世界各国的现代司法体制事实上都是由以审判权为核心的多种司法或准司法组织、人员、制度和程序共同构成的"③。

从权力的性质与内容来看,司法权与行政权也具有明显区别。一般认为,司法权具有"不告不理"的被动性、多方参与的交涉性、主体专属性、专业特别性、国家的强制性、程序的法定性、判断的权威性、效果的终极性等特征。④ 由于行政权的实施同样具有专业性、权威性、国家强制性以及程序性等特点⑤,因此,从本质上看,司法权与行政权的区别主要在于权力的行使是被动还是主动、是否需要各方参与、对抗并形成处理结论、处理结果是否具有终局性。从刑事执行权的定义可以看出:刑事执行权的行使不需要以权利人或者检察机关的诉请为前提,刑事执行机关通常根据生效判决便可单方径行执行刑罚;刑事执行中也不存在多方参与辩论、交涉的情形,通常也仅仅涉及刑事执行机关、刑事执行人员及罪犯,呈现为双方性而非三方性构造,而且由于刑事执行的惩罚教育的属性,刑事执行人员和罪犯之间的关系也不具有刑事诉讼中控辩双方的平等性、对抗性。此外,刑事执行本身并不需要作司法判断,而仅仅是执行具体刑罚。由于存在着

---

① 〔英〕W.I.詹宁斯:《法与宪法》,龚祥瑞译,三联书店1997年版,第165页。
② 〔法〕孟德斯鸠:《论法的精神》(上册),张雁深译,商务印书馆1961年版,第156页。
③ 朱景文主编:《法理学》(第二版),中国人民大学出版社2012年版,第280页。
④ 参见张文显主编:《法理学》(第三版),高等教育出版社、北京大学出版社2007年版,第252页以下;舒国滢主编:《法理学导论》,北京大学出版社2006年版,第198页以下;高其才:《法理学》,清华大学出版社2007年版,第303页以下。
⑤ 参见姜明安主编:《行政法与行政诉讼法》(第五版),北京大学出版社、高等教育出版社2011年版,第258页以下;罗豪才、湛中乐主编:《行政学》(第二版),北京大学出版社2006年版,第108页以下。

刑罚变更执行的情形,因而刑事执行本身也不具有终局性效力。

　　同时,从行政权的定义,也可确认刑事执行权的权力属性。关于行政权的定义,存在着形式意义上的行政和实质意义上的行政两种概念。其中,形式意义上的行政是以权力行使主体的性质为标准的,即行使该权力的主体是国家行政机关,则权力属于行政权。而实质意义上的行政是以某种职能活动是否具有执行、管理性质作为界定行政的依据。① 我国刑罚执行机关主要有司法行政机关、公安机关和人民法院,其中司法行政机关和公安机关显然属于国家行政机关。同时,刑事执行的内容主要体现为执行各种刑罚、管理教育罪犯等,因而这些职能活动在实质上具有执行和管理性质。至于人民法院执行死刑立即执行、罚金刑、没收财产等刑罚的问题,学界批评和反对之声所在多有。其主要原因就在于人民法院所行使的审判权、所扮演的中立角色,不应当与刑事执行所具有的行政权属性相混淆。②

　　由此可见,尽管刑事执行发生在刑事诉讼程序的最末端,但其并不属于裁量判断性的司法权,因为刑事执行权所指向的内容是对罪犯进行监管、教育、组织劳动等活动,具有执行管理的属性,属于行政权的一种。由于刑事执行权运行于刑事司法之中,发挥着辅助司法权的功能,属于行政权中的司法行政(Judicial Administration)。所谓司法行政,"以补助国家司法权之行使为目的之行政事务,例如关于国家法院之设置……判决之执行等,皆属之"③。尽管司法的目的与行政的目的各不相同,但刑事执行恰恰与司法权行使直接关联,是与刑事裁判(Strafausspruch)相衔接的刑罚之实现(Strafverwirklichung)④。刑事执行与刑事裁判的这种衔接关系,体现的是司法权对行政权的约束,即刑事执行权的行使是受司法裁判所制约的。

　　需要注意的是,尽管依据生效判决对罪犯执行刑罚不属于司法权的范畴,但是在执行过程广泛存在着刑罚变更执行的现象,而刑罚的变更涉及法律的适用和争议的解决。例如,根据我国《刑法》第 50 条规定,在死缓犯缓期二年期满后的刑罚变更,存在着判处死刑立即执行、减为无期徒刑、减为有期徒刑等三种法律后果。无论变更为何种结果,都涉及对已生效判决的变更问题,具有司法权的特征。确切而言,刑罚执行的变更,不属于刑事执行权,因为在刑罚执行的变更中,人民法院扮演着核心的角色,而刑事执行机关往往只具有建议权。不过考虑到其与刑事执行过程的密切关联性,因而本书也将其放在各种刑罚措施执行的

---

　　① 参见王名扬:《法国行政法》,中国政法大学出版社 1989 年版,第 3—10 页。
　　② 参见陈卫东主编:《刑事诉讼程序论》,中国法制出版社 2011 年版,第 454 页以下。
　　③ 郑竞毅、彭时编著:《法律大辞书》,商务印书馆 1936 年版,第 283 页。转引自张建伟:《刑事诉讼法通义》,清华大学出版社 2007 年版,第 718 页。
　　④ 〔德〕克劳斯·罗科信:《刑事诉讼法》(第 24 版),吴丽琪译,法律出版社 2003 年版,第 550 页。

过程中加以论述。

实践中法院在面对诸如变更生效判决、暂予监外执行、减刑、假释等刑罚变更问题时,往往通过呈报上级人民法院以及书面的、间接的、秘密的不开庭方式来处理。这种处理刑罚变更问题的传统模式,更具有行政权而非司法权的色彩,已经受到了学界的批判。① 由此可见,明确刑事执行权的行政权属性以及刑罚变更执行的司法权属性,不仅有利于对刑事执行主体的批判与变革——例如应将法院的刑事执行权剥离,而且有利于改进传统审判方式——例如改进假释、减刑中的书面审理和层报方式。

通过以上对刑事执行权属性的界定,可以看出本书所坚持的司法权定义,是以人民法院审判权为核心构建的,是对司法权的一种狭义和限缩的定义。但是,在我国理论与司法实践的语境中,司法权还存在着较为广义的定义。其一,根据我国《宪法》《人民检察院组织法》的规定,检察机关是国家法律监督机关,代表国家行使检察权,以保障和监督宪法和法律的正确实施。在刑事诉讼法学界,通常认为检察机关是与审判机关相并列的司法机关②,因而检察机关所行使的权力也相应地被扩张理解为司法权。这种意义上的司法权,是较为中义的理解。其二,如上文所言,除了人民法院和检察机关外,刑事司法活动中还存在着其他机关的参与,比如刑事执行机关、刑事侦查机关等等。由于这些机关所参与的事项——刑事诉讼,与通常的行政事务并不相同,实践中一般也把刑事执行机关和刑事侦查机关等刑事诉讼中的参与机关统称为司法机关。例如,我国《刑法》第94条将司法工作人员定义为"有侦查、检察、审判、监管职责的工作人员"。因而,理论上也相应地将侦查机关、监管机关等所行使的权力扩张定义为司法权,这是最为广义的一种司法权。将刑事执行权界定为司法权即是这种广义司法权的体现。

第二节　刑事执行法与刑事执行法学

一、刑事执行法

（一）刑事执行法的概念

刑事执行法,是指国家立法机关或者行政机关制定并颁布的,用以规定刑罚执行制度、规范刑事执行活动、调整刑事执行过程中所发生的各种法律关系的法

---

① 参见陈瑞华:《问题与主义之间——刑事诉讼基本问题研究》,中国人民大学出版社2003年版,第36页以下;参见宋英辉主编:《刑事诉讼法学研究述评》(1978—2008),北京师范大学出版社2009年版,第480页以下。
② 参见樊崇义主编:《刑事诉讼法学》(第三版),法律出版社2013年版,第105页。

律规范总和。理解"刑事执行法"这一概念本身,需要注意以下两点:

其一,"刑事执行法"是指全部刑事执行法律规范的总称,因此它属于一个集合性的概念。目前,虽然我国还没有一部以"刑事执行法"来命名的法律,但是"刑事执行法"这一概念目前已经得到普遍性的认可。[①] 首先,使用刑事执行法的概念,可以使其与刑法、刑事诉讼法等在称谓上形成一致,有利于三个部门法相互衔接、彼此配合。其次,刑事执行法的概念相对抽象,具有包容性,可以成为我国现行法律规定的各种刑罚措施的执行的上位概念。最后,倡导刑事执行法的提法,也有利于传播刑事执行一体化立法的理念,为将来的统一立法工作扫清观念和理解上的障碍。

其二,我们需要了解"刑事执行法"这一概念本身的历史发展。新中国成立后,作为刑事执行法律规范总称的概念,"劳动改造法"首先被使用;然后普遍使用至今的概念是"监狱法"。这些概念的使用,与当时的立法有密切关系。新中国成立初期,主要的刑事执行法律是1954年颁布的《劳动改造条例》,因此"劳动改造法"这一概念得到普遍认可。而到了1994年,随着《监狱法》的颁布实施,"劳动改造法"这一概念基本上退出历史舞台,"监狱法"成为一个普遍被接受的概念。然而,无论是"劳动改造法"还是"监狱法",都具有局限性,因为它们只包括监狱行刑的法律规范,并未包括规定死刑、财产刑等刑罚执行的法律规范。此外,随着我国刑罚体系的逐渐完善,刑罚执行方式的不断创新,可以想见,与刑事执行相关的法律规范将日益增多。因此,面对实践中出现越来越多样化的刑事执行法律规范,使用"刑事执行法"这一概念的必要性日渐明显。

(二) 刑事执行法的立法模式

各国的刑法都规定着多种刑罚,不同刑罚需要有不同的执行方式,因此需要不同的法律规范进行调整。这些不同的法律规范如何组合成一个完整的刑事执行法律体系,就是本书所说的"立法模式"。纵观各国刑事执行法的立法模式,可以概括出以下两种类型:

1. "统一式"的立法模式

统一式的立法模式,是指一国的刑事执行法律体系由一部系统、独立的刑事执行法典为主体所构成。这种立法模式的特点是实现了刑事执行法律规范的法典化,在同一部法典中对刑罚执行的各项制度及主要问题都进行详细的规定。

[①] 近年来出版的有关刑罚执行的教科书,多以"刑事执行法学"命名,例如王顺安:《刑事执行法学》,群众出版社2001年版;韩玉胜等:《刑事执行法学研究》,中国人民大学出版社2007年版;吴宗宪主编:《刑事执行法学》,中国人民大学出版社2007年版;王公义主编:《刑事执行法学》,法律出版社2013年版。

如丹麦和俄罗斯等国采用了这种立法模式。丹麦《刑事执行法》于2000年5月31日颁布施行,由序言、监禁刑、罚金、缓刑与附社会服务刑、安全监护和刑之执行的共同规则等6编组成,共23章126条。俄罗斯《联邦刑事执行法典》于1997年7月1日生效,是俄罗斯刑事执行法律体系的主要组成部分。这部法典包括总则与分则两个部分。总则为1编,共3章24个条文,分别对俄罗斯联邦刑事执行立法的基本原则与任务、被处刑人员的法律地位、刑罚执行机关与机构等作了一般性规定;分则共7编,包含21章166个条文,分别规定了对被处刑人员实施非社会隔离性刑罚、拘禁刑、剥夺自由刑、免于服刑、死刑、对缓刑的监督等内容。

2."分散式"的立法模式

分散式的立法模式,是指一国的刑事执行法律体系由多部法律共同组成。在这种立法模式下,没有一部关于刑罚执行的核心法律或骨干法律,刑罚执行制度以及相关的各种问题,被分散地规定在不同的法律当中,包括刑法、刑事诉讼法以及其他单行立法。在"分散式"的立法模式中,也有不同的做法:

一种可称为"附带式"的立法模式,即在刑法以及刑事诉讼法中规定刑事执行法律规范,刑事执行的法律规范是依附于其他刑事基本法之中的。这种"附带式"立法模式常见于英美法系国家立法之中,例如美国、英国、澳大利亚等。以美国为例,美国50各州和联邦均各自颁行了刑法典,联邦和各州刑法典一般都会将监禁、缓刑、罚金等刑罚措施的执行纳入其中,未废除死刑州的刑法典还规定了死刑的执行。此外,个别州的法典规定诸如鞭笞、枷刑、放逐、没收财产等刑罚的执行。[①]

另一种可称为"主干式"的立法模式,即以监狱法为刑事执行法的主干或者基本法的立法模式。许多国家虽然没有统一的刑事执行法典,但是却规定了规制自由刑执行活动的法律——"监狱法",并以此为主体,构建其刑事执行法律体系。由于自由刑是很多国家的主要刑罚,因此,规定自由刑执行问题的监狱法典自然就成为这些国家刑事执行法律体系的主要组成部分。这种"主干式"立法模式较为常见,例如日本、芬兰、比利时、意大利、西班牙、阿根廷等。日本《刑事设施以及被收容者处遇法》于2006年5月24日颁布实施。该法替代了实施百年的《监狱法》,而成为执行监禁刑以及刑事强制措施的主要规范。该法分为三编:第一编为总则,规定了法律的目的、定义,以及有关刑事设施、留置设施、海上保安留置设施的基本设置以及运营管理事项;第二编为被收容者的处遇,包括处遇原则、刑事设施中的处遇、留置设施中的处遇和海上保安设施中的处遇等;第三编为附则。在日本《刑事设施以及被收容者处遇法》之外,还存在对社

[①] 参见储槐植、江溯:《美国刑法》(第四版),北京大学出版社2012年版,第258页。

会内处遇的《改造保护事业法》《犯罪人预防改造法》《改造紧急保护法》《缓期执行者保护观察法》等刑事执行法规范。

我国当前的刑事执行法立法应当属于"主干式"模式，即以《监狱法》为主干，其他法部门协调补充的刑事执行法体系。之所以称之为"主干"，是因为在我国，监禁刑在整个刑罚体系中占据了主导地位，很大比例的刑事执行活动均是剥夺自由刑的执行。因此，《监狱法》成为了我国整个刑事执行法体系的主干。另外，《刑法》和《刑事诉讼法》为刑事执行提供了一般性和原则性的规定：其中，《刑法》确定了九种刑罚种类，而《刑事诉讼法》的执行编则对这九种刑罚的执行做了程序上的规定。这些法律都为我国刑事执行提供了效力依据。

（三）当前我国刑事执行法的法律渊源

法律渊源，是指能够为法律适用者所识别的法的形式和表现方式[①]，也即法律得以存在的载体或者表现形式。法律渊源在法律史上从来都是呈现多元化和复杂性的面向的，庞德便认为，所谓法律渊源便是形成法律规则内容的因素，包括惯例、宗教信仰、道德和哲学的观点、判决、科学探讨、立法等等。[②] 本文所言的法律渊源，是所谓正式法源，是指那些具有明文规定的法律效力并且直接作为法官审理案件之依据的规范来源，通常包括宪法、法律、行政法规、地方性法规、民族自治法规、国际条约等。[③]

目前，我国刑事执行法的法律规范体系是以《宪法》的授权为合法性基础、以《监狱法》规制的剥夺人身自由刑为主干、以《刑法》与《刑事诉讼法》规定的其他刑罚为补充和以行政法规、行政规章、法律解释等为具体操作性规定而建构起来的。此外，与刑事执行有关的国际条约、公约等同样可以视为我国刑事执行法的法律渊源。由此可见，相比于统一的刑事执行法立法模式，我国刑事执行法的法律渊源呈现出多元性和分散性特征。

1. 宪法

宪法作为国家的根本法，是国内法的法律根据，具有最高法律效力。根据我国《宪法》第5条："中华人民共和国实行依法治国，建设社会主义法治国家。国家维护社会主义法制的统一和尊严。一切法律、行政法规和地方性法规都不得同宪法相抵触。一切国家机关和武装力量、各政党和各社会团体、各企业事业组织都必须遵守宪法和法律。"虽然我国《宪法》中没有直接规定与刑事执行相关的具体条文，但却为刑事执行立法提供了制定依据和授权规范。例如，《宪法》第28条规定："国家维护社会秩序，镇压叛国和其他危害国家安全的犯罪活

---

① 参见〔德〕魏德士：《法理学》，丁晓春、吴越译，法律出版社2005年版，第98页。
② 参见〔美〕罗斯科·庞德：《法理学》（第三卷），廖德宇译，法律出版社2007年版，第287页以下。
③ 参见舒国滢主编：《法理学导论》，北京大学出版社2006年版，第71页以下。

动,制裁危害社会治安、破坏社会主义经济和其他犯罪的活动,惩办和改造犯罪分子。"该规定应该说是包括刑事执行法在内的所有刑事法律规范的立法依据。此外,宪法中关于国家机关活动基本原则的规范、公民基本权利和义务的规范、司法制度的规范等,均与刑事执行法存在着密切联系,成为刑事执行法的渊源。

2. 法律

根据我国《立法法》第 7 条的规定,我国法律可以分为基本法律和普通法律两类。这两类法律的划分,其依据是制定和修改机关的立法权限——基本法律是由全国人民大表大会制定和修改的法律,主要针对的是有关刑事、民事、国家机构等基本方面的事项,而普通法律则是由全国人大常委会制定和修改的法律。目前,规定有刑事执行法律规范的法律,主要包括《刑法》《刑事诉讼法》与《监狱法》。其中,《刑法》与《刑事诉讼法》属于基本法律,而《监狱法》则为普通法律。《刑法》就刑罚种类、社区矫正、减刑与假释的适用条件、程序等作出了一般性规定。《刑事诉讼法》的第四编就刑事执行的一般问题以及每一种刑罚的执行都作出了规定,初步形成了刑事执行基本法的雏形。该"基本法"虽然涉及的"面"比较广,但法条内容相对单薄、操作性不强。《监狱法》则以监狱内的刑罚执行活动作为规范对象,其就监狱行刑的诸多内容进行了比较全面详细的规定,是我国有期徒刑和无期徒刑等刑罚执行的主要法律渊源,在我国刑事执行法体系中具有举足轻重的地位。然而,《监狱法》从颁布至今已经实施将近二十年,其间仅仅为了配合《刑事诉讼法》2012 年的修正而进行过小幅度的修改。考虑到这二十年来我国监狱行刑实践的变迁和制度的革新,《监狱法》需要与时俱进地进行更大幅度的修改。

3. 行政法规和规章

根据我国《宪法》第 89 条、第 90 条之规定,国务院有制定行政法规的权力;国务院各部、委有制定行政规章的权力。国务院及其所属各部委所制定的有关刑罚执行工作和含有刑事执行法律规范的行政法规和规章,包括有关条例、规定、办法、决定、细则等,均是刑事执行法的渊源。如 1954 年 9 月 7 日政务院[①]颁布的《中华人民共和国劳动改造条例》(现已失效),就是新中国实质意义上的第一部监狱行政法规。再如 2004 年 5 月 1 日施行的《监狱服刑人员行为规范》,是由司法部发布的行政规章,是监狱人民警察考核罪犯改造表现的依据和罪犯必须遵守的行为准则。

[①] 根据 1949 年由代行全国人民大表大会职权的中国人民政治协商会议制定的《中华人民共和国中央人民政府组织法》第 5 条之规定,政务院是由中央政府委员会下辖的国家政务的最高执行机关。

4. 地方性法规、规章

根据我国《宪法》第 100 条、第 107 条之规定,省、自治区、直辖市人民代表大会常务委员会有权制定地方性法规;省、自治区的人民政府所在地的市和经国务院批准的较大的市的人民代表大会及其常务委员会有权制定地方性法规,但需报省、自治区的人民代表大会常务委员会批准;省、自治区、直辖市以及省、自治区的人民政府所在地的市和经国务院批准的较大的市的人民政府,可以根据法律和国务院的行政法规,制定地方性的规章。这些地方性法规、规章和民族自治地方的自治机关制定的自治条例和单行条例,其中含有刑事执行法律规范的,也是我国刑事执行法的法律渊源。但它们只在本行政区域内有法律效力。例如,2006 年《湖北省安置帮助教育刑满释放、解除劳动教养人员暂行规定》,就是由湖北省人民政府常务会议通过的,关于刑满释放和解除劳动教养人员的安置工作的地方性政府规章。

5. 法律解释

由特定的国家机关按照宪法和法律赋予的权限,对有关法律和法律条文所进行的解释,具有法律效力。在我国,正式有效的法律解释根据解释机关的不同,分为全国人大常委会作出的立法解释、最高人民法院和最高人民检察院作出的司法解释和国务院及其主管部门作出的行政解释。由此可见,与刑罚执行工作有关的法律解释,同样是刑事执行法的渊源。目前,刑事执行领域内的法律解释,主要是最高人民法院、最高人民检察院公布的司法解释,如 2012 年 7 月 1 日起施行的最高人民法院《关于办理减刑、假释案件具体应用法律若干问题的规定》,就是有关减刑、假释工作的司法解释。

6. 国际条约

那些涉及监狱管理和囚犯待遇等方面内容的国际条约,理论上亦是我国刑事执行法的法律渊源。例如,1988 年 9 月 5 日第七届全国人大常委会第三次会议决定批准我国加入《禁止酷刑和其他残忍、不人道或有辱人格的待遇或处罚公约》;但同时声明对该公约的第 20 条和第 30 条的第 1 款予以保留。从国际法的角度来看,根据条约必须信守原则(pactasunt servanda)①,缔约当事国具有履行条约的义务。然而,需要区分"条约在国内的效力"和"条约在国内的适用",前者系指条约对该国的法律拘束力,而后者则解决条约如何在国内履行的问题。在我国,条约一般通过两种方式得以履行:其一为"纳入",即将已经对本国生效的条约直接纳入国内法体系,并在与国内法冲突时得以优先适用。例如,我国

---

① 条约是国际法的主要渊源,缔约国遵守条约是国际法秩序得以维护的基础,因而条约必须信守原则是国际法的一项重要原则。参见邵津主编:《国家法》(第三版),北京大学出版社、高等教育出版社 2008 年版,第 24 页。

《民法通则》第142条规定:"中华人民共和国缔结或参加的国际条约同中华人民共和国的民事法律有不同规定的,适用国际条约的规定,但中华人民共和国声明保留的条款除外"。此外,我国《民事诉讼法》《商标法》《专利法》等也具有类似的"冲突时条约优先适用"的规定。其二为"转化",即在缔结国际条约后,由该国立法机关以条约为基础制定相应的国内法,以确保条约的适用。例如,《未成年人保护法》《领海及毗连区法》等都是在我国批准了相关国际条约后所制定的国内法。① 需要注意的是,在"纳入"方式里,所指称的国际条约往往限于涉外民商事关系;而在"转化"方式里,若我国并未制定相应国内法,则国际条约的适用依然成为问题。由此可见,尽管我国缔结的与刑事执行相关的条约对我国具有法律效力,但如何在国内——尤其是并未专门制定国内法的情况下——履行和遵守,依然存在争论。

二、刑事执行法学

(一) 刑事执行法学的概念

刑事执行法学是指研究刑事执行法律制度与刑事执行实践的学科,既包括对刑事执行相关立法和有关制度的研究(立法论),也包括对刑事执行程序运行和惩罚改造实践的研究(司法论)。

法学的学科名称与法的名称有着紧密的联系,一般情况下,法的名称是法学学科名称的基础和依据。例如,"刑法学"这一学科名称就是以"刑法"这一法律名称为基础的。如前所述,目前我国不存在一部名为"刑事执行法"的法典,但"刑事执行法"这一名称已经得到较广泛的认可,而且是一个统称各种刑事执行法律规范的妥当的名称。因此,将"刑事执行法学"作为一门学科的名称亦是合理的。

在英语国家,与刑事执行法学最相近的一个概念为"Corrections"(可翻译为"矫正"或者"矫正学")。作为一门学科的矫正学,大体上研究两个部分的内容:(1)机构性矫正(institutional corrections),主要研究监狱内罪犯的矫正问题;(2)非机构性矫正(noninstitutional corrections),主要研究监狱外的罪犯矫正问题,即社区矫正问题。

(二) 刑事执行法学的研究对象

任何一门独立的学科都有其特定的研究对象,研究对象是指某一门学科研究活动的范围和领域。刑事执行法学的研究对象主要包括刑事执行法律制度与刑事执行实践。

首先,刑事执行法学是一门法学学科,研究的是刑事执行法律制度。刑事执

---

① 参见白桂梅:《国际法》(第二版),北京大学出版社2010年版,第76—77页。

行法学不仅要对现行的刑事执行立法进行全面、协调、科学、合理的解释,还要对健全和完善刑事执行立法提出科学的建议与系统的论证。此为其一,以立法和制度为研究对象。

其次,刑事执行法学也是一门应用型的学科,需要研究刑事执行实践。刑事执行实践主要是指刑事执行机关依法执行刑罚的各种活动。刑事执行活动是刑事执行法律制度真正产生实际法律效果的必要环节,同时也是检验刑事执行法律制度是否合理的标准。刑事执行法学研究刑事执行活动,一方面需要研究刑事执行活动是否遵循法律的规定,符合现代法治精神;另一方面还需要发现新情况、新问题,总结行刑规律,提出解决问题的方案,以充分发挥理论指导实践的作用。此为其二,以实践和经验为研究对象。

此外,研究刑事执行法学,不可避免地要对刑事执行理论进行研究。所谓刑事执行理论,是指在总结和概括刑罚执行工作基础上产生的对刑罚执行工作中规律性、特点、机制等的系统化认识。加强对刑事执行理论的研究,对立法和刑事执行实践具有重要的意义,它可以为刑事执行立法的进一步发展提供科学根据,推进刑事执行的文明化和科学化进程,而且在刑事执行实践中,刑事执行理论能够在一定程度上弥补法律的不足。

(三) 刑事执行法学的历史与发展

在我国古代,刑罚与监狱很早就产生,因而刑事执行制度以及刑事执行实践在我国已经存在有相当长的一个历史时期,但在古代中国,作为一门学科的监狱法学、监狱学或者刑事执行法学并没有建立起来。当然不可否认的是,我国古代也有不少与监狱、罪犯矫正等内容有关的论述。例如,《周礼·秋官》记载:"司圜掌收教罢民。凡害人者弗使冠饰,而加明刑焉,任之以事而收教之,能改者,上罪三年而舍,中罪二年而舍,下罪一年而舍。其不能改而出圜土者,杀。虽出,三年不齿。凡圜土之刑人也,不亏体;其罚人也,不亏财。"这里涉及的便是根据罪犯的不同表现进而区别适用刑罚以及刑满释放后的相关规定:监狱官将具有恶行的人拘禁在圜土之中,并加以教育,凡是危害他人的,不让他戴帽子和相关的饰品,而且将其罪状公之于众,加以羞辱,让他们服劳役并受到教化。能改过自新,重罪拘禁三年后释放,中罪二年后释放,轻罪一年后释放;如不能改过而逃出监狱者,抓住后则会被论以死刑。凡被释放出狱者,三年内不得按年龄与乡民排列尊卑位次。凡在监狱中被处以耻辱刑者,不能再施以肉刑以损害其身体,罚服劳役者也不罚没其财产。

作为一门学科的刑事执行法学,最早产生在清朝末期,只不过当时使用的一般是"监狱学"这一名称。1905 年创办的京师法律学堂,附设了监狱专修科,并聘请了小河滋次郎主讲监狱学。此为我国法律监狱学校之创始。及至 1912 年民国政府以小河滋次郎起草的《监狱律草案》为蓝本,颁布《监狱规则》后,各监狱学校监狱法课程便以此为授课底本和课程框架。[①]

新中国成立以后,刑事执行法学主要是在"劳动改造法学""监狱学""监狱法学"等名称下加以研究,这些名称的选择与当时的立法有关。新中国成立后不久,由于罪犯矫正一般称为"劳动改造",同时1954年9月7日政务院颁布了《劳动改造条例》,因此学界一般使用"劳动改造法学"作为"刑事执行法学"的学科名称。改革开放后,随着"监狱"这一名称逐渐为实践所接受、使用与推广,特别是随着《监狱法》于1994年底正式通过,"监狱法学"这一名称逐渐得到普遍的认可。

"刑事执行法学"的名称在我国出现的时间相对较晚,最早以《刑事执行法学》为名的著述见于20世纪90年代初[②],之后这一名称逐渐为学界所接受与推广,以"刑事执行法学"为名或者类似名称的书籍逐渐增加。但是,由于监狱法在1994年底正式颁布实行,所以20世纪90年代,"监狱法学"的名称在我国理论界与实务界均有重要的影响。同时,由于监狱行刑是刑事执行的主要部分,因此即使是名曰"刑事执行法学",其研究的内容也主要集中于监狱行刑的有关问题。在这种背景之下,"刑事执行法学"的名称之争,在理论和实践中并无亟须之必要。然而,随着2003年我国开始实施社区矫正试点工作,特别是《刑法修正案(八)》以及2012年《刑事诉讼法》的大幅度修正,社区矫正成为刑事执行的一项重要内容,在这种情形之下,"监狱法学"的名称已经不能满足实践的要求,承认"刑事执行法学"这一学科名称,并在这一学科名称下统一研究刑事执行法的问题就显得十分必要。

第三节 刑事执行法学的学科体系与学科地位

一、刑事执行法学的学科体系

体系指的是若干有关事物或某些意识互相联系而构成的一个整体[③],因此,学科体系指的就是由该学科的各组成部分或各分支学科互相联系而组成的整体。据此,刑事执行法学的学科体系是指刑事执行法学的各组成部分(或者各分支学科)按照一定的顺序形成的有机整体。研究刑事执行法学的学科体系,探讨的问题是刑事执行法学应当包括哪些内容、哪些部分或者分支学科,以及各个部分之间的内在联系和相互关系。目前,关于刑事执行法学的学科体系,理论

---

① 参见孙雄编著:《监狱学》,商务印书馆2011年版,第72页。
② 如张绍彦:《刑事执行法学》,中国人民公安大学出版社1990年版。
③ 中国社会科学院语言研究所词典编辑室:《现代汉语词典》(第5版),商务印书馆2005年版,第1342页。

界与实务界还没有形成定论。

有学者指出,从总体上来看,刑事执行法学的学科体系包括基础理论和应用理论两大部分。① 基础理论部分主要包括:(1) 刑事执行法学概论,是以简要概括的形式,对刑事执行法学的全部内容进行综合研究;(2) 中国监狱史,研究监狱的起源及历史沿革;(3) 劳动改造发展史,研究我国新民主主义时期和社会主义时期,劳动改造立法和改造罪犯工作的建立与发展、成绩与经验;(4) 外国监狱制度或外国行刑制度,选择某些有代表性的国家,如美国、英国等国,研究其监狱制度的建立与发展;(5) 中国台湾、香港、澳门地区监狱、行刑制度的历史、现状、发展的研究等等。应用理论部分主要包括:(1) 狱政管理学,是指研究对罪犯执行刑罚、监狱制度、武装警戒、狱内侦查、考核奖惩、生活卫生等的分支学科;(2) 教育改造学,是指研究教育改造罪犯的内容、方法、原则、规律以及如何运用教育这一基本手段矫正罪犯的分支学科;(3) 劳动改造学,是指研究对罪犯生产劳动,以及如何运用劳动这一手段矫正罪犯的分支学科;(4) 罪犯改造心理学,是指研究在执行刑罚过程中,各类罪犯在不同的阶段所表现的心理特征及其活动规律,以及进行有针对性教育的分支学科;(5) 监狱经济管理学,是研究由于劳动改造而产生的经济活动、生产管理、组织形式和规律等的分支学科;(6) 刑罚执行机关政治工作学,研究政治工作的产生和发展、性质和任务、地位和作用、特点和规律,刑罚执行机关的思想建设和组织建设,刑事执行警察的管理、培训、警风建设等的分支学科。此外,还包括狱内侦查学、刑事执行法律文书学、比较监狱学等等学科。

也有学者认为,刑事执行法学的体系应由基础论、行刑论、矫治论和延伸论四部分组成。② "基础论"主要从客观角度全面地对刑事执行法学进行理论阐述;其研究的重点内容包括刑事执行法学的研究对象、学科性质及地位,刑事执行法学的指导思想与理论依据,刑事执行及刑事执行法的历史,刑事执行法的立法宗旨、任务与基本原则,刑事执行法律关系,刑事执行机关,刑事执行警察,罪犯。"行刑论"系统地对全部刑罚的执行及其刑罚执行制度进行论述,依法阐述各种刑罚执行的程序、规则与步骤,同时也结合行刑实践检讨行刑及制度的利与弊。具体包括生命刑、自由刑、财产刑和名誉刑的执行,以及缓刑制度,收监制度,申诉、控告、检举和罪犯死亡处理制度,犯罪惩戒制度,减刑制度,假释制度,监狱执行制度。"矫治论"从矫正与治理的角度,研究矫治罪犯的方法与手段,包括监管改造、教育改造、劳动改造、心理改造等。"延伸论"主要是针对刑事执

---

① 参见力康泰、韩玉胜:《刑事执行法学》,中国人民大学出版社1998年版,第21页以下;韩玉胜等:《刑事执行法学研究》,中国人民大学出版社2007年版,第19页。

② 参见王顺安:《刑事执行法学》,群众出版社2001年版,第15页以下。

行机构对服刑罪犯行刑与矫治活动之后的释放与回归社会之后的问题进行研究,以便检验刑事执行机构的行刑与矫治效果,把好释放关和解决回归社会后的安置就业、就学与生活问题,做好社会帮教工作,预防重新犯罪等等。

此外,还有学者认为,在构成刑事执行法学学科体系的学科分支中,最主要的是监狱学或者监狱法学,以及与监狱法学并行的刑事执行法学分支学科——社区矫正。[①] 其中,监狱学是以研究监狱及其制度与实践的学科,研究的内容主要包括监狱的基本问题、监狱制度、监狱实践等。监狱学的分支学科有狱政管理学、罪犯改造心理学、比较监狱学或外国监狱学、监狱史学等。

将刑事执行法学科体系分为基础论、行刑论、矫治论以及延伸论的思路,其实更多的只是以监狱行刑的动态流程为观察的对象,是传统监狱学研究模式的延续。因为,根据刑罚类型和行刑内容的部分不同,所谓的行刑、矫治以及延伸是不可分割的,例如对管制犯实施社区矫正,行刑与矫治其实是同义反复,同时由于不剥夺自由,也就不存在复归社会的延伸论的问题。而将刑事执行法学科体系分为监狱学和社区矫正的思路,则很难实现学科体系的完整性,诸如死刑执行、财产刑执行等刑事执行的内容,很难纳入到刑事执行法的学科体系中去。本书认为,以学科体系的抽象性和完整性为标准,将刑事执行法学的学科体系划分为基础理论和应用理论两大部分具有合理性。其中,刑事执行法的基础理论,相对而言,具有抽象性和统括性特征,是对各种刑罚执行中所共有的现象的科学总结,是各种刑罚执行的基础性知识。而刑事执行法的应用理论,更多的则是在于描述具体刑罚的执行过程,具有独特性和个别性特征。

二、本教材的体系

考虑到刑事执行法体系中存在共通于所有刑罚措施执行的一般性知识和仅存在于具体刑罚措施执行的专门性知识的区别,本教材的体系由"刑事执行法学总论"与"刑事执行法学分论"两大部分四编组成。

刑事执行法学总论(本书第一编)阐述刑事执行法学的一般性、基础性问题。首先是对一些基础性概念进行介绍,包括刑事执行、刑事执行法、刑事执行法学的概念、刑事执行的历史发展、刑事执行法的任务和基本原则、刑事执行基本范畴等;其次是对刑事执行的"双方主体"及相关问题进行阐述,包括刑事执行机关、刑事执行人民警察与社区矫正工作者以及罪犯等;最后介绍的是刑事执行的监督问题。

刑事执行法学分论(本书第二编至第四编)阐述的是各种刑罚的具体执行问题。第二编讨论监狱行刑问题,包括收监、狱政管理、罪犯教育改造、劳动改

[①] 参见吴宗宪主编:《刑事执行法学》,中国人民大学出版社2007年版,第7—9页。

造、释放及安置等;第三编讲述社区矫正问题;第四编则介绍其他刑罚的执行问题,包括生命刑的执行、拘役刑的执行、财产刑的执行以及资格刑的执行等。

三、刑事执行法学的学科地位

刑事执行法学的学科地位,主要是指它在刑事法学甚至整个法学体系中的位置,其中涉及的主要问题是刑事执行法学与相关学科的关系。

（一）刑事执行法学与刑事法学科群

研究刑事执行法学的学科地位,首先需要解决的问题是,刑事执行法学作为一门学科的独立性与附属性问题,即刑事执行法学是一门独立的学科,还是附属于其他学科的子学科。本书认为,刑事执行法学是一门独立的学科,而并不附属于其他学科。其一,从研究对象上看,刑事执行法学具有其独立的研究对象,即刑事执行法律制度与刑事执行实践。刑事执行的法律制度及其实践并不在刑法学、刑事诉讼法学等学科的研究范畴内。其二,从发生学的顺序上看,刑事执行法所研究的对象处在认定犯罪成立、追究刑事责任过程的最后一个环节,因而刑事执行法是刑事法学科群体系里最后一个部门法,从而与认定犯罪的实体法部门（刑法）与程序法部门（刑事诉讼法）区别开来。在德国所谓全体刑法科学的体系里,同样是根据所研究对象和调整方式的不同,将实体刑法、刑事程序法、刑事执行法以及犯罪学作出了界分。[①]

那么,如何理解上述的刑事法学科群体系的概念以及刑事执行法学在刑事法学科群中的地位? 本书认为应当从刑事一体化的角度来理解。刑事一体化思想强调刑法和刑法运行处于内外协调状态才能发挥最佳刑法功能。其中,内部协调主要是指刑法结构合理、罪刑关系以及刑法与刑事诉讼的关系等,外部协调实质上就是刑法运作机制的顺畅。[②] 由此可知,刑法与刑事诉讼法属于对所谓的刑法之中的研究,而刑事执行法与犯罪学则属于保障刑法机制运作顺畅的外部协调。其中犯罪学研究对象是刑法之前的犯罪状况,而刑事执行法学则是对刑法之后的刑罚执行进行研究。申言之,刑法之前的犯罪现象,往往刺激刑事立法,刑事立法又决定着刑法之后的刑罚执行,而刑罚执行的效果又反过来影响犯罪现象。因此,刑事执行法与刑法、刑事诉讼法、犯罪学属于相互独立的学科,在刑事法学科群中发挥着各自不同的功能。

（二）刑事执行法学与其他刑事法学科

当然,作为一门法学科,立法现状对于刑事执行法学的学科地位有着重要影

[①] 参加〔德〕克劳斯·罗克辛:《德国刑法学 总论》（第 1 卷）,王世洲译,法律出版社 2005 年版,第 5 页。

[②] 参见储槐植著:《刑事一体化论要》,北京大学出版社 2007 年版,第 25 页以下。

响。目前我国有法典化的刑法与刑事诉讼法,因而,刑法学与刑事诉讼法学的独立地位是理所当然地被承认,其重要性亦备受重视。而相对地,目前我国并没有独立的、法典化的"刑事执行法",并且刑法典、刑事诉讼法典中均规定了一些刑事执行法律规范,与刑事执行相关的内容散见在《刑法》《刑事诉讼法》《监狱法》等之中。这种立法例往往导致刑事执行法的地位边缘化,甚至是附属化。因此,要明晰刑事执行法学科地位的独立性,不仅应当从其在刑事法学科群的地位中确证,还需要还原到刑事执行法学与其他相关刑事法学科的区别之上。

1. 刑事执行法学与刑法学

刑法学以解释现行刑法为其主要任务,是一门研究犯罪的成立要件与法律后果的实体性学科,其研究对象是犯罪与刑罚。处在刑法之中的刑法学,不仅研究刑罚问题,而且也对处在刑法之后的刑事执行研究起着决定作用。这种决定作用表现为刑法学以刑罚适用的前提、刑罚的种类、刑罚的裁量等实体法问题为主要研究对象,由此,刑事执行的研究必须在刑法确定的规则范围内展开。然而,这种决定作用并不能使刑法代替刑事执行法。因为刑法更多的只是在应然层面上解决被告人的刑罚适用和量刑问题,是司法权的运用,具有静态性;而刑事执行法则顾名思义,是以实然层面上的执行人民法院生效的判决和裁定为研究对象,是行政权的运用,具有动态性。需要指出的是,目前刑法学通常也研究"刑罚的执行"问题,但内容一般仅限于减刑、假释的适用条件问题。这是因为我国刑法典目前对减刑、假释的适用条件进行了明确规定,作为刑法解释学的刑法学,因此也不可避免地对这两个问题进行研究。虽然这是刑事执行法学与刑法学研究的交叉和重合地带,但两者研究的内容与侧重点明显不同。

2. 刑事执行法与刑事诉讼法

刑法诉讼法学以解释现行刑事诉讼法为主要任务,是一门研究国家司法机关如何追诉犯罪、追究犯罪人刑事责任的程序性学科。刑事诉讼程序是刑事执行开始之前必须经过的程序,刑事诉讼的结果也决定了刑事执行的类型。因此,一般而言,刑事诉讼的结束,就是刑事执行的开始。由此可见,刑事诉讼与刑事执行虽然关系密切,但是两个相对独立的"步骤"——刑事诉讼法与刑事执行法,以及刑事诉讼法学与刑事执行法学因此也是相对独立的。然而,由于刑事执行立法一直以来受重视的程度不高,许多刑事执行的一般性规则都规定在刑事诉讼法典中,传统刑事诉讼法学的教材中的最后一篇往往是"执行程序"。但是,刑事诉讼法与刑事执行法存在着明显的区别:其一,刑事诉讼法的任务是解决犯罪追诉问题,研究的核心是如何保证诉讼各方的参与以及保障判决作出的程序公正性,这与刑事执行法更重视执行的实体问题是不同的。其二,尽管现行立法将部分执行问题置于刑事诉讼法之中,但这也仅仅能够反映出刑事诉讼法与刑事执行法在研究对象上的交叉。事实上,从对各类刑罚执行的研究广度和深度来看,刑事诉讼法都是无法与刑事执行法相提并论的。总之,刑事诉讼法学主要研究执行的程序问题,而刑事执行法学不仅研究执行的程序问题,更重要的是研究执行的实体问题。

此外,刑事执行法学和其他研究犯罪问题的学科比如犯罪学及犯罪心理学等也有着较紧密的关系。

犯罪学是以社会科学的方法研究犯罪现象以及社会对犯罪的反应措施的学科。犯罪学关于犯罪现象、犯罪原因、犯罪规律、社会对犯罪的反应等问题的研究,有助于刑事执行法学研究者以及刑事执行工作人员了解监狱中的罪犯及他们所实施的犯罪行为,因此犯罪学的研究对刑事执行实务工作以及刑事执行法学研究而言,都具有重要的参考或者指导意义。同时,刑事执行其实是社会对犯罪反应措施之一,因此从某种角度而言,刑事执行法学与犯罪学的研究对象之间有交叉部分;从各国的情况来看,犯罪学研究者对刑事执行问题展开研究并不罕见。但是,从学科的归属来看,狭义犯罪学处于刑法之前的阶段,功能之一是指导刑事政策与刑事立法,圈定行为的犯罪化或非犯罪化。而刑事执行法学则处在刑法之后的阶段,功能在于执行相应的刑罚,对罪犯实施惩罚与改造。因此,作为学科而言,刑事执行法学或者矫正学(Corrections)均被视为一门独立的学科,并不从属于犯罪学。

犯罪心理学是研究与犯罪行为有关的心理现象的学科。犯罪心理学与刑事执行法学均对犯罪心理有所研究。相对而言,犯罪心理学是从多角度、运用心理学等多方面的知识对犯罪心理及其背后的规律进行研究;而刑事执行法学研究犯罪心理,更多地是为了更好地对罪犯进行矫正。一般而言,犯罪心理学研究犯罪心理所使用的方法、结果对于罪犯矫正而言有着重要的参考意义,刑事执行法学的研究可以在相关研究的基础上,结合"刑事执行"的特点,特别是监狱的特征,研究罪犯的心理特征,并对其心理进行矫正。另一方面,刑事执行法学对罪犯心理及其矫正的研究,也能促进犯罪心理学研究的发展。

第四节 刑事执行法学的研究方法

一、根本方法与基本原则

研究刑事执行法学,应当以辩证唯物主义和历史唯物主义为根本方法。所谓辩证唯物主义和历史唯物主义便是马克思主义哲学最根本的世界观和方法论,是关于自然、社会和人类思维发展最一般规律的科学。作为世界观,辩证唯物主义与历史唯物主义提供了以总结自然科学和社会科学最新成就为依据的、关于整个物质世界的科学图景,从根本上揭示了自然界、社会和思维发展的一般规律;作为科学的方法论,辩证唯物主义、历史唯物主义与革命实践以及各门科学紧密联系,给予无产阶级认识世界和改造世界锐利的思想武器。[①] 坚持以辩证唯物主义和历史唯物主义为根本方法,要求我们在研究刑事执行法学的过程中应当遵循下列原则:

(1) 事物普遍联系与发展的原则。联系与发展是唯物辩证法的总特征[②],这要求我们在从事刑事执行法理论研究的过程中,应当密切注意刑事执行法与其他部门法的联系、执行刑罚过程中各种现象的联系,不能孤立静止地看待刑事执行法以及刑事执行中的现象。

(2) 事物客观规律的原则。世界万物千差万别,却都有其因循存在的规律。如果要改造世界,就必须认识世界,而认识世界的关键就在于把握事物自身的变化和发展的规律。这告诫我们,在研究刑事执行法的过程中,应当重视刑事执行活动本身固有的本质联系和变化趋势,尊重刑事执行活动中的客观规律,不能随心所欲、盲目行动。

(3) 实践决定认识的原则。实践产生了需要,实践为认识提供了可能,实践使认识得以产生和发展,实践是检验真理的唯一标准。刑事执行法的主要研究对象是刑事执行,刑事执行是国家的刑罚实施和矫治罪犯的实践,因而是刑事执行的实践产生了刑事执行法,而不是相反。这要求我们在研究刑事执行法的过程中,应当始终以刑事执行实践为研究的重中之重,不断拓展对刑事执行的认识。

二、具体方法与研究路径

辩证唯物主义与历史唯物主义是一般性、基础性的方法,是方法论意义上的本原方法。由于刑事执行法学是一门应用部门法学,抽象本原的研究方法必须要结合自身的特性予以具体化,以便于在学习和研究刑事执行法的过程中加以运用。由于刑事执行法学既属于部门法学科,又属于社会科学中的一个学科分支,因而刑事执行法学的研究方法自然既有法学学科通常研究之方法,也包括社会科学所共有的研究方法。社会科学和法学的研究方法异彩纷呈、所在多有,因而本书仅选择其中较为重要的方法予以介绍。

(一) 文本分析的方法

(1) 规范分析法,是指对刑事执行法律规范、法律解释等法律渊源的文本进行语意和逻辑的分析,以使得相关规范含义明确清晰为目标,由于其通常是对相

---

① 本书编写组:《马克思主义基本原理概论》(2010 年修订版),高等教育出版社 2010 年版,第 14 页。
② 同上书,第 40 页。

关条文进行逐条性地分析和解释,因而也称为注释分析法。刑事执行法学的科学研究建立在对现行刑事执行法律条文的合理解释的基础之上。需要指出的是,这种合理解释虽然以条文为基础,但是也不可能脱离具体的刑事执行实践而凭空解释。例如,作为减刑条件之一的"确有悔改表现"的具体含义,就需要结合刑事执行实践进行合理解释。

（2）文献研究法,是社会科学中所必不可少的研究方法,是指利用现存的二手资料,侧重从历史资料中发掘事实和证据,以期获得新的知识和结论的研究方法。对文献展开研究通常存在以下三种方式:其一,对统计资料的分析;其二,对文献内容的分析;其三,对历史——比较分析。[1] 在学习和研究刑事执行法的过程中,离不开文献研究法,因为:第一,已有文献可以增加我们对刑事执行与刑事执行法的认识,而这种认识可以更好地服务于我们对刑事执行实践的归纳与解释;第二,通过历史比较和国别比较的方法,可以为刑事执行立法和刑事执行实践的改革开阔视野、提供借鉴,从而丰富刑事执行法学的知识体系。

（二）实证分析的方法

所谓实证分析的方法,就是指按照一定程序性的科学研究规范进行经验研究、量化分析、关系分析的研究方法,其强调假设检验、经验归纳以及现象之间的关系分析。[2] 文本分析的研究方法更多的是取道间接经验作为知识增量的途径,而实证分析的研究方法则更加倾向于直接经验,从经验事实中归纳知识,并提炼成理论,完成经验到理论的思维跳跃。

（1）统计调查法,是指通过自然状态下直接询问、观察或由被调查者本人填写的方式获得相关经验事实的研究方法。统计调查具有两个显著特征:一是使用结构式的调查方法收集资料;二是在对大量个案做分类比较的基础上进行统计分析。[3] 统计调查法可以获得大量的有关刑事执行中的经验素材,例如通过结构式问卷的方式调查服刑罪犯或社区矫正人员的改造情况,不仅有利于提升刑罚执行的有效性,而且为刑事执行立法、刑事执行法学理论提供了实践依据。以统计调查法开展的研究,大体上可以分为四个操作性步骤:第一,根据研究的目的、理论假设等设计研究方案。第二,根据研究方案进行调查研究,收集有关数据。如收集有关法律文书;在监狱中发放问卷;与罪犯、监狱警察、社区矫正工作者等人进行访谈等等。第三,根据一定的标准,通过一定的统计分析软件（SPSS 统计分析软件为常见分析软件）对收集到的数据进行统计分析。第四,在统计分析结果的基础上进行概念化形成理论。

---

[1] 参见袁方主编:《社会研究方法教程》,北京大学出版社 1997 年版,第 143—144 页。
[2] 同上书,第 138 页。
[3] 同上注。

(2) 实地研究法,是指不带假设直接到社会生活中去收集资料,然后依靠研究者本人的理解和抽象概括从经验资料中得出一般性的结论。由于实地研究是一个较长期的过程,并且通常集中关注于某一个案,也常常被称为个案研究或参与观察法。① 实地研究法也是刑事执行法学研究的重要方法,与统计调查的方法不同,实地研究法更倾向于个案跟踪而非大样本数据。例如要研究某个或某类罪犯的监狱服刑和改造情况,便需要实地地进行参与观察。依据参与观察的形式和程度的不同,又可分为"作为参与者的观察者"、"作为观察者的参与者"和"完全参与者"。② "作为参与者的观察者",是指研究人员的身份是被研究和观察的群体所知道的情形。这种方式是研究人员通常采取的方式,例如著名的犯罪学家威廉·福特·怀特所做的"街角社会"研究便是此类。"作为观察者的参与者"是指研究人员通常虚构自己的角色,以便在参与的同时不暴露研究者的身份。此类方式仅仅隐藏了研究人员的研究身份,其余部分则与"作为参与者的观察者"并无大异。"完全参与者"则是指被观察群体完全相信研究人员是属于这类群体的普通一员,研究人员扮演着"间谍"的角色。这种方式实施起来存在一定的风险,但是能够获得更为真实的一手资料,因而也是一种重要的参与观察方式。例如我国著名犯罪学家严景耀先生,为撰写其博士论文,曾经于20世纪30年代在北平第一监狱实地志愿为"犯人",对罪犯们的生活进行近距离的参与观察。③

---

① 袁方主编:《社会研究方法教程》,北京大学出版社1997年版,第140页。
② 参见同上书,第342—346页。
③ 参见严景耀:《中国的犯罪问题与社会变迁的关系》,吴桢译,北京大学出版社1986年版。

第二章 刑事执行的历史发展

在人类的历史进程中,刑事执行制度与刑事执行实践经过了诸多变革。与其他社会制度一样,刑事执行制度随着社会变迁而不断发展变化,本章简要介绍古今中外刑事执行及刑事执行法的历史发展,并从中探索刑事执行的发展趋势。

第一节 国外刑事执行的历史发展

一、西方早期的刑事执行

这一时期主要是指西方原始社会及奴隶社会时期,即人类社会逐渐国家化、制度化的阶段。由于人类社会处在蒙昧时期,这一阶段的刑事执行有着强烈的复仇色彩,"以眼还眼""以牙还牙"的同态复仇是其典型形态,也因此死刑和身体刑是刑事执行的主要形式。例如,公元前18世纪古巴比伦制定的《汉谟拉比法典》第196条、第197条、第200条规定:若自由民损毁任何自由民之眼,则应毁其眼;若折断自由民之骨,则应折其骨;若自由民击落与之同等之自由民之齿,则应击落其齿。同时,在刑罚方面,该法典既广泛适用死刑,手段包括斩首、火焚、水溺等;也大量适用身体刑,如挖眼、割耳、去舌、切乳、断肢等。

罚金刑的执行同样历史悠久,其与国家的建立以及将犯罪视为对社会或者集体之侵害的观念是密不可分的:《汉谟拉比法典》第5条针对的是法官擅改判决的行为,对法官处原案起诉金额的12倍罚金;《十二铜表法》第8表第3条对自由人打断自由人之骨的情形,要求被告人缴纳罚金300阿司,若被害人为奴隶,则降为150阿司。此外,古希腊时广泛实践着褫夺自由民权利、驱逐公民出境等资格刑,例如在克里斯提尼的立法改革中所确立的"陶片放逐法",即由公民大会确定所要放逐之人,被确定放逐的,在10年内不得返回雅典。[1]

由于早期西方刑罚中浓厚的报应主义色彩,直接针对被告人的生命和身体加以施行的刑罚居主导地位,而罚金刑和资格刑的执行则是作为生命刑和身体刑的补充。自由刑在这一时期是不存在的,西方早期出现的监狱并不具有现代意义上剥夺自由的含义,而仅仅是关押未决疑犯或者等候执行刑罚的犯人的场

---

[1] 参见何勤华主编:《外国法制史》(第四版),法律出版社2007年版,第53页。

所。① 换言之，纯粹报应色彩的刑法很难发展出真正意义上的自由刑，所谓自由刑无非是其他刑罚执行的过渡措施，更确切地说只是一种防止犯人脱逃、便于讯问的刑事强制措施而已。相反，当兼顾教育或矫正理念、将犯人当成是规范训练与改善的对象时，自由刑才会完善发达起来。

二、西方中世纪的刑事执行

在11世纪末期和12世纪初期的西方，发生了英国著名法学家梅兰特所言"不可思议的突变"的法律体系系统化的趋势，这与教会与世俗权威相分离、教皇权威至上的社会背景相关。作为这一时期典型的日耳曼法，是在王权和神权互动下的产物：一方面继续以血亲复仇为基础，另一方面则吸收了教会法神明裁判的旨意。② 因而，刑罚种类和刑事执行不可避免地存在着两种不同风格的类型。这一时期颇具典型性的是德国的《萨克森法典》和《加洛林纳法典》，两部法典先后反映了这一时期刑罚执行的残酷性：相对而言，前者内容简单却刑罚严苛，其规定的死刑有绞刑、枭首、活埋、火刑和车裂等；后者以刑罚为威吓手段，广泛适用死刑和肉刑，希冀以残酷的刑罚来遏阻犯罪，即"以刑去刑"。法国同样如是，在12世纪前，国家并不禁止私人直接复仇，因而在贵族之间常常产生报复性仇杀，甚至引起战争。其后则禁止直接复仇，改为支付相关赎罪金。另外，1670年路易十四颁布的刑事法令还规定了连坐制度，即个人犯罪，家族株连。③

与之迥异的类型是教会法，其继承了罗马刑法中重视犯罪主观因素的传统，即将犯罪看做是"刑事罪孽"，一改西方早期刑法中结果归罪的倾向，开始考量行为人对罪恶的主观选择，将儿童、精神病患以及意外事件等排除出犯罪圈。同时，在刑罚理念上，教会法认为惩罚是对犯罪者灵魂的感化和道德的矫正，强调囚禁刑优于死刑，并坚持上帝面前一律平等原则，一开教育刑和法律平等适用的先河。④ 在一定程度上，正是传统日耳曼法和教会法的互动平衡，才为西方法律的革新开创了一种新的局面，刑事执行迎来了近代的曙光。

三、西方近代以来的刑事执行

以报应威吓为主导理念、严刑峻法为惩罚手段、死刑肉刑为主要刑种的传统刑事执行的历史，在人类进入到近代的17、18世纪时发生了突变，一种基于矫正预防理念、剥夺犯罪人身体自由并以禁闭教育或者劳动改造为内容的新型刑罚

---

① 参见潘华仿主编：《外国监狱史》，社会科学文献出版社1994年版，第3页。
② 参见〔美〕哈罗德·J.伯尔曼：《法律与革命：西方法律传统的形成》（第一卷），贺卫方等译，法律出版社2008年版，第45页以下。
③ 参见陈兴良：《刑法适用总论》（下卷），法律出版社1999年版，第11—13页。
④ 参见曾尔恕主编：《外国法制史》，北京大学出版社2003年版，第141页。

产生了,这就是自由刑。自由刑甫一出现,便与西方近代启蒙思潮中的人道主义、刑罚轻缓等理念相契合,用以作为死刑和身体刑的替代刑罚。同时,资本主义发展初期的重商主义,逐渐使人们的传统行刑理念发生变化,加之该时期产业革命的兴起、对劳动力的大量需求——自由刑又可谓"生逢其时"。正因如此,自由刑在近代被广泛地实践并极大地完善着,最终由1810年《法国刑法典》以文本的形式明确了其在刑罚体系中的地位。从此,各国刑罚体系渐趋建立起以自由刑为主导的刑罚体系,以替代传统以死刑为核心的刑罚体系。

究其要点,近代自由刑的处遇措施主要体现在以下四个方面的内容:其一,累进处遇制,系指以罪犯的服刑表现为依据,将其自由刑执行分成不同的阶段,不断降低刑罚强度、改善其处遇条件,以实现使其复归社会之目的的制度。这一制度源于英属殖民地澳大利亚,经过不断的实践和改进,累进制大致分为隔离监禁、监狱内工场集体劳动、凭假释证提前释放等阶段。其标准也从狱政管理人员的考察制变为更为客观的记分制。这样一种激发罪犯改造积极性、有利于社会复归的行刑个别化制度,遂为德国、日本等国家借鉴采纳,风行于各国自由刑执行实践中。其二,假释,即附条件地对未届刑期的罪犯予以提前释放的制度。该制度起源于英属新南威尔士,其做法是针对服刑中表现良好的罪犯,免除其剩余刑期,附条件地予以释放。假释制度同样是基于罪犯重新社会化的考量而产生的,在假释期间,罪犯依然处在监管机关的监督与观察之下,以便罪犯能够逐步恢复社会生活和交往的能力。其三,缓刑,即对罪犯附条件地不予收监执行的制度。这一制度源起于英国教士恩惠制,教会法院有权对被判处较轻惩罚的人,令其修行悔过,不执行刑罚。缓刑制度是作为自由刑执行补救措施而存在的,因为在短期自由刑的执行中,往往无法实现教育改造罪犯的目的,反而会导致罪犯间"交叉感染""恶习"相传。故针对罪行轻微、刑罚较轻的罪犯,附加考察期限,在期限内服从监管和改善迁过,便不予执行相关刑罚。其四,少年监狱的建立。近代以来青少年犯罪率的急剧上升,使得社会开始关注少年犯问题。无论从生理、心理还是对自我罪行的认知和控制来看,少年犯迥异于成年犯,对其所进行的刑罚惩处,则有必要与成年犯处遇相区别。少年监狱同样源出英国,后为美国、加拿大、德国、日本等采纳,在执行中多侧重开放性处遇,强调从心理、道德方面的矫正和对其知识和职业技能的培训,为其复归社会、改过自新创造条件。[①]

较之于传统,以自由刑为主导的近代刑罚体系无疑是符合刑罚轻缓化趋势的,这在各类刑罚措施及其执行中均有体现。在生命刑及其执行方面:第一,自贝卡里亚在1764年高声疾呼废除死刑之后,世界上大多数国家在立法上或者事实上废除了死刑。即使是在保留生命刑的国家中,也只有诸如杀人罪、抢劫杀人

---

① 参见潘华仿主编:《外国监狱史》,社会科学文献出版社1994年版,第7页以下。

罪等严重刑事犯罪保留了死刑;同时立法上一般也会针对诸如未成年人、孕妇、老年人排除死刑适用。第二,死刑的执行方式也日渐人道化,不再是折磨虐待的、作为公共景观的死刑执行,而代之以枪决、注射或者电椅等方式非公开地执行。在财产刑及其执行方面,同样可以追溯到1810年的《法国刑法典》。该法在总则部分确定了罚金刑适用的一般性规定,在分则中则对其适用作了具体性规定,因而确定了罚金刑在刑罚体系中的正式地位。一般来说,罚金刑属于主刑,仅仅适用于轻微犯罪,比如过失犯。同时在适用上,既可以是独立适用,也可以是并合适用。罚金刑体现了刑罚的轻缓化和处遇的社会化,有利于解决短期自由刑带来的弊端。在资格刑及其执行方面,具有典型代表的是1810年《法国刑法典》与1871年《德国刑法典》,两部法典均确定了资格刑的法定地位。《法国刑法典》第8条将枷项、驱逐出境和剥夺公权作为资格刑的三种类型;而《德国刑法典》第33条和第34条则将资格刑确定为公权剥夺,既包括对过去取得名誉等之剥夺,也包括对未来某段期限内取得相关名誉的资格之剥夺。同时其第32条在适用上,规定了公权剥夺与死刑或徒刑并用的原则。[①]

第二节 中国监狱行刑的历史变迁

从中国监狱行刑的历史来看,大致可以划分出三个阶段:第一个阶段,中国古代监狱行刑时期,自上古传说时期至中国帝制的晚期(清末);第二个阶段,中国近代的监狱行刑时期,上接清末狱制改良,下至国民政府时期;第三个阶段,新中国建立后,以改造为目标的监狱行刑时期,自1949年至今。本节探讨前两个时期我国监狱行刑的历史发展。探讨监狱行刑历史,不仅要对监狱行刑理念与行刑内容的变迁进行说明,亦不可避免地要对监狱物质形式的变革,如监狱的产生、建造等相关问题进行研究。

一、中国古代监狱行刑

(一)监狱的产生

恩格斯在《家庭、私有制和国家的起源》中将"特殊的公共权力的设立"作为国家和原始社会氏族组织相区别的基本特征:"这种公共权力在每一个国家里都存在。构成这种权力的,不仅有武装的人,而且还有物质的附属物,如监狱和各种强制设施,这些东西都是以前的氏族社会所没有的。在阶级对立还没有发展起来的社会和僻远的地区,这种公共权力可能极其微小,几乎是若有若无

---

① 需要注意的是,现代刑罚制度中的所谓资格刑,在古代及近代刑罚体系中往往指的是名誉刑。参见林山田:《刑法通论》(增订十版),北京大学出版社2012年版,第320页。

的,……但是,随着国内阶级对立的尖锐化,随着彼此相邻的各国的扩大和它们人口的增加,公共权力就日益加强。"①由此可见,监狱是阶级矛盾变得不可调和的产物,是统治阶级确立公共权力、实现政治统治的重要工具。

中国古代监狱产生的历史,印证了这一观点:汉代《急就章》记载"皋陶造狱法律存也",而据《史记·夏本纪》,皋陶所处的年代距今为四千多年的舜禹时代,此时中国正处在自原始社会向中国史上第一个国家——夏代过渡的阶段。也就是说,传说中关于监狱产生的时间与国家建立的时间相互吻合。尽管这一近乎传说的记载的可靠性颇受质疑,但根据"乃召汤而囚之夏台"(《史记·夏本纪》)、"夏帝芬三十六年作圜土"(《今本竹书纪年》)、"三王始有狱"(《风俗通》)等记载,我国监狱的产生应该至迟不晚于夏代。

(二) 先秦时期的监狱行刑

夏商周时期是我国监狱行刑制度的草创期,在这一时期,初步形成了我国监狱行刑理念与行刑制度,为后世所沿袭。这一时期的行刑理念披着神话的外衣,从夏代的"行天之罚"到商代的"代天行罚",监狱行刑充斥着神意报应的色彩,不存在制度化和规范化的特征。及至西周总结两代得失后,明确了"明德慎罚"的理念,将监狱行刑纳入国家的法的制度之中,初步实现了监狱行刑的制度化、规范化。

具体而言,该时期的监狱行刑实践在两个方面明显地影响着后世:其一,将监狱行刑的内容从单纯的关押、待决,扩展为强制劳役改造。通过监狱早期的名称"圜土""囹圄"可以看出,最初的监狱只是指在封闭的环境中对犯人予以关押的场所,夏商两代基本上也是将此作为代讯、代质、待决的场所。及至西周,则开始"以圜土聚教罢民"(《周礼·秋官·司圜》),圜土具有了教育改造不事劳作、不从教化的"罢民"的职能。其二,狱政管理的完备与行刑个别化的产生:系囚制、圜土制和嘉石制的形成。系囚制是针对犯有五刑重罪的犯人,使之佩戴戒具并由"掌囚"官看管的制度。圜土制则针对轻微犯行的人犯,主要是"罢民",令其白日外出劳作,晚间圜土圈禁,免于佩戴戒具。相较于圜土制,嘉石制更加的轻缓,其适用于"凡万民之有罪过而未丽于法"的场合,其通过"桎梏而坐诸嘉石,役诸司空"的执行方式而使人犯"思其文理以改悔"(《周礼·秋官·大司寇》)。因此,可以看出,就狱政管理的角度而言,这一时期形成了较为完善的戒具使用、驱使劳役、夜间禁闭等管理制度。而就行刑个别化的角度而言,系囚制、圜土制和嘉石制的适用对象是依据罪行轻重而加以区别的,这便是早期行刑个别化理念的制度体现。

---

① 《马克思恩格斯选集》(第四卷),人民出版社1995年版,第171页。

(三) 秦汉时期的监狱行刑

秦汉时期是我国监狱行刑制度的形成期,在这一时期,监狱的设置和狱政人员的配置逐步完备化,监狱管理制度日趋制度化。秦代以统一法制而彪炳史册,汉代则以宽省刑法而传诵千秋,"百代尤行秦法政"——秦汉两代监狱行刑理念和执行制度基本上为后世狱政实践和革新奠定了基础。在执行理念方面,汉代并未完全承继秦代繁复苛法的重刑主义,其初期强调"无为而治""务在宽厚",自汉武帝独尊儒术以降,基于儒家"礼仁"的立场,提出了"德主刑辅"的思想,在监狱行刑方面表现为"宽缓刑狱"。①

具体而言,这一时期的监狱行刑存有两大特征:其一,中央监狱与地方监狱的设置,完整监狱制度体系的形成。秦汉两代均在京城与地方郡县设置监狱,同时还设有诸如军狱、劳役监等特种监狱。在中央监狱层面,廷尉、御史中丞、尚书令握有典狱权;在地方监狱层面,除去地方行政长官如郡守、县令等兼任外,设有仁恕掾、曹掾史、书佐、承尉、县狱掾史、贼曹、司空等专门狱官。② 其二,"德主刑辅""宽缓刑狱"思想下的人道化处遇措施——悯囚制与录囚制。悯囚制以矜老恤幼为恤刑原则,在制度上对特殊人群给予处遇优待,防止官吏随意凌虐狱囚,保障狱囚的基本生活待遇。③ 另外,在死囚无子的场合有绵延其子嗣考量的"听妻入狱",每年逢伏腊及特殊时期允许狱囚短暂回家相聚的"纵囚还家",这些都是悯囚制的体现。录囚制则起于西汉武帝时期,指皇帝及各级司法官吏定期或不定期地巡查监狱,讯问已决未决的狱囚,检查审判是否合法、有无冤案,以"躬决疑事""平冤昭雪"。自东汉明帝亲自录囚后,录囚遂成为了汉代司法和狱政方面的一项重要司法举措。自此,后世历代将其作为"恤刑"的重要措施而代代相传,到唐代遂成为"虑囚"并形成制度。④

(四) 隋唐时期的监狱行刑

隋唐时期是我国监狱行刑制度的成熟期,在这一时期,完备的立法、精细的制度、人道的措施,使得监狱行刑更加的完善,成为了后世监狱行刑的蓝本。在行刑理念上,隋唐一脉相承——隋"崇尚惠政""慎狱恤刑"(《隋书·刑法志》)而唐则"仁本刑末""宽仁治狱"。在监狱立法方面,"捕亡"和"断狱"两篇直接涉及监狱行刑,同时辅之以"狱官令",即有关监狱制度和狱官设置的法令。

---

① 参见朱勇主编:《中国法制史》(第二版),法律出版社2006年版,第71页以下。
② 参见沈家本:《历代刑法考》(第四卷),中华书局1985年版,第1967—1970页。
③ 例如《汉书·刑法志》中记载,景帝后元三年诏令:"年八十以上,八岁以下,及孕者未乳、师、侏儒、鞠系者,颂系之。"
④ 《晋书·刑法志》记载:"及明帝即位,常临听讼,观录洛阳诸狱"。汉明帝一次到洛阳狱录囚,就曾经清理出千余被错误关押的人。录囚也因此对改善狱政、纠正错案、监督各级司法机关行刑活动、统一法律适用起到了一定的作用。参见朱勇主编:《中国法制史》(第二版),法律出版社2006年版,第100页。

隋唐时期监狱制度的成熟以及监狱行刑的精密,可从其监狱设置与狱政管理这两个方面窥见一斑。在监狱设置方面,隋唐继续沿袭秦汉中央监狱和地方监狱二分的体系,但对此体系亦有所扬弃。中央司法机构大理寺、御史台、刑部分别设置有大理寺狱、御史台狱、刑部都官司拘押所,另外还有内宫幽禁场所、内侍省狱、将作监、少府监、财政三司狱、诸寺狱、诸卫狱及军狱等。地方监狱(司法)是与隋唐地方行政体制合一的,"凡州、县有狱"①,因此各州刺史、府尹、县令等掌管着司法狱政,其下辖监狱主要囚禁本地区的罪犯。

在狱政管理方面,包括系囚制、戒具的使用、犯人物质保障、居作劳役、录囚制等皆日臻完备。系囚制方面,开始分押分管,"囚徒贵贱、男女异狱"(《新唐书·百官志·狱丞》);立法上对越狱脱逃、劫狱窃狱等危害监狱监管的行为予以重罪化;对主守狱官的失职、受贿行为的责任追究;此外还有贞观年间"纵死囚暂予还家"②的史家美谈。戒具使用方面,不仅详细规定了戒具的种类和规格,而且还依据罪行大小区别适用戒具,同时对特殊人群予以颂系的优待措施。在物质保障方面,狱囚的衣粮实行家属自理原则,在"囚去家悬远绝响者"(《狱官令》)之场合下,官府先行垫付。此外,对狱囚的铺席、沐浴、患病等情况,《狱官令》亦有详细规定。在劳役居作方面,徒刑、流刑狱囚的劳役年限与刑期相同,同时男犯入将作监、女犯入少府监劳役,前者从事宫殿、城郭等营造事务,后者从事"百工伎巧之事"。在录囚方面,不仅皇帝较为频繁的亲自录囚,而且将录囚事务固定纳入中央监察机关的御史台的业务范围,作为监督司法活动的重要形式。③

(五)明清时期的监狱行刑

明清时期是我国传统监狱行刑的最后一个阶段,有关监狱的设置以及监狱行刑的措施几乎也是沿着历代传统发展的惯性,因袭损益而推行的。尽管有明一代在朱元璋"刑乱国用重典"的思维下法外之刑严苛残忍、厂卫特务机构私设、操纵监狱,但在法典内部,基本上还是奉行仁义为本、刑法为辅的并合适用的思路。清袭明制,狱制思想上与各代皆无多大区别。概言之,礼法融合、仁本刑辅的理念保持到了中华法系的最后时期,而恤刑、悯囚的行刑思想始终与传统监狱行刑相伴。

在总结历代监狱治理经验的基础上,明清有关狱政管理的法律制度趋向于完备:在系囚制度方面,明确了门卫、收禁、桎梏、分类杂居、点视、主守狱官责任

---

① 参见《新唐书·刑法志》。
② 由于"天下死囚凡三百九十人,无人督帅,皆如期自诣朝堂,无一人亡匿者,上皆赦之"(《资治通鉴》卷一九四),因而这被认为是宽仁治狱、仁本刑末的彰显,而传誉于世。
③ 参见朱勇主编:《中国法制史》(第二版),法律出版社2006年版,第193页。

等;在悯囚制度方面,对贫困不能自给者提供米、油、药、棉衣、暖匣等;在居作方面,一改徒刑犯配拘役的原则,允许杂犯死罪以至笞杖刑都可以力役赎罪抵刑(《明会典》)。特别值得一提的"增益"是,明清时期盛行凡重大案件,官员会同审理狱囚并最终作出量刑裁决的一系列制度,包括三法司会审、圆审、朝审、热审、寒审等。① 这些常态化、制度化的会审制度,相当于为常规司法设置了最后一层过滤器,可以有效地清理冤狱、保证案件审判的正确以及保障狱囚权利,也在一定程度上实现了刑罚的轻缓化。

二、中国近代的监狱行刑

(一) 清末狱制改革

随着鸦片战争的坚船利炮而进入国门的不仅仅是鸦片和商品,还有西方自启蒙时期以降的思想。更多的中国人开始"开眼看世界",感受着中西科技、制度和思想的差异,并希求"师夷长技以制夷"地实现民族的自立与自强。这是一个"三千年未有之大变局"(李鸿章语),清末狱制改革就在这样的背景下兴起,西方行刑理念和行刑方式逐步地挪移到东方的这片土壤上。

从狱制改革的原因看:一方面是基于"东西各国以图圈之良莠窥政治之隆污。日本能撤去领事裁判权,首以改良监狱为张本"②的考量;另一方面则是由于传统刑罚体系与刑罚执行的弊端和残酷。引发改革的导火线则是张之洞、刘坤一的《江楚会奏》、赵尔巽的《奏请各省通设罪犯习艺所》与沈家本的《奏请改良监狱折》。③ 张、刘的奏折直陈刑罚之弊端,强调"采取外国成法,并参酌本地情形,先行试办",并对刑事法律制度提出"禁讼累、省文法、省刑责、重众证、修监羁、教工艺、恤相验、改罚援和派专官"九大主张;奏折之中多处以中外为对比,表现出了浓厚的恤刑、刑罚轻缓、人道化的气息。赵的奏章进一步地对流刑、徒刑之流弊进行了批判,这实际是将矛头指向了传统刑罚体系;同时建议"各省通设罪犯习艺所"以安插军流徒,一来改军徒流为就地拘禁习艺所的建议为劳役刑向自由刑转变提供了契机,二来"习艺"的称谓事实上表明了取刑罚教育而

---

① 所谓三法司会审,是指由皇帝下令,刑部、大理寺、都察院承命,对重大疑难案件或确需重审的案件,会同审理,再报请皇帝批准执行的制度。所谓圆审,是指由六部尚书、大理寺卿、左都御史、通政使等九位中央长官组成联合法庭,对全国的死刑要案(特别是经过二度审判,案犯仍执异词不服判决的案件)进行复审的制度。所谓朝审,是指每年年霜降后,中央三法司联合有关公侯伯贵族组成联合法庭,对全国上报案件中可矜怜者重新复核的制度。而每年暑季和旱季对一般刑事案犯进行减刑或释放的再审,属于"热审"与"寒审"。参见朱勇主编:《中国法制史》(第二版),法律出版社 2006 年版,第 71 页以下。

② 《法部奏议复实行改良监狱折》,载薛梅卿等编:《清末民初改良监狱专辑》,中国监狱学会 1997 年版,第 29 页。

③ 参见薛梅卿等编:《清末民初改良监狱专辑》,中国监狱学会 1997 年版,第 5 页、第 16 页、第 26 页。

非刑罚威吓的价值取向。沈在奏章的开头陈述了"刑罚与监狱互为表里",明确了监狱之重要性;继而提出了改良四策:一是改建新式监狱,二是养成监狱官吏,三是颁布监狱规制,四是编辑监狱统计。

清末狱制改革在两个维度上取得了成果,即器物层面和制度层面。在器物层面上:1903年清政府即批准山西巡抚赵尔巽设立罪犯习艺所,随后保定、天津、奉天等地相继设立。设立习艺所旨在对囚犯监禁并使其劳作、学艺,使其迁善悔过。1907年后清政府则相继成立湖北模范监狱、奉天模范监狱和京师模范监狱等。这些监狱效仿日本监狱构造和布局,既确保对罪犯的严密看守,也实现了对劳作场、男女幼年监、囚犯接见室等场所的合理划分。同时,在机构设置上,典狱长总掌监狱,下辖文牍课、守卫课、庶务课、教务所、医务所(即所谓三课二所)等机构。① 在制度层面上:由日本监狱法巨擘小河滋次郎协助起草的《大清监狱律草案》的形成,为后继的北洋政府和国民政府的监狱立法提供了蓝本。其历史作用主要在于:其一,明确了"教育改造"的行刑理念,赋予了囚犯会见通信、卫生医疗、劳作教育、减刑假释等部分权利;其二,进一步明确分押分管的原则——已决犯与未决犯、男犯与女犯、成年犯和幼年犯、健康犯和病患犯等被分别看管、相互隔离;其三,将监狱纳入法部管辖,并对收监、拘禁、管束、作业、奖赏等监禁执行事项进行了体系化、制度化地建构。

(二) 北洋政府及国民政府时期的监狱行刑

清末狱制改革并未因清政府的垮台而中止,相反,后继的北洋政府及国民政府在不同程度上都实践着监狱的改良,以使其近代化。1913年北洋政府在《大清监狱律草案》的基础上,略加修改后颁布了《中华民国监狱规则》。该规则是中国第一部生效的独立的监狱立法,共有15章103条,分为总则和分则两部分。其总则部分包括:明确监狱性质,隶属司法部;明确监狱职能,将监狱与看守所分离;将徒刑监与拘役监、成年监与幼年监、男监与女监进行分界管理;检察官的例行视察之权责;监狱长官之权责等。其分则部分则规定了收监、监禁、戒护、劳役、教诲及教育、给养、卫生及医治、接见及书信、保管、赏罚、赦免及假释、释放、死亡等狱政管理制度。另外,为落实监狱规则而营建的新式监狱亦在增加,根据1925年《调查法权委员会报告书》,新式监狱的数量为八十所,分布在北京、河北、天津、辽宁、吉林、黑龙江、山东、河南、山西、江苏、安徽、江西、浙江、福建、湖北、陕西、甘肃、云南、贵州、广西、四川等地。②

国民政府时期一方面继续沿用北洋政府时期的法令,另一方面则效仿和借鉴西方各国立法,其修订的主要监狱法规有《监狱规则》(1928年)、《监狱处务

---

① 参见金鉴主编:《监狱学总论》,法律出版社1997年版,第87页。
② 参见孙雄编著:《监狱学》,商务印书馆2011年版,第75页。

规则》(1928年)、《监狱作业规则》(1932年)、《监狱行刑法》(1946年)、《监狱条例》(1946年)等。从监狱设置看,包括关押徒刑犯和拘役犯的普通监狱、关押刑事被告人和未决犯的看守所、羁押无力偿还民事债务人的管收所、拘押违反警察法的治安犯的拘留所、收容少年犯的少年监狱、关押军事犯的军人监狱,形成了普通监狱与特种监狱并行、种类形式多样的体系。从狱政管理看:收监时必须具备法院判决书和执行命令书,同时规定不予入监的例外情形;监狱行刑时采用"累进处遇制",即依其改悔程度渐次和缓其处遇;在劳役的同时对囚犯实施道德和人格的教诲制度,配有专职教师负责;国家为囚犯配给衣粮药物,实现行刑人道主义;承认囚犯定期会见以及对外通信的权利;为激励囚犯改造,实施赏罚制度与假释、释放制度。

尽管监狱行刑的法律臻于完备,但是由于这一时期战乱频发、政权摇曳,国家既缺乏财力支持新式监狱的营建,也缺乏意志和余暇推行旨在保障人权的监狱法令,加之对政治异己和被统治阶级的残酷镇压和法外用刑,这一时期的监狱行刑的实效并不令人称道。

第三节　中国非监禁刑行刑的历史变迁

非监禁刑行刑泛指一切不需要将罪犯予以监禁的执行活动,其发展历史与刑罚体系和种类密切相关。中国最早的刑罚产生于战争,"故圣人因天秩而制五礼,因天讨而作五刑。大刑用甲兵,其次用斧钺;中刑用刀锯,其次用钻凿;薄刑用鞭扑。大者陈诸原野,小者致之市朝,其所繇来者上矣"(《汉书·刑法志》)。因此,早期的刑罚,即墨、劓、剕、宫、大辟等,带有野蛮、残酷的印记。在之后的刑罚发展史上,由于"德主刑辅"、"宽仁省狱"等人道化的行刑理念,以及"法律儒家化"、"礼法融合"的立法趋势,中国刑罚体系在隋唐之际,将五刑确定为笞、杖、徒、流、死,自此中国刑罚体系统一化、法定化。传统刑罚体系在清末民初、移植西方法律制度时再次变更,渐次形成近现代的刑罚体系。

一、刑罚体系形成初期

据《周礼·秋官·司刑》记载,西周初年"墨罪五百,劓罪五百,宫罪五百,剕罪五百,杀罪五百",而根据西周中期司寇吕侯所制《吕刑》,则"墨罚之属千,劓罚之属千,剕罚之属五百,宫罚之属三百,大辟之罚其属二百,五刑之属三千"。这些刑罚并不涉及监狱行刑,而是以人的肉体或生命作为对象,其目标则是毁损人之容貌、躯体、器官及至生命。值得注意的是,《尚书·吕刑》规定了"五刑之疑有赦",即在适用五刑存有疑问的案件中,宽宥地允许被告人以赎刑的方式折抵:墨罚缴纳一百锾铜,劓罚缴纳二百锾铜,剕罚缴纳五百锾铜,宫罚缴纳六百锾铜,大辟之罚需缴纳一千锾铜。这种疑案中的赎刑虽不是独立的刑种,却是财产刑的雏形,也可说是非监禁式行刑的一种。

秦汉时期仍以先秦时期的肉刑和死刑为主导的刑罚体系为基础,同时经过改良和创新,形成了一套体系庞杂、种类繁多的刑罚体系。其一为死刑,属于极刑,其执行方式各式各样、残忍异常,比较典型的有具五刑、车裂、腰斩、枭首、弃市、坑刑、磔刑、凿颠、殊死等。其二为肉刑,即保留墨、劓、刖、宫等刑罚,同时结合劳役刑并合使用,例如黥劓以为城旦、斩左趾黥为城旦等。其三为财产刑,即以剥夺犯罪人财产作为经济性惩罚的刑罚,例如赀刑、赎刑、籍没刑等。其四为耻辱刑,即以羞辱的方式作为惩罚的刑罚,例如髡刑、耐刑、完刑等,具有肉刑的象征意义。其五为身份刑,即以剥夺一定官职、爵位等作为惩罚的刑罚,例如废、夺爵、谇、禁锢等,属于资格刑的范畴。此外还有劳役刑、流放刑等。①

与刑罚体系发展相关联的是汉文帝、汉景帝所倡导的刑制改革。刑制改革的目的在于废除肉刑、减轻刑罚的残酷程度,其方式是以笞刑替代损人身体的肉刑。文帝的改革使笞刑替代肉刑,但由于笞刑五百、三百往往致人毙命,因而景帝即位后则减少笞刑数量,制定《箠令》使箠杖规格化,同时规定行刑只限于受刑人臀部,且中途不得更换执行人。② 正是因为文景两代的努力,使得非监禁式行刑开始摆脱野蛮的印记,走向文明。同时,一系列新型刑罚种类的产生,也为刑罚体系走向成熟奠定了基础。

二、刑罚体系成熟时期

值得一提的是隋文帝所颁布的《开皇律》,其沿着汉代刑制改革的思路,废除了魏晋南北朝时期的鞭刑、枭首、车裂及孥戮连坐等酷刑,将刑名更定为死、流、徒、杖、笞刑五种,从此统一了中国法定刑罚体系。具体而言,其刑名有五:一曰死刑二,有绞,有斩。二曰流刑三,有一千里、一千五百里、二千里。应配者,一千里居作二年,一千五百里居作二年半,二千里居作三年。应住居作者,三流俱役三年。三曰徒刑五,有一年、一年半、二年、二年半、三年。四曰杖刑五,自五十至于一百。五曰笞刑五,自十至于五十。③ 同时,《唐律》明文规定,小竹杖以刑笞刑,大竹杖以刑杖刑,后世相沿不改。

这一时期与非监禁式行刑有关的,作为五刑替代或者补充措施的,是唐代的"官当"及"免官"、宋代的折杖法、明代广泛适用的"收赎"与"纳赎"以及清代的迁徙、充军、发遣的法定刑化。官当,即以爵位或者官位品级折抵其所犯罪行;而

---

① 参见朱勇主编:《中国法制史》(第二版),法律出版社2006年版,第62—65页。
② 参见武树臣:《中国法律思想史》,法律出版社2004年版,第228页。
③ 参见周密:《中国刑法史》,北京大学出版社1998年版,第236页。

免官则指的是以撤免官职来折抵刑罚,包括撤免官职的免官和撤免现任职务的免所居官两种。官当和免官都可以划入资格刑的范畴。根据《宋刑统》,折杖法是用决杖来代替笞、杖、徒、流四刑,以减轻刑罚适用的措施,可以贯彻"流罪得免远徙,徒罪得免役年,笞杖得减决数"的省刑理念。收赎和纳赎是指以银钱折抵刑罚的措施,具有财产刑的色彩。根据《大明律》,除了纳钞、纳银、纳钱等形式外,以力役的方式折纳工钱亦可,例如死罪终身服役、徒流依年限、笞杖则按日月等。迁徙、充军之刑始于明代,清代将之确定为法定刑。迁徙是将犯罪人本人及其家属迁出千里之外安置,并禁止返回原住地的刑罚。充军则是将罪犯发配边远地区服苦役的刑罚,重于普通流刑。而发遣是清代首创,将罪犯发配边疆,为驻防官兵为奴的刑罚,其严厉性仅次于死刑。

三、刑罚体系近代化时期

刑罚体系的近代化始于《大清律例》的修改,作为其成果,《大清现行刑律》于1910年颁布。该律在刑种方面对传统五刑制度作出了修正,改为罚金、徒刑、流刑、遣刑、死刑。其中罚金十等,自一等五千至十等十五两;徒刑五等,一年至三年;流刑三等;遣刑二等,极边安置与新疆当差;死刑绞斩二等。而更为西化的则是由沈家本主持、冈田朝太郎协助起草的《大清新刑律草案》,为后世北洋政府及国民政府刑事立法之范本。该刑律将刑罚分为主刑与从刑:主刑包括死刑、无期徒刑、有期徒刑(共五等,一月以上至二十年)、拘留(一月未满一日以上)、罚金(银一钱以上);从刑则包括褫夺公权与没收。由此,中国非监禁式行刑开始了近代化的历程。

北洋政府时期,根据《临时大总统宣告暂行援用前清法律及〈暂行新刑律〉令文》,刑罚体系继续沿袭清末立法,未作改动。国民政府时期,则先后有1928年《刑法》和1935年《刑法》,前者是在北洋政府时期的两次刑法草案基础上修订而成,后者则是吸收同时期德国、意大利和日本等国刑法理论的产物。举其要者:1928年《刑法》废除了有期徒刑的等级制度,以保证量刑适当;将罚金刑扩大适用至缓刑犯。1935年《刑法》则采纳社会防卫主义理念,增设"保安处分"章节,规定了感化教育处分、监护处分、禁戒处分、强制工作处分、强制治疗处分、保护管束处分以及驱逐出境处分等七种处分措施。

与监狱行刑一样,非监禁刑行刑的近代命运是坎坷曲折的。一方面,动乱不堪的时局、频繁更迭的政局,使得刑事执行缺乏保障,无论是制度上的还是财政上的。另一方面,尽管立法已与西方相差无几,但主政者及国人并未经历西方近代以降的启蒙主义与人道主义思潮的洗礼,教育理念的刑罚因此也被误用,成为惩戒异己、压制思想的工具,从国民政府滥用保安处分可窥一斑。要之,无论是监狱行刑,还是非监禁刑行刑,固然受立法中刑罚体系和刑罚适用的影响,但于其更为重要的则是一个稳定的政权和一个理性的社会,后者才是刑罚执行现代化、人道化、轻缓化的保证。

第四节　新中国刑事执行的新发展

新中国成立后,彻底废除了旧的监狱制度和法律,1954 年 9 月 7 日政务院颁布的《中华人民共和国劳动改造条例》,这是新中国实质意义上的第一部监狱行政法规,发挥着监狱法典的作用。何谓劳动改造? 应当说,以劳动的方式对罪犯进行改造的思想,最早可以追溯到抗日战争时期毛泽东同志发表的《实践论》一文。《实践论》指出:"无产阶级和革命人民改造世界的斗争,包括实现下述的任务:改造客观世界,也改造自己的主观世界——改造自己的认识能力,改造主观世界同客观世界的关系。……所谓被改造的客观世界,其中包括了一切反对改造的人们,他们的被改造,须要通过强迫的阶段,然后才能进入自觉的阶段。"[①]随着解放战争的顺利结束,初建的新中国在接管国民政府监狱的同时,开始承担起矫正和改造汉奸、特务、土匪、反动派残余分子的任务。1951 年毛泽东同志在审批《第三次全国公安会议决议》时明确地提及:"大批应判徒刑的犯人,是一个很大的劳动力,为了改造他们,为了解决监狱的困难,为了不让判处徒刑的反革命分子坐吃闲饭,必须立即着手组织劳动改造的工作。"[②]由此可以看出,作为刑罚执行制度的劳动改造[③],其在新中国刑罚执行体系中的地位,一方面具有马克思主义哲学实践论的根基,另一方面也是新中国建立初期国力凋敝、生产缺乏下不得不做的政策选择。根据《中华人民共和国劳动改造条例》第 4 条之规定:劳动改造机关对于一切反革命犯和其他刑事犯,所施行的劳动改造,应当贯彻惩罚管制与思想改造相结合、劳动生产与政治教育相结合的方针。自此,确立了劳动改造中的"两个结合"的法定方针。然而,就劳动生产与教育改造的关系问题,在改造罪犯的立法和司法实践中并未明确,因而,存在认识和执行中的偏差。直到 1964 年 8 月 11 日中共中央在批转公安部《关于第六次全国劳改工作会议情况的报告》中,才明确地加以规定:"要做好这项工作,必须坚决执行中

---

① 《毛泽东选集》(第一卷),人民出版社 1991 年版,第 296 页。
② 参见 1951 年 5 月 22 日中共中央批发第三次全国公安会议《关于组织全国犯人劳动改造问题的决议》的通知。
③ 《中华人民共和国劳动改造条例》第 1 条规定:为了惩办一切反革命和其他刑事犯,并且强迫他们在劳动中改造自己,成为新人。1979 年《中华人民共和国刑法》第 41 条与第 43 条规定:"被判处有期徒刑、无期徒刑的犯罪分子,在监狱或者劳动改造场所执行;凡有劳动能力的,实行劳动改造";"对于应当判处死刑的犯罪分子,如果不是必须立即执行的,可以判处死刑同时宣告缓期二年执行,实行劳动改造,以观后效"。依此可知,劳动改造针对的对象,包括被依法判处死刑缓期二年执行、无期徒刑、有期徒刑并且具有劳动能力的罪犯。因而,劳动改造也是新中国刑罚执行制度中不可或缺的重要组成部分。

央的既定方针,即改造与生产相结合,改造第一、生产第二的方针。"从"两个结合"方针到"改造第一、生产第二"方针的嬗变,是刑罚执行中真理不断被实践发掘的过程,是刑罚执行理念和功能的明确化、科学化的体现。

改革开放后,监狱行刑的立法也被提上日程。司法部从1986年3月开始着手起草监狱法。经过调查研究、反复论证,广泛征求有关部门和专家的意见,在总结新中国建立以来监狱改造罪犯工作经验、特别是近十多年来监狱改革经验的基础上,起草了《中华人民共和国监狱法(草案)》;该《草案》于1994年9月20日经国务院常务会议讨论通过。1994年12月29日第八届全国人大常委会第十一次会议审议通过了《中华人民共和国监狱法》①,该法是新中国颁布的第一部监狱法典,亦是刑事执行领域第一部专门性的法律,标志着我国刑事执行领域进入了法制化轨道。

应当说,《中华人民共和国监狱法》的诞生,是与新中国建立以来的劳动改造的刑罚执行实践密不可分的。具体而言,四十多年来的劳动改造的实践经验,为《中华人民共和国监狱法》奠定了理念和制度的基础:从理念上而言,主要指的是"改造第一、生产第二"的劳动改造方针,其在行刑目的上确保了改造的优先性,同时,在执行过程中,强调实行革命人道主义,把犯人当人看待,确定了罪犯在刑罚执行中的基本地位。② 从制度上而言,具体包括管教工作的探索(以政治、技术、文化教育为主要内容的特殊学校,提出要把监狱和改造场所办成改造人、教育人的特殊学校)、改造考核的创新(根据1990年《司法部关于计分考核奖罚罪犯的规定》,计分考核采取定性、定量分析的方法,把罪犯改造表现分成若干项,以累计分多少确定奖惩)及看管警戒的实践(根据1989年司法部《关于对罪犯实施分押、分管、分教的试行意见》,对在押罪犯的改造提出了整体性改革措施,提出按犯罪性质实行分类关押、分类管理以及分类教育)等。

可见,新中国刑事执行法的早期立法,基本上是围绕着监狱行刑所进行的。随着我国刑法的修改以及刑事执行实践的发展,社区矫正逐渐受到重视。2003年7月10日由最高人民法院、最高人民检察院、公安部和司法部联合发布的《关于开展社区矫正试点工作的通知》,是我国刑事执行史上的重要事件。它标志着我国刑事执行从注重监狱行刑,转变为监狱行刑与社区矫正并重的局面,而社区矫正立法则正在成为我国刑事执行立法的另一个重点。2009年9月2日最高人民法院、最高人民检察院、公安部、司法部公布的《关于在全国试行社区矫正工作的意见》以及2011年2月25日第十一届全国人民代表大会常务委员会

---

① 肖扬:《关于〈中华人民共和国监狱法(草案)〉的说明》,载《全国人民代表大会常务委员会公报》1994年第8期。

② 参见中共中央办公厅、国务院办公厅批转全国贯彻执行的《第八次全国劳改工作会议纪要》。

第十九次会议通过的《刑法修正案(八)》,进一步推动了我国社区矫正工作的法制化以及刑事执行法律规范的完备。2012年,最高人民法院、最高人民检察院、公安部、司法部联合制定了《社区矫正实施办法》(自2012年3月1日起施行),该办法的制定,标志着社区矫正的实践已经由"实验探索"进入了一个比较成熟的阶段。

2012年3月14日,第十一届全国人大第五次会议通过了《刑事诉讼法修正案》,该修正案在对我国刑事诉讼制度进行较大修改的同时,也对一些刑事执行规则进行了修改完善。修改后的《刑事诉讼法》的第四编为"执行"程序,一共有18个条文,与修改前《刑事诉讼法》相比,本编的修改或者新增的条文一共有8个,主要涉及修改暂予监外执行情形及程序,强化人民检察院对暂予监外执行及减刑、假释程序的法律监督,以及对被判处管制、宣告缓刑、假释或者暂予监外执行的罪犯交由社区矫正机构执行,实行社区矫正等几个方面的规定。为了与2012年修订的《刑事诉讼法》的规定保持一致,第十一届全国人大常委会第二十九次会议于2012年10月26日对《监狱法》进行了部分修改。

另外,学术理论界对全面综合性的刑事执行法的立法问题保持着持续性的关注和呼求。2002年1月30日至31日,来自于中国政法大学刑事司法研究中心、中国监狱学会、司法部预防犯罪研究所、北京大学司法研究中心、中国人民大学犯罪与监狱学研究所、中国社会科学院法学研究所德国与欧盟法律研究中心等研究机构的80余位学者,就刑事执行的理念、刑事执行体制改革、刑事执行立法等问题进行了广泛的探讨。多数学者认为,刑事执行立法存在必要性:首先,刑事执行法制建设的滞后,与缺乏统一的刑事执行法典有关,就应然性而言,刑事执行法应当与《刑法》和《刑事诉讼法》在规模、规格、内容上相当,便于三者的衔接与协调;其次,从行政效率的角度来看,由于缺乏统一立法,现有的刑事执行法律调整的范围有限,力度不足;再次,现有法律规定、司法解释并未统一整合、规范性程度不够,有的法律规定、司法解释过于粗糙、模糊,缺乏可操作性,有的则存在多头制定、相互抵触矛盾。在本次学术研讨会上,与会专家提出了我国《刑事执行法》的建议稿。建议稿分为总则与分则两个部分,共4编26章307条。第一编为总则,分为4章。第一章规定了刑事执行的任务与原则。第二章规定了刑事被执行人的法律地位,包括其在刑事执行中应享有的各项基本权利和应当履行的各项基本义务。第三章规定了刑事执行机关和机构设置,包括刑事执行机关的权限与具体分工。第四章属于其他规定,包括本法相关用语的解释等。第二编规定的是刑罚的执行,包括管制、拘役、有期徒刑、无期徒刑、死刑、罚金、没收财产、剥夺政治权利、驱逐出境这法定的五种主刑与四种附加刑的执行以及减刑、假释、缓刑、监外执行、特赦等。第三编规定的是非刑罚方法的执行,具体而言包括没收犯罪所得、犯罪工具、赔偿损失、训诫、责令具结悔过、责令赔礼道歉、建议有关部门给予行政处罚或者行政处分等。第四编则规定了一系列保安处分措施的执行,包括劳动教养、收容教养、收容教育、强制戒毒、强制医疗等。

本书认为,今后我国的刑事执行法立法任务,主要有以下几项:首先,要充实与完善《监狱法》的内容。2012年10月《监狱法》的修正的目的仅仅是为了与2012年修订的《刑事诉讼法》保持一致,而并没有进行其他方面的修改与完善,因此,在未来的监狱法的修正工作中,需要进一步充实与完善监狱法的内容。其次,要推动完成《社区矫正法》的立法工作。目前的《社区矫正实施办法》规定的内容较为详细,然而是司法机关与行政机关联合制定的规范性文件,层次较低,因此未来应该在《社区矫正实施办法》的基础上,制定《社区矫正法》。最后,从长远的角度来看,我国还需要完成"刑事执行法"的法典化工作,从而实现我国刑事立法的全面法典化。

第五节 刑事执行的历史趋势

从中外刑事执行的历史梳理,我们可以发现一些普适性的规律:早期的刑罚是以生命刑和身体刑为主导的,有着浓厚的同态复仇和等量报应的色彩。同时,在刑罚的适用和执行过程中,往往通过天意、神权来确证刑罚运用的妥当性。这与初民社会的阶段是相符合的:在这一阶段里,人们并不能较为全面地认识犯罪现象,因而也不可能就此现象作出合理地反应。刑罚反映着社会对犯罪的态度和反应,将犯罪视为对神明的亵渎以及违反天意的行为,并对之适用以严酷的报应刑罚是自然之理。无论中国还是西方,在早期漫长的刑罚执行历史中,依然保存原始社会时期刑罚残酷性的一面,例如生命刑和身体刑的大量适用、车裂等虐杀式的执行方式的广泛存在。随着人类文明的发展和社会的进步,早期刑罚的丑陋和血腥被渐渐地掩盖起来,在中国表现为从"墨、劓、剕、宫、大辟"的旧刑罚体系向"笞、杖、徒、流、死"新刑罚体系的演变,在西方表现为倡导改善迁过的教会法的兴起。在接受文艺复兴和启蒙运动的洗礼之后,刑事执行的历史翻开了新的篇章——自由刑、罚金刑、资格刑的广泛适用,标准着传统以死刑和身体刑为主导的刑罚体系的崩溃,人类社会的刑罚体系迎来了具有里程碑意义的变革。总的来说,这一次变革之所以意义重大,原因在于其不仅在法律技术层面上对刑事执行的方法、内容进行了革新,而且釜底抽薪般地对刑罚理念作出了新的表述——从国家惩罚的层面过渡到罪犯矫正的层面,也因此又反过来推进法律技术上的革新。由此,根据中外刑事执行历史的沿革和发展,我们认为刑事执行的历史至少包括以下三个层面的趋势:其一,法律技术层面的刑事执行内容的体系化和方式的科学化;其二,法律理念层面的行刑的人道化和文明化;其三,法律理念和法律技术交融下的刑事执行的否定之否定——从封闭走向开放、从监狱走向社会。

一、刑事执行的体系化和科学化

刑事执行的体系化,是指通过立法将刑罚种类以一种互相衔接、互相配合的形式进行整理,消除各种刑罚类型在刑罚体系内的抵牾。而刑事执行的科学化是指通过将现代科学技术手段引入行刑过程,继而引发行刑制度变革。在刑事执行的历史变迁中,其内容的体系化和方式的科学化是比较直观的,是刑事执行变革的征表。

较之于刑事执行的科学化而言,刑事执行的体系化的趋势更为全面地展现在刑事执行的历史之中,不过早期的体系化仅仅停留在将刑罚类型法定化,而晚近以来的体系化则更多的涉及刑罚类型的协调配合。刑罚类型的法定化在我国表现得尤为明显:从"大刑起于甲兵"(《汉书·刑法志》)的刑罚源初,刑罚类型可谓层出不穷,执行方式亦是五花八门。到西周时期刑罚体系的初创,主要的刑罚种类被类型化为"墨、劓、刖、宫、大辟"这五类,但是对执行方式并未有所限制,就死刑执行而言,炮烙、车裂、磔刑等大行其道。通过汉代刑制改革和法律儒家化,隋唐时期形成的新型刑罚体系开始同时规范刑罚类型与行刑方式——刑罚类型变更为"笞、杖、徒、流、死",而自笞刑的篦杖规格化、中途不换行刑人到死刑的绞斩法定化等执行方式,法典亦有规定。这里的刑罚种类的类型化以及对行刑方式的限制,属于体系化较低层次。

近代后,自由刑成为了刑罚体系的主导,通过提高自由刑刑期,也使得对死刑的需求被大大地削弱,自由刑因而促成了对死刑的限制。然而自由刑本身亦有缺陷,诸如短期自由刑的交叉感染、难以有效改造等弊端,因此财产刑、资格刑等刑罚以及缓刑、假释、社区矫正等开放性处遇方式作为配套措施出现。这便是刑事执行的内部整合,发挥各类刑罚的最大功效、使其相得益彰,属于体系化的较高层次。

刑事执行的科学化,则是近代资本主义兴起、自然科学与人文社会科学摆脱神学之后的一种趋势。这种趋势亦受刑罚理念变迁的影响。在传统纯粹报应主义视野下,刑事执行是实践刑罚的惩罚功能,执行刑罚本身成为了自身的目的;而在近代以来刑罚预防主义看来,刑事执行不再是为了执行而执行,刑事执行具有独立的价值,即以教育改造罪犯、防止其再犯为目标。由于刑事执行目标和任务的变化,相应地对刑事执行的方式提出了变革的要求,如何对罪犯进行矫正则需要生理学、心理学、社会学、教育学等作为指导。分类关押、累进处遇、缓刑及假释是这种刑事执行科学化早期的实践成果。从当前各国来看,刑事执行的科学化往往贯穿于刑事执行的始终,即刑事执行多方位的引进科学方法。一般来说,在刑事执行前的量刑阶段,审判机关会通过自我调查或者社会服务机构对犯罪人的犯罪原因、个体特征、生活经历、家庭背景、社交关系等进行多方面调查,以此作为量刑的主要依据。在交付刑事执行时,会有诸如矫正鉴定中心对不同罪犯的不同甄别,专门提供分类和矫正建议的前置程序,以便实现罪犯的分类关押,实现行刑个别化。在刑事执行中,刑事执行的执行机关或者辅助机构会对相关服刑人员定期的风险和需要评估,同时结合与服刑人员面谈的形式,有利于矫正人员掌握与服刑人员间的关系,并根据分类分别对服刑人员采取选择性干预、环境构建、个案控制以及环境限制等等。在刑事执行完毕之后,则会有相应社会服务机构对刑满释放人员进行心理或者生活辅导,以便其更顺利地融入社会。

二、刑事执行的人道化和文明化

刑事执行的人道化和文明化既包括刑罚的人道化和文明化,也包括执行过程中的人道化和文明化。相应地,刑事执行的人道化和文明化既包括立法者立法理念的人道化和文明化,也包括司法者行刑理念的人道化和文明化。在刑事执行的历史变迁中,人道化和文明化并不是直接观察可以获得的,而是需要通过刑事执行的体系化和科学化来反映,但无论如何,人道化和文明化指引着体系化和科学化,因而具有某种先导特征。

从刑罚执行的历史来看,古代西亚(以《汉谟拉比法典》为典型)、希伯来、古代希腊、罗马(以共和国时期《十二铜表法》为典型),即以神明裁判为形式,主张"以眼还眼,以牙还牙"的同态复仇,强调死刑、肉刑惩罚和威慑。及至日耳曼法时期,开始表现为以结果责任和团体责任为导向,导致因犯罪而受刑罚株连的范围极大地扩张。同时,这一时期承认私人间血亲复仇,各种针对生命、身体的刑罚层出不穷。① 死刑和肉刑的宣判和执行在前启蒙时代成为一种随处可见的公共景观,例如因刺杀国王而被判处死刑的达米安案件:达米安乘坐囚车,身穿囚衣,手持两磅重的蜡烛,被送往格列夫广场。那里将搭起行刑台,用烧红的铁钳撕开他的胸膛和四肢上的肉,用硫磺烧焦他持着弑君凶器的右手,再将熔化的铅汁、沸滚的松香、蜡和硫磺浇入撕裂的伤口,然后四马分肢,最后焚尸扬灰。② 由此可见,在启蒙时代以前的刑罚执行,与文明以及人道之间有相当大的距离。

刑事执行的人道化和文明化趋势开始显著并逐渐成为重要的行刑原则,则始于近代。正如康德所言的"人(与他一起的每一个有理性的存在者)就是自在的目的本身,亦即他永远不能被某个人(甚至不能被上帝)单纯地用做手段而不

---

① 参见何勤华、夏菲主编:《西方刑法史》,北京大学出版社 2006 年版,第 59 页以下。
② 〔法〕米歇尔·福柯:《规训与惩罚》,刘北成、杨远婴译,生活·读书·新知三联书店 1999 年版,第 3 页。

是在此同时自身又是目的"①。刑事执行不能以折磨和惩罚罪犯作为威吓潜在犯罪人、维护社会秩序的手段,而是必须要面向罪犯,以教育感化、改造自新为目的。对刑事执行立法而言,这要求尽可能明确罪犯的基本权利,包括生存权、健康权、人格权、休息权、通信会见权等人权,确保罪犯不因刑事执行而丧失基本人权。对刑事执行司法而言,要求刑事执行机关及执行人员应当尊重罪犯的人格,不得侵犯法律赋予其的基本权利,包括严禁体罚、虐待罪犯,严禁殴打或者指使他人殴打罪犯,确保罪犯的衣物、饮食、休息、医疗等供应,保障罪犯与亲友的通信和会见权利等。

刑事执行的人道化和文明化作为资产阶级革命的一大成果,逐渐地为各国所接受,成为一种世界性共识。1955年第一届联合国预防犯罪和罪犯待遇大会通过了《囚犯待遇最低限度标准规则》,强调各国应保障罪犯的生存权(死刑立即执行的罪犯除外)、健康权、人格权、姓名权、肖像权、政治权利、诉讼权利等,保证罪犯的人格尊严不受侵犯,禁止体罚、暗室禁闭和一切残忍、不人道、有辱人格的惩罚。1975年第五届联合国预防犯罪和罪犯待遇大会又通过了《保护人人不受酷刑和其他残忍、不人道、有辱人格的待遇或处罚的宣言》,进一步宣示了反对酷刑和非人道刑罚及其执行的立场和态度。

三、刑事执行的开放化和社会化

刑事执行的开放化和社会化指的是,在刑事执行立法和行刑阶段,应当尽可能使执行场所开放,以使罪犯不因刑事执行而人为地与社会脱离联系,有效实现罪犯刑满后良性复归社会的一种刑事执行趋势。由于死刑、财产刑、资格刑等均不存在封闭性的执行场所,因而开放化和社会化趋势实际上初始于自由刑在刑罚体系的主导地位确立之时。自由刑就其特征而言,首要一点便是封闭性——以剥夺罪犯自由为手段。这样一种以封闭性为特征的刑罚,在近代资产阶级革命时代,作为传统死刑、身体刑等刑罚的替代,是具有进步和人道意义的。然而,自由刑这一特性使其自始就与教育刑的复归理念存在潜在的冲突——长时间封闭执行会使罪犯远离社会,在远离社会的地方培训罪犯的再社会化能力以复归社会,这里存在着悖论。

为防止刑事执行(主要是监狱行刑)的封闭性之弊,适度地开放以保持罪犯与社会的联系、多元地创制监狱行刑的替代性措施,成为了各国的普遍性共识。较早能够体现刑事执行开放化和社会化的,是缓刑和假释的创制。缓刑和假释关注的重点并不是罪犯所犯罪行的严重程度,而是罪犯个体人身危险性——有无教育和预防之必要。缓刑的价值在于附条件地不将罪犯投入监狱,以可能的

---

① 杨祖陶、邓晓芒编译:《康德三大批判精粹》,人民出版社2001年版,第380页。

刑罚作为威慑,使其在社会上自我约束、改过迁善。而假释则是对已服刑一定年限的罪犯,根据其悔罪态度和服刑表现,附条件予以释放。其价值在于将剩余刑期转化为对罪犯的保护观察期(考验期),提前使罪犯与社会接触,逐步掌握生存和交流技能,在刑期届满时更顺利地融入社会,实现社会复归之理念。另外,在我国刑罚体系中创制了唯一不剥夺犯罪分子自由的开放性主刑——管制,其执行依赖于基层执行机关和罪犯所生活的社区。

晚近以来的监狱对外界的开放以及社区矫正等尝试和探索,则进一步推动着刑事执行的开放性和社会化趋势。监狱对外界的开放主要包括建造开放式监狱、给予囚犯出狱假以及其他形式的离监假等。开放式监狱的产生,打破了监狱高墙电网、戒备森严的信条,其外形上不再有与普通建筑物区隔的标准。同时,监管人员亦摆脱了制服戒具,淡化了监管而强化了教育交流的意味。某种程度上说,开放式监狱使得罪犯享受不受监管的会见亲属、通信的权利,同时引入基层社区和机构参与到罪犯的矫正计划中来,为罪犯回归社会奠定了基础。出狱假制度则针对即将释放或假释的罪犯,使其暂时性离开监狱,为其释放回社会做好生理、心理等各方面准备。另外,较为广泛的开放性改革是所谓的半拘留制(工作释放制),即罪犯在白天可以在监狱外的社区工作,晚间则返回监狱居住。① 社区矫正则是在刑罚执行的过程中引入社会力量,使得国家司法机关和社区、服务机构等社会组织分享刑事执行权,共同促进服刑人员与社会的融合活动,提高罪犯改造质量、减少罪犯复归困难、缩短罪犯再社会化进程。以我国为例,在近年来北京、上海等地展开社区矫正试点尝试的基础上,2011年《刑法修正案(八)》将之法定化,规定对管制犯、缓刑犯、假释犯等实行社区矫正。

---

① 参见〔南非〕德克·凡·齐尔·斯米特等编著:《监禁的现状和未来:从国际视角看囚犯的权利和监狱条件》(第二版),张青译,法律出版社2010年版,第647页以下。

第三章　刑事执行法的任务、功能和基本原则

第一节　刑事执行法的任务

所谓任务,是指"指定担任的工作或者指定担负的责任"[①],因此,刑事执行法的任务,指的便是作为刑事法律体系重要分支的刑事执行法所担负的责任。在刑事法律体系中,各个部门法各自承担着相应的任务:刑法所承担的任务是用刑罚同一切犯罪行为作斗争,以保卫国家安全、人民民主政权和社会主义制度、公私财产、公民人身权利、民主权利和其他权利,维护社会秩序与经济秩序等,简而言之,刑法的任务在于惩罚犯罪和保护法益。刑事诉讼法的任务在于准确追诉和保障人权。同样,刑事执行法也有自己的任务,主要有以下三个方面:

一、保证生效裁判所确定刑罚的正确执行

刑事执行法的第一个任务,也是最基本的任务,是保证已经发生法律效力的刑事判决和裁定中已经确定的刑罚能够得到正确的执行。从刑法和刑事诉讼法的基本任务可以看出,刑法负责实体上认定犯罪、保护法益,而刑事诉讼法则在程序上确保定罪的准确性;而刑事执行法的首要任务就是将人民法院依据刑法和刑事诉讼法所作出的生效判决中的确定刑罚予以执行。所谓已经生效的判决或裁定,根据我国《刑事诉讼法》第248条的规定,即:(1)已过法定期限没有上诉、抗诉的判决和裁定;(2)终审的判决和裁定;(3)最高人民法院核准的死刑的判决和高级人民法院核准的死刑缓期二年执行的判决。

刑事执行法不仅要确保将已经生效的裁判予以执行,避免空有判决而无实质执行的现象,而且也要保证人民法院所判处的刑罚得以正确执行。所谓的正确执行,又称为依法执行,是要求刑事执行的整个过程都处在合法规范的状态之下,其主要包括以下四个方面的内容:

第一,刑事执行机关需要严格执行生效裁判确定的内容,若变更执行内容,如减刑、暂予监外执行,需要根据法律的明确规定。第二,刑事执行机关需要按照法定的执行程序执行刑罚。例如,关于死刑执行程序,刑事执行法就需要作出严格的规定,刑事执行机关以及执行人员不得违背相关程序。第三,刑事执行机

---

① 中国社会科学院语言研究所词典编辑室编:《现代汉语词典》(第5版),商务印书馆2005年版,第1151页。

关的权力需要由法律明确授予。无明文授权则无刑事执行,哪些机关拥有刑事执行权,刑事执行机关在刑事执行中拥有哪些权力等等,都需要刑事执行法明确授予。第四,刑事执行机关不得将义务和惩罚随意附加给服刑人员,也不得随意剥夺服刑人员应有的权利,因为服刑人员所应履行的义务和享受的权利同样也需要刑事执行法所明确规定。

二、惩罚和改造罪犯

如果说,保证生效裁判所确定的刑罚得以正确执行,是刑事执行法的形式任务的话;那么,惩罚和改造罪犯则是刑事执行法的实质任务。之所以说保证生效判决所确定的刑罚得以正确执行是形式任务,是因为其并未关注受刑主体——罪犯,刑罚是对受刑主体实施的,离开了受刑主体,所谓正确执行刑罚也就成了一纸具文。因此,保证刑罚的正确执行只是表,而惩罚和改造罪犯则是里,保证刑罚的正确执行这一任务的合理性,是通过惩罚和改造罪犯这一实质任务来证成的。

有关刑罚目的的理论先后出现了报应理论、特殊预防理论、一般预防理论以及报应性综合理论。报应理论认为所谓刑罚意义并不应该从对社会有益的目的中寻求,而只能通过让罪犯承担痛苦的方式来实现正义。特殊预防理论强调刑罚的任务仅仅在于阻止行为人将来的犯罪。一般预防理论则既反对报应,也反对特殊预防,而主张刑罚目的在于警示和预防一般人犯罪。当前占通说地位的报应性综合理论则主张报应、特殊预防、一般预防可以并存并立,应同时作为刑罚目的而存在,但究其根本而言,是报应为刑罚划定了边界。[①] 惩罚和改造罪犯之所以成为了我国刑事执行法的任务,就在于其符合了刑罚的报应和预防的目的,执行刑罚意味着对罪犯实施法律的报应,同时也剥夺了其再犯的可能性。

三、保障罪犯的人权

准确执行生效判决的刑罚表层之下,不仅有惩罚与改造罪犯的一面,也有保障罪犯人权的一面。根据现代公法理念,给相应的国家机关授权的同时,就意味着对其权力进行了限制,即将权力限制在法律的范围内,如此便降低了公权力恣意的可能性。在中国古代刑事执行中,并没有所谓的刑事执行法或者监狱法的存在,不仅不会影响对罪犯的惩罚任务的实现,反而可能会加剧罪犯的行刑处境。例如,清代监狱内行刑环境恶劣、法外之刑迭出,因而"瘐毙"(非正常死亡)

[①] 参见[德]克劳斯·罗克辛:《德国刑法学 总论》(第一卷),王世洲译,法律出版社2005年版,第36页以下。

人数非常之多，"见死而由窦出者日死三人……往岁多至日十数人"①。强调依法行刑、准确行刑，意味着刑事执行机关的刑事执行权被限制在合法、合理的框架内，究其实质根据，乃在于保障罪犯的基本人权。当然，这也是刑事执行法将宪法保障人权的宣言落实到部门法的具体表现和题中之意。

罪犯因犯罪而受到刑罚的惩罚，在刑罚的执行过程中，罪犯必须履行许多法律义务；同时，普通公民所享有的诸多权利，由于身陷囹圄，罪犯的这些权利可能都要受到限制、甚至实质性丧失。然而，除了法律明确剥夺或者因刑罚属性而被剥夺的权利外，罪犯的其他权利依法受到保护并可依法行使。例如，在监狱行刑中，罪犯的申诉权、控告权、检举权、受教育权、财产继承权等等，都没有受到剥夺。在社区矫正中，罪犯则享有相对更多的权利，包括很大程度的人身自由权。然而，由于罪犯正在被执行刑罚，其权利容易受到忽视或者侵犯，因此，以法律的形式来保障罪犯的合法权利，是刑事执行法的另一个重要任务。一方面，刑事执行法需要明确规定，罪犯哪些权利在刑事执行过程中是被剥夺或者限制的。没有被剥夺或者限制的权利，即为罪犯享有的、受到法律保护的权利。例如，我国《监狱法》第7条规定："罪犯的人格不受侮辱，其人身安全、合法财产和辩护、申诉、控告、检举以及其他未被依法剥夺或者限制的权利不受侵犯。"另一方面，对于实践中罪犯容易被侵犯的权利，或者刑事执行中罪犯特别需要保障的权利，刑事执行法需要加以特别规定，或者采取特别保护措施。如我国《监狱法》第21条至第24条就罪犯的申诉、控告、检举权进行了特别规定。与此同时，刑事执行还需要明确规定罪犯权利的保障措施，特别是要规定侵犯罪犯权利的行为的法律责任——包括行政责任、民事责任以及刑事责任。

第二节　刑事执行法的功能

所谓功能，是指"事物或方法所发挥的有利作用"②。顾名思义，刑事执行法的功能就是指实施刑事执行法所能发挥的有利作用。刑事执行法的功能与其任务密切相关：一方面，刑事执行法所承担的任务塑造了其应具有的功能，也就是说刑事执行法所发挥的有利作用，应当符合立法所赋予该法的职责。而另一方面，刑事执行法所具有的功能又促成了刑事执行法的任务的实现，立法任务的履行和实现离不开相应的功能，需要其发挥重要的作用。

因此，刑事执行法的功能是围绕着刑事执行法的任务而展开的，其功能可以

---

① ［清］方苞：《方苞集》（下册），刘季高校点，上海古籍出版社1983年版，第609页。
② 中国社会科学院语言研究所词典编辑室编：《现代汉语词典》（第5版），商务印书馆2005年版，第475页。

分为惩罚功能、矫正功能、防卫功能以及安抚功能。其中,惩罚功能和矫正功能是根据刑事执行法执行相应刑罚本身所产生的直接功能,是直接针对服刑人员而言的。而所谓防卫功能和安抚功能则表现为因刑罚的执行而带来的间接功能,往往面向服刑人员以外的社会公众。

一、惩罚功能

刑事执行法的首要任务是保证正确执行刑罚,而各种刑罚措施都旨在剥夺服刑人员某些重要的权利,例如生命权、自由权、财产权等等。因而,对服刑人员而言,刑罚执行首先意味着惩罚。惩罚与刑罚是相伴的,刑罚之所以被认为是最为严厉的法律制裁措施,不仅仅在于有国家强制力作为后盾,而且更在于其惩罚程度的无可比拟性。需要指出的是,刑罚的惩罚功能往往在剥夺或限制服刑人员的权利的同时,使服刑人员在心理上感受到痛苦。因此,惩罚功能既包括身体、物质上的惩罚,也包括心理、精神上的惩罚。当然,我们承认刑事执行法的惩罚功能,并不意味着在行刑过程中可以单纯追求惩罚效果,更不意味着可以把惩罚作为行刑的目的。

二、矫正功能

在现代刑事司法体系中,纯粹以惩罚犯罪人为目的的刑罚理念是缺乏正当性的。① 自德国李斯特以降,现代行刑理念可谓奉目的刑或教育刑为圭臬,也因此刑事执行一个重要的功能就是矫正服刑人员,通过教育,转化服刑人员的犯罪思想,使其不再为恶、改过自新。矫正功能使得刑罚及其执行具有了辅助性的法益保护属性,进而使其具备了正当化根据:刑罚的执行不只是具有归责过去的惩罚的色彩,更为主要的应当具有面向未来的教育色彩。如此,则刑罚的执行成为服刑人员顺利复归社会并避免再犯的中介和桥梁。惩罚与改造相结合,以改造人为宗旨,是我国监狱工作的方针。惩罚是保证矫正顺利进行的必要条件之一,矫正则是实施惩罚的目的所在。

三、防卫功能

防卫功能是由执行刑罚而附带产生的效果,"防"的是可能的再犯、潜在的危险,"卫"的是社会秩序、公民大众。具体而言,其包括剥夺和限制服刑人员的再犯可能,威慑并抑制潜在犯罪人的行为,教育且倡导公民遵守刑法规范。首

---

① 正如罗克辛教授所指出的那样,"如果刑法的任务在于辅助性地支持法益的保护,那么,完成这个任务就不允许使用明显不考虑各种社会目的的刑罚"。参见〔德〕克劳斯·罗克辛:《德国刑法学 总论》(第一卷),王世洲译,法律出版社 2005 年版,第 38 页。

先,剥夺和限制服刑人员的再犯可能,属于特殊预防的范畴。例如死刑以剥夺受刑人的生命为目标,自无再犯可能,而监禁刑、财产刑以及资格刑则或多或少限制了受刑人再犯的几率。其次,威慑并抑制潜在犯罪人的行为,属于一般预防的范畴。通过具体刑罚的执行,保证了罪刑相当性、刑罚的及时性,则会对社会中潜在的犯罪人以精神上的压制,令其在不法犯罪的道路上畏惧不前,打消其犯罪的念头。再次,教育且倡导公民遵守刑法规范,也同样属于一般预防的范畴。通过对犯罪人执行严厉的刑罚,重新确证了法律规范的效力,使得公民大众直观地感受到了刑法规范对犯罪人的谴责与惩罚,从而远离不法犯罪的道路。

四、安抚功能

在国家尚未垄断刑罚权的前启蒙时代,以血亲复仇为典型的私人报复之所以被认可,一个重要的原因在于这种报复可以实现对被害人一方的安抚。自启蒙时代以来,国家取代被害人直接面对犯罪人之后,被害人似乎从刑事司法中消失了。然而,不可否认的是,刑事执行法并未遗忘被害人,即通过对犯罪人施加刑罚,安抚被害人及其家属,平复因犯罪行为而产生的复仇心理,实现一定程度上的刑罚正义。

第三节 刑事执行法的基本原则

刑事执行法的基本原则,是指刑事执行法本身所具有的,贯穿于刑事执行法始终,必须得到普遍遵循的具有全局性、根本性的准则。一般而言,我国法律开篇都会明确规定其基本原则,如《刑法》就规定了罪刑法定、平等适用刑法与罪责刑相适应三项基本原则。目前我国刑事执行法还没有实现法典化,研究刑事执行法的基本原则便没有直观的法律规定作为依据,因此所谓"刑事执行法的基本原则"并未经过立法的确认,而理论界目前对刑事执行法的基本原则亦没有形成基本共识。

本书认为,刑事执行法的基本原则是刑事执行法的制定、解释与适用都必须遵循的准则,贯穿于刑事执行过程的始终,对刑事执行机关及其执行人员有授权和限制作用,对被判处刑罚的人有惩罚和保障作用,对刑事执行的种类和方式有指导和变革作用。由于刑事执行的内容为刑罚,其体现着刑罚的任务、功能及其适用,因而刑事执行原则不可避免地受到刑罚原则的影响。近代以来,刑法的三大原则广为流传,即罪刑法定原则、罪责相适应原则以及刑罚人道主义原则。与刑事执行原则相关的是罪刑法定原则和刑罚人道主义原则,二者同样为刑事执行原则提供了基础性根据。

罪刑法定原则在刑事执行中的表现则是刑事执行的法定性,强调对刑罚权的限制。而刑罚人道主义原则对应在刑事执行中则是行刑人道化,这是自启蒙时代以来,刑事执行的核心理念。除此之外,还有刑事执行个别性原则、刑事执行社会性原则。刑事执行个别性原则是在刑罚目的理论从传统报应理论向特殊预防理论转变的过程中应运而生的,强调根据罪犯的不同情况,实施与之具有针对性的改造行为的矫治。而刑事执行社会性原则则更为现代,它是作为对近代以来所确定的以监禁刑为中心的刑罚体系的否定的产物,而登上现代刑事执行舞台的。因为以监禁为核心的刑罚,受到了教育改造不力、恶习交叉传染、屡犯再犯偏多、罪犯与社会脱节等质疑,所以逐渐地形成了以犯罪人更好地复归社会为理念的刑罚社会性原则。据此,我国刑事执行法的基本原则有以下四项:

一、刑事执行法定性原则

刑事执行法定性原则,是指必须由成文的法律规定刑罚的执行。这里的"法律",是狭义的法律,即由全国人民代表大会及其常委会制定的法律。

首先,刑事执行法是刑事基本法律制度之一,根据我国《宪法》第62条的规定,刑事执行法应当由全国人大以法律的形式制定。当然,目前我国还没有统一的刑事执行法典,但许多刑事执行法律规范都规定在法律当中,如《刑法》《刑事诉讼法》与《监狱法》。

其次,哪些国家机关享有刑罚执行权,其具体职权包括哪些,都需要由法律来规定。根据我国《立法法》第8条第2项,各级人民政府、人民法院和人民检察院的产生、组织和职权,只能由法律来规定。目前,根据有关法律的规定,人民法院、公安机关与司法行政机关分别承担一定的刑事执行职能;这些机关在刑事执行方面的分工与具体的权限,均由法律明确予以规定。

再次,在刑事执行过程中,刑罚执行的具体程序,刑事执行机关可能会对罪犯采取的限制人身自由的强制措施和处罚措施,刑事执行人员所应当采取的矫正手段和教育措施,罪犯所依法享有的权利等等,根据我国《立法法》第8条第5项的规定,均需以法律的形式进行规定。

最后需要指出的是,由于目前我国刑事执行立法还很不完善,有些刑罚的执行仍然处在改革试验当中,刑事执行法定性原则并没有完全地被贯彻遵守。如关于社区矫正,在我国《刑法修正案(八)》通过之前,就缺乏基本的法律依据;而在我国《刑法修正案(八)》通过之后,特别是2012年《刑事诉讼法》修正之后,社区矫正才有了明确的法律依据,但相关法律亦没有就社区矫正的具体内容进行规定。相反,目前大部分关于社区矫正的执行法律规范都规定在《社区矫正实施办法》中;该办法由最高司法机关(最高人民法院和最高人民检察院)与国务院的两个部门——公安部、司法部联合制定,虽然制定的规格较高,但其法律性质为何,并不明确。

二、刑事执行人道性原则

刑事执行的人道主义,在中西方古代刑罚执行的历史上或多或少地出现过,例如中国狱制中的恤刑、系囚等制度。但作为统摄刑罚与刑事执行的基本原则,人道主义却是18世纪资产阶级革命的产物。"滥施极刑从来没有使人改恶从善"①,贝卡里亚首倡了刑罚执行的人道性,并为废除死刑与不人道的刑罚而大声疾呼。伴随着人权观念的全球传播与深入人心,刑事执行人道主义原则成为一种世界性的共识,第一届联合国预防犯罪和罪犯处遇大会制定的《囚犯待遇最低限度标准规则》为这一共识作了背书。

由于刑事执行的性质,执行机关及其执行人员与被执行刑罚的罪犯之间属于一种管理教育关系,双方地位自始就是不平等的。在这样一种不平等的情景中,如何保证罪犯享有应有权利、防止刑罚执行的肆意扩大,人道主义原则设定了框架性的限制。其首先对刑事执行的刑罚种类提出了人道主义要求,禁止一切侮辱人格、不人道的刑罚。其次,其对刑事执行行为方式提出了人道化要求,禁止刑罚执行人员通过体罚、殴打或者纵容他人殴打的方式来侮辱、伤害罪犯。再次,为了强化这种人道化要求,该原则将罪犯的基本权利予以了法定化。除了被判处死刑立即执行的情形,罪犯依法享有生命权、健康权、生存权、休息权、人格权、申诉、控告、检举权,在未被剥夺政治权利的前提下,罪犯还享有选举权、言论及出版权等。

三、刑事执行个别性原则

刑事执行的个别化原则要求执行机关及其执行人员在执行刑罚或者变更刑罚适用的时候,必须与罪犯的人格状况、人身危险性、主观恶性以及服刑表现相结合。刑事执行的目的是教育改造罪犯,帮助其去除恶习、复归社会,因此,在刑罚执行时必须根据罪犯的不同表现制定不同的教育改造计划。我国《监狱法》第61条强调教育改造罪犯要实行因人施教、分类教育的原则,采取集体教育与个别教育相结合的方法,这是符合刑事执行个别性要求的。在具体的狱政管理之中,根据罪犯的服刑表现给予区别对待的累进处遇制同样是个别化的具体体现。

刑事执行个别化原则的具体要求表现在以下三个方面:其一,在刑罚执行之前,对罪犯需要有详实的调查并作出相应地分类,调查的内容主要包括罪犯的人格特点、家庭情况、教育程度、犯罪行为、暴力倾向等,以便制定相应的改造教育计划;其二,在刑罚执行的过程中,密切注意罪犯的改造态度和行为表现,主要包

---

① 〔意〕贝卡里亚:《论犯罪与刑罚》,黄风译,中国方正出版社2004年版,第59页。

括是否乐于接受思想教育、文化技能教育、是否积极参加劳动等,以便及时作出不同的处遇决定,例如调整罪犯的警戒程度,是否给予奖励激励罪犯改造等等;其三,在刑罚执行的后期,应当注意结合罪犯的服刑表现,考察其人身危险性与主观恶性,作出减刑或者假释等决定,及时使已经改造的罪犯复归社会。

四、刑事执行社会性原则

社会化是社会学的概念,意指人由出生的生物属性逐步习得社会规范、形成生存技能、获得社会属性的过程。[①] 与社会学意义的社会化相关联的是,刑事执行的社会化是一种隐喻,即罪犯因为犯有罪行而被认为未实现正常的社会化,正是由于未形成社会规范意识,才会有反社会的罪行发生。因此,刑事执行的过程就是帮助罪犯重新社会化,以使其获得相应生存技能、形成良好的规范意识,最终复归社会。然而近代以来确定的以自由刑为核心的刑罚体系本身是与社会化矛盾的,因为罪犯在被剥夺自由、投入监狱后,丧失了与外界的交流,这本身就是一种反社会化的举措。为了解决这一矛盾性的问题,缓刑、假释等制度相继出现,以适应刑事执行社会化原则。

刑事执行社会化具体表现在以下三个方面:其一,从刑罚适用的角度看,大量适用缓刑和假释,将有利于罪犯的社会化。缓刑是附条件地不执行刑罚,而假释则是附条件地提前释放,前者根本就不将罪犯从社会中隔离,以杜绝狱内习癖传染,后者则是在刑期未满时将罪犯放归社会,在监禁的无自由状态和恢复完全自由状态之间设置了一条缓冲带,在该期限内对罪犯进行保护观察,一方面使罪犯遵守法律规定的相应事项,另一方面对其进行辅导援助、指导监督。其二,从狱政管理的角度看,对罪犯采取累进处遇,对其中人身危险性较少、服刑表现良好的罪犯可以给予离监探亲假,甚至还可以设置白天外出、晚间归监的开放式监狱,以适应社会化原则。其三,从刑事政策的角度看,"最好的社会政策就是最好的刑事政策",整合全社会的力量来合理地应对和惩治犯罪,这是刑事执行社会化的深层次要求。以非监禁式行刑为例:罪犯正是在社会之中被执行着刑罚,社会由此承担着营造罪犯顺利服刑的和谐氛围、提供矫正专家和志愿者等物质和技术方面的责任。此外,对刑满释放人员、缓刑犯、假释犯提供复归社会必要的帮助和支持,也是刑事执行社会化的题中之意。

[①] 参见郑杭生主编:《社会学概论新修》,中国人民大学出版社1994年版,第105页。

第四章 刑事执行机关

刑事执行机关,是刑事执行法律关系的主体之一,在刑事执行活动中起着关键性的作用。本章在介绍刑事执行机关基础理论的基础上,重点介绍监狱和社区矫正机关。因为监狱与社区矫正机关在我国刑事执行体系中承担着大量的刑罚执行任务,其中,监狱应当是最为人们所熟悉的刑事执行机关,承担了主要的监禁刑执行任务;而社区矫正机关则是近年来才在我国兴起的刑事执行机关,负责非监禁刑执行任务。

第一节 刑事执行机关概述

一、刑事执行机关的概念

刑事执行机关,是指依法负责将人民法院生效判决或者裁定予以实现,承担相应的刑罚执行和罪犯矫治任务的国家机关。简言之,刑事执行机关是依法被赋予刑事执行权,负责执行刑罚的国家机关。把握刑事执行机关的概念,需要注意以下两个方面的内容:

第一,刑事执行机关的性质是具有刑事执行权的国家机关。刑事执行机关首先应当是国家机关,在我国只有公权力属性的国家机关才可能实施相应刑罚,人民法院、公安机关等刑事执行机关都是人们较为熟悉的国家机关。然而,作为监禁刑执行主体的监狱的性质,则存在争议。我国1994年底颁布的《监狱法》取消了劳动改造机关的称谓,将原来包括监狱、劳动改造管教队和少年犯管教所在内具有劳动改造性质的机关,统称为监狱,并对我国监狱的性质重新作了界定。如我国《监狱法》第2条明确规定:"监狱是国家的刑罚执行机关。"这就以法律的形式明确了监狱的国家机关性质。进一步而言,由于刑事执行机关具有刑事执行权,因而其不仅是国家机关,而且是负责执行刑罚的国家机关。不同于其他国家机关,刑事执行机关的主要任务在于执行刑罚,惩罚和改造罪犯。总之,刑事执行机关的所谓刑事执行权,即行刑权,是国家刑罚权的一部分,具有公权力属性,除国家刑罚机关以外的机关或个人均不得执行相应刑罚。

第二,刑事执行机关的职责与任务,与刑事执行法的任务与功能密切相关:刑事执行法任务的完成和功能的发挥,需要通过作为刑事执行主体的刑事执行机关依法履行职责与落实刑罚执行任务来实现。因而,刑事执行机关的职责与任务就在于准确执行生效判决和裁定、对罪犯实施惩罚与改造,保证量刑权和行刑权的有效衔接,实现国家刑罚权的有机统一。落实生效判决和裁定是惩罚与改造罪犯的前提,而惩罚与改造罪犯则是落实生效判决的目的。根据我国《刑事诉讼法》第248条和第253条之规定,判决和裁定在发生法律效力后便进入到执行阶段,而罪犯被交付执行刑罚的时候,则应当由交付执行的人民法院在判决生效后10日以内将有关的法律文书送达公安机关、监狱或者其他执行机关。由此可见,人民法院将罪犯交付给刑事执行机关后,刑事执行机关便担负起落实生效判决、惩罚改造罪犯的责任。

二、刑事执行机关的类型

由于我国不存在统一的刑事执行机关,根据不同的刑罚种类,我国立法确定了不同的刑事执行机关。目前我国刑事执行机关主要包括司法行政机关、人民法院以及公安机关。

(一) 司法行政机关

司法行政机关指的是中央政府的司法部以及地方各级政府的司法厅、司法局,而监狱、社区矫正机关则隶属于司法行政机关。

(1) 监狱,行政序列上隶属于司法部监狱管理局。监狱是关押和改造被判处监禁刑的罪犯的场所。我国《刑事诉讼法》第253条规定:"对于被判处死刑缓期二年执行、无期徒刑、有期徒刑的罪犯,由公安机关依法将该罪犯送交监狱执行刑罚。对被判处有期徒刑的罪犯,在被交付执行刑罚前,剩余刑期在3个月以下的,由看守所代为执行。"可见,在我国,监狱是负责执行死刑缓期二年执行、无期徒刑、有期徒刑的国家机关。

(2) 社区矫正机关,行政序列上隶属于司法部社区矫正管理局。社区矫正机关,是负责社区矫正工作的国家机关。根据我国《社区矫正实施办法》,司法行政机关负责指导管理、组织实施社区矫正工作;县级司法行政机关社区矫正机构对社区矫正人员进行监督管理和教育帮助;司法所承担社区矫正日常工作。目前,根据我国《刑事诉讼法》第258条之规定,社区矫正机关主要负责执行下列四种罪犯的刑罚:被判处管制的罪犯;被宣告缓刑的罪犯;暂予监外执行的罪犯;被裁定假释的罪犯。

(二) 人民法院

人民法院是代表国家行使审判权的国家机关,但在我国目前的刑事执行体制下,人民法院还承担若干刑罚的执行职责。根据我国刑法与刑事诉讼法的相关规定,由人民法院负责的刑事执行活动包括三种:

(1) 单处或者并处罚金刑的执行。

我国《刑法》第 53 条规定:"罚金在判决指定的期限内一次或者分期缴纳。期满不缴纳的,强制缴纳。对于不能全部缴纳罚金的,人民法院在任何时候发现被执行人有可以执行的财产,应当随时追缴。如果由于遭遇不能抗拒的灾祸缴纳确实有困难的,可以酌情减少或者免除。"我国《刑事诉讼法》第 260 条规定:"被判处罚金的罪犯,期满不缴纳的,人民法院应当强制缴纳;如果由于遭遇不能抗拒的灾祸缴纳确实有困难的,可以裁定减少或者免除。"从上述规定可知,犯罪人应当主动缴纳罚金。当犯罪人不主动依时缴纳时,由人民法院强制其缴纳。换言之,人民法院是罚金刑的执行机关。

(2) 单处或者并处没收财产刑的执行。

我国《刑事诉讼法》第 261 条规定:"没收财产的判决,无论附加适用或者独立适用,都由人民法院执行;在必要的时候,可以会同公安机关执行。"可见,没收财产刑的执行机关是人民法院。但在实际执行没收财产刑的过程中,可能会遇到干涉、阻挠、妨碍执行的情况,这时就可能需要公安机关协助人民法院执行没收财产刑。但在这种情况下,人民法院仍然是主导执行的机关,而公安机关仅起辅助作用。

(3) 死刑的执行。

我国《刑事诉讼法》第 251 条规定:"下级人民法院接到最高人民法院执行死刑的命令后,应当在 7 日以内交付执行。"第 252 条规定:"指挥执行的审判人员,对罪犯应当验明正身,讯问有无遗言、信札,然后交付执行人员执行死刑。"前述规定明确了死刑的执行机关是人民法院,但人民法院在对罪犯执行死刑时,应当通知同级人民检察院派员临场监督,同时由人民武装警察部队负责执行场所的警戒,保证死刑执行的顺利进行。

(三) 公安机关

公安机关负责拘役、部分有期徒刑、剥夺政治权利与驱逐出境的执行。其中,拘役与部分有期徒刑由看守所负责执行。

根据我国《看守所条例》的有关规定,看守所是羁押依法被逮捕、刑事拘留的人犯的机关。但根据我国《刑法》《刑事诉讼法》与《看守所留所执行刑罚罪犯管理办法》,看守所目前负责以下两类刑罚的执行:

第一,被判处有期徒刑的罪犯,在被交付执行前,剩余刑期在 3 个月以下的,由看守所代为执行刑罚。有期徒刑的执行机关是监狱,但基于便利性的考虑,对于剩余刑期较短的罪犯,由看守所代替监狱执行。据此,我国《刑事诉讼法》第 253 条规定,对于被判处有期徒刑的罪犯,在被交付执行刑罚前,剩余刑期在 3 个月以下的,由看守所代为执行。

第二,被判处拘役的罪犯,由看守所执行刑罚。我国《刑法》第 43 条规定:

"被判处拘役的犯罪分子,由公安机关就近执行。"我国《刑事诉讼法》第 253 条规定:"对于被判处拘役的罪犯,由公安机关执行。"2005 年以前,我国部分地区设置了专门执行拘役刑的"拘役所"。若没有建立拘役所的,则在就近的监狱或留在看守所内执行。但是长期以来,拘役所设置极不规范,缺乏执法和管理依据,并且基础设施条件差、安全系数低,影响了拘役刑罚执行工作的顺利进行。同时,由于被判处拘役罪犯的数量相对较少,单独设置拘役所难以形成关押规模,致使拘役所普遍以关押留所服刑罪犯为主,名不符实。为全面规范对被判处拘役罪犯的刑罚执行工作,公安部于 2005 年底决定,撤销拘役所,对于被判处拘役的罪犯,由看守所执行。由公安部制定并自 2008 年 7 月 1 日起施行的《看守所留所执行刑罚罪犯管理办法》也明确规定了拘役刑的执行机关为看守所。

前述的"看守所",是隶属于公安机关的刑事执行机关。另外,公安机关本身亦是"剥夺政治权利"与"驱逐出境"的刑事执行机关。剥夺政治权利刑的执行,在社区矫正改革实验阶段,曾经被纳入社区矫正的范畴,但我国《刑法修正案(八)》与 2012 年修正的《刑事诉讼法》并没有将其纳入社区矫正之中,因此剥夺政治权利刑的执行,仍旧由公安机关执行。"驱逐出境"是我国刑法规定的针对犯罪的外国人的一项刑罚,但是刑法并没有明确驱逐出境的执行机关。根据《公安机关办理刑事案件程序规定》,驱逐出境的执行机关为公安机关。

综上,我国刑事执行机关的设置较为复杂,如下表所示:

刑罚种类		刑事执行机关
管制		社区矫正机关
拘役	缓刑、暂予监外执行	社区矫正机关
	一般情形	看守所
有期徒刑	一般情形	监狱或者看守所①
	特别情形②	社区矫正机关
无期徒刑	一般情形	监狱
	特别情形③	社区矫正机关
死刑	缓期二年执行	监狱
	立即执行	人民法院

---

① 根据 2008 年公安部《看守所留所执行刑罚罪犯管理办法》第 2 条之规定,看守所负责执行拘役刑以及剩余刑期在 1 年以下的有期徒刑罪犯。然而需要注意的是 2012 年修订的《刑事诉讼法》第 253 条第 2 款规定看守所代为执行剩余刑期在 3 个月以下的有期徒刑罪犯。在这种情况下,坚持"上位法优于下位法"原则,应以《刑事诉讼法》规定为准。

② 特别情形是指对有期徒刑罪犯宣告缓刑、假释或者暂予监外执行的情形(我国《刑事诉讼法》第 254 条第 1 款)。

③ 特别情形是指无期徒刑罪犯被予以假释或者对怀孕或者正在哺乳自己婴儿的妇女实施的暂予监外执行的情形(我国《刑事诉讼法》第 254 条第 2 款)。

刑罚种类	刑事执行机关
罚金	人民法院
剥夺政治权利	公安机关
没收财产	人民法院[①]（必要时会同公安机关）
驱逐出境	公安机关

三、刑事执行机关的功能

刑事执行机关的功能，是指刑事执行机关在整个社会制度中所起的作用。刑事执行机关的功能与刑事执行法的功能是一脉相承的，同样是围绕着刑罚目的和意义而展开的，主要包括通过执行刑罚保障生效裁判的权威、通过惩罚罪犯实现法律报应、通过改造罪犯实现特别预防、通过威慑警示实现社会预防这四个方面的作用。

（一）执行刑罚

刑事执行法的任务之一是落实生效裁判中所确定的刑罚，因而执行刑罚是刑事执行机关的首要功能。刑事执行机关对罪犯实施刑罚，展现了刑罚所代表的国家强制力。人民法院的生效判决仅仅意味着法律和道义上对罪犯所犯行为的否定与谴责，其通常以判决书或裁定书的形式予以宣告，因而只是国家强制力的宣示。而刑事执行机关则不同，其依据生效裁判所执行的刑罚，是国家强制力的实践，保障着人民法院裁判的权威性。

（二）实施惩罚

刑罚是法律制裁中最为严厉的措施，是对犯罪人之不法行为的规范否定和法律报应，因而实现法律报应、落实惩罚也是刑事执行的一个基本功能。刑罚是针对犯罪人实施的危害社会行为而施加在犯罪人身上一种法律报应。报应意味着刑罚会给犯罪人带来现实的痛苦。法院的有罪判决，仅仅使这种痛苦成为一种可能，而刑事执行机关的执行活动，则使这种可能的痛苦成为现实。如法院通过没收财产，使罪犯感觉到财产减损的痛苦；监狱通过剥夺罪犯的人身自由，使罪犯感受到失去自由的痛苦；社区矫正机关通过依法监管罪犯，使罪犯感受到被限制自由的痛苦。当然，如前所述，实施惩罚并不意味着在行刑过程中可以单纯追求惩罚效果，更不意味着可以把惩罚作为行刑的目的。

（三）改造预防

改造功能，意味着刑事执行机关的行刑活动整体上要达到改变罪犯原主观形态、知识结构、道德修养、行为习惯甚至生活习惯，培养其掌握一定的文化知

---

① 在必要的时候，可以会同公安机关执行（我国《刑事诉讼法》第261条）。

识、谋生技能,并能适应社会生活的守法公民效果。改造功能首先是一种矫治机能,即针对罪犯存在的各种问题,施以直接和强制性的管理、控制、约束、教育、心理治疗等措施,以求达到治病的功效。改造功能同时还是一种培养机能,即将罪犯重新塑造成一名守法公民的机能。①

(四) 社会防卫

作为刑事执行机关的一项基本功能,社会防卫对应着刑罚的特殊预防和一般预防的功能。首先,通过监狱在一定时期内对罪犯人身自由的剥夺、社区矫正机关在一定时期内对罪犯的监管或者刑事执行机关依法剥夺罪犯的生命、财产等,可以减少或防止其再次实施危害社会的行为。同时,通过各种手段矫正罪犯,使其回归社会,预防其再犯罪,亦能体现刑事执行机关的保护社会的功能。其次,通过刑事执行机关执行刑罚的活动,亦可以对潜在的犯罪分子进行一定的威吓,实现刑罚一般预防的功能。

四、刑事执行机关多元化存在的问题

从上述刑事执行机关的类型可以看出,根据刑罚种类的不同,存在着人民法院、公安机关、司法行政机关等不同的刑事执行机关,我国刑事执行主体呈现出多元化的特征,因此相应的刑事执行活动也表现出分散性的特征。尽管从我国刑事执行历史上看,这种多元、分散的刑事执行体制为及时执行生效裁判、有效惩罚和改造罪犯、有力威慑和预防犯罪发挥过重要作用,但是随着刑事执行专业科学化、分工合理化的追求以及社会客观形势的变化,有必要对这种多元分散化的传统刑事执行体制予以检讨。

(一) 刑事执行权的授予不尽合理

国家刑罚权分为制刑权、求刑权、量刑权和执行权,分别对应着立法权、司法权和行政权。于刑事司法活动而言,求刑权对应的主要是检察机关的起诉及为起诉服务的公安机关的侦查,量刑权对应的则是人民法院的裁判,而执行权对应的就是形式刑事执行机关对裁判的执行。由于担负的职责不同,所对应的权力属性不同,因而不同的国家机关应当各司其职,相互配合衔接。

然而,在我国的立法和实践中,对应着求刑权的公安机关以及对应着量刑权的人民法院都被授予刑事执行权,具体担负着刑罚执行的任务。这种刑事执行权的分配是不合理的,因为在某种程度上权力未被限制,违反最基本的程序正义,这一点在人民法院执行刑罚的问题上表现得尤为明显。人民法院既是刑事案件的审判机关,又成为死刑立即执行、罚金刑、没收财产刑的刑事执行机关,属于典型的自行裁判、自行执行,是量刑权与行刑权的合二为一的表现。这一方面

---

① 金鉴主编:《监狱学总论》,法律出版社1997年版,第48页。

违背了刑事诉讼法的相互分工、互相制约的原则,缺乏刑事程序上的合理性。因为在刑事诉讼程序中,要求人民法院不偏不倚、居中裁判。如果同时赋予人民法院以执行刑罚的权力,则不免会对人民法院的中立性产生负面影响。另一方面也混淆了作为司法权的量刑权与作为行政权的行刑权之间的界限。赋予人民法院刑事执行权,一旦人民法院在执行罚金刑或没收财产刑表现不力,产生"执行难"的问题,则会反过来影响人民法院的形象以及法院裁判的权威。

公安机关在刑事诉讼中负有侦查案件的职责,同样也承担短期自由刑(拘役和部分有期徒刑)、剥夺政治权利和驱逐出境的刑罚执行的任务。刑事执行权属于行政权的特殊类型,而公安机关又属于行政机关,将刑事执行权授予公安机关并无权力属性上的障碍。尽管如此,这样的权力分配,却弱化了刑事诉讼法互相制约监督的作用。司法实践中,公安机关一方面是侦查机关,负责案件的侦破和证据的收集。而另一方面,公安机关所辖的看守所又肩负着羁押犯罪嫌疑人、被告人以及拘役犯、部分有期徒刑罪犯的任务。这使得同一机关承担的职能存在交叉重合,无法保证案件侦查以及刑罚执行的公正性。例如,公安机关既侦查案件,又羁押罪犯,权力相对过大,羁押机关不能有效制衡侦查机关的活动,是刑讯逼供产生的制度之源。

基于此,本书认为,刑事执行权的授予必须要围绕着权力属性与权力制约而展开:其一,应当明确刑事执行权的行政权属性,不应混淆司法权和行政权,因而人民法院不应自行裁判、自行执行,否则有违反司法中立性之嫌。其二,明确刑事司法活动的各个阶段及其主体机关,避免权力集中,强化制约监督。因此,人民法院、公安机关应当分别对应审判和侦查阶段,切实履行审判和侦查的职能,而将有关的刑事执行职能交由其他机关予以执行,保证刑事司法活动的公正性。

(二) 刑事执行的效果不尽如人意

刑事执行主体的多元化、刑事执行的分散化,使得整个刑事执行体系难以有效地加以整合,各种刑罚措施的执行缺乏统一的思路、科学的规划以及有效的衔接。不仅如此,由于刑事执行权分配的不合理,往往导致具有审判职能、侦查以及社会治安管理职能的人民法院和公安机关承担过重的任务,刑事执行并非这两个机关的主要职能,因而面临被边缘化的不利处境。比如,过去管制、缓刑是由公安机关执行,但实际效果不佳。这是由于公安派出所维护社会治安任务十分繁重,而基层公安干警的力量又比较薄弱,将管制、缓刑交给其执行,往往力不从心,因而就发生了管制、缓刑的罪犯由于脱离管教而造成严重后果的现象。由此可见,这种兼任式刑事执行主体并不能有效地肩负起执行刑罚以及惩罚和改造罪犯的职责,其执行效果不佳,多流于形式。正因为执行效果不尽如人意,2011年《刑法修正案(八)》将管制犯、缓刑犯确定为社区矫正对象,交由司法行政机关予以执行。

本书认为,现行的分散式刑事执行以及多元化刑事执行主体,既影响了相关职能部门的对于本机关主要职能的履行,又使得刑事执行的地位边缘化,无法保证刑罚的执行效果。基于刑事执行专门性和科学性的考虑,将刑事执行权统一交由司法行政部门是妥当的。从理论上看,司法行政部门并未参与侦查、起诉与审判环节,不存在职能的重叠与交叉,不会影响案件的公正性。同时,由司法行政部门来行使的刑事执行权,也不存在权力属性上的冲突。从实践中看,司法行政机关承担了绝大多数的刑罚的执行,是刑事执行体系中最重要的主体。随着社区矫正的推行,司法行政机关对刑罚的执行,逐渐地分为了监禁刑的执行与非监禁刑的执行两大类。将拘役刑置于监禁刑的执行,将死刑立即执行、罚金刑、没收财产刑、驱逐出境等置于非监禁刑的执行,通过这样的整合,可以实现刑事执行的一体化。刑事执行的一体化则有利于实现刑事执行的专业化、统一化,进而提高刑事执行的效率、保证刑罚执行的效果。

第二节 监 狱

一、监狱的概念与特征

监狱一词既可以指称关押和改造罪犯的国家机关,也可以指代关押和改造罪犯的封闭的场所。在我国现行刑事执行体系中,监狱是执行有期徒刑、无期徒刑、死刑缓期二年执行等刑罚的国家刑事执行机关。根据我国《监狱法》第10条规定,国务院司法行政部门主管全国的监狱工作。具体而言,监狱的主管部门一般包括中央和省级两个层级:中央一级的监狱管理部门是指国务院所属的司法部(司法行政机关)及其内设的监狱工作管理局;省级监狱管理部门是指省、自治区、直辖市人民政府所属的司法厅及其内设的监狱工作管理局。

在我国不同的时期,监狱有着不同的"名称"。新中国成立后,在《监狱法》实施之前,监狱实际上有三种类型:第一类称为"监狱",主要监管不适宜在监外劳动的重刑犯①。第二类称为"劳动改造管教队",俗称"劳改队",负责监管适宜在监外劳动的轻刑犯。第三类是"少年犯管教所",管教未满18周岁的少年罪犯。根据1994年8月司法部颁布的《关于统一规定监狱管理机关和监狱名称的通知》和2003年3月司法部发布的《关于将少年(犯)管教所统一更名为未成年人管教所的通知》的规定,前述"监狱"与"劳改队"的名称统一为"监狱";"少年犯管教所"则更名为"未成年犯管教所"。

作为刑事执行体系中最为重要的机关——监狱,具有以下三个方面的特征:

---

① 重刑犯通常是指被判处死刑缓期执行、无期徒刑和10年以上有期徒刑的罪犯。

第一，监狱的性质即法律属性是"国家的刑罚执行机关"。根据我国1954年颁布的《劳动改造条例》第2条之规定：中华人民共和国的劳动改造机关，是人民民主专政的工具之一，是对一切反革命犯和其他刑事犯实施惩罚和改造的机关。据此，监狱的性质被定位为人民民主专政工具或者惩罚与改造的国家机关。然而，无论是人民民主专政工具还是惩罚与改造机关，都无法揭示监狱的法律性质，因为前者仅仅表明了监狱的政治属性，而后者也只是揭示了监狱的功能和任务。因此，我国1994年颁布的《监狱法》第2条第1款对监狱的法律性质明确地作出了规定：监狱是国家的刑罚执行机关。这表明监狱不是一般的国家行政机关，更不是从事生产或者教育的机构，而是被赋予刑罚执行权的国家机关。

第二，监狱的职能是通过监禁罪犯，实施惩罚、矫正、教育罪犯的活动。监狱的刑罚执行以及惩罚与改造活动都是在封闭的空间内进行的，服刑人员被投入其中接受矫正和教育。正因为执行场所的封闭性，因而监狱行刑具有监禁性与改造性两大特征。监禁性是指监狱对罪犯的人身自由进行限制，是刑罚惩罚性的最主要表现，也是无期徒刑和有期徒刑剥夺罪犯自由的题中之意。而改造性是指监狱通过各种措施，对罪犯的心理和行为进行矫治，使罪犯能够在刑满释放后成为守法公民。

第三，监狱只负责关押和改造部分罪犯。并非所有的罪犯都被送到监狱执行其刑罚。我国《刑法》第46条规定："被判处有期徒刑、无期徒刑的犯罪分子，在监狱或者其他执行场所执行"；第48条第1款规定："对于应当判处死刑的犯罪分子，如果不是必须立即执行的，可以判处死刑同时宣告缓期二年执行"。我国《刑事诉讼法》第253条规定："对于被判处死刑缓期二年执行、无期徒刑、有期徒刑的罪犯，由公安机关依法将该罪犯送交监狱执行刑罚"。我国《监狱法》第2条规定："被判处死刑缓期二年执行、无期徒刑、有期徒刑的罪犯，在监狱内执行刑罚"。从上述法律规定中可以看出，监狱关押的对象是被判处死刑缓期二年执行、无期徒刑、有期徒刑的罪犯。

二、监狱的种类

为了实现刑罚个别化，防止"交叉感染"，以及监管便利等目的，世界各国均根据一定的标准对监狱进行分类，以便将不同类型的罪犯投入不同的监狱。根据分类标准的不同，可以对监狱进行不同的划分，常见的划分方法包括以下几种：

（一）根据罪犯的性别进行分类

根据罪犯的性别，可以将监狱分为男犯监狱、女犯监狱与男女混合监狱。从世界各国的情况来看，男犯监狱是监狱中的主要类型；女犯监狱的数量较少而且规模相对较小；而男女混合监狱则是指男犯和女犯在同一个场所服刑的监狱，但男犯和女犯依然要按照分押分管的原则,分别安置在不同监区居住。根据我国《监狱法》第 39 条、第 40 条的规定,我国监狱对男犯、女犯实行分开关押和管理。其中,女犯应由女性人民警察管理。

(二)根据罪犯的年龄进行分类

根据罪犯的年龄,可以将监狱分为成年犯监狱和未成年犯监狱。顾名思义,成年犯监狱是关押成年罪犯的监狱,它是监狱中的主要类型。未成年犯监狱则是关押未成年犯的监狱,它的数量较少而且管理相对宽松。

考虑到未成年人与成年人的心理、智识、生活等方面的不同,也考虑到未成年人服刑后的复归社会问题,成年犯与未成年犯不仅应当分开关押和管理,而且应当设置独立的未成年犯监狱。同时,在名称上,我国成年犯监狱一般都称为"监狱",而未成年犯监狱则称为"未成年犯管教所"。根据我国《监狱法》第 39 条规定,对成年人与未成年人实行分押分管,并照顾未成年人的生理和心理特点。

(三)根据监狱服刑人数的多少进行分类

根据 2002 年建设部、国家计委《关于批准发布〈监狱建设标准〉的通知》第 8 条和第 9 条规定,按照监狱服刑人数的多少可以划分为下列三类监狱:

(1)小型监狱,关押罪犯人数在 1000—2000 人之间,规模相对较小。

(2)中型监狱,关押罪犯人数在 2001—3000 人之间,规模较为适中。

(3)大型监狱,关押罪犯人数在 3001—5000 人之间,规模偏于大型。

(四)根据监狱的警戒度的高低进行分类

根据监狱内对罪犯行为的限制程度以及监狱警戒程度的高低,可以将监狱分为高警戒度监狱、中警戒度监狱和低警戒度监狱等种类。不同警戒度的监狱,其内部管理制度不同,而且其监狱建筑、人员配备等都有很大的差别。设置不同警戒度的监狱,是当代西方国家的通常做法,这也是累进处遇制度的物质保障之一。当然,不同国家有不一样的做法。例如,在英国,可以根据警戒度等级将监狱分为四种类型:①

(1) A 类监狱(category A prison)。这类监狱属于最高警戒度等级,有非常严密的防止逃跑的措施和设施。A 类监狱用来关押那些逃跑之后会对社会安全构成极大威胁的罪犯。

(2) B 类监狱(category B prison)。B 类监狱的警戒度也比较高,用来关押那些不需要采取最严格安全措施的罪犯。

(3) C 类监狱(category C prison)。这类监狱数量比较多,采取的是比较简

---

① Simon Creighton & Vicky King, *Prisoners and the Law* (*second edtion*), Butterworths,2000, pp.41—49.

单而基本的安全措施以防止罪犯逃跑。C 类监狱关押的是不能认定有明确逃跑目的、但又不适合关押在 D 类监狱的罪犯。

(4) D 类监狱(category D prison)。这类监狱是一种开放式的监狱,关押那些可以信任、适合在开放式监狱中服刑的罪犯。在 D 类监狱中,几乎没有什么安全措施,外围的警戒设备很少,一般是一些象征性的栅栏,监狱也不会把罪犯锁起来,罪犯自己管理自己房间的钥匙。

在我国监狱行刑实践中,也有相类似的做法,即将监狱分为"重刑犯监狱"、"轻刑犯监狱"以及"长刑犯监狱"、"短刑犯监狱"等。根据罪犯危险性设置不同警戒级别的监狱,不仅有利于罪犯的改造和看管,而且符合司法经济性原则,节约监管警戒成本,值得提倡。从目前的实践来看,我国并没有明确的此类监狱的法定分类标准,多为各地监狱管理部门自行规划,缺乏统一性。因此,通过立法来确定不同警戒监管级别监狱,应是我国监狱类型划分的一个努力方向。

三、我国监狱的设置与内部管理

根据我国《监狱法》第 11 条及有关规定,监狱由省、自治区、直辖市根据需要设置,但监狱的设置、撤销、迁移,由国务院司法行政部门,即司法部批准。

在监狱内部管理上,根据我国《监狱法》第 12 条的规定,监狱设监狱长 1 人、副监狱长若干人,并根据实际需要设置必要的工作机构和配备其他监狱管理人员。未成年犯管教所的内部机构与成年监狱相似,即设所长 1 人,副所长若干人,并根据实际需要设置必要的工作机构和配备其他监狱管理人员。

在监狱内部设置上,一般都设置更小的关押和改造单位,多为"监区"、"分监区"。

四、监狱的财产与经费

监狱作为刑事执行机关,其执行刑罚以及惩罚和改造罪犯的各项活动,需要一定的财产和经费作为物质保障。

纵观新中国建立以来监狱财政保障体系的演变,基本上经历了以下四个阶段:第一阶段为新中国建立初期统收统支体制,监狱属于一清二白、白手起家的阶段,监狱经费完全依赖国家财政。监狱经费实行收支两条线,即监狱生产的全部收入上交国库,监狱的一切支出由国家负担。第二阶段为差额管理体制,始于 1954 年国家对监狱财政关系的体制改革。基本内涵是监狱生产的一切收入抵偿一切开支后,如有不足,差额部分由国家预算拨款,如有盈余,上交国家财政。第三阶段为全额管理体制,1963 年国家预算将全国监狱财务收支一律纳入管理。其基本内容是将监狱企业的利润、基本折旧基金、固定资产变价收入、多余流动资金、其他收入的解缴、警戒设施费、狱政费、教育费、罪犯生活费和流动资金的拨款,以及计划亏损的补充,全部纳入地方预算,按照国家对国营企业的缴款、拨款办法进行管理;基建投资根据国家计划指标,全部由财政拨款、银行监督拨款。第四个阶段始自于1980年的包干管理体制,是指国家对监狱财政实行部劳改局与省、市、区劳改局共同管理监狱业务费,具体办法是以收抵支,定额上缴或补贴,结余留用,超支不补。包干体制下主要包括包干分成、大包干、亏损补贴等形式。①

随着改革开放的深入发展以及市场经济的建立,监狱生产经营面临越来越多的困难,许多监狱因此得不到足够的运作经费,只能依靠财政补贴。不少地方由于长期背着亏损的包袱,导致出现拖欠民警工资、缺少教育和改造经费等情况,严重妨碍监狱工作的正常开展。

为改变这种局面,我国1994年《监狱法》第8条明确规定:"国家保障监狱改造罪犯所需经费。监狱的人民警察经费、罪犯改造经费、罪犯生活经费、狱政设施经费及其他专项经费,列入国家预算。国家提供罪犯劳动必需的生产设施和生产经费。"据此,监狱经费全部纳入国家预算。与此同时,监狱生产经营资金则列入国家计划,实行"收支两条线"的财务管理体制。此外,为保护监狱的财产安全,我国《监狱法》第9条专门规定:"监狱依法使用的土地、矿产资源和其他自然资源以及监狱的财产,受法律保护,任何组织或者个人不得侵占、破坏。"

五、监狱的领导管理体制

监狱是具体执行刑罚的机关。监狱的领导管理体制,是指监狱隶属于哪一个政府部门,由谁来领导,谁来管理监狱行刑工作。

我国的监狱领导管理体制经历了一个比较曲折的过程。新中国成立初期,监狱工作归属于人民法院和司法部领导和管理。1950年5月,中共中央决定大规模组织罪犯劳动改造,同年11月3日,政务院决定,将监狱、看守所和劳改队移交给公安部领导和管理,公安部下设劳改工作管理局,管理全国的劳动改造工作。② 1983年8月,国务院根据形势发展的需要,又决定将监狱移交司法部领导,原来公安部的劳改工作管理局随之更名为司法部劳改工作管理局。1994年通过的《监狱法》第10条规定,国务院司法行政部门主管全国的监狱工作。此规定正式以法律的形式确定司法部是主管全国监狱工作的最高领导机关。原司法部和省级内设的劳改工作管理局随之也更名为监狱管理局。

---

① 参见金鉴:《监狱学总论》,法律出版社1997年版,第819—822页。
② 参见1950年11月司法部、公安部发布的《关于监狱、看守所和劳动改造队移转归公安部门领导的指示》。

在司法部内部,负责管理全国监狱工作的职能部门是"司法部监狱管理局"。司法部监狱管理局根据工作的需要,设置政工、狱政、教育、生产、财务等工作机构。根据2008年国务院办公厅出台的《关于印发司法部主要职责内设机构和人员编制规定的通知》,司法部监狱管理局是全国监狱的直接管理机关,其负责事项包括:监督检查监狱法律法规和政策的执行工作;负责全国监狱的设置、布局和规划工作;监督管理全国监狱刑罚执行、狱政管理、生活卫生管理、教育改造、劳动改造和信息化建设工作;组织实施重要罪犯的关押改造和省际的调犯工作;指导全国监狱的财务、装备和资产管理等工作;管理燕城监狱等等。与之对应,在地方,负责具体管理和领导本地区监狱工作的政府机构是省、自治区、直辖市监狱管理局,省、自治区、直辖市监狱管理局根据工作的需要,设置狱政、教育、生产等工作机构。

第三节 社区矫正机关

一、社区矫正机关的概念与种类

社区矫正机关,是指负责组织实施社区矫正的机关。一般而言,社区矫正机关主要包括以下两类:

其一,社区矫正管理机关。从各国实践来看,社区矫正管理机关通常是由国家机关担当社区矫正管理职责,不仅对社区矫正中的服刑人员进行矫正和监督,同时也对社区矫正中的执行机构以及社区矫正工作者进行管理和培训。

其二,社区矫正执行机关。所谓社区矫正执行机关,是指直接负责实施和执行社区矫正的机关。从各国实践来看,社区矫正执行机关既有由国家机关担当执行主体的模式,也有通过合同契约方式由私人机构担当具体执行主体的模式。综合看来,社区矫正执行机关呈现多元化的特征,这是与社区矫正开放式处遇特点相适应的,即动员社会多方力量实现矫治恶习、复归社会的行刑目标。

二、我国社区矫正机关的历史与现状

由于我国真正实施社区矫正的时间不长,因而法律对由哪一个国家机关担任社区矫正管理机关的规定并不明确。在《刑法修正案(八)》及《刑事诉讼法》修订之前,公安机关负责对被判处管制、缓刑、假释等罪犯执行相应刑罚并进行监督考察。而《刑法修正案(八)》通过之后,在管制、缓刑、假释的条文中,不再规定由公安机关负责监管执行,而是规定了所谓的"依法实行社区矫正"。2012年修订的《刑事诉讼法》第258条则进一步规定了,对被判处管制、宣告缓刑、假释或者暂予监外执行的罪犯,依法实行社区矫正,由社区矫正机构负责执行。由

此可见,社区矫正机构属于哪个国家机关,《刑法》与《刑事诉讼法》并未作出明确规定。

理论上对于社区矫正执行工作归属于何种国家机关存在着司法行政机关负责、公安机关负责以及人民法院负责等多种观点。本书赞同由司法行政机关统一负责社区矫正工作,因为:首先,司法行政机关所属的监狱管理部门,长期担负着监禁罪罪犯的矫治,在罪犯矫正和管理方面,具有丰富的经验和广泛的资源;其次,实施社区矫正的多数国家里,专职社区矫正机构通常也是由司法行政部门加以管理和组织;最后,社区矫正同样属于刑罚执行的一部分,由司法行政机关予以负责,可以为之后的刑事执行统一立法,奠定组织基础。

事实上,自 2003 年试点以来,在社会矫正的实践中,司法行政机关一直承担牵头组织实施的职责。到了 2008 年,国务院办公厅《关于印发司法部主要职责内设机构和人员编制规定的通知》正式明确规定,司法部负责指导管理社区矫正工作。2009 年,最高人民法院、最高人民检察院、公安部、司法部《关于在全国试行社区矫正工作的意见》要求,司法行政机关要切实履行指导管理社区矫正工作的职责,牵头组织有关单位和社区基层组织开展社区矫正工作。在此基础上,2012 年《社区矫正实施办法》第 2 条进一步明确规定:"司法行政机关负责指导管理、组织实施社区矫正工作。"

在目前的体制下,各级司法行政机关在社区矫正执行工作上,有着具体的分工:

首先,司法部负责指导管理全国的社区矫正工作。2012 年 1 月,中央机构编制委员会办公室《关于设立司法部社区矫正管理局的批复》同意司法部设立社区矫正管理局。司法部社区矫正管理局的主要职责是:负责监督检查社区矫正法律法规和政策的执行工作;拟定全国社区矫正工作发展规划、管理制度和相关政策并组织实施;监督管理对社区矫正人员的刑罚执行、管理教育和帮扶工作;指导开展社区矫正社会工作和志愿服务。相应地,省、市、县级司法行政机关应当履行对本行政区域内社区矫正工作的指导管理职责。截至 2011 年 12 月底,全国有 27 个省(区、市)司法厅(局)经编制部门批准设立了社区矫正处,75%的地市司法局、67%的县(市、区)司法局单独设立了社区矫正处(科),依法履行指导管理社区矫正工作的职责。[①]

由此可见,在我国现行社区矫正管理体制中,司法部社区矫正管理局、省级社区矫正处、市县级社区矫正处(科),是社区矫正管理机关。

其次,《社区矫正实施办法》第 3 条规定,县级司法行政机关社区矫正机构

[①] 数据来源于《〈社区矫正实施办法〉解读》,载于司法部社区矫正管理局网站:http://www.moj.gov.cn/sqjzbgs/node_24071.htm。最后访问日期:2013 年 10 月 15 日。

对社区矫正人员进行监督管理和教育帮助,司法所承担社区矫正日常工作。由此可见,县级司法行政机关承担着具体实施社区矫正、监管服刑人员的职责,属于社区矫正执行机关。

再次,根据2012年司法部《关于认真贯彻落实最高人民法院、最高人民检察院、公安部、司法部〈社区矫正实施办法〉进一步做好社区矫正工作的通知》,在县级司法行政机关内部,根据其分工和职能的不同,又可以划分为内设的社区矫正机构和基层司法所:

县级司法行政机关负责社区矫正执行工作,主要包括:社区矫正适用前调查评估,法律文书和社区矫正人员的接收,建立社区矫正人员执行档案,社区矫正人员进入特定场所、外出、变更居住地的审批,给予警告,提出治安管理处罚建议,提出撤销缓刑、假释、收监执行建议,提出减刑建议,对脱离监管的社区矫正人员组织追查,发放解除社区矫正证明书等。同时,县级司法行政机关也可以开展集中教育、心理矫正、协调有关部门和单位为社区矫正人员提供帮扶等工作。

司法所作为县级司法行政机关的派出机构,承担社区矫正日常工作。要组织好社区矫正依法开始宣告和依法解除社区矫正宣告,及时考核社区矫正人员接受监督管理、教育学习和社区服务等情况,指导社区矫正小组开展工作;对期满解除社区矫正的,要做好与安置帮教的工作衔接。由于在社区矫正工作者部分还要对此内容具体描述,这里不再赘言。

三、社区矫正机关的职责

根据2004年司法部印发的《司法行政机关社区矫正工作暂行办法》第8条和第9条的规定:省(自治区、直辖市)、市(地、州)和县(市、区)司法行政机关应当设立社区矫正工作领导小组办公室,作为同级社区矫正工作领导小组的办事机构,负责指导、监督有关法律、法规和规章的实施,协调相关部门解决社区矫正工作中的重大问题,检查、考核本地区社区矫正实施情况。而乡镇、街道司法所具体负责实施社区矫正,履行下列职责:(1)贯彻落实国家有关非监禁刑罚执行的法律、法规、规章和政策;(2)依照有关规定,对社区服刑人员实施管理,会同公安机关对社区服刑人员进行监督、考察;(3)对社区服刑人员进行考核,根据考核结果实施奖惩;(4)组织相关社会团体、民间组织和社区矫正工作志愿者,对社区服刑人员开展多种形式的教育,帮助社区服刑人员解决遇到的困难和问题;(5)组织有劳动能力的社区服刑人员参加公益劳动;(6)完成上级司法行政机关交办的其他有关工作。

根据2012年最高人民法院、最高人民检察院、公安部、司法部印发的《社区矫正实施办法》的相关规定,乡镇、街道司法所在具体实施社区矫正工作时,履行以下职责:(1)接收社区矫正人员后,应当向其宣告判决书、裁定书、决定书、执行通知书等有关法律文书的主要内容；社区矫正期限；社区矫正人员应当遵守的规定、被禁止的事项以及违反规定的法律后果；社区矫正人员依法享有的权利和被限制行使的权利；矫正小组人员组成及职责等有关事项。(2) 应当为社区矫正人员确定专门的矫正小组。矫正小组由司法所工作人员担任组长。社区矫正人员为女性的，矫正小组应当有女性成员。司法所应当与矫正小组签订矫正责任书，根据小组成员所在单位和身份，明确各自的责任和义务，确保各项矫正措施落实。(3) 司法所应当为社区矫正人员制定矫正方案，在对社区矫正人员被判处的刑罚种类、犯罪情况、悔罪表现、个性特征和生活环境等情况进行综合评估的基础上，制定有针对性的监管、教育和帮助措施。根据矫正方案的实施效果，适时予以调整。(4) 司法所应当建立社区矫正工作档案，包括司法所和矫正小组进行社区矫正的工作记录，社区矫正人员接受社区矫正的相关材料等。同时留存社区矫正执行档案副本。

四、社区矫正工作载体

社区矫正虽然不需要像监狱那样有正规的机构与完备的设施，但是开展社区矫正活动，客观上也需要一定的机构、场所与设施，这些机构、场所与设施就是"社区矫正工作载体"。从实践中来看，各地试点探索出来具有典型示范意义的工作载体，主要有以下三种[①]：

(1) 上海模式的新航社区服务总站。该社区服务总站于2004年1月19日成立，是上海市社区矫正工作办公室旗下的非盈利专业社区矫正组织，全市19个区县均设有工作站，工作网络遍布所有街道、乡镇，共有420余名社工从事社区矫正的辅助性、服务性工作，动员约5600余名志愿者参与其中。

(2) 北京模式的阳光社区矫正服务中心和阳光中途之家。首家公益事业社会团体性质的社区矫正服务中心——北京市西城区新街口街道阳光社区矫正服务中心于2005年1月成立，之后在全市范围内相继成立许多类似的社区矫正服务中心。更为进一步地完善和探索，则是2008年建成并投入使用的北京市朝阳区阳光中途之家。其系借鉴国外社区矫正工作经验而创办的集教育培训、食宿于一体的安置、教育社区服刑人员的实体基地，帮助社区服刑人员克服危机、渡过难关、提高生存适应能力等等。中途之家围绕着"三统一两服务"开展社区矫正工作，具体而言是指，统一开展法制教育、统一开展社会认知教育和统一开展心理矫治，并为有需求者提供技能培训服务和过渡性安置服务。

(3) 江苏模式的社区矫正管理教育服务中心。该服务中心设置集中教育

[①] 参见吴宗宪等著：《社区矫正制度适用与执行》，中国人民公安大学出版社2012年版，第32—33页。

室、沟通谈心室、心理矫正室、公益劳动场所等功能区域,集中组织社区服刑人员参加思想、法制、社会公德教育活动和公益劳动,集中对社区服刑人员进行心理健康教育,提供心理咨询和心理矫正;为区域内有就业需求的社区服刑人员提供免费就业技能培训和就业指导,在社区服刑人员和政府职能部门之间起到搭建桥梁的作用,将符合条件的社区服刑人员纳入最低生活保障,帮助其解决基本生活保障等方面的困难和问题,促使其顺利回归和融入社会。

第五章 刑事执行人员

徒有刑事执行机关不足以有刑事执行活动,任何刑事执行活动需要由具体的人——刑事执行人员来实施。刑事执行人员代表刑事执行机关,直接对罪犯实施刑罚,在整个刑事执行过程中发挥着极其重要的作用。其中,监狱人民警察和社区矫正工作者担负着主要的教育与矫正罪犯的任务,是最为重要的两类刑事执行人员。因此,本章主要分三部分,第一部分为刑事执行人员的概述,第二部分和第三部分则分别论述监狱人民警察和社区矫正工作者。

第一节 刑事执行人员概述

一、刑事执行人员的概念

刑事执行人员,是指在刑事执行机关中专门从事具体的刑事执行工作的人员。刑事执行机关是代表国家依法执行刑罚的国家机关,刑事执行是一项复杂而严肃的工作,刑事执行人员的素质,是决定刑事执行质量的关键因素之一。基于刑事执行法定原则,刑事执行人员的法律地位的取得及其职权与责任等方面都应该由法律直接规定。

在传统刑事执行活动中,刑事执行人员一般都是国家工作人员,并且属于专门从事刑事执行工作的人员。但随着社区矫正工作的展开,社会工作者、社会志愿者等非国家工作人员已经开始参与刑事执行活动。我国《社区矫正实施办法》第3条规定,社会工作者和志愿者在社区矫正机构的组织指导下参与社区矫正工作。这一规定为社会工作者和志愿者参与社区矫正活动提供了法律依据,同时也表明他们在社区矫正工作中处于辅助性的地位。因此,从当前理论来看,此类社会工作者和志愿者,并非严格意义上的刑事执行人员,但由于其对社区矫正工作起着重要的辅助作用,本书一并予以介绍。

二、刑事执行人员的种类

如上文如述,司法行政机关、人民法院、公安机关目前都承担着部分刑事执行的任务。在这三类机关中,从事刑事执行工作的人员的法律性质又有所不同,从而形成不同种类的刑事执行人员。

(一)司法行政机关中的刑事执行人员

在司法行政机关内部从事刑事执行工作的人员主要包括监狱人民警察与社

区矫正工作者。其中,根据我国《监狱法》第12条第2款规定,监狱的管理人员是人民警察。而根据2012年司法部《关于认真落实最高人民法院、最高人民检察院、公安部、司法部〈社区矫正实施办法〉进一步做好社区矫正工作的通知》,社区矫正工作由司法所工作人员担任组长,同时社会工作者和志愿者在社区矫正机构的指导下参与社区矫正工作。社会工作者和志愿者以及有关部门、村(居)民委员会、社区矫正人员所在单位、就读学校、家庭成员或者监护人、保证人都属于"社区矫正辅助人员",他们是协助社区矫正执法人员开展社区矫正工作的人员。尽管这些人员不是社区矫正机关的内部工作人员,然而在社区矫正机构的指导下,可以参与或协助社区矫正工作。

(二) 人民法院中的刑事执行人员

在人民法院内部,从事刑事执行的人员包括:

(1) 法官。法官虽然并不直接执行死刑,但负责现场指挥死刑的执行。根据我国《刑事诉讼法》第252条的规定,法院的审判人员负责指挥死刑的执行,在执行前,需要对罪犯验明正身,讯问有无遗言、信札,然后交付执行人员执行死刑。在执行前,如果发现可能有错误,应当暂停执行,报请最高人民法院裁定。

(2) 执行员。执行员是人民法院中专门从事执行工作的人员。根据我国2006年全国人大常委会修正的《法院组织法》第40条第1款的规定,地方各级人民法院设执行员,办理民事案件判决和裁定的执行事项,办理刑事案件判决和裁定中关于财产部分的执行事项。

(3) 司法警察。人民法院内部的司法警察的职能,主要是预防、制止和惩治妨碍审判活动的违法犯罪行为,维护审判秩序,保障审判和执行工作顺利进行。根据我国《人民法院司法警察暂行条例》第7条的规定,司法警察负责参与对判决、裁定的财产没收活动以及执行死刑。

(三) 公安机关的刑事执行人员

公安机关的刑事执行人员,即参与刑事执行工作的公安干警。在社区矫正制度建立以前,公安干警是担负刑事执行工作的一支重要力量。但在社区矫正制度确立以后,特别是在我国《刑法修正案(八)》生效以后,公安干警负责的刑事执行活动已经大为减少,被判处管制刑、被宣告缓刑、被暂予监外执行、被假释的罪犯不再属于公安干警的刑罚执行对象。根据我国现行法律与司法实践,公安警察主要负责拘役刑以及剩余刑期在3个月以下的有期徒刑、剥夺政治权利、驱逐出境的执行工作,在必要时亦负责协助人民法院执行没收财产刑。需要注意的是,除看守所负责执行拘役刑的人民警察外,其他在公安机关中从事刑事执行工作的人民警察一般不是专职的,即他们不是专门的刑事执行警察,而是以其专项的公安业务为主,同时兼顾刑事执行工作。

第二节 监狱人民警察

刑法新派的代表人物、著名犯罪学家菲利曾经指出:"就像好的法官执行一部不完善的法典比愚蠢的法官执行一部'不朽的'法典要好一样,一种有独创性而且协调的监狱制度如果没有相应的管理人员来执行也没有价值。"① 由此可见,监狱行刑不仅离不开内容完备和内部衔接的监狱制度,而且需要有一支与监狱制度配合协调的行刑队伍。监狱制度对应的是刑事执行立法,而监狱管理人员则对应了监狱内的具体行刑。根据我国《监狱法》第 12 条之规定,监狱的管理人员是人民警察。因此,监狱人民警察是刑事执行人员中最重要的组成部分之一。监狱人民警察是监狱行刑的具体执行者,其对于监狱行刑工作的重要性,应该是不言而喻的。

在刑事执行法学中研究监狱人民警察,重点探讨以下两个问题:

一是监狱人民警察的法律地位:监狱人民警察依法享有哪些刑事执行权力?在刑事执行过程中,监狱人民警察应当履行哪些义务、遵守哪些纪律?违反这些纪律会导致什么样的法律后果?

二是监狱人民警察任职条件,即具备什么素质的人才能担任监狱人民警察。监狱人民警察的素质高低,直接影响着监狱行刑的效果,直接影响着刑罚的预防犯罪目的能否实现。

一、监狱人民警察概述

(一)监狱人民警察的概念

监狱人民警察是在监狱系统中,为落实人民法院生效裁判、执行具体刑罚、对罪犯进行惩罚与改造而履行相应管理职能的国家机关工作人员。

新中国成立初期,监狱管理人员被称为"狱警"、"司法警察"。此后,在监狱管理工作中,监狱人民警察被称作"劳改工作干部"或者"劳改警察"。早期的监狱人民警察主要来源于公安队伍,军队转业、复员、退役军人,各级党委、政府抽调人员。我国《监狱法》实施以后,"劳改工作干部"改称为"监狱人民警察",监狱工作者第一次有了法律专有名称,为监狱警察队伍建设提供了法理基础。2000 年,人事部、司法部联合下发的《关于监狱劳教系统人民警察实行公务员制度有关问题的通知》进一步规范了监狱警察的招录、考核与奖惩,监狱警察管理制度更加完善。

---

① 参见〔意〕恩里科·菲利:《犯罪社会学》,中国人民公安大学出版社 1990 年版,第 153 页。

（二）监狱人民警察的特征

理解监狱人民警察的概念，应当把握以下三个方面的特征：

（1）监狱人民警察是我国人民警察序列中的一个重要警种。根据我国2012年全国人大常委会修正的《警察法》第2条第2款之规定，人民警察包括公安机关、国家安全机关、监狱、劳动教养管理机关的人民警察和人民法院、人民检察院的司法警察。根据我国《监狱法》第41条规定，监狱的武装警戒由人民武装警察部队负责。人民武装警察部队与监狱人民警察属于两个不同的警种，前者主要负责监狱外围的警戒工作；后者则主要负责监狱内部的行刑工作。

（2）监狱人民警察是唯一专门负责刑事执行工作的警种。人民警察序列中有权执行刑罚的不仅包括监狱人民警察，而且还包括公安机关的人民警察以及人民法院的司法警察。公安机关的人民警察负责执行拘役、剥夺政治权利、驱逐出境等刑罚，而司法警察则负责死刑立即执行、罚金、没收财产等刑罚执行工作。然而，公安机关人民警察和司法警察并不以刑事执行作为其专门职能，其同时肩负着社会秩序和法庭秩序维护等其他职能。监狱人民警察则是以管理罪犯、执行死刑缓期二年执行、无期徒刑和有期徒刑刑罚为其职能，具有鲜明的专门性，并与其他警种相区别。

（3）监狱人民警察是监狱系统内部，与管理、改造罪犯相关的国家机关工作人员的总称。一般而言，监狱人民警察主要由以下三类人组成：第一，各级监狱管理机关的领导及工作人员；第二，监狱、未成年犯管教所的领导和管教人员以及具有国家公务员身份的生产技术管理、生活卫生管理、财务管理等专业人员；第三，各类监狱科研和教育机关具有国家公务员身份的研究人员和教学人员。[①]因此，在我国，监狱系统中的正式工作人员，都属于"监狱人民警察"。监狱人民警察隶属于监狱系统，代表国家行使刑事执行权，纳入国家行政编制，由国家财政负担工资福利，是我国《公务员法》第2条所规定的国家公务员，同时也是我国《刑法》第94条所言的司法工作人员。

（三）监狱人民警察的任务

监狱人民警察的任务是指法律法规所规定其应当承担和完成的工作，由于监狱人民警察既是人民警察序列中的专门警种，又是监狱行刑的具体执行主体，因而其任务应当从《警察法》和《监狱法》的规定中寻求。我国《警察法》第2条第1款确定了人民警察的一般性任务，"人民警察的任务是维护国家安全，维护社会治安秩序，保护公民的人身安全、人身自由和合法财产，保护公共财产，预防、制止和惩治违法犯罪活动。"监狱人民警察应当与其他警种互相配合协调，实现一般性任务。而我国《监狱法》第5条则规定监狱人民警察应当"依法管理

---

① 杨殿升主编：《监狱法学》（第二版），北京大学出版社2001年版，第46页。

监狱、执行刑罚、对罪犯进行教育改造活动",这是监狱人民警察的专门性任务,主要是由监狱人民警察独立履行和完成。

归纳而言,监狱人民警察的任务主要包括:

(1) 执行刑罚,即在监狱中执行法院判决或裁定中所确定的自由刑,包括死刑缓期二年执行、无期徒刑和有期徒刑,剥夺罪犯政治权利的行使,以保证刑罚执行的及时性、准确性。同时,在执行自由刑刑罚的过程中,对于服从监管、改造良好,符合减刑、假释条件的罪犯,监狱人民警察还承担着建议变更刑罚的任务,即根据罪犯的表现,以监狱的名义向人民法院提出相应的减刑、假释建议。

(2) 管理罪犯与监狱。监狱是特殊的场所,罪犯是特殊的群体,管理好这一特殊场所、特殊群体,并维持良好的监狱秩序对于监狱行刑来说具有重要意义,而维持秩序的任务就由监狱人民警察具体负责。具体来说,监狱人民警察需要依法对罪犯、监狱实施管理,包括狱政管理、罪犯生活卫生管理等等。

(3) 教育改造罪犯。改造罪犯是监狱行刑的宗旨和任务,因而也是监狱人民警察的职责所在。监狱人民警察的职责与监狱行刑的目的、行刑制度是密切相关的,这要求监狱人民警察根据法律法规以及罪犯的具体情况和服刑表现,进行教育矫治,以实现改造罪犯的行刑目的。具体而言,监狱人民警察需要依法对罪犯实施思想教育、文化教育和技术教育,将监狱办成改造人、教育人的特殊学校。

(四) 监狱人民警察的分类

1. 职务分类

根据 2008 年人事部、司法部出台的《关于监狱劳动教养机关人民警察参照公安机关实行分类管理制度和单独警察职务序列有关问题的意见》之规定,监狱人民警察职务分为警官职务、警员职务和警务技术职务,其中监狱领导成员的警官职务为监狱长、副监狱长。同时该意见指出,有关监狱人民警察队伍中的警官、警员以及从事警务技术工作的人民警察的设置与管理,参照公安机关及其内设综合管理机构警官、警员职务的有关规定执行。因此,结合 2006 年国务院《公安机关组织管理条例》第 12 条和第 13 条的规定,监狱人民警察的职务可以分为以下三类:

警官职务,一般是指履行警务指挥职责的人民警察。担任警官职务的一般包括监狱长、副监狱长;监区以下机构的警官职务为监区长、副监区长、分监区长、副分监区长等。监狱根据工作需要,可以设置主管政治工作的政治委员、教导员、指导员等警官职务。

警员职务,一般是指履行警务执行职责的人民警察,分为监狱内设综合管理机构的警员职务与监区以下机构的警员职务。

警务技术职务,一般是指监狱中从事警务技术工作的人民警察,按警务技术职务序列分为高级、中级、初级三档。

2. 岗位分类

按照其岗位职责,监狱人民警察可以分为安全警戒、狱务管理、教育矫正和警务支援四种基本类型。①

安全警戒类是指直接从事监狱安全保卫、罪犯看押、危险处置、应急防暴等工作的专业岗位的监狱人民警察。具体岗位包括监狱安全防卫科、监狱内巡查大队(监狱内管大队)、监狱应急防暴大队、监狱禁闭室看押岗位、监狱会见中心以及监狱劳动安全岗位等。

狱务管理类是指直接从事罪犯刑罚执行和罪犯日常行政管理的专业岗位的监狱人民警察。具体岗位包括监狱刑罚执行科、狱政管理科、狱内侦查科、生活卫生科、刑务劳动作业科、基层监区罪犯行政管理、劳动管理及罪犯刑罚执行岗位等。

教育矫正类是指运用专业知识依法对罪犯进行思想、文化、心理等教育改造以及劳动技能训练的监狱人民警察。具体岗位包括教育改造科;心理咨询部门;入监监区、出监监区、其他监区、医院(医务室)、刑务劳动作业科等部门中以教育改造、心理咨询或者劳动技能训练为主要职能的岗位。

警务支援类是指为监狱改造刑罚职能保障监狱正常运营的监狱人民警察。具体岗位包括政治人事、财务、行政后勤、监狱企业管理、信息技术等岗位。

二、监狱人民警察的法律地位

(一) 监狱人民警察法律地位的概念

监狱人民警察法律地位,是指法律所赋予监狱人民警察执行刑罚的合法性根据,是监狱人民警察执行刑罚的法律前提。具体而言,作为唯一专门执行刑罚的警种——监狱人民警察的法律地位,包括依法所应当享有的权力,应当履行的义务和遵守的纪律,以及滥用权力或违反纪律的法律后果。

根据刑事执行法定原则,监狱人民警察在监狱内所开展和进行的一切活动,都必须要有法律的明确授权。我国《监狱法》第 5 条则明确授予了监狱的人民警察依法管理监狱、执行刑罚、对罪犯进行教育改造等活动的权力。

在广泛授予监管权力的同时,为规范监狱人民警察在监狱行刑过程中的行为,防止其滥用权力或者玩忽职守,我国相关法律也要求监狱人民警察履行一定的义务,遵守一定的纪律。我国《监狱法》第 13 条对此亦作出了概括性的规定,即"监狱的人民警察应当严格遵守宪法和法律,忠于职守,秉公执法,严守纪律,清正廉洁"。

有广泛的权力的授予,有义务和纪律的规定,就存在不履行义务、违反纪律

---

① 参见蒋才洪等:《矫正官队伍建设》,法律出版社 2012 年版,第 71 页以下。

的法律后果的规定。监狱人民警察应当依法行使刑事执行权,严格履行职务行为,始终遵守纪律要求。如果存在滥用权力、怠于职务、触犯纪律的行为,就会面临到相应的纪律处分、行政处罚,甚至是刑事追诉。

(二)监狱人民警察的职权

1. 监狱人民警察职权的特征

赋予监狱人民警察一定的职权,是其完成法定任务的前提。监狱人民警察的职权具有以下几项重要特征:

第一,监狱人民警察职权的法定性。即监狱人民警察职权是法律明文规定,并受法律保护的。监狱人民警察在依法履行职权时,不受其他机关、团体或者个人的干涉。同时,监狱人民警察必须依照法定的程序履行职责,不得超越法定的职责范围,并且做到秉公执法。总而言之,监狱人民警察的职权既受法律保护,又受到法律的约束。

第二,监狱人民警察职权的专属性。是指监狱人民警察职责具有排他性和不可替代性。除监狱人民警察外,其他人无权力也无法履行监狱人民警察的法律职责。

第三,监狱人民警察职权的强制性。是指监狱人民警察履行其法定职责,是以国家的强制力作为保证的,任何干扰、妨碍监狱人民警察正常执行公务的违法犯罪行为均要受到法律的制裁。

2. 监狱人民警察职权的种类

根据我国《监狱法》和《人民警察法》等法律的规定,监狱人民警察享有广泛的职权。在监狱行刑中,监狱人民警察的各项职权的具体内容,本书将会在"第二编"各有关部分进行讲述。下文主要是对监狱人民警察职权的种类进行概括性的介绍。

(1)刑罚执行权

刑罚执行权,又称为"行刑权",它是监狱人民警察享有的一项基本职权。从广义来说,监狱人民警察的职权都属于刑罚执行权,而这里的"刑罚执行权"是狭义的,主要是指涉及收监、行刑变更以及释放等基本事项的职权,其具体内容又包括:

(a)收监权,即依法接收和关押被判处剥夺自由刑的罪犯的权力。

(b)对罪犯身体的检查权,即在收监时依法对罪犯的人身进行检查的权力。

(c)物品检查权和没收权,即在收监时依法对罪犯携带的物品进行检查并对违禁物品予以没收的权力。

(d)罪犯申诉、控告、检举的处理权,即根据罪犯申诉、控告、检举等情况,进行初步处理,并将有关情形转达公安机关、检察机关或者法院的权力。

(e)罪犯暂予监外执行的批准权,即监狱管理机关享有批准符合法定情形的罪犯暂予监外执行的权力。①

（f）对罪犯减刑、假释的建议权，即根据罪犯在服刑期间的表现而建议人民法院对罪犯予以减刑、假释的权力。

（g）对罪犯的释放权，即依法将服刑期满或者被裁定假释的罪犯从监狱中释放的权力。

（2）狱政管理权

依法管理监狱与罪犯，是监狱人民警察的基本职权之一。它是监狱工作的一项日常的基础性工作，是维护监狱秩序的基本前提。《监狱法》赋予监狱人民警察的依法管理监狱与罪犯的职权主要包括：

（a）对罪犯实行分押分管权，即监狱依法对罪犯进行分类关押、分别管理的权力。

（b）警戒权，即监狱根据监管罪犯的需要而在监狱周围、在监狱内设置警戒隔离带和警戒设施的权力。

（c）对脱逃罪犯的抓捕权，即监狱对脱逃的罪犯展开即时抓获的权力。

（d）对罪犯来往信件的检查权和扣留权，即监狱对罪犯与他人往来信件进行检查并对有碍罪犯改造内容的信件予以扣留的权力。

（e）对罪犯接受财物的批准、检查权，即对罪犯收受的财物进行检查并决定是否批准的权力。

（f）对罪犯的考核权，即监狱对于罪犯在服刑期间的各种表现进行考察与评价的权力。

（g）对罪犯的行政奖惩权，即监狱根据罪犯的良好表现给予表扬、物质奖励等奖励的权力，以及根据罪犯的不良表现而给予警告、记过、禁闭等行政处罚的权力。

（h）狱内侦查、起诉建议权，即监狱对罪犯在监狱内犯罪的案件进行侦查以及在侦查终结后，写出起诉意见书，连同案卷材料、证据一并移送人民检察院的权力。

（3）矫治改造权

矫治改造权，是指监狱人民警察从改造罪犯的目标出发，根据刑罚目的、行刑制度和罪犯的具体情况，结合生产劳动，对罪犯依法实施的转变思想、矫正恶习、教授文化知识和劳动技能的各项权力的总称。具体而言，矫治改造权包括教育改造权和劳动改造权。教育改造权是指监狱通过各种方式对罪犯进行思想、

---

① 在我国监禁刑执行中的暂予监外执行通常有两种情况：其一是在判决或裁定作出时，被告人符合暂予监外执行的法定条件，由人民法院直接决定；其二是在监狱行刑期间，罪犯符合暂予监外执行的法定条件，由监狱人民警察报请监狱管理机关予以批准。

文化、技术等方面的教育的权力,具体包括思想教育权、文化教育权与职业技术教育权等。劳动改造权,则是指监狱依法组织罪犯参加劳动并在劳动中对罪犯予以矫正的权力。

(三) 监狱人民警察的义务和纪律

监狱人民警察在享有广泛权力的同时,还必须严守纪律、履行法定义务。对此,我国《监狱法》第13条作出了规定:"监狱的人民警察应当严格遵守宪法和法律,忠于职守,秉公执法,严守纪律,清正廉洁。"这是监狱人民警察必须履行的基本义务。此外,监狱人民警察还必须严格遵守我国《人民警察法》第三章所规定的各项义务和纪律。如《人民警察法》第20条规定:"人民警察必须做到:(一)秉公执法,办事公道;(二)模范遵守社会公德;(三)礼貌待人,文明执勤;(四)尊重人民群众的风俗习惯。"这是对人民警察所规定的具有普遍意义的义务,监狱人民警察也必须遵守。

基于监狱人民警察所处的特殊地位和职业特点,针对监狱人民警察在实践中可能实施的违法犯罪行为,我国《监狱法》第14条对监狱人民警察的职业道德和工作纪律作了专门规定,即要求监狱人民警察不得有下列行为:

(1) 索要、收受、侵占罪犯及其亲属的财物。索要,既包括明示的索要贿赂;也包括暗示的索要贿赂。收受,是指行贿人主动向行为人给予一定数量的财物或货币,行为人被动接受的行为。实践中索取他人财物或者非法收受他人财物的表现形式多种多样。目前受贿现象主要存在减刑、假释、暂予监外执行等环节中。索要、收受罪犯及其亲属的财物,属于受贿行为,可能会触犯我国《刑法》第385条,构成受贿罪。侵占则是行为人积极主动地将他人财物据为己有的行为,既侵占罪犯的财物,也包括侵占罪犯亲属的财物。侵占罪犯及其亲属财物的,情节严重的,则可能会触犯我国《刑法》第270条,构成侵占罪。

(2) 私放罪犯或者玩忽职守造成罪犯脱逃。私放罪犯,是指行为人利用职务便利,非法将罪犯放走。私放罪犯的表现形式可以是作为,也可以是不作为,如监所看守人员故意打开监所门让在押人员逃走,或者眼见在押人员从监所逃出,而故意不去追捕而致其逃脱等。私放罪犯的,可能会触犯我国《刑法》第400条第1款,构成私放在押人员罪。玩忽职守造成罪犯脱逃,是指行为人由于严重不负责任,不履行或者不认真履行职责,致使罪犯脱逃。不履行职责,包括在岗不履行职责与擅离职守两种类型。不认真履行,是指不正确地履行职责,即形式上具有履行职责的行动,但是没有完全按照职责要求做,以致造成严重后果。例如,发现罪犯有脱逃迹象,不及时采取有效的防范措施;罪犯脱逃时,不及时对其组织并进行追捕。玩忽职守造成罪犯脱逃,可能会触犯我国《刑法》第400条第2款,构成失职致使在押人员脱逃罪。

(3) 刑讯逼供或者体罚、虐待罪犯。刑讯逼供,是指对罪犯使用肉刑或者变相肉刑逼取口供。所谓肉刑,是指对罪犯的肉体施行暴力,如吊打、捆绑、殴打以及其他折磨人的肉体的方法。所谓变相肉刑,是指对罪犯使用非暴力的摧残和折磨,如冻、饿、烤、晒等。逼供,是指逼迫罪犯做出行为人所期待的口供。监狱人民警察对罪犯刑讯逼供的,可能会触犯我国《刑法》第247条,构成刑讯逼供罪。而监狱人民警察体罚、虐待罪犯,情节严重的,则可能触犯刑法第248条,构成虐待被监管人罪。

（4）侮辱罪犯的人格。罪犯虽然受到刑罚处罚,被剥夺人身自由,但其人格尊严仍然受法律的保护。侮辱罪犯的人格是指使用暴力或者其他方法,公然贬低、损害罪犯的人格,破坏罪犯名誉的行为。侮辱罪犯,必然造成怨恨和逆反心理,不利于罪犯的改造,同时,行为人还可能触犯我国《刑法》第246条,构成侮辱罪。

（5）殴打或者纵容他人殴打罪犯。监狱人民警察不得自己殴打罪犯,也不能指使、纵容他人殴打罪犯。殴打罪犯,不是对罪犯进行监控、管理或者改造的合法手段,同时也可能触犯我国《刑法》第234条,构成故意伤害罪。

（6）为谋取私利,利用罪犯提供劳务。监狱人民警察不得利用自己监管罪犯的职权,指使罪犯为自己干私活,以牟取利益。监狱组织罪犯劳动是为了增强他们的劳动观念,并作为一种矫治手段。因此,判断监狱人民警察是否违法,不在于是否利用罪犯提供劳务,而是要看提供劳务的目的是否为了牟取私利。

（7）违反规定,私自为罪犯传递信件或者物品。为了维护监狱安全、稳定,也为了保障罪犯的安全、改造罪犯,罪犯来往信件应当经过监狱检查,收受的物品也应当经监狱检查或者批准。监狱人民警察违反规定,私自为罪犯传递信件或者物品,主要是指违反监狱法和其他监管法规中有关罪犯通信、收受物品和钱款的规定,在没有办理合法手续的前提下或者没有通过合法的程序,背着监狱或者有关的人,秘密地为罪犯传递信件或者物品。

（8）非法将监管罪犯的职权交予他人行使。监管罪犯的职权是国家依法授予监狱人民警察的权力,没有法律的授权,其他人均无权行使这一职权。非法将监管罪犯的职权交予他人行使,是指监狱人民警察在没有合法授权的情况下,擅自将自己监管罪犯的职权交予他人行使。其中,"他人"既包括其他不直接行使监管罪犯权力的监狱人民警察,也包括监狱人民警察以外的其他人员。

（9）其他违法行为。即除上述8种行为之外的,其他有关法律、法规、规章所规定的禁止监狱人民警察做出的行为。

（四）监狱人民警察违法违纪行为的法律后果

为了严明监狱纪律,规范监狱人民警察的行为,保证监狱人民警察依法履行职责,监察部、人力资源社会保障部与司法部于2012年联合发布了《监狱和劳动教养机关人民警察违法违纪行为处分规定》。根据此规定,监狱人民警察违法违纪,应当承担纪律责任的,由任免机关或者监察机关按照管理权限依法给予处分。监狱人民警察违法违纪涉嫌犯罪的,应当移送司法机关依法追究刑事责任。

根据《监狱和劳动教养机关人民警察违法违纪行为处分规定》,行政处分的措施主要包括开除、撤职、降级、记大过、记过与警告等六种。《监狱和劳动教养机关人民警察违法违纪行为处分规定》除列举监狱人民警察可能实施的违规行为之外,还针对各种违规行为分别规定了不同的处分措施。如第7条规定,有下列行为之一的,给予开除处分:(1)殴打、体罚、虐待或者指使、纵容他人殴打、体罚、虐待罪犯致死的;(2)包庇或者纵容罪犯从事犯罪活动的;(3)私放罪犯逃离监狱的。

另外,根据司法部关于印发《监狱人民警察六条禁令》的通知,严禁监狱人民警察有下列六种行为:殴打、体罚或者指使他人殴打、体罚服刑人员;违规使用枪支、警械、警车;索要、收受服刑人员及其亲属的财物;为服刑人员传递、提供违禁物品;工作期间饮酒;参与赌博。同时规定了相应的法律后果:违反上述禁令者,视其情节轻重予以相应纪律处分或者辞退,构成犯罪的,依法追究刑事责任。

三、监狱人民警察的素质要求与教育培训

监狱人民警察需要承担管理监狱、执行刑罚、对罪犯进行教育改造等任务,这些任务的完成都在客观上要求监狱人民警察自身具备良好的素质与能力。联合国《囚犯待遇最低限度标准规则》关于监狱管理人员的素质,提出了以下几个要求:(1)管理人员应该具有教育和智力上的适当水平。(2)管理人员就职前应在一般和特殊职责方面接受训练,并必须通过理论和实际测验。(3)管理人员就职后和在职期间,应该参加不时举办的在职训练班,以维持并提高他们的知识和专业能力。

上述规定涉及监狱管理人员的素质及其培训两个方面的问题,那么,在我国,监狱人民警察应该具备哪些素质?监狱人民警察如何获得这些素质?本节将主要探讨这两个问题。

(一)监狱人民警察的素质要求

我国《人民警察法》第26条规定,担任人民警察应当具备以下条件:(1)年满18岁的公民;(2)拥护中华人民共和国宪法;(3)有良好的政治、业务素质和良好的品行;(4)身体健康;(5)具有高中毕业以上文化程度;(6)自愿从事警察工作。这是人民警察必须具备的基本素质,同时亦是监狱人民警察必须具备的基本素质。

此外,由于监狱及监狱行刑工作的特殊性,还要求监狱人民警察具备特别的素质。详言之,监狱行刑具有封闭性的特征,监狱人民警察在执行刑罚、改造罪犯的同时,也长时间地处在与外界交流隔绝的空间之中。同时,监狱人民警察承担着极其艰巨复杂的监管改造任务,长期与罪犯相处,经常接触社会阴暗面,危

险性和腐蚀性很大。因此,监狱人民警察工作及工作环境的特殊性就决定了监狱人民警察需要具备良好的政治思想素质、文化素质、业务素质、身体素质和心理素质。①

1. 政治思想素质

政治思想素质是指监狱人民警察应当具备的政治觉悟与表现、政治立场、政治观点、政治纪律、政治敏锐性、理论修养与水平等方面的素养。我国法律与实践中,一直以来都特别强调监狱人民警察需要具备良好的政治思想素质。具体包括坚定正确的政治立场、强烈的事业心、高度的政治纪律性和良好的职业道德、敏锐的政治洞察力以及反腐倡廉意识等等。

2. 文化素质

监狱人民警察需要具备较高的文化素质。根据我国《人民警察法》的要求,监狱人民警察应当具备高中毕业以上文化程度。担任领导职务的人员应当具有大学专科以上学历,并且经人民警察院校培训,考试合格。这是法律对监狱人民警察文化素质的基本要求。此外,监狱人民警察应当努力学习科学文化知识,不断改善知识结构,提高文化水平,以适应监狱行刑工作发展的新需要。

3. 业务素质

业务素质是指监狱人民警察从事执行刑罚、改造罪犯、管理监狱等工作所需要具备的专业知识和能力。监狱行刑的任务复杂多样,涉及刑罚执行、监管、教育、劳动以及生活卫生管理、生产管理等多方面的工作,监狱人民警察因而亦需要具备多方面的才能。当然,由于分工不同,每个监狱人民警察的知识结构应当有所侧重,不可能要求每个监狱人民警察都精通监狱的全部业务。

整体而言,监狱人民警察的业务素质包括:(1)熟悉国家的法律法规,特别是《宪法》《刑法》《刑事诉讼法》《监狱法》等与监狱行刑工作密切相关的法律,并掌握监狱行刑的基本任务、目的和原则;(2)熟悉监狱管理工作规章制度,掌握了监狱管理和行刑中的各种细节要求。(3)了解在押罪犯的犯罪行为、心理状态、服刑表现,并熟练掌握和准确运用监管改造罪犯所需要的各种基本技能,包括组织指挥能力、现场管理能力、三课教育能力、心理咨询矫正能力、突发事件防控能力等等。

4. 身体素质

监狱人民警察,尤其在第一线的基层警察每天都和罪犯打交道,面对面地监管罪犯,组织生产劳动,从事教育改造活动,其任务繁重,条件艰苦,而且有可能面对罪犯暴动等突发事件,危险性较大。因此,监狱人民警察必须具备强健的身体素质,并且应当具备过硬的警务实战技能,如掌握擒拿格斗技能,否则就很难

---

① 参见杨殿升主编:《监狱法学》(第二版),北京大学出版社2001年版,第48页以下。

满足监狱工作的客观要求。

5. 心理素质

监狱人民警察的工作具有很大的特殊性,如监管对象的高危性、监管工作的高强性、监管教育的高压性等,这种负面的压力往往会使得监狱人民警察的心理健康水平下降,影响工作效率的同时,也危害着监狱人民警察的自身健康。此外,警察心理健康状况不良,则可能进一步导致严重的后果,如遇事不够冷静,引发罪犯与监狱人民警察之间的冲突等等。因此,监狱人民警察必须具备良好的心理素质,包括:敏锐的观察力,较强的分析判断能力与社会交往、社会感染能力;沉着、稳定的情绪,顽强的意志品质,以及较强的自我评价、自我监督、自我调节和自我控制意识,等等。实践表明,只有具备良好的心理素质,监狱人民警察才能在改造矫治罪犯的过程中,始终忠于职守,秉公执法,抵御住各种腐朽思想的侵蚀,经得起各种艰难困苦的考验,圆满完成法律规定的监狱人民警察的任务。

(二) 监狱人民警察的教育培训

1. 监狱人民警察教育培训的概念

监狱人民警察的教育培训是指监狱管理机关根据社会的发展变化、监狱工作发展的需要以及职位的要求,通过各种形式,有计划、有组织地对监狱人民警察进行的政治理论、专业知识、警体技能等方面的教育、培养和训练。[①] 教育培训对于开发监狱的人才资源,及时更新监狱人民警察的知识结构,提高监狱警察的素质,有着重要意义。

目前我国许多法律法规已经就监狱人民警察的培训进行了规定,如《人民警察法》第 29 条规定:"国家发展人民警察教育事业,对人民警察有计划地进行政治思想、法制、警察业务等教育培训。"除《人民警察法》之外,《公务员法》、2006 年中共中央印发的《干部教育培训工作条例(试行)》、2008 年中共中央组织部、人力资源和社会保障部印发的《公务员培训规定(试行)》和 2010 年中共中央办公厅印发《2010—2020 年干部教育培训改革纲要》等有关规定都适用于监狱人民警察的培训工作。此外,司法部于 2011 年 10 月 18 日发布了《司法行政干部教育培训工作实施办法》,与上述法律法规相比,这一办法与监狱人民警察培训工作的关系更为紧密,更加具有操作性。

2. 监狱人民警察教育培训的管理机制

《司法行政干部教育培训工作实施办法》规定了监狱人民警察教育培训工作的分级管理制度。分级管理,即各级司法行政机关在监狱人民警察教育培训工作分工合作,分别承担不同的职责。

[①] 金鉴主编:《监狱法总论》,法律出版社 1997 年版,第 374 页。

首先,司法部负责统一规划工作。即:按照中央有关规定,履行全国司法行政系统干部教育培训工作的整体规划、制度规范、宏观指导、协调服务、督促检查职能,组织实施省(区、市)监狱局领导班子成员及其他领导干部的教育培训。

其次,省(区、市)司法厅(局)负责本行政区域内司法行政干部教育培训工作,组织实施监狱领导班子成员的教育培训;根据形势任务需要,组织对其他干部的教育培训。

最后,省(区、市)监狱局在司法厅(局)指导下,组织实施本行政区域内监狱人民警察的教育培训。监狱负责组织实施本监狱人民警察的教育培训。

3. 监狱人民警察教育培训的种类

根据《司法行政干部教育培训工作实施办法》,教育培训的种类包括以下几种:

(1) 初任培训,亦称为"岗前培训",是对新录用监狱人民警察进行的培训。除组织、人事部门统一组织的初任培训外,司法行政机关应当对新录用干部开展司业务培训,重点提高其适应监狱行刑工作的能力。初任培训应当在试用期内完成,总时间不少于12天。没有参加初任培训或者培训考试、考核不合格的新录用干部,不得任职定级。

(2) 任职培训,是对晋升领导职务干部进行的培训。任职培训的目的,是根据新任职务的要求,重点提高胜任其领导工作的能力。任职培训应当在干部任职前或任职后一年内进行。没有参加任职培训或培训考试、考核不合格的,应当及时补训。

(3) 专门业务培训,即对监狱人民警察进行的专门性的业务进修与培训,其主要目的是丰富、提高监狱人民警察从事监狱行刑工作所需的专业知识和技能。

(4) 在职培训,亦称为"知识更新培训",是以更新知识、提高工作能力为目的的培训,重点提高监狱人民警察履行岗位职责的能力。在职培训的内容、时间和要求由司法行政机关根据实际确定;在职培训考试、考核不合格的,年度考核不得确定为优秀等次。

(5) 警衔晋升培训,是对首次授予警衔、晋升警衔的监狱人民警察进行的培训,重点增强警察责任心、荣誉感和组织纪律性,提高指挥和管理能力。我国《警衔条例》第17条规定:"警司晋升警督,警督晋升警监,经相应的人民警察院校培训合格后,方可晋升。"警衔晋升培训,应当在授予、晋升警衔前进行。首次授予警衔、警司晋升警督、警督晋升警监,培训时间不少于30天,其他衔级晋升培训时间不少于10天。新录用监狱人民警察首授警衔培训,可以与初任培训合并进行,时间不少于40天。没有参加警衔晋升培训或者培训考试、考核不合格的,不得授予或者晋升警衔。

(6) 其他培训。如在少数民族罪犯较多的监狱,应该加强监狱人民警察的相关培训,特别是双语培训。

4. 教育培训机构

我国一向重视监狱人民警察的教育培训工作,监狱人民警察的培训从 20 世纪 80 年代以来就没有间断过,尤其是自 1992 年警衔制度①实施以来,监狱人民警察的教育培训基本上已经常态化、制度化,形成了比较稳定的"培训网络"。

从教育培训实践来看,省级司法警官职业学院或警官学校或者监狱局下属的培训中心、宣教等部门是向监狱人民警察提供教育教训的主要机构。然而,各警官学校的培训能力,如师资水平、教学环境等,存在很大的差异,且警官职业学院或警官学校的培训难免会比较单一。为解决这一问题,《司法行政干部教育培训工作实施办法》规定,司法行政干部教育培训机构应积极与党校、行政学院、干部学院、高等院校开展联合办学,各司法行政干部教育培训机构之间也应加强合作,促进优势互补和资源共享。

为了提高师资质量,《司法行政干部教育培训工作实施办法》提出了一些办法:首先,各级司法行政机关应当按照素质优良、规模适当、结构合理、专兼结合的原则,建设高素质的司法行政干部教育培训师资队伍。其次,实行专职教师职务聘任和竞争上岗制度,通过考核、奖惩和教育培训,加强专职教师队伍建设。选聘理论水平较高、实践经验丰富的领导干部、专家学者、业务骨干和优秀基层干部担任兼职教师,并探索建立相应的激励机制。最后,司法部和省(区、市)司法厅(局)应当定期开展优秀培训师资评选,建立全国和省级师资库,实现优秀师资资源共享。

第三节 社区矫正工作者

自 2003 年 7 月最高人民法院、最高人民检察院、公安部、司法部联合发布《关于开展社区矫正试点工作的通知》以来,社区矫正作为新型的刑事执行方式,在全国范围内陆续展开。这一实践形态改变了我国固有的刑事执行格局,诞生了一支新的刑事执行工作人员队伍——社区矫正工作者。本节主要对这一新兴主体的构成、性质和来源、任务、法律地位、素质要求及教育培训进行分析介绍。

---

① 根据 1992 年全国人大常委会制定通过《中华人民共和国人民警察警衔条例》(2009 年被修正)以及 1993 年公安部、国家安全部、司法部、最高人民检察院、最高人民法院《关于印发〈人民警察警衔工作管理办法〉的通知》的规定,警衔晋级必须经过相应的人民警察院校培训,且考试合格,方可晋升。

一、社区矫正工作者概述

(一) 社区矫正工作者的构成

所谓社区矫正工作者是指在我国社区矫正运行过程中,依法对社区矫正人员[①]开展监督管理、教育矫正、帮困扶助等日常工作的人员。尽管社区矫正工作者作为社区行刑法律关系的主体之一已进入实践形态,并纳入理论界的观察视野,但由于社区行刑法律制度的缺失与不足,有关这一主体的很多问题有待规范与澄清,比如社区矫正工作者的称谓、构成、性质等等。下面从制度形态和理论形态着手对此进行分析。

1. 社区矫正工作者构成的制度性规定

(1)《司法行政机关社区矫正工作暂行办法》(2004年5月9日发布,2004年7月1施行)第12条规定:"社区矫正工作者应当由司法所工作人员、有关社会团体成员和社会志愿者组成。"

(2)《天津市司法行政机关开展社区矫正工作实施细则》(2004年10月发布)规定:"社区矫正工作者应当由司法所、公安派出所专职人员、有关社会团体成员和民间组织以及社会志愿者组成。"

(3)《北京市社区矫正工作实施细则》(2007年3月16日发布)第6条规定:社区矫正工作队伍由专业矫正人员和社会志愿者两部分组成。专业社区矫正人员是司法所干部和抽调的监狱警察。社会志愿者主要是专家学者、知名人士、离退休干部、社区居委会成员、高等院校高年级学生、矫正对象的近亲属和所在单位的人员。

(4)《江苏省社区矫正工作办法》(2008年1月9日发布,2008年3月1日实施)第14条规定:社区矫正工作人员包括社区矫正执法人员、社区矫正专职工作者和社区矫正志愿者。第15条规定:从事社区矫正工作的司法行政部门工作人员、公安派出所民警称为"社区矫正执法人员"。

(5)《湖南省司法行政机关社区矫正工作实施细则》(2008年9月26日发布,2008年10月1日施行)第16条规定:社区矫正工作者应当由司法所工作人员、有关社会团体成员和民间组织以及社会志愿者组成。

(6)《社区矫正实施办法》(2012年3月1日起施行)第3条规定:县级司法行政机关社区矫正机构对社区矫正人员进行监督管理和教育帮助。司法所承担

[①] 当前,我国对接受社区矫正的罪犯的称谓缺乏统一,有的称为社区服刑人员、有的称为社区矫正对象,本书根据2012年3月1日起施行的《社区矫正实施办法》的规定,将这一主体称为社区矫正人员。当然,因为引用某些社区矫正法律文件及一些作者的著述,或者出于行文的需要,可能会出现社区服刑人员、矫正对象、罪犯等提法,特此说明。

社区矫正日常工作。社会工作者和志愿者在社区矫正机构的组织指导下参与社区矫正工作。

从以上规定可以看出,社区矫正工作者的法律规定有以下特点:

(1) 立法的位阶比较低。有关社区矫正工作者的规定主要出现在行政规章与地方性规章中,在国家的基本法律中没有得到体现。

(2) 称谓不一。对于在社区矫正中从事日常工作的人员,有的称为"社区矫正工作者",有的称为"社区矫正工作队伍",还有的称为"社区矫正工作人员"。

(3) 基本人员已经确定。从有关的规定来看,我国社区矫正工作者包括:司法所工作人员、公安派出所民警、抽调的监狱警察、有关社会团体成员和社会志愿者等,外延比较宽泛。但从这些规定中,依然可以发现,其基本构成为:司法所工作人员、社会工作者和志愿者。

2. 社区矫正工作者构成的理论探索

(1) 有理论从是否具有执法权的角度出发,将我国的社区矫正工作者划分为以下两大类型:第一,社区矫正机构工作的公职人员。这类人员的身份具有法定性,按照法律法规和政策的规定,享有权利并履行法定义务,包括我国社区矫正中的"执法主体"和"工作主体"。第二,社区矫正的辅助人员。这类人员不具有法定职责,亦非专门从事社区矫正工作,而是热心于公益事业的社会人士和社会团体。其主要从事的工作是协助专业社区矫正工作者对矫正对象进行矫正教育、危机干预、社会救助和恢复秩序等活动。他们是协助社区矫正执法人员开展社区矫正工作的人员。具体包括"社会工作者""社区矫正志愿者"、社区基层自治组织以及其他社会团体的成员等。①

(2) 也有理论从矫正工作的专职性角度出发,认为我国社区矫正工作队伍应当由专业社区矫正工作者和社会志愿者构成。其中,专业社区矫正工作者应是从事社区矫正工作的国家公职人员,主要包括从事社区矫正工作的司法所工作人员、公安派出所民警及四级社区矫正组织中从事社区矫正工作的公职人员。社会志愿者是指愿意参与社区矫正工作并经社区矫正组织批准和培训的非专业社区矫正工作人员,主要包括专家学者、知名人士、离退休干部、高等院校高年级学生、村(居)社区干部等。②

(3) 还有理论认为,社区矫正工作具有明显的专门性和浓厚的群众性,作为刑罚执行工作的社区矫正,首先是一项严肃的执法活动,当然需要专业技术人员的支持与参与。但同时其作为一项带有人道主义色彩的社会工作,社区矫正是

---

① 连春亮主编:《社区矫正学教程》,群众出版社2013年版,第157页以下。
② 参见胡虎林主编:《社区矫正实务》,浙江大学出版社2007年版,第45页。

一项与一般执法活动的严厉性相区别的更多带有人文关怀色彩的社会工作,当然需要广大群众的参与。所以,一切参与社区矫正工作的工作人员都可以成为社区矫正工作者,社区矫正工作者应当由司法所工作人员、有关社会团体成员和社会志愿者组成。①

从相关法律规定可以看出,由于缺乏权威的法律对社区矫正工作者做出明确规定,导致实践中对这一行刑法律关系主体的边界认识模糊,称谓混乱。从理论界的探讨来看,也存在着多种表述。但从这些观点中,我们可以看出其共同之处在于肯定社区矫正运行过程中国家力量与社会力量同在、专职人员与兼职人员的结合。另外,社区矫正尽管是国家和社会双本位犯罪预防模式的实践,但基于我国的国情,国家依然占据着主导型地位,专职人员依然引领着社区矫正的全部过程。基于社区矫正理论与实践,本书将社区矫正工作者划分为社区矫正执法者、社区矫正社会工作者和社区矫正志愿者三种类型。②

(二)社区矫正工作者的性质与来源

1. 社区矫正执法者的性质与来源

顾名思义,社区矫正执法者是社区矫正工作者中具有执法地位的工作人员,也是社区矫正工作的核心和主要的管理人员。在社区矫正工作者队伍之中,社区矫正执法者是核心,社区矫正执法者的队伍建设是社区矫正工作者队伍建设的重中之重。这是因为:首先,社区矫正是一种非监禁的刑罚执行活动,执行的主要是法院生效判决所确定的刑罚。因而,根据刑事执行法定原则,社区矫正的实施主体必须要有法律授权,而社区矫正执法者正是这样一类有权主体。其次,就社区矫正机构内部事务而言,社区矫正工作者负责基层专业矫正机构内部的所有工作,包括社区矫正计划的制定,社区矫正机关内部专业人员或者非专业人员的招募、工作分配、人员考核,社区矫正工作的档案管理等等所有事务,且对上级社区矫正管理机关负责并报告工作。最后,就社区矫正具体执行而言,他们作为社区矫正机构的代表和具有合法执行主体身份的国家执法人员,独立主管辖区内与社区矫正工作有关的对外程序性或者实体性的工作,负责对社区矫正人员监督、管理和教育,对其他社区矫正工作者的工作予以指导,组织并协调社会力量参与社区矫正等。可见,在社区矫正工作者中,社区矫正执法者代表的是国家力量,在社区矫正中身兼执法者、公务员、管理者等多重角色。

根据我国 1997 年《刑法》及 1996 年《刑事诉讼法》的规定,公安机关是社区

---

① 参见黄京平等主编:《社区矫正工作者手册》,中国法制出版社 2007 年版,第 101 页。
② 无论从制度层面,还是从理论研究来看,此三者的称谓都明显缺乏统一性,远远未形成理论与实践的通说。在下文论述中,根据具体情况,也可能出现司法所工作人员、社区矫正专职工作者等词语,其均属于社区矫正工作者范畴。特此说明。

矫正的法定执行主体。但是在以往的实践中，公安机关作为社区矫正的法定执行机关，在治安管理、纠纷调解、敌情搜集、人口管理、刑事案件的协查等诸多繁重的工作压力之下，"警力严重不足"以至于在监管方面"捉襟见肘"。同时，公安机关在机构和队伍建制方面，对监管社区矫正人员不够重视。具体表现为，公安机关缺乏专门负责社区矫正的内设机构和专职矫正工作人员。此外，改革开放以来的社会分化和结构重组，社会流动性明显加速、传统单位体制解体，进一步加大了对社区矫正人员监管的难度，严重阻碍了刑罚措施的执行和教育矫正的展开。① 以至于出现这样的局面：公安机关对于社区矫正人员的监督考察根本无暇顾及，导致其放任自流，"管制"成了"不管不制"，"假释"几乎变成"真释"。

在这种背景下，2003年以来的社区矫正试点便开始逐渐确定司法行政机关作为社区矫正的工作主体，以此来解决公安机关警力不足、监管形式化的问题，强化对社区矫正人员的日常监督和管理。但这却形成了我国社区矫正实践中"执行主体"与"工作主体"二元分离的状态。这种状态虽然维护了现行法律的权威，但却将司法行政机关置于十分尴尬的地位。其在社区矫正运行中承担着大量具体的工作，却缺乏强有力的管理手段。为此，在一些地方，往往借助于公安干警、监狱人民警察的力量。所以2003年社区矫正试点后的较长一段时间内，社区矫正执法者实际是由公安派出所民警、司法所助理员和抽调的监狱警察组成。

这一人员构成虽然加强了对社区矫正人员的控制，但因其在法律上的瑕疵与实践中的缺陷广为人诟病。基于此，我国《刑法修正案（八）》对《刑法》的有关条款进行了修改，规定对"判处管制的犯罪分子""宣告缓刑的犯罪分子"、"假释的犯罪分子"依法实行社区矫正，从而赋予了社区矫正以合法的身份，并删除了公安机关作为管制执行以及缓刑考察、假释监督主体的规定。2012年修订的《刑事诉讼法》第258条进一步规定："对被判处管制、宣告缓刑、假释或者暂予监外执行的罪犯，依法实行社区矫正，由社区矫正机构负责执行。"这一规定改变了公安机关作为我国社区矫正法定主体的状态，但是并没有对社区矫正执行主体做出明确规定，导致当前的社区矫正工作者的构成在法律上仍处于一种不确定的状态。2012年1月10日，最高人民法院、最高人民检察院、公安部、司法部联合发布了《社区矫正实施办法》，其第3条规定："县级司法行政机关社区矫正机构对社区矫正人员进行监督管理和教育帮助。司法所承担社区矫正日常工作。"明确了司法行政机关承担着社区矫正的日常工作，并在相关条款中规定了其工作职责。不过《实施办法》作为具有司法解释性质的法律文件，法律地位较低，司法行政机关作为社区矫正执法主体的地位在法理上依然存在可质疑之处。

---

① 参见王平主编：《社区矫正制度研究》，中国政法大学出版社2012年版，第46页。

但是,从这些法律规定可以看出,我国社区矫正执行机关正在经历着由公安机关向司法行政机关的过渡和转移,司法所工作人员作为社区矫正执法者的地位逐步明朗。

在有关规定上社区矫正执法者逐渐明朗的同时,理论界对此也进行了探讨。虽然法律尚未对社区矫正执法者的称谓做出明确规定,但在学术研究中,已经有很多人在使用"社区矫正官"的名称,并倡导建立社区矫正官制度。① 本书认为从职业化和专业化的角度来看,这些观点代表了社区矫正的未来发展方向。在社区矫正试点以前,司法助理员承担的是法制宣传、人民调解等8项工作,而社区矫正的推行,将司法助理员承担的工作增加到9项,与以往的工作相比,这显然是一个陌生的领域。这便导致司法助理员自身角色适应不良,其素质也不能令人满意。基于我国的实际情况,社区矫正官适宜先从司法所中具体从事社区矫正工作的人员以及监狱系统抽调的干警中调配和录用,待社区矫正制度相对完善后,通过全国招考的方式选拔以及加大培训力度,逐步提升社区矫正官队伍的整体素质。

2. 社区矫正社会工作者的性质与来源

社区矫正社会工作者是指根据一定条件选择并经培训后对社区矫正人员开展相关社会工作的全日制专业人员。这一群体具有以下几个特点:第一,他们是具备一定专业技能的工作人员。第二,他们是利用自己的专业技能专职从事社区矫正工作的人员。他们根据合同从事社区矫正工作;对于其工作的时间、内容等,都有明确要求,不能随意变化。第三,他们是准专业人员。社区矫正社会工作者虽然属于全日制工作人员,但不是社区矫正执行机构的正式工作人员,也没有公务员身份。他们中的大多数人有自己的工作组织或者机构,他们的活动任务往往是在这类工作组织或者机构的组织与协调下完成的。因此,他们能够从事的社区矫正工作是有限的。他们不能从事所有的社区矫正工作,特别是不能从事与刑罚执行有关的活动,而只能从事某些帮助性的社区矫正工作,因而不是一个享有所有工作权利的完全的社区矫正工作人员。总之,社区矫正社会工作者是协助社区矫正执法者开展社区矫正的一支重要社会力量,在社区矫正中发挥着重要作用。

目前,在我国社区矫正的实践中,已经产生了一批全日制的社会工作者。比如上海的新航社区服务总站和北京的阳光社区矫正服务中心都雇用了一定数量的专职工作人员。他们根据合同,享有一定的权利,履行相应的工作职责,辅助社区矫正执法者执行刑罚、对社区矫正人员予以矫正等。

---

① 参见吴宗宪等:《社区矫正制度适用与执行》,中国人民公安大学出版社2012年版,第36页。

3. 社区矫正志愿者的性质与来源

社区矫正志愿者是指具备一定的政策水平和专业知识,并经司法行政部门和志愿者组织登记,自愿无偿参与社区矫正工作的人员。他们与社区矫正社会工作者虽然都属于社会力量的组成部分,但从其权利、义务来看,与专职的社会工作者还是有区别的。社区矫正志愿者是真正的兼职人员,他们根据社区矫正机构的需要和自己的情况,在一定时间内无偿地参与社区矫正工作,因而在人身上相对自由,不接受社区矫正机构的强制性管理。当然,在从事志愿服务的过程中,社区矫正机构可以根据情况,给予其必要的补贴。

目前社区矫正志愿者主要由专家学者、知名人士、离退休人员、社区居委会成员、大学生、矫正对象的近亲属等人员组成,他们通过开展各种专业咨询活动,结对帮教等形式,参与对矫正对象的教育和服务工作,促进社区矫正工作的顺利进行。在志愿者参与社区矫正过程中,应注重发挥其优势和特长,比如安排大学生参与对未成年犯的矫正工作,安排专家、学者担任顾问工作,创造条件,促进具有法学、心理学、社会学背景的志愿人员利用自己的专业知识,为矫正对象提供法律咨询、心理治疗等各种服务。尽管志愿服务以"利他"为根本宗旨,但仍然需要建立必要的激励机制,基于社区矫正志愿资源的稀缺,在为志愿者提供的各种各样的社会激励机制中,建议对社区矫正志愿者适当倾斜,以激发其积极性,并吸引其他优秀人才的加入。

(三) 社区矫正工作者的任务

社区矫正工作者作为社区矫正工作的承担者,其任务来源于我国社区矫正的有关规定。最高人民法院、最高人民检察院、公安部、司法部在《关于开展社区矫正试点工作的通知》中规定:"社区矫正是与监禁矫正相对的行刑方式,是指将符合社区矫正条件的罪犯置于社区内,由专门的国家机关在相关社会团体和民间组织以及社会志愿者的协助下,在判决、裁定或决定确定的期限内,矫正其犯罪心理和行为恶习,并促进其顺利回归社会的非监禁刑罚执行活动。"

该通知的精神在司法部制定的《司法行政机关社区矫正工作暂行办法》中被具体化为三个方面,第一,依照有关法律、法规和规章的有关规定,加强对社区服刑人员的管理和监督,确保刑罚的顺利实施;第二,采取多种形式,对社区服刑人员进行思想教育、法制教育和道德教育,矫正其不良心理和行为,促使其成为守法公民;第三,帮助社区服刑人员解决在就业、生活和心理等方面遇到的困难和问题,以利于其顺利适应社会生活。2009年9月2日,最高人民法院、最高人民检察院、公安部、司法部联合发布了《关于在全国试行社区矫正工作的意见》对社区矫正的工作任务再次进行了强调:

(1) 进一步加强对社区服刑人员的教育矫正。完善教育矫正措施和方法,加强对社区服刑人员的思想教育、法制教育、社会公德教育,组织有劳动能力的社区服刑人员参加公益劳动,增强其认罪悔罪意识,提高社会责任感。加强心理矫正工作,采取多种形式对社区服刑人员进行心理健康教育,提供心理咨询和心理矫正,促使其顺利回归和融入社会。探索建立社区矫正评估体系,增强教育矫正的针对性和实效性。

（2）进一步加强对社区服刑人员的监督管理。根据社区服刑人员的不同犯罪类型和风险等级,探索分类矫正方法,依法执行社区服刑人员报到、会客、请销假、迁居、政治权利行使限制等管控措施,避免发生脱管、漏管,防止重新违法犯罪。健全完善社区服刑人员考核奖惩制度,探索建立日常考核与司法奖惩的衔接机制,探索运用信息通讯等技术手段,创新对社区服刑人员的监督管理方法,提高矫正工作的科技含量。

（3）进一步加强对社区服刑人员的帮困扶助。积极协调民政、人力资源和社会保障等有关部门,将符合最低生活保障条件的社区服刑人员纳入最低生活保障范围,为符合条件的农村籍社区服刑人员落实责任田。整合社会资源和力量,为社区服刑人员提供免费技能培训和就业指导,提高就业谋生能力,帮助其解决基本生活保障等方面的困难和问题。

基于此,本书认为社区矫正工作者的任务是对社区矫正人员进行"监督管理""教育矫正"和"帮困扶助"三个方面。当然,由于不同类型社区矫正工作者的法律地位不同,他们在社区矫正工作中承担的具体职责也有所区别。具体内容将在下节介绍。

二、社区矫正工作者的法律地位

社区矫正工作者的法律地位,是指社区矫正工作者作为社区矫正法律关系的主体之一,依法应当享有的权利和必须履行的义务。基于目前社区矫正立法的不足,本书将在《社区矫正实施办法》《公务员法》《监狱法》《司法行政机关社区矫正工作暂行办法》《中国社会工作者守则》以及社区矫正地方性法规、规章有关规定的基础上,对社区矫正工作者法律地位进行分析。

（一）社区矫正执法者的法律地位

1. 社区矫正执法者的职责

根据《社区矫正实施办法》的规定,司法所承担社区矫正日常工作,其工作人员的主要职责是：

首先,在接收环节,司法所要根据县级司法行政机关的指派,接收社区矫正人员,并组织宣告;确定社区矫正小组;制定矫正方案;建立社区矫正工作档案。

其次,在社区矫正实施过程中,司法所要监督社区矫正人员定期报告;采取实地检查、通讯联络、信息化核查等措施及时掌握社区矫正人员的活动情况;重点时段、重大活动期间或者遇有特殊情况,可以根据需要要求社区矫正人员到办公场所报告、说明情况;定期到社区矫正人员的家庭、所在单位、就读学校和居住的社区了解、核实社区矫正人员的思想动态和现实表现等情况;发现社区矫正人员脱离监管的,及时向县级司法行政机关报告;对社区矫正人员七日以内的外出进行审批;组织日常教育学习活动和社区服务;开展有针对性的个别教育和心理辅导;对社区矫正人员进行考核并实施分类管理等。

最后,在期满解除矫正时,司法所要对社区矫正人员作出书面鉴定,提出安置帮教建议;组织解除社区矫正宣告;向社区矫正人员告知安置帮教有关规定,与安置帮教部门做好交接等。

此外,司法所作为县级司法行政机关的派出机构,经县级司法行政机关授权,在一定范围内参与社区矫正执法活动,如派员参加社会调查评估等。司法所立足基层,还要充分发挥贴近社区、贴近群众的优势,广泛动员基层组织、社区矫正人员所在单位、学校、家庭成员等各方面力量,共同做好社区矫正工作。[①]

由此可见,社区矫正执法者在社区矫正的过程中充任着管理、监控、教育、协调等多重角色。

2. 社区矫正执法者的义务和纪律

社区矫正执法者作为行刑法律关系的主体之一,在依法享有广泛权力的同时,还必须履行法律义务。社区矫正执法者应当遵守社区矫正规章制度,认真履行职责。《社区矫正实施办法》第 38 条规定:"在实施社区矫正过程中,司法工作人员有玩忽职守、徇私舞弊、滥用职权等违法违纪行为的,依法给予相应处分;构成犯罪的,依法追究刑事责任。"这是对社区矫正执法者最基本的义务要求,结合社区矫正实际工作,以及有关省(市)的规定,本书认为对社区矫正执法者作出如下纪律约束是必要的:

(1)严禁玩忽职守,贻误工作;(2)严禁泄露国家秘密和社区矫正工作秘密;(3)严禁弄虚作假,欺骗领导和群众;(4)严禁参与或者支持色情、吸毒、迷信、赌博等活动;(5)严禁非法搜查社区服刑人员的身体、物品或住所;(6)严禁索要、收受、侵占社区服刑人员及其亲属的财物;(7)严禁隐瞒案情,包庇、纵容社区服刑人员违法犯罪;(8)严禁利用社区服刑人员从事营利性的活动或者牟取其他私利;(9)严禁侮辱社区服刑人员的人格;(10)严禁有其他违法犯罪的行为。

(二)社区矫正辅助人员的法律地位

1. 社区矫正社会工作者的职责与义务

对于社区矫正社会工作者的职责,目前仍处于探索阶段,缺乏规范和统

[①] 司法部法制司、社区矫正管理局:《〈社区矫正实施办法〉解读(一)》,载《人民调解》2012 年第 4 期,第 13 页。

一。不过一些地方性的规定,还是具有一定的借鉴意义的。比如《吉林省社区矫正专职工作者管理办法》(试行)第7条规定:社区矫正专职工作者应当持证上岗,在县级司法行政机关及司法所的组织和指导下,主要履行以下岗位职责:(1)协助司法所做好社区矫正人员的监督管理工作;(2)协助司法所做好社区矫正人员的教育矫正工作;(3)协助司法所做好社区矫正社会适应性帮扶工作;(4)协助司法所做好刑释解教人员的安置帮教工作;完成司法所交办的其他工作任务。县级司法行政机关及司法所不得安排社区矫正专职工作者参与社区矫正执法等环节工作,具体岗位责任制由县(市、区)司法局根据实际工作需要制定。

社区矫正社会工作者作为社会工作者的组成部分,首先应遵循这一职业的基本准则,履行相应的义务。《社会工作者职业水平评价暂行规定》规定:"社会工作者应严格遵守国家法律法规和社会工作职业守则","社会工作者在社会服务工作中,应当与服务对象建立良好平等的沟通关系,维护服务对象权益,倾听服务对象诉求,尊重服务对象选择,保守服务对象隐私"。这是对在社区矫正领域从业的社会工作者最基本的要求。与此同时,各地在社区矫正运行中,对矫正领域的社会工作者制定了一些专门的规章制度,比如《吉林省社区矫正专职工作者管理办法》(试行)第8条规定:社区矫正专职工作者应当遵守国家法律法规、相关政策和工作纪律,不得有下列行为:(1)拒绝主管机关的工作安排或决定;(2)包庇、纵容社区矫正人员违法犯罪;(3)利用工作之便谋取不当利益;(4)徇私舞弊,弄虚作假;(5)收取或索要社区矫正人员及亲属的财物,或接受宴请;(6)泄露工作秘密或社区矫正人员的隐私;(7)其他违纪行为。

2. 社区矫正志愿者的职责与义务

社区矫正志愿者在社区矫正过程中主要协助社区矫正执法者、社区矫正社会工作者从事一些帮助性质的工作,例如开展各种专业辅导、咨询,结成各种的帮教形式,参与监管和教育社区服刑人员的工作等。当然,其工作职责完全源自于其所接受的工作事项,而相关工作事项则是由社区矫正执法者和社区矫正社会工作者来确定的。相比于社区矫正执法者以及社区矫正社会工作者,社区矫正志愿者的工作辅助性、自愿承担性更加明显,他们并不具有执法资格和专门编制,因而法律对其职责和义务要求不宜过高。一般而言,社区矫正志愿者在参与社区矫正时,不能对服刑人员实施有害行为,不能泄露服刑人员的隐私以及法律规定的不能公开的事项。总之,社区矫正志愿者应当保证自己的参与行为不能有害于社区矫正的开展,不得有损于社区服刑人员的权利。

三、社区矫正工作者的素质要求与教育培训

(一) 社区矫正执法者的素质要求与教育培训

1. 社区矫正执法者的素质要求

(1) 政治素质

社区矫正执法者作为一支新兴的刑事司法力量,代表国家依法对社区矫正人员执行刑罚,从而要求其具有良好的政治素质。具体而言,社区矫正执法者需要符合以下要求:第一,具有坚定的政治立场。以马列主义、毛泽东思想、邓小平理论、"三个代表"的重要思想以及科学发展观为指导,贯彻落实宽严相济的刑事政策,对社区矫正人员进行监督管理、教育矫正和帮困扶助,以维护公共安全,保障社会稳定。第二,具有强烈的事业心。社区矫正执法者肩负着矫正罪犯,促使其回归社会,成为守法公民的重任,因此必须具有强烈的事业心、历史使命感和责任感。忠于职守、无私奉献。第三,具有良好的职业道德。在履行职责的过程中,严格遵守宪法、法律以及社区矫正工作纪律,执法严明,廉洁奉公,富有奉献精神。

(2) 文化素质

文化素质是个体素质的基础。而学历是反映文化素质的一个重要指标。从国外一些发达国家的情况来看,对社区矫正工作者具有较高的教育背景要求。如加拿大假释官应具备的条件是:具有大学文科类、心理类、犯罪学类等相关专业硕士以上学位。在美国,缓刑和假释协会建议所有的缓刑和假释工作者应该至少具有学士学位,最好具有至少1年的研究生学习经历或在全日制的矫正领域工作的经历。[1] 从我国社区矫正工作的实际来看,全国从事社区矫正的司法所工作人员目前共有46695人,大专以上学历的占83.8%。[2] 这一学历状况虽然基本满足了我国社区矫正工作的需要,但从长远角度来看,适宜将社区矫正执法者的教育层次提高到大学本科以上,具备法学、社会学、心理学、教育学等社区矫正相关专业的优先录用,以适应复杂的矫正工作的需要。

(3) 业务素质

其一,熟练掌握与社区矫正有关的法律法规。社区矫正是一项严肃的刑事执法活动,社区矫正执法者要熟知与之有关的法律法规。首先是我国《刑法》《刑事诉讼法》对社区矫正的有关规定;其次是有关社区矫正的司法解释如《关于对判处管制、宣告缓刑的犯罪分子适用禁止令有关问题的规定(试行)》《关于

---

[1] 刘强主编:《社区矫正制度研究》,法律出版社2007年版,第393页。
[2] 社区矫正调研课题组:《关于推进中国特色社区矫正工作的调研报告》,载《中国司法》2011年第2期,第66页。

办理减刑、假释案件具体应用法律若干问题的规定》等等,以更好地理解有关法律的精神;再次是社区矫正试点工作文件,如两院、两部针对社区矫正发布的三个联合通知;最后,社区矫正执法者还要结合本地实际,对社区矫正的地方性规章、工作文件等认真学习领会。其二,熟悉与矫正罪犯有关的业务知识。矫正罪犯,是社区矫正的一项重要任务。为了达到良好的效果,社区矫正执法者应当具备一定的教育学、心理学、犯罪学、社会学、心理学等方面的知识,以便准确把握罪犯的犯罪原因、服刑的心理特点,以有的放矢地采取措施,促进社区矫正人员的犯罪心理向良性转化。与此同时,为了更好地对社区矫正人员进行帮困扶助,还要学习、掌握社会工作的理论和方法,以更好地实现社区矫正的人道价值。其三,具有与社区矫正相适应的工作能力。比如语言表达能力、组织能力、协调能力、快速反应能力、创新能力、信息能力等等。

（4）身体素质

在社区矫正的过程中,社区矫正执法者处于核心地位,主持、参与、协调社区矫正的全部工作,承担着管理、教育、帮扶等重要职责,工作任务繁重、责任重大,同时具有一定的危险性,从而要求社区矫正执法者具有强健的体魄、充沛的精力,以圆满地完成工作任务。

2. 社区矫正执法者的教育培训

在社区矫正的运行过程中,社区矫正执法者发挥着核心的作用,他们的自身素质,直接影响到社区矫正的效果。社区矫正工作者的业务素质的获得有两个途径:一是学习;二是业务实践。从社区矫正专业人员的角度分析,其问题在于基本的知识储备不足以及相应的实践经验的缺乏。司法所工作人员固有的工作并没有为社区矫正教育的进行提供必要的积累。社区矫正在开放的社会环境中进行,与监狱矫正相比较,一定程度上增加了管理难度。这表现为:一方面,不同于封闭设施内的监管,社区矫正的监管呈现动态特征,即需要对具有相对自由的服刑人员进行监督和管理。另一方面,不同于统一式监督管理,社区矫正的监管呈现分散特征,即社区矫正人员通常居住分散,监督、走访甚至电话报到,均有许多条件的限制,需要监管部门更为主动地去履行监督管理之责。由此可见,对社区矫正执法者的培训显得尤为必要。另外,从社区矫正执法者的职业化和专业化建设的角度来看,也有必要建立系统的培训机制。

对于社区矫正执法者的培训内容,本书认为学者乔恩·克劳斯的观点值得借鉴,即在对矫正官的概念技能、行为和人际关系技能、分析技能、技术技能、情境技能重点培训的基础上,还要进行以下几个方面的培训:(1)道德准则和专业职责;(2)对相关法律的理解;(3)联合国人权标准;(4)个人利益与优惠权利问题;(5)不接受、不收取或者处理纪念品或者礼物;(6)如何勤勉工作和履行职责;(7)如何处理与同事(同伴和下属)的关系;(8)如何创造和维护没有骚扰的工作环境;(9)如何处理与矫正对象的职业关系和个人关系;(10)管理责任;(11)绩效评价;(12)被害人权利;(13)犯罪人的权利义务等等。① 对于社区矫正执法者的培训可以通过学历培训、岗位培训的方式进行,在培训过程中注意与高等院校合作,在条件成熟的情况下,可以在一些刑事司法领域具有优势的高等院校,建立专门的培训基地,以促进理论与实践的密切结合。

(二)社区矫正社会工作者的素质要求和教育培训

1. 社区矫正社会工作者的素质要求

随着我国社区矫正试点的推进,聘请社会工作者参与对社区矫正人员的矫正活动,在各地逐渐得到重视,并对其基本素质进行规范,如《吉林省社区矫正专职工作者管理办法(试行)》规定,社区矫正专职工作者招聘的范围和条件是:(1)在法定劳动年龄以内,大专以上学历,身体健康;(2)具有较高的政治素质,遵纪守法,有一定的政策理论素养,热爱社区矫正工作,热心公益事业;(3)同等条件下,以下五种对象优先聘用:① 法律、教育、心理、计算机或者政法专业院校的毕业生;② 具有法律职业资格证书或基层法律服务工作者资格证书人员;③ 具有基层司法行政工作经验,在基层司法所协助工作3年以上的非在编人员;④ 城镇零就业家庭成员中的高校毕业生;⑤ 复员转业退役军人。

结合有关规定及学术研究,本书认为社区矫正社会工作者应当具备下列基本素质:

(1)具有良好的职业道德。热爱社区矫正社会工作,具有刻苦钻研、深入细致的工作作风,具有高度的社会责任感、良好的职业道德和崇高的职业精神。

(2)具备良好的业务素质。熟悉与社区矫正社会工作业务相关的法律、法规、政策和行业管理规定,精通社会工作专业知识,具有丰富的司法实践和社会实践经验;具有较强的组织、协调能力和语言表达能力;能够综合运用各种社会工作方法,为社区矫正人员提供专业服务,处理各类复杂问题。

(3)具有良好的个性。如真诚、开放、热诚待人;有良知,能自律,经常保持身心健康;留意及减少个人对事物的偏见;有自知之明,特别是了解自己性格优劣,经常自省,尽量改正自己的缺点发展自己的优点;学习欣赏别人及自己的工作成果与人分享工作满足感;处事要有勇气,有正义感;扩大生活圈子;要主动争取学习机会,不依赖人;勇于承担自己所犯的错误,从错误中吸取教训。

2. 社区矫正社会工作者的教育培训

目前,我国试点地区成立的一批专门的社区矫正社会组织,为社区矫正社会工作的专业化运作奠定了一定基础。但调查发现,社区矫正社会工作者的状况是令人忧虑的。以北京市为例,其招聘的以40—50岁失业下岗人员为主体的社

---

① 郭建安、郑霞泽主编:《社区矫正通论》,法律出版社2004年版,第151页。

区矫正社会工作者,虽然具有较为丰富的人生阅历,但其对于社会工作的理念、技能、工作方法无疑是生疏的,对于法学、社会学、心理学的知识也存在欠缺,因而难以将矫正社会工作深入进行下去。这种状况的改善,一方面有赖于通过制度设计为社会工作者提供更好的生存环境和职业前景,一方面有赖于社区矫正机构为提升该领域社会工作者素质所做的特殊努力。就第二个方面而言,本书认为,基于矫正工作的特殊性,提高在社区矫正领域从业的社会工作者素质的一个重要途径就是对其加强业务培训。培训的内容包括社会工作者的基础理论,如助人自助的社会工作理念、个案辅导、小组方法、社区推广等多种专业技巧;在此基础上,提高其作为社区矫正工作者所需要的特别素质,如了解关于管制、缓刑、假释、暂予监外执行的法律、法规,熟悉社区矫正工作流程,提高谈话技能、组织社会力量的技能、协调社会关系的技能等等。对于培训的途径,可以通过集中培训、分散培训、工作实习等形式进行。

(三) 社区矫正志愿者的素质要求与教育培训

1. 社区矫正志愿者的素质要求

《司法行政机关社区矫正工作暂行办法》第 13 条规定,社区矫正工作志愿者应当具备下列条件:(1) 拥护宪法,遵守法律,品行端正;(2) 热心社区矫正工作;(3) 有一定的法律政策水平、文化素质和专业知识。这是对社区矫正志愿者素质的最基本要求。作为一名优秀的志愿者,需要在更多的方面发展自己的能力。

美国犯罪学家福克斯认为,社区矫正支援人员应具备以下能力:(1) 理解并且不用惩罚手段对付挑衅行为的能力;(2) 客观地对待和发展与犯罪人的关系,并且在发展这种关系中不带惩罚色彩或者怨恨情绪的能力;(3) 不带感情色彩地接受一个人的能力;(4) 提供工作咨询的技能和知识;(5) 在必要时有理由地进行拒绝的能力,以及以正当理由表示同意的能力;(6) 敏锐地感知病态行为的能力;(7) 在决定如何处置犯罪人时对犯罪人的优点能够给予恰当评价的能力;(8) 根据自己的理解和经验向工作人员、社区资源和其他专家提出建议的能力;(9) 使用技巧避免引起或者加剧问题情境的能力;(10) 使用技巧改善问题情势的能力;(11) 为矫正机构的工作人员或者矫正机构进行辩解和提供支持的能力;(12) 精确观察和记录个人行为和小组行为的能力;(13) 评价社区和家庭对犯罪人的态度的能力;(14) 用建设性的方式解释矫正机构或者社区对犯罪人的态度和行为的能力;(15) 在犯罪人与矫正机构之间进行沟通,从而帮助改善矫正服务和政策的能力;(16) 在一些关键性问题上保持谨慎的沉默的能力;(17) 通过劝说方式对犯罪人进行外部控制的能力;(18) 对有关特别程序的知识,包括改变矫正计划的程序、进行咨询的程序等;(19) 掌握有关犯罪人的宪法权利和民事权利的能力;(20) 正确解释司法制度以便恰当回答犯罪人提问的能力。[①]

可见,一个优秀的社会志愿者,除了要具备一定的法学、社会学、心理学的知识,还必须具有敏锐的观察力、良好的沟通能力及随机应变的能力。就社区矫正志愿者而言,最重要素质要求是个人品行和对社区矫正工作的信念与热心。

2. 社区矫正志愿者的教育培训

在志愿者参与社区矫正过程中,应注重发挥其优势和特长,以做到人尽其才。同时,基于矫正工作的复杂性,应当对社会志愿者进行必要的指导与培训,以提高其政策水平与业务能力,另外还要注重培养其与社区矫正人员沟通的能力与技巧,避免逆向感染或者人身、财产的损失,以便在社区矫正中发挥应有的作用。对社区矫正志愿者的教育培训应当由社区矫正机关专门负责,以保证教训培训的针对性和有效性。

[①] 郭建安、郑霞泽主编:《社区矫正通论》,法律出版社2004年版,第109—110页。

第六章 罪　　犯

刑事执行,是围绕罪犯而实施的一系列活动。在我国,由于自然人与单位均可以成为犯罪主体,因此严格来讲,罪犯包括自然人罪犯与单位罪犯。但由于我国刑法对单位本身仅规定了"罚金"这一种刑罚,大量的刑罚执行活动及相关规则都是有关自然人罪犯的,因而本章主要论述自然人罪犯的相关问题。

第一节　罪犯的概念及其构成特点

一、罪犯的概念

(一) 罪犯与服刑人员

罪犯是指被生效裁判认定实施了犯罪、应当受到刑罚处罚并且相应刑罚尚未执行完毕的人。对刑罚执行完毕的人,不应再称为罪犯。其中,在监狱或者看守所服刑而刑满释放的人,一般称为刑满释放人员。

"服刑人员"是晚近实践中经常使用的一个概念。服刑人员是指正在执行刑罚的罪犯。当然,"服刑人员"应当既包括被执行监禁刑的罪犯,即监狱服刑和看守所服刑罪犯,也包括被执行监禁刑以外的罪犯,如缓刑、假释、剥夺政治权利的罪犯。但是人们习惯上将服刑人员来指代在监狱中服刑的罪犯。应当说,"服刑人员"这一概念具有中立性,即对被称呼者的惩罚和谴责的色彩较少,更多地表现了一种客观描述事实的中性立场,因而亦更容易被罪犯所接受。目前,这个术语主要在行政规章、规范性文件以及一些地方性法规中使用。如《司法行政机关行政赔偿、刑事赔偿办法》(1995年)、最高人民检察院《关于进一步做好服刑人员申诉办理工作的通知》(2003年)、最高人民法院《关于在全国各高、中级人民法院开展减刑、假释工作专项大检查的通知》(2004年)以及司法部2004年3月19日发布的《监狱服刑人员行为规范》等规范性文件中,都使用了"服刑人员"这一概念。

与此同时,随着社区矫正制度的建立,也出现了"社区服刑人员"、"社区矫正人员"等概念。社区服刑人员或者社区矫正人员是指在社区中执行刑罚的罪犯,即适用社区矫正的罪犯。最高人民法院、最高人民检察院、公安部、司法部在2003年7月10日联合发布的《关于开展社区矫正试点工作的通知》中,使用了"社区服刑人员"的概念。由最高人民法院、最高人民检察院、公安部与司法部联合制定的,于2012年3月1日起施行的《社区矫正实施办法》,使用了"社区矫正人员"这一概念指称适用社区矫正的罪犯。

由此可见,尽管传统上刑事执行法学与刑事执行实践均沿用了"罪犯"这一概念,然而由于这一概念过于浓厚的谴责意味,为避免标签化的负面作用,本书认同"服刑人员"的概念。本书认为,服刑人员指代的是所有被执行一定期限性刑罚的人,其中一定期限性刑罚既包括监狱行刑中的有期徒刑、无期徒刑、死刑缓期二年执行,也包括监狱外行刑的缓刑、假释、剥夺政治权利等,死刑、驱逐出境等不具有期限性的刑罚自然不属于此列。因此,对于传统刑事执行法学中的"监狱罪犯",本书倾向于称之为"监狱服刑人员",但是为简便起见,本书也使用"罪犯"概念,两者不作严格区分;与之对应,"社区矫正人员"又可称为"社区服刑人员",但考虑到"社区矫正人员"的概念在学理和实务中已经较为统一,本书亦采"社区矫正人员"之称谓。

(二) 罪犯与相关概念的区别

1. "罪犯"与"犯罪人"

"罪犯"与"犯罪人"这两个概念虽然都表示实施了犯罪行为的人,但二者有一定的区别。一般说来,罪犯主要是在刑事法律学科,特别是监狱法等刑事执行法中使用的概念,而犯罪人则主要是在犯罪学、犯罪心理学等事实性学科中使用的概念。"犯罪人"的概念,不强调行为人的年龄、精神状态等与行为人罪责有关的因素,也不强调其危害行为的应受刑事处罚性。因此,从某种意义上讲,犯罪人也就是实施法益侵害行为,或者说,是实施了具有社会危害性的行为的人。由此可见,犯罪人这个概念的外延比罪犯广。

2. "罪犯"与"犯罪嫌疑人""被告人"

"犯罪嫌疑人"和"被告人"两个概念与"罪犯"这个概念既有密切联系,又有明确区别。从我国法律和司法实践来看,犯罪嫌疑人主要是在审判阶段之前,即在侦查和审查起诉阶段所使用的一个术语,指称有犯罪嫌疑的公民。进入审判阶段之后,犯罪嫌疑人被称为"被告人"或者"刑事被告人"。经过刑事审判,犯罪嫌疑人和刑事被告人中的一部分会被定罪判刑而成为"罪犯"。因此,"犯罪嫌疑人""被告人"和"罪犯"常常是在不同司法程序中对同一人的不同称谓,这体现了法律的严谨性以及"无罪推定"的法律精神。

3. "罪犯"与"未决犯"

"未决犯"与"罪犯""犯罪嫌疑人""被告人"这三个概念也有密切的联系与区别。"未决犯"对应的是"已决犯","未决犯"一般是指被司法机关依法执行刑事强制措施、尚未经生效刑事裁判定罪量刑的被告人和嫌疑人。相对地,"罪犯"则属于"已决犯",是经过法院生效裁判认定构成犯罪的人。"未决犯"有可能经过生效裁判认定为有罪,变为"已决犯",也有可能被认定为无罪,并进而释放。由此可以看出"未决犯"的外延比"罪犯"、"已决犯"要大得多。

4. "罪犯"与"犯人"

一般而言,"犯人"是指因为犯罪而被监禁的人。因而,从理论上说,犯人与罪犯含义应当是一样的。犯人是我国过去在监狱系统中使用较多的术语,原政务院在1954年9月7日发布的《劳动改造条例》中,大多数条文都使用"犯人"的概念,在少数条文中,也使用"罪犯"的概念。我国1994年通过的《监狱法》,统一使用"罪犯"这一概念,但"犯人"一词在监狱系统和研究文献中仍然大量使用。需要注意的是,"犯人"的外延大于"罪犯",因为在少数情况下"犯人"也被用于未决犯。

5. "罪犯"与"被监管人员"

"被监管人员"是《刑法》中使用的一个概念,它是指被羁押在监管机构中的人员。我国《刑法》第248条规定:"监狱、拘留所、看守所等监管机构的监管人员对被监管人进行殴打或者体罚虐待,情节严重的,处3年以下有期徒刑或者拘役;情节特别严重的,处3年以上10年以下有期徒刑。致人伤残、死亡的,依照本法第234条、第232条的规定定罪从重处罚。监管人员指使被监管人殴打或者体罚虐待其他被监管人的,依照前款的规定处罚。"由此可见,被监管人员既包括监狱服刑人员,也包括其他被监禁人员,例如,被行政拘留的人员,被刑事司法拘留的人员等。可见,"罪犯"与"被监管人员"的外延存在交叉。

二、罪犯的分类

罪犯分类,是指依据一定的标准将罪犯分成若干类型。在刑法学、犯罪学以及刑事执行法学中都存在罪犯类型的研究,但是其各自的研究目的不尽相同。刑法学对犯罪类型的研究,主要目的在于对犯罪者准确定罪量刑;犯罪学研究罪犯类型,目的主要在于探究犯罪原因,从而找出预防犯罪的对策。刑事执行法学研究罪犯的分类,其目的在于通过分析不同罪犯的具体特点,在归类的基础上更加科学地认识罪犯,从而提高罪犯管理制度的针对性、科学性,最终实现刑事执行效率的提高,特别是矫正的科学性与有效性的提高。

根据不同的标准,理论上可以对罪犯进行不同的划分。

1. 根据罪犯的自然生理特征进行划分

自然生理特征,是指性别、年龄、健康状况等特征。

(1) 根据罪犯的性别,可以将他们划分为男犯和女犯。目前世界各国的大部分罪犯均为男犯。刑事执行法的一般规则主要是针对男犯制定的。女犯的数量较少,而且针对女犯,各国往往制定出一些特殊的刑事执行规则。

(2) 根据罪犯的年龄,可以将他们分为成年犯和未成年犯。世界各国都针对未成年犯制定特殊的刑事执行规则。在我国,"成年"是指年满18周岁的公民。刑法学中的"未成年犯",一般是指行为时不满18周岁的犯罪人。但是若他们在收监时已经年满18周岁,则不属于刑事执行法学范畴中的"未成年犯"。刑事执行法学中的"未成年犯",一般是指在未成年犯管教所中服刑的罪犯;他们大部分未满18周岁,但是根据我国《监狱法》第74条规定,那些在收监时未满18周岁,但在刑罚执行过程中已经年满18周岁,但剩余刑期不超过2年的,仍然可以留在未成年犯管教所中服刑。

(3)根据罪犯的健康状况,可以分为健康罪犯和老、弱、病、残、孕罪犯。对于符合"监外执行"条件的老、弱、病、残、孕罪犯,可以给予其相应的法律优待;对于不符合"暂予监外执行"的老、弱、病、残罪犯,如何一方面严格执行刑罚,另一方面体现人道主义精神,是需要认真研究的一个重要课题。

2. 根据罪犯的刑罚种类进行划分

根据罪犯的刑罚种类,可以将其分为生命刑罪犯、自由刑罪犯、财产刑罪犯与资格刑罪犯。不同的刑罚种类的罪犯,其相应行刑制度有着较大的区别,需要加以注意。

3. 根据自由刑罪犯的服刑场所进行划分

在我国,不同的自由刑有着不同的服刑场所。根据服刑场所的不同,可以将自由刑罪犯分为被监禁罪犯和非监禁罪犯。在我国,被监禁罪犯可以继续划分为监狱服刑人员和看守所服刑人员。非监禁罪犯目前主要是指社区服刑人员,即在社区中服刑并由刑事执行机关给予监管矫正的罪犯。

4. 根据罪犯的犯罪历史进行划分

根据罪犯的犯罪历史,可以将罪犯分为初犯和累犯。初犯是指第一次犯罪的人。累犯,是指在一定期限内再次犯罪的人;根据我国《刑法》第65、66条的规定,我国累犯包括两种类型:(1)被判处有期徒刑以上刑罚的犯罪分子,刑罚执行完毕或者赦免以后,在5年以内再犯应当判处有期徒刑以上刑罚之罪的罪犯,但是过失犯罪和不满18周岁的人犯罪的除外;(2)危害国家安全犯罪、恐怖活动犯罪、黑社会性质的组织犯罪的犯罪分子,在刑罚执行完毕或者赦免以后,在任何时候再犯上述任一类罪的罪犯。累犯的身份是影响减刑与假释的一个重要因素。

根据罪犯的犯罪历史,还可以将罪犯分为偶犯和惯犯。偶犯是偶然进行犯罪的人,而惯犯则是经常进行犯罪行为并养成犯罪习惯的人。一般而言,惯犯的矫正难度比偶犯要大。

第二节 监狱服刑人员

传统的刑事执行法学中,"罪犯"理论主要研究的就是监狱罪犯,即监狱服刑人员。目前，由于社区矫正等刑事执行方式的发展，"罪犯"理论就不再仅仅是以监狱服刑人员为中心而展开了，而应当同时将社区矫正人员纳入到研究的范围中来。本节主要介绍监狱服刑人员的相关问题。

一、监狱服刑人员的概念及其特征

监狱服刑人员是指在监狱中被监狱人民警察执行刑罚、管理改造的人，包括死刑缓期二年执行的服刑人员、无期徒刑的服刑人员、有期徒刑的服刑人员这三类。

通常而言，监狱服刑人员具有以下特征：

（1）监狱服刑人员的服刑场所是监狱。由于我国刑事执行制度中对已决犯和未决犯的看守是由不同国家机关进行管理的，已决犯（即监狱服刑人员）在监狱中被执行刑罚，系由司法行政管理机关（通常是监狱管理部门）进行管理，而未决犯则在看守所中羁押，系由侦查机关（公安机关）进行管理。当然需要注意的是，根据我国《刑事诉讼法》第253条之规定，对被判处有期徒刑的罪犯，在被交付执行刑罚前，剩余刑期在3个月以下的，由看守所代为执行。对被判处拘役的罪犯，由公安机关执行。因此，看守所既看押未决犯，也同时执行已决犯（拘役刑服刑人员与少数有期徒刑服刑人员）。

（2）监狱服刑人员所犯罪行严重、具有较大的人身危险性。通常而言，在监狱内服刑的犯罪分子，其剩余刑期均在3个月以上，被判处的均为有期徒刑及以上刑罚，其罪行较之于拘役刑服刑人员、社区矫正人员都更为严重。正是由于监狱服刑人员的罪行严重，其自身所具有的人身危险性就更加明显，也因此在警戒和管理监狱服刑人员时，需要有严格的制度和措施，以防范监狱服刑人员可能的危险行为，例如自伤自残、狱内斗殴、聚众越狱等。

（3）监狱服刑人员人数众多，占据了被执行刑罚罪犯总数的绝大多数。监狱服刑人员总数众多，是与有期徒刑、无期徒刑以及死刑缓期二年执行在我国刑罚体系中的地位直接相关的。在我国刑事执行中，拘役刑执行比例较低，宣告缓刑的比例也并不高，并没有起到分流短期自由刑服刑人员的作用，多数的犯罪分子被适用了有期徒刑、无期徒刑或者死刑。截至2012年，我国司法部监狱管理局下辖的681所监狱中被执行刑罚的服刑人员达164万人，而在职监狱人民警察人数亦达30余万人。[①] 庞大的监狱服刑人员队伍，不仅需要建造大量的监狱，配备大量的监管力量，而且需要大量的经费用以维持监狱的运行、支付监狱

---

① 参见2012年4月25日第十一届全国人民代表大会常务委员会第二十六次会议上的《国务院关于监狱法实施和监狱工作情况的报告》，数据来源于http://vip.chinalawinfo.com/newlaw2002/slc/slc.asp?db=chl&gid=177358，最后访问时间：2013年11月13日。

人民警察工资以及保障罪犯的日常生活。

二、监狱服刑人员的分类及其构成

一般而言,对监狱服刑人员的分类及其构成进行研究,具有四个方面的重要意义:其一,对监狱服刑人员的分类及其构成研究是分押分管分教的前提;其二,对监狱服刑人员的分类及其构成研究是分类改造的依据;其三,对监狱服刑人员的分类及其构成研究是防范不同类型服刑人员交叉感染的方法;其四,对监狱服刑人员的分类及其构成研究是防范同类服刑人员深度感染的措施。①

(一)监狱服刑人员的分类

根据我国《监狱法》第 39 条和第 40 条之规定,法律明文确定的分类是依据性别及年龄的标准,划分为成年男犯、成年女犯、未成年犯。同时,该法概括性地规定了监狱服刑人员的分类原则,即监狱根据罪犯的犯罪类型、刑罚种类、刑期、改造表现等情况,对罪犯实行分别关押,采取不同方式管理。

本书认为,仅仅将监狱服刑人员划分为成年男犯、成年女犯和未成年犯,对于分类改造、防止交叉感染而言,是远远不够的。还应当根据我国《监狱法》确定的分类原则进一步细分监狱服刑人员。首先,根据监狱服刑人员的自然特征,还可以划分出老年服刑人员、残疾服刑人员、患病服刑人员等类型,其中患病服刑人员又可划分出普通疾病服刑人员、传染病服刑人员、精神疾病服刑人员等。其次,根据监狱服刑人员所犯罪行,可以划分出暴力型犯罪服刑人员和非暴力型犯罪服刑人员、累犯服刑人员和偶犯服刑人员、故意犯服刑人员和过失犯服刑人员、国事犯服刑人员和普通犯服刑人员等。再次,根据监狱服刑人员的宣告刑的高低,可以划分出长期刑服刑人员、中期刑服刑人员和短期刑服刑人员等等。

当前,我国监狱对监狱服刑人员的管理通常分为三级:严管级、普管级和宽管级。其中,严管级可分为一级严管和二级严管,一级严管的服刑人员人身危险性较大、矫治和改造难度较高,二级严管则主要针对新入监的服刑人员以及由一级严管转入的服刑人员。普管级的对象则主要是指已经执行原判刑罚刑期 1/3 以上、改造表现较为稳定的服刑人员。宽管级也分为一级宽管和二级宽管,二级宽管针对已经执行原判刑期 1/2 以上、改造表现良好的服刑人员,而一级宽管则是适用在已经执行原判刑期 2/3 以上、矫治表现一贯良好的服刑人员。② 对于这三级五类服刑人员,矫治的方法、监狱人民警察的配备、监管程度都有所不同:根据不同危险性的服刑人员制定不同的矫治改造和监管方案,一方面有利于较为个别化地矫正监狱服刑人员行为和心理,另一方面也有效地配置了监狱警力

---

① 金鉴主编:《监狱学总论》,法律出版社 1997 年版,第 448—450 页。
② 参见韩玉胜等:《刑事执行法学研究》,中国人民大学出版社 2007 年版,第 392—394 页。

资源,节约了司法资源。

(二) 监狱服刑人员的构成

监狱服刑人员的构成,是指监狱服刑人员的组成成分及比例关系,即监狱服刑人员是由哪些类型罪犯组成以及各类服刑人员在群体中所占的比例。可见,计算监狱罪犯构成,需要先按照一定标准对罪犯进行分类,然后再计算每一类型罪犯在总罪犯人数中所占比例。研究罪犯构成,主要是为了及时、准确地分析和掌握在押犯的构成情况及变化趋势,并为监狱工作提供决策的依据,因而是监狱行刑的一项重要的基础性工作。

监狱服刑人员的构成内容非常广泛,大致可以分为监狱服刑人员的自然构成、刑罚构成和思想构成三个方面:自然构成,是指具有不同自然因素(性别、年龄、民族、职业、文化、籍贯等)的监狱服刑人员占监狱服刑总人口的比例关系。刑罚构成,是指被判处不同罪名、刑种、刑期的监狱服刑人员在监狱服刑总群体中所占的比例关系。思想构成,是指具有不同思想观念、心理状态和主观恶性程度的监狱服刑人员在监狱服刑总群体中所占的比例关系。①

与新中国建立初期相比,我国近些年来的监狱服刑人员构成具有以下三方面的特点:其一,从自然构成看,监狱服刑人员的年龄趋于中青年化。20世纪50年代在押犯中36岁以上的服刑人员占据在押总数的60%以上,而至20世纪90年代35岁以下在押犯人数则占据了总数的73.87%。另外,随着改革开放的深入,对外交流的密切,来自外籍以及港、澳、台地区的服刑人员人数增加。其二,从罪名和刑罚构成上看,监狱服刑人员的罪名趋向侵财犯罪。20世纪50年代在押犯中很大一部分比例是所谓反革命犯罪、战犯等危害国家安全的服刑人员,而当前服刑人员中犯盗窃、抢夺、抢劫等罪名的数量居多。目前,大部分监狱服刑人员实施的犯罪行为属于侵犯公民人身权利、民主权利罪和侵犯财产罪这两大类犯罪。此外,重大刑事犯、暴力型罪犯、重刑犯、毒品犯、判刑二次以上的罪犯和流窜犯所占比例上升。其三,从文化程度上看,监狱服刑人员的文化层次渐趋低程度化。20世纪50年代在押犯中具有高中大专以上文化的服刑人员占了相当大的比重,而自20世纪70年代起,服刑人员的文化水准大幅度降低。当前,大部分监狱服刑人员在被捕前只有初中以下低层次文化程度,但文盲、半文盲罪犯所占比例下降。②

三、监狱服刑人员的法律地位

(一) 概述

监狱服刑人员的法律地位,是指监狱服刑人员在监狱刑事执行法律关系中

---

① 参见杨殿升主编:《监狱法学》(第二版),北京大学出版社2001年版,第54页。
② 参见金鉴主编:《监狱学总论》,法律出版社1997年版,第415—417页;杨殿升主编:《监狱法学》(第二版),北京大学出版社2001年版,第54页、第55页。

所处的位置,其通过监狱服刑人员所具有的权利和应承担的义务来具体表现。在理解监狱服刑人员的法律地位时,首先应当明确监狱服刑人员是人,是监狱行刑法律关系中的主要参加者,是主体而非行刑的客体,因而享有相应的权利并承当相应的义务。根据我国《宪法》第33条之规定,"凡具有中华人民共和国国籍的人都是中华人民共和国公民"(第1款),"任何公民享有宪法和法律规定的权利,同时必须履行宪法和法律规定的义务"(第4款)。尽管监狱服刑人员因犯罪而被判处并执行刑罚,但并不因此丧失其作为人的权利,其依然是宪法所保护的公民。当然,监狱服刑人员所享有的权利和承担的义务,与刑罚执行和执行场所有密切关系,因而并不同于普通公民的权利与义务。

具体而言,监狱服刑人员的法律地位主要具有以下特点:

(1)监狱服刑人员是监狱行刑法律关系的主体。监狱服刑人员是监狱法及其他相关法律所确定的权利享有者和义务承担者,其与监狱及监狱人民警察都是监狱行刑法律关系的主要参与者。不同的是,监狱服刑人员是作为接受监狱及监狱人民警察的执行刑罚和矫治改造的对象而存在的。

(2)监狱服刑人员的部分权利被依法剥夺。这是刑罚执行的题中之意,体现着刑罚目的中的惩罚报应。监狱所执行的主要是自由刑,因而所依法剥夺的主要是监狱服刑人员的人身自由权。另外,若监狱服刑人员被人民法院附加剥夺了政治权利,那么其同时还不能行使选举权和被选举权、言论、出版、集会、结社、游行、示威自由的权利、担任国家机关职务的权利,以及担任国有公司、企业、事业单位和人民团体领导职务的权利。

(3)监狱服刑人员的部分权利行使受到限制。由于监狱行刑通常是在封闭的空间内执行刑罚和改造活动,缺乏与外界的联系和交流,因而监狱服刑人员的部分权利行使并没有法律上的障碍,但会在事实上受到的限制。例如,监狱服刑人员由于被剥夺了人身自由,尽管没有附加剥夺政治权利,但实际上包括集会、结社、游行、示威自由在内的诸多权利均无法行使。

(4)监狱服刑人员的义务履行具有强制性。不同于一般义务的履行,监狱服刑人员对法定义务的履行通常是处在监狱及监狱人民警察的强制监管之下的。刑罚执行具有强制力,而服从监狱依法执行刑罚则是监狱服刑人员的首要义务,不得抗拒刑罚执行和相关的矫正改造活动。例如,监狱服刑人员必须接受教育、参加劳动,这些都是具有现实强制力的。

(5)监狱服刑人员的权利和义务具有时限性。监狱所执行的有期徒刑、无期徒刑、死刑缓期二年执行,不同于死刑立即执行,都具有明显的时限性。因此,监狱服刑人员的权利和义务,是随着入监执行刑罚开始而开始,随着出监刑罚执行结束而结束。当刑罚执行完毕,监狱服刑人员成为刑满释放人员时,就不再是监狱行刑法律关系的主体,其重新获得人身自由,恢复了因外界隔绝而实际丧失的其他权利,同时也不再被强制性地接受教育或参加劳动。

(二) 监狱服刑人员的权利

根据我国《监狱法》的相关规定,本书将监狱服刑人员的权利界分为基本权利和衍生权利两种类型:

(1) 基本权利,是指监狱服刑人员作为公民所应该享有的最低限度权利。其一是生存权,即监狱服刑人员在服刑期间应当获得必要的生活保障,其有获得食物、被褥和衣服等物质的权利(第50条、第51条),有居住坚固、通风、透光、清洁、保暖监舍的权利(第53条),有接受卫生医疗保健的权利(第54条),也有携带生活必需品入狱的权利(第18条)。其二是人格权,包括生命不受侵犯的权利、人格尊严不受侮辱(第7条),此外还有基于家庭关系形成的亲权、配偶权、监护权等。其三是财产权,即监狱服刑人员的合法财产不受侵犯,包括入狱时携带的生活必需品(第18条)、收受的物品和钱款(第49条)、狱内获得的劳动报酬(第72条)等。其四是政治权利,前提是监狱服刑人员并未被附加剥夺政治权利,尽管在行使上可能存在限制,但是其仍然在法律上享有政治权利,同时可以行使选举权、言论、出版等权利。

(2) 衍生权利,是指监狱服刑人员因为监狱服刑身份而获得的相关权利。其一是对生效判决不服的申诉,以及对他人进行控告、检举的权利(第21条、第22条、第23条)。其二是获得免除一定期限刑罚的减刑,以及附条件提前释放的权利(第29条、第32条)。其三是特殊情形下的专属权利,包括患有疾病需要保外就医、怀孕或正在哺乳情形下的暂予监外执行权(第25条)、女性服刑人员享有女性人民警察直接管理的权利(第40条)、少数民族服刑人员的特殊生活习惯有获得照顾的权利(第52条)、未成年人获得特殊照顾的权利(第75条)。其四是受教育权,既包括获得监狱方提供的法制、道德、文化、技术等方面教育的权利(第62条、第63条、第64条),也包括自学并参加考试的权利(第65条)。其五是劳动权及其相关权利,包括按照国家劳动工时工作的权利(第71条)、获得劳动报酬的权利(第72条)、获得劳动保险的权利(第73条)、在法定节日、休息日休息的权利(第71条)以及开展体育活动和其他文娱活动的权利(第67条)等。其六是与外界进行一定交流的权利,包括与他人通信的权利(第47条)、会见亲属和监护人的权利(第48条)等。其七是刑满释放时的权利,包括获得释放证明书的权利(第35条)、获得安置和救济的权利(第37条)等。

需要注意的是,我国在赋予监狱服刑人员广泛权利的同时,也为监狱服刑人员相关权利的行使和落实提供了强有力的保障,以确保监狱服刑人员的权利是真实有效的。从我国《监狱法》来看,主要包括:在监狱服刑人员生存权保障方面,国家保障监狱改造罪犯所需经费。监狱的人民警察经费、罪犯改造经费、罪犯生活费、狱政设施经费及其他专项经费,列入国家预算。国家提供罪犯劳动必需的生产设施和生产经费。在监狱服刑人员人格权和财产权方面，《监狱法》要求监狱人民警察应当严格遵守宪法和法律，忠于职守，秉公执法，严守纪律，清正廉洁。同时要求监狱人民警察必须遵守工作纪律，其中包括：不得索要、收受、侵占罪犯及其亲属的财物；不得刑讯逼供或者体罚、虐待罪犯；不得侮辱罪犯的人格；不得殴打或者纵容他人殴打罪犯；不得为谋取私利，利用罪犯提供劳务，等等（第14条）。另外，为了确保刑事执行的合法以及监狱服刑人员的合法权利不受侵害，《监狱法》引入外部监督力量，形成有效制约，如"人民检察院对监狱执行刑罚的活动是否合法，依法实行监督"（第6条）。

（三）监狱服刑人员的义务

一般而言，监狱服刑人员的义务同样是广泛的。我国《监狱法》一般性地规定了监狱服刑人员的义务，除此之外相关法律法规对监狱服刑人员的行为作了进一步的细化要求。因此，监狱服刑人员的义务可以分为一般性义务和具体义务。

1. 一般性义务

根据我国《监狱法》第7条第2款的规定，罪犯在监狱服刑期间，必须履行以下义务：(1) 必须严格遵守法律、法规和监规纪律；(2) 服从监狱及监狱人民警察的管理；(3) 接受政治思想、文化知识和职业技术教育；(4) 有劳动能力的罪犯必须参加生产劳动。这是罪犯必须履行的最为基本的义务，也是罪犯最为基本的行为规范。本书认为，监狱服刑人员的一般性义务主要是以下三个方面：其一，服从国家刑罚处罚的义务，即不得抗拒刑罚的执行；其二，接受管理教育、矫正改造的义务，即应当按照监狱人民警察的要求完成相应教育和矫正的任务；其三，遵守宪法、法律及法规的义务，即始终将宪法、法律以及法规作为行为的准则，不得违反。

2. 具体义务

监狱服刑人员行为规范是监狱服刑人员接受改造必须遵守的具体行为准则。监狱服刑人员行为规范是服刑人员义务的具体化，其法律依据为2004年司法部制定的《监狱服刑人员行为规范》。《监狱服刑人员行为规范》将服刑人员在监狱服刑期间的行为规范分为基本规范、生活规范、学习规范、劳动规范和文明礼貌规范五个方面：

(1) 基本规范。主要内容是：(a) 拥护宪法，遵守法律法规规章和监规纪律。(b) 服从管理，接受教育，参加劳动，认罪悔罪。(c) 爱祖国，爱人民，爱集体，爱学习，爱劳动。(d) 明礼诚信，互助友善，勤俭自强。(e) 依法行使权利，采用正当方式和程序维护个人合法权益。(f) 服刑期间严格遵守下列纪律：不超越警戒线和规定区域、脱离监管擅自行动；不私藏现金、刃具等违禁品；不私自与外界人员接触，索取、借用、交换、传递钱物；不在会见时私传信件、现金等物品;不擅自使用绝缘、攀援、挖掘物品;不偷窃、赌博;不打架斗殴、自伤自残;不拉帮结伙、欺压他人;不传播犯罪手段、怂恿他人犯罪;不习练、传播有害气功、邪教。

（2）生活规范。主要内容是:（a）按时起床,有秩序洗漱、如厕,衣被等个人物品摆放整齐。（b）按要求穿着囚服,佩戴统一标识。（c）按时清扫室内外卫生,保持环境整洁。（d）保持个人卫生,按时洗澡、理发、剃须、剪指甲,衣服、被褥定期换洗。（e）按规定时间、地点就餐,爱惜粮食,不乱倒剩余饭菜。（f）集体行进时,听从警官指挥,保持队形整齐。（g）不饮酒,不违反规定吸烟。（h）患病时向警官报告,看病时遵守纪律,配合治疗。不私藏药品。（i）需要进入警官办公室时,在门外报告,经允许后进入。（j）在野外劳动现场需要向警官反映情况时,在三米以外报告。（k）遇到问题,主动向警官汇报。与警官交谈时,如实陈述、回答问题。（l）在指定铺位就寝,就寝时保持安静,不影响他人休息。

（3）学习规范。主要内容是:（a）接受法制、道德、形势、政策等思想教育,认清犯罪危害,矫治恶习。（b）接受心理健康教育,配合心理测试,养成健康心理。（c）尊重教师,遵守学习纪律,爱护教学设施、设备。（d）接受文化教育,上课认真听讲,按时完成作业,争取良好成绩。（e）接受技术教育,掌握实用技能,争当劳动能手,增强就业能力。（f）阅读健康有益书刊,按规定收听、收看广播电视。（g）参加文娱活动,增强体质,陶冶情操。

（4）劳动规范。主要内容是:（a）积极参加劳动。因故不参加劳动,须经警官批准。（b）遵守劳动纪律,坚守岗位,服从生产管理和技术指导。（c）严格遵守操作规程和安全生产规定,不违章作业。（d）爱护设备、工具。厉行节约,减少损耗,杜绝浪费。（e）保持劳动现场卫生整洁,遵守定置管理规定,工具、材料、产品摆放整齐。（f）不将劳动工具和危险品、违禁品带进监舍。（g）完成劳动任务,保证劳动质量,珍惜劳动成果。

（5）文明礼貌规范。主要内容是:（a）爱护公共环境。不随地吐痰,不乱扔杂物,不损坏花草树木。（b）言谈举止文明。不讲脏话、粗话。（c）礼貌称谓他人。对人民警察称"警官",对其他人员采用相应礼貌称谓。（d）服刑人员之间互称姓名,不起（叫）绰号。（e）来宾、警官进入监舍时,除患病和按规定就寝外,起立致意。（f）与来宾、警官相遇时,文明礼让。

上述规定,使监狱服刑人员在监狱行刑过程中需要遵守的义务与纪律更加具体、规范,为监狱考核和评定服刑人员的改造表现提供了统一的标准,从而有利于狱政管理的规范化与科学化,同时也有利于促进罪犯的改造。

第三节 社区矫正人员

一、社区矫正人员的概念

社区矫正人员,是指实施犯罪行为后被依法判处自由刑但在社会上接受监管和矫正的罪犯。社区矫正人员也称为"社区服刑人员"、"社区矫正对象"等。早期的规范性文件,如 2003 年《关于开展社区矫正试点工作的通知》等使用"社区服刑人员"这一概念,而最近的规范性文件,如 2012 年《社区矫正实施办法》则使用"社区矫正人员"这一概念。

在我国,自由刑分为限制自由刑与剥夺自由刑。限制自由刑指管制刑,罪犯不在监狱中而在社区中服刑并接受社区矫正。剥夺自由刑包括拘役刑、有期徒刑与无期徒刑。剥夺自由刑一般在监狱中执行,但对于被判处拘役、3 年以下有期徒刑而且缓期执行、暂予监外执行或者假释的罪犯,则在社会上执行其刑罚并且实施社区矫正。

在我国开展社区矫正试点工作的初期,《刑法修正案(八)》之前,被剥夺政治权利、并在社会上服刑的罪犯也属于社区矫正的范畴。但是,2011 年通过的《刑法修正案(八)》、2012 年修正的《刑事诉讼法》均没有将其纳入社区矫正的范畴,而且 2012 年通过的《社区矫正实施办法》亦没有将其纳入社区矫正的范畴,因此本书也不将剥夺政治权利犯视为社区矫正人员。

二、社区矫正人员的法律地位

社区矫正人员的法律地位,是指社区矫正人员依法享有的权利与承担的义务的总和。明确社区矫正人员的法律地位,是行刑法治化的必然要求,同时也是保障社区矫正人员权利以及社区矫正顺利实施的前提条件。

相对于社会一般公众而言,社区矫正人员的人身自由等权利受到许多限制,承担了特殊的法律义务;但相对于监狱罪犯而言,社区矫正人员却享有更多的自由,承担更轻的义务。

总体而言,作为公民,社区矫正人员的生命健康权、人格权、通信权、婚姻家庭权、财产权等等都受法律的保护,至于社区矫正人员所享有的特殊权利以及承担的特殊义务,与其刑罚有关。具体的内容本书将于第三编展开说明。

第七章 刑事执行监督

刑事执行是一项严肃的法律活动,为保证刑事执行权的正确行使,确保人民法院的刑事裁判能够被严格执行,有必要加强对刑事执行工作的监督。

第一节 刑事执行监督概述

一、刑事执行监督的概念与特征

(一)刑事执行监督的概念

刑事执行监督,顾名思义,指的是对刑事执行过程的监督,以确保刑事执行工作的合法有序进行。刑事执行监督有广义与狭义之分。广义的刑事执行监督是指国家机关、社会组织和公民对刑事执行是否合法实行监督的活动。广义的刑事执行监督主要包括四种:(1)人大监督。这是指人民代表大会及其常务委员会对刑事执行进行的监督。(2)行政监督。这是指有关行政机关对监狱进行的监督,例如监狱的上级机关进行的监督、行政监察机关进行的行政监察等。(3)司法监督。这是指刑事司法机关依法对刑事执行工作进行的监督,一般指检察机关进行的刑事执行监督,即下述的狭义的刑事执行监督。(4)社会监督。这是指非国家机关对刑事执行工作进行的监督,例如社会团体的监督、舆论监督等等。

狭义的刑事执行监督则是指专门的法律监督机关对刑事执行是否合法实行法律监督的活动。如没有特别说明,本章讨论的是狭义的刑事执行监督。

在我国,从事刑事执行监督活动的法律监督机关是检察机关。根据我国《宪法》第129条之规定:"中华人民共和国检察院是国家的法律监督机关。"宪法一般性地授予了人民检察院法律监督权,自然包括了对法律适用和执行的行刑阶段的监督。具体而言,我国《刑事诉讼法》第265条规定:"人民检察院对执行机关执行刑罚的活动是否合法实行监督。如果发现有违法的情况,应当通知执行机关纠正。"我国《人民检察院组织法》第5条第5款规定:"(人民检察院)对于刑事案件判决、裁定的执行和监狱、看守所、劳动改造机关的活动是否合法,实行监督。"我国《监狱法》第6条规定:"人民检察院对监狱执行刑罚的活动是否合法,依法实行监督。"这些法律进一步地将宪法所赋予人民检察院的一般监督权具体化,突出了人民检察院对刑罚执行中的合法性审查的权力与责任。

需要注意的是，刑事执行监督与监狱检察、监外执行检察等概念具有细微的差别。目前，最高人民检察院制定的《人民检察院监狱检察办法》《人民检察院监外执行检察办法》是刑事执行监督的重要法律依据。然而，其中的"检察"与"监督"并非同一个概念。例如，监狱检察包括以下几项内容：(1) 对监狱执行刑罚活动是否合法实行监督；(2) 对人民法院裁定减刑、假释活动是否合法实行监督；(3) 对监狱管理机关批准暂予监外执行活动是否合法实行监督；(4) 对刑罚执行和监管活动中发生的职务犯罪案件进行侦查，开展职务犯罪预防工作；(5) 对监狱侦查的罪犯又犯罪案件审查逮捕、审查起诉和出庭支持公诉，对监狱的立案、侦查活动和人民法院的审判活动是否合法实行监督；(6) 受理罪犯及其法定代理人、近亲属的控告、举报和申诉；(7) 其他依法应当行使的监督职责。可见，监狱检察是指人民检察院实施的与刑事执行活动有关的所有职权行为，而监狱监督是其中最主要的部分，至于有关犯罪案件的侦查、提起公诉等刑事追诉行为，虽然从某种程度上可以将其视作为"法律监督"的一个组成部分，但严格来说并不属于刑事执行的监督活动，不属于刑事执行监督权的范畴。

(二) 刑事执行监督的特征

我国的刑事执行监督具有如下特点：

(1) 合法性。所谓的合法性，并非指对刑事执行的监督必须按照法律规定，即所谓依法进行监督，而是指作为监督者依据法律规定对刑事执行的过程进行了一种合法与否的评价性判断。就前者而言，合法性是所有公权力机关在履行法律赋予的权力时都需要遵循的原则。而就后者而言，合法性判断，则是具有监督、裁判职权的公权力机关的专属性要求。由于刑事执行监督的内容主要是对刑事执行机关及其执行人员的行为是否合法所进行的判断，所以检察机关对刑事执行的监督属于一种合法性判断。根据我国《人民检察院组织法》第19条之规定："人民检察院发现刑事判决、裁定的执行有违法情况时，应当通知执行机关予以纠正。人民检察院发现监狱、看守所、劳动改造机关的活动有违法情况时，应当通知主管机关予以纠正。"检察机关通过对刑事执行中相关行为合法性审查的方式，来维护和贯彻法律与判决的正确实施，保障和保护罪犯的合法权益。

(2) 专门性。专门性指的是，刑事执行监督是由专门机构与专职人员进行的。换言之，检察机关及其检察人员是专门从事刑事执行监督工作的力量。

首先，检察机关对刑事执行的监督具有法律明定的特性，也就是说，对刑事执行进行监督是检察机关法定的专门职责。人民检察院作为国家的监督机关，被授予了对立法、司法以及社会等方面的广泛监督职权。其中，刑事执行监督权无论是在监督职能的内容与范围上，还是在监督程序以及处理方式的规定上，都相对系统化、具体化：一方面，检察机关对于刑罚执行过程中的任何违法行为，包括执行程序、执行内容以及执行机关的活动,进行监督;另一方面,检察机关依照法定程序,可以通过纠正违法或者检察建议等方式实现监督。

其次,作为从事监督活动的专门机关,检察机关具有独立的监督权,不受行政机关、社会团体和个人的干涉。这种独立性为刑事执行监督的效果提供了法律上的保障。独立性还意味着,检察机关仅仅从事刑事执行监督活动,而不介入刑事执行工作本身。

最后,专门性还意味着检察机关内部设立专门的机构,配置专门的人员从事刑事执行监督工作。

(3)全面性。全面性是指检察机关依法可以监督的范围与所要履行的职能非常广泛,其所监督的对象相当多样,其所监督的内容涵盖了整个刑事执行过程的始终。

法律赋予检察机关监督的范围和职能是比较广泛的。可以说,检察机关对刑事执行中的方方面面都负有监督检察之权,包括监督刑罚执行机关对判决的执行是否符合程序、监督刑罚执行机关对罪犯的教育改造活动是否人道以及对刑罚执行机关的违法犯罪行为进行纠举等。

检察机关所能依法监督对象的类型多样,也意味着检察机关的监督方式的多样。检察机关监督对象和方式的多样性,是刑事执行中多样的刑罚种类与刑罚的具体应用所导致的:刑罚的种类里既包括设施内的刑罚,如死刑缓期二年执行、无期徒刑、有期徒刑等,也包括社会内处遇的刑罚,如管制,还包括剥夺生命的死刑;刑罚的具体应用既包括附条件不在狱内执行的缓刑,也包括附条件提前释放的假释,还包括特殊情况下的监外执行。这些都是刑事执行监督的对象,因此检察机关不能"一刀切"地适用同一种监督方式。因此,检察机关对设施内实施的刑罚通常采取派驻检察员或者设立监所检察室的方式;对死刑的监督则采取派员"临场监刑"的方式;对减刑、假释、暂予监外执行,通常采取书面审查、提出建议等方式进行监督。

二、刑事执行监督的任务

简而言之,刑事执行监督的任务,是保证刑事执行活动能合法、准确、顺利地进行。具体而言,包括以下几项任务:

(一)维护国家法律效力,保障法律在刑罚执行中正确实施

在刑事司法的最后一个程序——刑事执行中,设置代表国家的监督者以及相关的监督程序,首要目标就是确保法院的判决在刑事执行机关那里得到有效、合法地实施,同时保证刑事执行机关在执行判决的过程中严格依法进行教育改造等活动。违法的执行活动既不符合法治精神,也无法实现改造罪犯的目的。为保证执行活动能够正确实施法律,除要求刑事执行机关及其工作人员自觉守

法外，还需要加强来自检察机关的外部监督。检察机关对刑事执行监督，一方面是防患于未然，使违法的执行活动不发生或者尽量少发生；另一方面则对已经出现的违法行为予以纠正。通过刑事执行的监督，实现检察机关与执行机关的相互配合、相互制约，从而从制度上保证刑事执行活动的合法性。

（二）维护罪犯合法权益，保障刑事执行中被执行人的人权

在刑事执行的过程中，刑事执行机关及其工作人员代表国家执行刑罚权，处于一种监管、惩罚、教育、改造的地位；罪犯则是因为其罪行而承担相应地刑事责任，处于一种被监管、惩罚、教育、改造的地位。无论是在监狱内还是在监狱外执行刑罚，罪犯自由都不同程度地被刑事执行机关及其工作人员所约束。这种权力如果被滥用，罪犯的合法权益就会受到不法的侵害；而由于罪犯处于特殊的地位，其维护自身合法权益的能力与意愿都受到一定程度的限制，因此有必要有独立的第三方对罪犯的合法权益加以特殊保障。检察机关通过对刑事执行活动的合法性进行监督，指出并纠正侵害罪犯合法权益的行为，例如，保障罪犯的申诉控告权，纠正刑罚执行中可能存在的体罚或变相体罚行为、克扣罪犯所得或者索要罪犯及其家属财物等行为，从而维护罪犯的合法权益。

（三）维护监狱监管秩序稳定，保障惩罚与改造罪犯工作的顺利进行

良好的监狱监管秩序，是保障监狱矫正工作顺利进行的前提，违法的刑罚执行活动，必定会引起罪犯抵触等影响监管秩序的现象，进而影响惩罚与改造工作的进行。例如，如果某一罪犯通过行贿的方式达到假释的目的，必定会在其他罪犯中形成"刑罚执行不公平"的印象，或者争相效仿这种权钱交易行为，从而影响监管秩序，影响罪犯矫正工作。刑罚执行监督的任务之一，就在于防止这种违法行为的发生，或者对这些违法行为予以纠正，从而维护良好的监狱监管秩序。

三、刑事执行监督的原则

刑事执行监督的基本原则，是指贯穿刑事执行监督的全过程，对刑事执行监督具有指导作用的基本准则。

（一）依法监督原则

依法监督原则，既包括检察机关依法行使监督权，也包括检察机关依法对刑事执行进行合法性判断。检察机关必须依法行使监督权，即必须在法定的权限范围内对刑事执行活动的合法性实施司法监督。检察机关及其工作人员既不得滥用监督权力，妨碍正常的刑事执行活动，亦不能越俎代庖直接执行刑罚。根据我国《刑事执行法》《人民检察院刑事诉讼规则（试行）》《人民检察院监狱检察办法》《人民检察院监外执行检察办法》等规范性文件的规定，人民检察院从事刑事执行监督活动，应当遵守严格的法律程序来实施监督活动。

检察机关的合法性判断，具体而言就是"以事实为依据、以法律为准绳"：以

事实为依据,是指检察机关实施监督活动时,应当以客观存在的刑事执行行为作为处理的根据,不能以主观想象、推测或无根据的推理、议论作为根据,要重证据、重调查研究、不轻信口供,认定事实必须以查证属实的证据为根据,适用法律又必须以查明的事实为根据。以法律为准绳,是指人民检察院对相关刑事执行行为是否合法作出评价时,以及对相关违法行为做出处理时,如发出"纠正违法通知书"、向有关单位提出检察建议等等时,都必须以法律规定为标准。

（二）独立监督原则

独立监督原则,是指检察机关行使刑事执行监督权具有独立性。而独立性就是指人民检察院在法定权限内对刑事执行活动的合法性进行监督时,只服从法律,其他国家机关特别是行政机关、社会团体和个人不得干涉人民检察院的刑事执行监督工作。

（三）及时监督原则

及时监督原则,是指人民检察院应当及时发现、及时纠正刑事执行过程中出现的违法情况的原则。能否及时发现并纠正违法行为,关系到刑事执行工作能否公平、合法地进行。为了及时发现违法行为,就需要人民检察院在监督工作中,做到定期监督与随时监督相结合、全面监督与重点监督相结合、单独监督与联合监督相结合等方法。为了及时处理违法行为,就需要检察人员严格执法,发现违法行为的,无论属于情节轻微,还是情节严重,都需要及时制止,并根据自身的权限、法定的程序作出处理。

（四）有效监督原则

有效监督原则,是指人民检察院在对刑事执行进行法律监督时,应当注重实际成效的原则。如果不注重纠正违法情况的实际成效,那么即使检察人员发现刑事执行的违法活动并提出处理意见,也会损害刑事执行法律监督工作的权威性和有效性。坚持有效监督原则,就要求检察人员在实际工作中,讲究方法,根据具体的情况做出具体的处理方法。例如,对于轻微的违法行为,采取口头提出纠正意见即可以达到效果的,就不需要提出检察建议。

四、刑事执行监督的手段

刑事执行监督的手段,是指人民检察院对于违法刑事执行行为可以采用的处理方式。根据《人民检察院刑事诉讼规则》（试行）第660条和第632条的规定,对人民法院、公安机关、看守所、监狱、社区矫正机构等的交付执行活动、刑罚执行活动以及其他有关执行刑事判决、裁定活动中违法行为的监督,可以采取以下手段:口头纠正,并填写"检察纠正违法情况登记表";发出"纠正违法通知书",填写"严重违法情况登记表"并报送上一级监所所属公安机关,报告上一级人民检察院等等。

五、刑事执行监督的种类

根据不同的标准,可以将刑事执行监督进行不同的分类。

(1) 根据刑事判决的结果,刑事执行监督可以分为刑罚执行的监督和无罪判决与免予刑事处罚的监督。刑罚执行的监督是刑事执行监督的主要组成部分。无罪判决与免予刑事处罚的监督的内容比较简单,即人民检察院应当监督被告人是否被立即释放。发现被告人没有被立即释放的,应当立即向人民法院或者看守所提出纠正意见。

(2) 根据刑罚种类的性质,刑事执行监督可以分为生命刑执行监督、自由刑执行监督、财产刑执行监督以及资格刑执行监督。

(3) 根据刑罚执行的主体,刑事执行监督可以分为对人民法院执行的监督、对司法行政机关执行的监督、对公安机关执行的监督等。

(4) 根据刑罚执行的场所,刑事执行监督可以分为生命刑执行监督、设施内执行监督与社会内执行监督。生命刑的执行既可以在监狱内执行,又可以在指定地点执行,但考虑到其与设施内执行监督存在的巨大差别,因而单列为一种类型。设施内执行监督针对的是将罪犯局限在监狱、未成年人管教所、看守所等监禁设施之内的刑罚执行。而社会内执行监督则针对的是不需要在特定封闭场所内限制罪犯自由的刑罚,例如财产刑、资格刑,以及通过社区矫正的管制、缓刑、假释等等。

不同场所下所进行的刑罚执行及其监督,具有不同的特征,而相同或者相似场所中实施的刑罚执行及其监督活动,具有相似性。有鉴于此,下文采取第四种分类方法,并根据刑罚的轻重程度,分别论述生命刑的执行监督、设施内的执行监督与社会内的执行监督。

第二节 死刑执行的监督

死刑是最严厉的刑罚,根据我国刑法等法律的规定,死刑的执行分为立即执行与缓期二年执行。本节所讨论的是死刑立即执行的监督问题。死刑立即执行具有不可逆转性,即生命被剥夺后不可能复活,因此死刑执行应遵循最严格的程序,接受最严格的监督。

一、死刑执行监督概述

死刑执行监督,是指检察机关对执行死刑的场所、方法和执行死刑的活动是否合法,依法实施监督的活动。由于对死刑执行的监督活动主要发生在死刑执行现场,因此也称为临场监督。

死刑执行监督,概括而言,包括具有以下两个方面:

(1) 死刑执行监督的主体,是检察机关。被判处死刑的罪犯在被执行死刑时,人民检察院应当派员临场监督。执行死刑临场监督,由检察人员担任,并配备书记员担任记录。至于负责临场监督的具体业务部门,在以往的监督实践中,一般是由公诉部门,也有的由地方检察院的监所检察部门负责死刑执行的临场监督。而根据《人民检察院刑事诉讼规则(试行)》第635条的规定,死刑执行临场监督由人民检察院监所检察部门负责;必要时,监所检察部门应当在执行前向公诉部门了解案件有关情况,公诉部门应当提供有关情况。

(2) 死刑监督的对象,是负责执行死刑立即执行的人民法院及其工作人员的相应刑罚执行活动。因此,检察机关的死刑执行监督的内容是围绕着人民法院及其工作人员的执行行为而展开的。由于2012年最高人民法院出台的《关于适用〈中华人民共和国刑事诉讼法〉的解释》对死刑执行的时间(第417条)、死刑执行方法(第425条)、死刑执行的程序(第423条、第425条、第426条、第427条、第428条)、死刑的暂停执行(第418条、第419条、第420条、第421条、第422条)作出了相应的规定,所以检察机关应当以此作为人民法院执行死刑程序的合法性判断依据。如果出现有违法的行为,临场监督的检察人员应当予以制止与纠正。

二、死刑执行监督的程序

(一) 死刑执行前的监督

根据我国《刑事诉讼法》第252条之规定,人民法院在交付执行死刑前,应当通知同级人民检察院派员临场监督。人民检察院收到同级人民法院执行死刑临场监督通知后,应当查明同级人民法院是否收到最高人民法院核准死刑的裁定或者作出的死刑判决、裁定和执行死刑的命令。

在执行死刑前,人民检察院发现有下列情形之一的,应当建议人民法院立即停止执行:(1) 被执行人并非应当执行死刑的罪犯的;(2) 罪犯犯罪时不满18周岁,或者审判的时候已满75周岁,依法不应当适用死刑的;(3) 判决可能有错误的;(4) 在执行前罪犯有检举揭发他人重大犯罪行为等重大立功表现,可能需要改判的;(5) 罪犯正在怀孕的。

(二) 死刑执行过程的监督

首先,临场监督检察人员应当审查死刑执行场所及执行方式是否合法。我国《刑事诉讼法》第252条规定死刑执行的场所为刑场或者指定的羁押场所,执行的方式为枪决或者注射。因此,检察人员应当核实死刑执行场所与执行方式。根据最高人民法院《关于适用〈中华人民共和国刑事诉讼法〉的解释》第425条,人民法院采取枪决、注射以外的死刑执行方式的,应当报请最高人民法院批准。

这种情况下,检察人员同样需要核实其他死刑执行方式是否获得最高人民法院的批准。

其次,临场监督检察人员应当监督指挥执行的审判人员在交付执行死刑时,是否依法对罪犯验明正身、讯问有无遗言、信札。同时,应当审查死刑执行有无公布,死刑执行机关有无游行示众、公开执行等有辱罪犯人格的行为。

最后,在执行死刑过程中,人民检察院临场监督人员根据需要可以进行拍照、录像。

(三) 死刑执行后的监督

在死刑执行完毕后,人民检察院临场监督人员应当检查罪犯是否确已死亡,并填写死刑执行临场监督笔录,签名后入卷归档。

此外,根据最高人民法院《关于适用〈中华人民共和国刑事诉讼法〉的解释》第428条之规定,检察人员还应当监督人民法院善后通知工作的合法性,核实以下内容:人民法院是否及时审查死刑罪犯的遗书、遗言笔录,并将涉及财产继承、债务清偿、家事嘱托等内容的笔录转交给家属;是否将相关涉及的案件线索,抄送有关机关;人民法院是否通知罪犯家属在限期内领取罪犯尸体;有火化条件的,通知领取骨灰;在罪犯家属过期不领取或无人领取尸体或骨灰的情况下,是否按照规定通知有关单位处理并收存有关单位出具的处理情况说明;是否将对罪犯的骨灰或者尸体的处理情况,记录在案;是否对外国籍罪犯执行死刑后,通知外国驻华使、领馆等等。

(四) 违法执行行为的处理

人民检察院发现人民法院在执行死刑活动中有侵犯被执行死刑罪犯的人身权、财产权或者其近亲属、继承人合法权利等违法情形的,应当依法向人民法院提出纠正意见。

第三节 设施内执行的监督

一、设施内执行监督的概念

设施内执行监督是指刑事执行监督机关对设施内的刑罚执行活动所进行的法律监督。在我国刑事执行过程中,所谓"设施内"是指监狱与看守所;设施内执行的刑罚包括死刑缓期二年执行、无期徒刑、有期徒刑以及拘役。其中,在监狱执行的有死刑缓期二年执行、无期徒刑以及交付执行前剩余刑期在3个月以上的有期徒刑,而在交付执行前剩余刑期在3个月以下的有期徒刑及拘役刑,放在看守所执行。

设施内执行的监督,具有以下几个特征:

（1）封闭性。在设施内所进行的刑罚,具有封闭性特征,而对刑罚执行机关与罪犯所进行的监督同样局限在设施之内,具有封闭性特质。设施内的刑罚执行活动所具有的封闭性特征,外部的监督往往鞭长莫及;同时,刑罚执行人员与罪犯的改造与被改造的不平等关系,执行机关和执行人员存在权力滥用的可能,罪犯的合法权益很容易遭受侵害。有鉴于此,我国《监狱法》第6条规定,人民检察院对监狱执行刑罚的活动是否合法,依法实行监督。

（2）长期性。"设施"是一种永久性的关押、改造罪犯的场所,检察机关对这种场所内的刑罚执行活动进行的监督工作因而也具有长期性。此外,在实践中,检察机关的监督方式不是短时间地派员临场监督,而是派驻检察机构、专职检察人员来实现较长时间的监督。

（3）同时性。设施内的监督工作应当与监狱、看守所的刑罚执行工作同步进行。在监狱、看守所进行刑罚执行工作的同时,检察人员应当密切关注执法工作是否偏离法律的规定,如果发现有问题,应当及时提出纠正,从而促使监狱、看守所的工作者严格依法行刑。

二、设施内执行监督的机构设置与工作制度

（一）机构设置

在监狱、看守所中负责刑罚执行监督的机关是检察机关,而具体工作机构,一般有两种形式:派出检察院与派驻检察室;特殊情况下不设置实体的检察机构的,实行巡回检察。

1. 派出检察院

派出检察院,也称"派驻检察院",是指在监管场所比较集中的地区或者大型监狱中设立的派驻检察机关。根据2001年最高人民检察院出台的《关于监所检察工作若干问题的规定》,派出检察院由省检察院或市、州检察院派出;派出检察院的设置,要遵循依法的原则、便于工作的原则、规格对等的原则和与监狱布局相协调的原则。

根据2007年3月最高人民检察院印发的《关于加强和改进监所检察工作的决定》的通知中有关"规范派驻检查机构建设"的规定:

除直辖市外,派出检察院一般由省辖市(自治州)人民检察院派出。省辖市(自治州)人民检察院派出的检察院检察长与派出它的人民检察院监所检察部门主要负责人由一人担任,派出检察院检察长应当由与监管场所主要负责人相当级别的检察官担任。对于不符合上述要求的,要积极创造条件逐步加以理顺。

派出检察院内设机构要贯彻精简、统一、效能的原则,体现"小机关、大派驻"的要求。根据工作需要,派出检察院对所担负检察的监管场所要设置派驻检察室,检察室主任应当由派出检察院副检察长或者相当级别的检察官担任。

派出检察院由派出它的人民检察院领导。派出检察院的各项业务工作,应当由派出它的人民检察院监所检察部门统一管理和指导。派出检察院的设置规格不应低于正县级。派出检察院应当设立检察委员会,实行一级财政,独立预决算和直接拨款。

2. 派驻检察室

派驻检察室,是指检察机关向监狱、看守所派出的驻监检察机构。根据最高人民检察院《关于加强和改进监所检察工作的决定》,派驻检察室由派出检察院派驻,对于没有设置派出检察院的监狱,一般由市级人民检察院派驻检察室。比较特殊的是,最高人民检察院向司法部直属的燕城监狱、公安部直属的秦城监狱直接派驻了驻监检察室。对于看守所,由其所属的公安机关对应的人民检察院派驻检察室。派驻检察室以派出它的人民检察院名义开展法律监督工作,并由派出它的人民检察院监所检察部门进行业务管理和指导。派驻检察室主任应当由派出它的人民检察院监所检察部门的负责人或者相当级别的检察官担任。

同时,在派驻检察室的内部管理上,派驻检察室实行规范化等级管理,并且定期开展规范化检察室等级评定工作,一级规范化检察室由最高人民检察院每三年评定一次,二级、三级规范化检察室由省级人民检察院每两年评定一次。对评定的规范化检察室实行动态管理,不符合条件的应当降低或者撤销规范化等级。

3. 巡回检察

巡回检察是与在固定办公场所开展工作相对应的一种工作方式,即不在监狱、看守所中设置检察机构,而由检察机关定期或者不定期地派检察人员到监狱、看守所开展刑罚执行的监督工作。根据最高人民检察院印发的《关于加强和改进监所检察工作的决定》的通知的规定,常年关押人数较少的小型监管场所,可以实行巡回检察。对小型监狱一般由市级人民检察院进行巡回检察,对小型看守所由对应的人民检察院进行巡回检察。实行巡回检察的,每月不得少于三次。

(二) 工作制度

为做好设施内监督的工作,根据最高人民检察院2008年出台的《人民检察院监狱检察办法》第八章(第51—54条)之规定,派驻检察机构及检察人员应当遵循以下几项工作制度:

第一,派驻检察人员每月派驻监狱检察时间不得少于16个工作日,遇有突发事件时应当及时检察。派驻检察人员应当将罪犯每日变动情况、开展检察工作情况和其他有关情况,全面、及时、准确地填入《监狱检察日志》。

第二,派驻检察机构应当实行检务公开。对收监交付执行的罪犯,应当及时告知其权利和义务。

第三,派驻检察人员在工作中,故意违反法律和有关规定,或者严重不负责任,造成严重后果的,应当追究法律责任、纪律责任。

第四,落实检察业务登记制度。人民检察院监狱检察工作实行"一志八表"的检察业务登记制度。"一志八表"是指"监狱检察日志""监外执行罪犯出监告知表""监狱提请减刑不当情况登记表""监狱提请假释情况登记表""监狱呈报暂予监外执行情况登记表""重大事故登记表""控告、举报和申诉登记表""检察纠正违法情况登记表"和"严重违法情况登记表"。派驻检察机构登记"一志八表",应当按照"微机联网、动态监督"的要求,实行办公自动化管理。

三、设施内监督的内容与程序

设施内监督分为对监狱刑罚执行的监督和对看守所刑罚执行的监督,二者在形式和内容上基本上是一致的。为了行文简便,下文主要讨论对监狱行刑的监督。根据《人民检察院监狱检察办法》的相应规定,检察机关对监狱行刑的监督,通常包括收监检察、刑罚变更执行检察、监管活动检察、受理控告、举报、申诉以及出监检察等内容。

（一）收监检察

收监检察,是指对监狱接受罪犯入监服刑的工作是否符合法律规定而进行的监督活动。

1. 收监检察的内容

收监检察的主要内容,包括以下三项:

第一,监狱对罪犯的收监管理活动是否符合有关法律规定。

第二,监狱收押罪犯有无相关凭证:(1)收监交付执行的罪犯,是否具备人民检察院的起诉书副本和人民法院的刑事判决(裁定)书、执行通知书、结案登记表;(2)收监监外执行的罪犯,是否具备撤销假释裁定书、撤销缓刑裁定书或者撤销暂予监外执行的收监执行决定书;(3)从其他监狱调入罪犯,是否具备审批手续。

第三,监狱是否收押了依法不应当收押的人员。

2. 收监检察的方法

针对不同的情形,收监检察的方法分别是:(1)对个别收监罪犯,实行逐人检察;(2)对集体收监罪犯,实行重点检察;(3)对新收罪犯监区,实行巡视检察。

3. 纠正意见的提出

检察人员如果发现监狱在收监管理活动中有下列情形,应当及时提出纠正意见:(1)没有收监凭证或者收监凭证不齐全而收监的;(2)收监罪犯与收监凭证不符的;(3)应当收监而拒绝收监的;(4)不应当收监而收监的;(5)罪犯收监后未按时通知其家属的;(6)其他违反收监规定的。

(二) 刑罚变更执行检察

刑罚变更执行,包括减刑、假释与暂予监外执行等。这些变更执行活动一般而言,都是有利于罪犯的,在实践中也常常发生违规、钱权交易行为,因此有必要加强监督,以防止此类刑事执行中的违法行为。

1. 减刑、假释检察

(1) 减刑、假释检察的内容

对监狱提请减刑、假释活动检察的内容包括:

第一,提请减刑、假释罪犯是否符合法律规定条件;

第二,提请减刑、假释的程序是否符合法律和有关规定;

第三,对依法应当减刑、假释的罪犯,监狱是否提请减刑、假释。

(2) 减刑、假释检察的方法

对监狱提请减刑、假释活动实行检察监督的方法是:

其一,查阅被提请减刑、假释罪犯的案卷材料;

其二,查阅监区集体评议减刑、假释会议记录,罪犯计分考核原始凭证,刑罚执行(狱政管理)部门审查意见;

其三,列席监狱审核拟提请罪犯减刑、假释的会议;

其四,向有关人员了解被提请减刑、假释罪犯的表现等情况。

(3) 对执行机关提请减刑、假释活动进行监督

人民检察院收到执行机关抄送的减刑、假释建议书副本后,应当逐案进行审查,发现减刑、假释建议不当或者提请减刑、假释违反法定程序的,应当在十日以内向审理减刑、假释案件的人民法院提出书面检察意见,同时也可以向执行机关提出书面纠正意见。

派驻检察机构收到监狱移送的提请减刑材料后,应当及时审查并签署意见。认为提请减刑不当的,应当提出纠正意见,填写"监狱提请减刑不当情况登记表"。所提纠正意见未被采纳的,可以报经本院检察长批准,向受理本案的人民法院的同级人民检察院报送。

派驻检察机构收到监狱移送的提请假释材料后,应当及时审查并签署意见,填写"监狱提请假释情况登记表",向受理本案的人民法院的同级人民检察院报送。认为提请假释不当的,应当提出纠正意见,将意见以及监狱采纳情况一并填入"监狱提请假释情况登记表"。

人民检察院发现监狱等执行机关提请人民法院裁定减刑、假释的活动有下列情形之一的,应当依法提出纠正意见:① 将不符合减刑、假释法定条件的罪犯,提请人民法院裁定减刑、假释的;② 对依法应当减刑、假释的罪犯,不提请人民法院裁定减刑、假释的;③ 提请对罪犯减刑、假释违反法定程序,或者没有完备的合法手续的;④ 提请对罪犯减刑的减刑幅度、起始时间、间隔时间或者减刑

后又假释的间隔时间不符合有关规定的;⑤ 被提请减刑、假释的罪犯被减刑后实际执行的刑期或者假释考验期不符合有关法律规定的;⑥ 其他违法情形。

(4) 对人民法院减刑、假释裁定的监督

人民法院开庭审理减刑、假释案件,人民检察院应当指派检察人员出席法庭,发表意见。

人民检察院收到人民法院减刑、假释的裁定书副本后,应当及时进行审查。检察人员审查人民法院减刑、假释裁定,可以向罪犯所在单位和有关人员进行调查,可以向有关机关调阅有关材料。审查的内容包括:① 被减刑、假释的罪犯是否符合法定条件,对罪犯减刑的减刑幅度、起始时间、间隔时间或者减刑后又假释的间隔时间、罪犯被减刑后实际执行的刑期或者假释考验期是否符合有关规定;② 执行机关提请减刑、假释的程序是否合法;③ 人民法院审理、裁定减刑、假释的程序是否合法;④ 按照有关规定应当开庭审理的减刑、假释案件,人民法院是否开庭审理。

人民检察院经审查认为人民法院减刑、假释的裁定不当,应当在收到裁定书副本后20日以内,报经检察长批准,向作出减刑、假释裁定的人民法院提出书面纠正意见。对人民法院减刑、假释裁定的纠正意见,由作出减刑、假释裁定的人民法院的同级人民检察院书面提出。下级人民检察院发现人民法院减刑、假释裁定不当的,应当向作出减刑、假释裁定的人民法院的同级人民检察院报告。

人民检察院对人民法院减刑、假释的裁定提出纠正意见后,应当监督人民法院是否在收到纠正意见后1个月以内重新组成合议庭进行审理,并监督重新作出的裁定是否符合法律规定。对最终裁定不符合法律规定的,应当向同级人民法院提出纠正意见。

2. 对死刑缓期二年执行判决的执行检察

判处被告人死刑缓期二年执行的判决、裁定在执行过程中,人民检察院监督的内容主要包括:(1) 死刑缓期执行期满,符合法律规定应当减为无期徒刑、有期徒刑条件的,监狱是否及时提出减刑建议提请人民法院裁定,人民法院是否依法裁定;(2) 罪犯在缓期执行期间故意犯罪,监狱是否依法侦查和移送起诉;罪犯确系故意犯罪的,人民法院是否依法核准或者裁定执行死刑。

被判处死刑缓期二年执行的罪犯在死刑缓期执行期间故意犯罪,执行机关移送人民检察院受理的,由罪犯服刑所在地的分、州、市人民检察院审查决定是否提起公诉。

人民检察院发现人民法院对被判处死刑缓期二年执行的罪犯减刑不当的,应当依照前述有关减刑监督的规定,向人民法院提出纠正意见。罪犯在死刑缓期执行期间又故意犯罪,经人民检察院起诉后,人民法院仍然予以减刑的,人民检察院应当向人民法院提出抗诉。

3. 暂予监外执行检察

暂予监外执行检察,是指检察人员对暂予监外执行工作是否符合法律规定进行司法监督的活动。对暂予监外执行的监督,可以分为对监狱、看守所、社区矫正机关执法活动的监督和对决定暂予监外执行的决定活动的监督两大类。

（1）对执法活动的监督

执法活动,包括提请暂予监外执行、执行暂予监外执行决定并交付社区矫正、重新收监、释放等活动。

首先,对于监狱、看守所呈报暂予监外执行活动,人民检察院收到监狱、看守所抄送的暂予监外执行书面意见副本后,应当逐案进行审查,发现罪犯不符合暂予监外执行法定条件或者提请暂予监外执行违反法定程序的,应当在十日以内向决定或者批准机关提出书面检察意见,同时也可以向监狱、看守所提出书面纠正意见。实施检察监督的主要内容包括:① 呈报暂予监外执行罪犯是否符合法律规定条件;② 呈报暂予监外执行的程序是否符合法律和有关规定。监督的主要方法包括:① 审查被呈报暂予监外执行罪犯的病残鉴定和病历资料;② 列席监狱审核拟呈报罪犯暂予监外执行的会议;③ 向有关人员了解被呈报暂予监外执行罪犯的患病及表现等情况。

其次,人民检察院发现监狱、看守所、社区矫正机关暂予监外执行的执法活动有下列情形之一的,应当依法提出纠正意见:① 将不符合法定条件的罪犯提请暂予监外执行的;② 提请暂予监外执行的程序违反法律规定或者没有完备的合法手续,或者对于需要保外就医的罪犯没有省级人民政府指定医院的诊断证明和开具的证明文件的;③ 监狱、看守所提出暂予监外执行书面意见,没有同时将书面意见副本抄送人民检察院的;④ 罪犯被决定或者批准暂予监外执行后,未依法交付罪犯居住地社区矫正机构实行社区矫正的;⑤ 对符合暂予监外执行条件的罪犯没有依法提请暂予监外执行的;⑥ 发现罪犯不符合暂予监外执行条件,或者在暂予监外执行期间严重违反暂予监外执行监督管理规定,或者暂予监外执行的条件消失且刑期未满,应当收监执行而未及时收监执行或者未提出收监执行建议的;⑦ 人民法院决定将暂予监外执行的罪犯收监执行,并将有关法律文书送达公安机关、监狱、看守所后,监狱、看守所未及时收监执行的;⑧ 对不符合暂予监外执行条件的罪犯通过贿赂等非法手段被暂予监外执行以及在暂予监外执行期间脱逃的罪犯,监狱、看守所未建议人民法院将其监外执行期间、脱逃期间不计入执行刑期或者对罪犯执行刑期计算的建议违法、不当的;⑨ 暂予监外执行的罪犯刑期届满,未及时办理释放手续的;⑩ 其他违法情形。

（2）对决定活动的监督

人民检察院接到决定或者批准机关抄送的暂予监外执行决定书后,应当进行审查。检察人员审查暂予监外执行决定,可以向罪犯所在单位和有关人员调查、向有关机关调阅有关材料。审查的内容包括:① 是否属于被判处有期徒刑或者拘役的罪犯;② 是否属于有严重疾病需要保外就医的罪犯;③ 是否属于怀孕或者正在哺乳自己婴儿的妇女;④ 是否属于生活不能自理,适用暂予监外执行不致危害社会的罪犯;⑤ 是否属于适用保外就医可能有社会危险性的罪犯,或者自伤自残的罪犯;⑥ 决定或者批准机关是否符合刑事诉讼法第254条第5款的规定;⑦ 办理暂予监外执行是否符合法定程序。

人民检察院经审查认为暂予监外执行不当的,应当自接到通知之日起一个月以内,报经检察长批准,向决定或者批准暂予监外执行的机关提出书面纠正意见。下级人民检察院认为暂予监外执行不当的,应当立即层报决定或者批准暂予监外执行的机关的同级人民检察院,由其决定是否向决定或者批准暂予监外执行的机关提出书面纠正意见。

人民检察院向决定或者批准暂予监外执行的机关提出不同意暂予监外执行的书面意见后,应当监督其对决定或者批准暂予监外执行的结果进行重新核查,并监督重新核查的结果是否符合法律规定。对核查不符合法律规定的,应当依法提出纠正意见,并向上一级人民检察院报告。

(三) 监管活动检察

1. 禁闭检察

禁闭检察,是指检察人员对监狱禁闭罪犯的行为是否合法进行司法监督的活动。

禁闭检察的内容主要包括:(1)适用禁闭是否符合规定条件;(2)适用禁闭的程序是否符合有关规定;(3)执行禁闭是否符合有关规定。

禁闭检察使用的主要方法包括:(1)对禁闭室进行现场检察;(2)查阅禁闭登记和审批手续;(3)听取被禁闭人和有关人员的意见。

检察人员发现监狱在适用禁闭活动中有下列情形的,应当及时提出纠正意见:(1)对罪犯适用禁闭不符合规定条件的;(2)禁闭的审批手续不完备的;(3)超期限禁闭的;(4)使用戒具不符合有关规定的;(5)其他违反禁闭规定的。

2. 事故检察

事故检察,是检察人员对发生在监狱范围内的各种事故进行司法监督的活动。其中,所谓的事故主要包括:(1)罪犯脱逃;(2)罪犯破坏监管秩序;(3)罪犯群体病疫;(4)罪犯伤残;(5)罪犯非正常死亡;(6)其他事故。

对事故进行监督的主要方法与程序是:

(1) 派驻检察机构接到监狱关于罪犯脱逃、破坏监管秩序、群体病疫、伤残、死亡等事故报告,应当立即派员赴现场了解情况,并及时报告本院检察长;

(2) 认为可能存在违法犯罪问题的,派驻检察人员应当深入事故现场,调查

取证;

(3) 派驻检察机构与监狱共同剖析事故原因,研究对策,完善监管措施。

对于罪犯死亡的,检察机关应当根据不同情况进行监督。如果罪犯在服刑期间因病死亡,其家属对监狱提供的医疗鉴定有疑义向人民检察院提出的,人民检察院应当受理。经审查认为医疗鉴定有错误的,可以重新对死亡原因作出鉴定。如果罪犯非正常死亡的,人民检察院接到监狱通知后,原则上应在24小时内对尸体进行检验,对死亡原因进行鉴定,并根据鉴定结论依法及时处理。

对于监狱发生重大事故的,派驻检察机构应当及时填写"重大事故登记表",报送上一级人民检察院,同时对监狱是否存在执法过错责任进行检察。与此同时,辖区内监狱发生重大事故的,省级人民检察院应当检查派驻检察机构是否存在不履行或者不认真履行监督职责的问题。

3. 狱政管理、教育改造活动检察

检察人员对狱政管理、教育改造活动进行司法监督的主要内容包括两项,一是监狱的狱政管理、教育改造活动是否符合有关法律规定;二是罪犯的合法权益是否得到保障。

对狱政管理、教育改造活动进行司法监督,检察人员应当使用如下方法:(1) 对罪犯生活、学习、劳动现场和会见室进行实地检察和巡视检察;(2) 查阅罪犯名册、伙食账簿、会见登记和会见手续;(3) 向罪犯及其亲属和监狱人民警察了解情况,听取意见;(4) 在法定节日、重大活动之前或者期间,督促监狱进行安全防范和生活卫生检查。

检察人员在工作中如果发现监狱在狱政管理、教育改造活动中有下列情形的,应当及时提出纠正意见:(1) 监狱人民警察体罚、虐待或者变相体罚、虐待罪犯的;(2) 没有按照规定对罪犯进行分押分管的;(3) 监狱人民警察没有对罪犯实行直接管理的;(4) 安全防范警戒设施不完备的;(5) 监狱人民警察违法使用戒具的;(6) 没有按照规定安排罪犯与其亲属会见的;(7) 对伤病罪犯没有及时治疗的;(8) 没有执行罪犯生活标准规定的;(9) 没有按照规定时间安排罪犯劳动,存在罪犯超时间、超体力劳动情况的;(10) 其他违反狱政管理、教育改造规定的。

为做好狱政管理、教育改造活动的监督工作,派驻检察机构还应当做好以下工作:

第一,派驻检察机构应当参加监狱狱情分析会,并针对罪犯思想动态、监管秩序等方面存在的问题,提出意见和建议,与监狱共同研究对策,制定措施。

第二,派驻检察机构应当与监狱建立联席会议制度,及时了解监狱发生的重大情况,共同分析监管执法和检察监督中存在的问题,研究改进工作的措施。联席会议每半年召开一次,必要时可以随时召开。

第三,派驻检察机构每半年协助监狱对罪犯进行一次集体法制宣传教育。

第四,派驻检察人员应当每周至少选择一名罪犯进行个别谈话,并及时与要求约见的罪犯谈话,听取情况反映,提供法律咨询,接收递交的材料等。

(四) 受理控告、举报和申诉

派驻检察机构应当受理罪犯及其法定代理人、近亲属向检察机关提出的控告、举报和申诉,根据罪犯反映的情况,及时审查处理,并填写"控告、举报和申诉登记表"。

为方便罪犯提出控告、举报或者申诉,派驻检察机构应当在监区或者分监区设立检察官信箱,接收罪犯控告、举报和申诉材料。信箱应当每周开启。派驻检察人员应当每月定期接待罪犯近亲属、监护人来访,受理控告、举报和申诉,提供法律咨询。

派驻检察机构对罪犯向检察机关提交的自首、检举和揭发犯罪线索等材料,应根据罪犯反映的情况,及时审查处理,并填写"控告、举报和申诉登记表"。并监督兑现政策情况。

派驻检察机构办理控告、举报案件,对控告人、举报人要求回复处理结果的,应当将调查核实情况反馈控告人、举报人。

人民检察院监所检察部门审查刑事申诉,认为原判决、裁定正确、申诉理由不成立的,应当将审查结果答复申诉人并做好息诉工作;认为原判决、裁定有错误可能,需要立案复查的,应当移送刑事申诉检察部门办理。

(五) 出监检察

出监检察是指检察人员对监狱释放罪犯的行为是否合法进行司法监督的活动。出监检察的主要内容包括(1)监狱对罪犯的出监管理活动是否符合有关法律规定;(2)罪犯出监有无相关凭证:第一,刑满释放罪犯,是否具备刑满释放证明书;第二,假释罪犯,是否具备假释裁定书、执行通知书、假释证明书;第三,暂予监外执行罪犯,是否具备暂予监外执行审批表、暂予监外执行决定书;第四,离监探亲和特许离监罪犯,是否具备离监探亲审批表、离监探亲证明;第五,临时离监罪犯,是否具备临时离监解回再审的审批手续;第六,调监罪犯,是否具备调监的审批手续。

检察人员进行出监监督的方法是:(1)查阅罪犯出监登记和出监凭证;(2)与出监罪犯进行个别谈话,了解情况。

检察人员在工作中发现监狱在出监管理活动中有下列情形的,应当及时提出纠正意见:(1)没有出监凭证或者出监凭证不齐全而出监的;(2)出监罪犯与出监凭证不符的;(3)应当释放而没有释放或者不应当释放而释放的;(4)罪犯没有监狱人民警察或者办案人员押解而特许离监、临时离监或者调监的;(5)没有派员押送暂予监外执行罪犯到达执行地社区矫正机关的;(6)没有向假释罪犯、暂予监外执行罪犯、刑满释放仍需执行附加剥夺政治权利罪犯的执行地公安机关送达有关法律文书的;(7)没有向刑满释放人员居住地公安机关送达释放通知书的;(8)其他违反出监规定的。

对于假释罪犯、暂予监外执行罪犯以及刑满释放仍需执行附加剥夺政治权利的罪犯,在他们出监时,派驻检察机构应当填写"监外执行罪犯出监告知表",寄送执行地人民检察院监所检察部门。

(六)纠正违法和检察建议的程序

1. 纠正违法的程序

检察人员对于刑罚执行过程中的违法行为应及时处理,并遵守相应的程序性规定:

(1)派驻检察人员发现轻微违法情况,可以当场提出口头纠正意见,并及时向派驻检察机构负责人报告,填写"检察纠正违法情况登记表"。

(2)派驻检察机构发现严重违法情况,或者在提出口头纠正意见后被监督单位7日内未予纠正且不说明理由的,应当报经本院检察长批准,及时发出"纠正违法通知书";此外,派驻检察机构应当填写"严重违法情况登记表",向上一级人民检察院监所检察部门报送并续报检察纠正情况。

(3)人民检察院发出"纠正违法通知书"后15日内,被监督单位仍未纠正或者回复意见的,应当及时向上一级人民检察院报告。

被监督单位对人民检察院的纠正违法意见书面提出异议的,人民检察院应当复议。被监督单位对于复议结论仍然提出异议的,由上一级人民检察院复核。

2. 提出检察建议的程序

检察建议,是指检察机关为了督促监狱预防危险和改进刑罚执行工作而提出的包含若干针对性建议的书面文书。在进行刑罚执行监督的过程中,检察人员若发现刑罚执行活动中存在执法不规范等可能导致执法不公和重大事故等苗头或倾向性问题的,应当报经本院检察长批准,向有关单位提出检察建议。

第四节 社会内执行的监督

一、社会内执行监督概述

(一)社会内执行监督的概念

社会内执行监督是相对于设施内执行监督而言的,是指刑事执行监督机关对社会内刑罚执行的法律监督。社会内刑罚执行,又可称为非监禁刑的行刑,区别于设施内的行刑,是指不需要通过监禁罪犯的刑事执行活动。

在我国,社会内执行的刑罚包括管制刑、剥夺政治权利、罚金与没收财产刑、驱逐出境等刑罚。此外,缓刑、假释、暂予监外执行等刑罚执行制度的执行,同样属于社会内执行监督的范畴。从体系上划分,管制刑、缓刑、假释、暂予监外执行属于社区矫正的范畴,罚金与没收财产刑属于财产刑的范畴,剥夺政治权利与驱逐出境则属于资格刑的范畴。

(二) 社会内执行监督的特征

社会内执行属于一种开放式处遇方式,是将犯人置于社会之中进行教育矫正的一种执行方式。对社会内执行的监督因此也就不可避免地附属上了社会内执行的特征,主要集中表现为开放性、多元性。

不同于监禁式的行刑,社会内执行是指将罪犯置于社会之内,由专门的国家机关在相关社会团体和民间组织以及社会志愿者的协助下,在判决、裁定或决定确定的期限内或者通过财产刑等惩罚措施,矫正其犯罪心理和行为恶习,并促进其顺利融入社会的非监禁刑罚执行活动。因此,社会内执行往往具备开放性与复杂的特质,对社会内执行所进行的监督故而也具备这两个特征。

开放性主要指的是刑罚执行监督机关所监督的范围,不再限定于固定封闭的设施院墙之内,而呈现出无界限的特性。这就使得监督机关不能再通过派驻检察的方式来实现监督职责,而必须探索新的监督方式。而复杂性则是指社会内执行使得刑罚监督机关所监督的对象多元化、所依据的法律多元化、监督的方式和程序多样化,从而对刑罚执行监督提出了更高的要求,大大加剧了刑罚监督的难度。

二、社区矫正的执行监督

社区矫正的执行监督,是指检察机关依法对社区矫正活动是否合法所进行的监察和督促活动。社区矫正的执行监督,包括两个部分:一是对社区矫正机构执法活动的监督;二是对人民法院相关活动的监督。

首先,针对社区矫正机构执法活动的监督,根据2012年最高人民法院、最高人民检察院、公安部、司法部《关于印发〈社区矫正实施办法〉的通知》第37条之规定,人民检察院发现社区矫正执法活动违反法律和本办法规定的,可以区别情况提出口头纠正意见、制发纠正违法通知书或者检察建议书。交付执行机关和执行机关应当及时纠正、整改,并将有关情况告知人民检察院。此外,根据最高人民检察院2012年修订的《人民检察院刑事诉讼规则(试行)》第659条之规定,人民检察院依法对社区矫正执法活动进行监督,发现有下列情形之一的,应当依法向社区矫正机构提出纠正意见:

(1) 没有依法接收交付执行的社区矫正人员的;

(2) 违反法律规定批准社区矫正人员离开所居住的市、县,或者违反人民法院禁止令的内容批准社区矫正人员进入特定区域或者场所的;

（3）没有依法监督管理而导致社区矫正人员脱管的；

（4）社区矫正人员违反监督管理规定或者人民法院的禁止令，依法应予治安管理处罚，没有及时提请公安机关依法给予处罚的；

（5）缓刑、假释罪犯在考验期内违反法律、行政法规或者有关缓刑、假释的监督管理规定，或者违反人民法院的禁止令，依法应当撤销缓刑、假释，没有及时向人民法院提出撤销缓刑、假释建议的；

（6）对具有刑事诉讼法第257条第1款规定情形之一的暂予监外执行的罪犯，没有及时向决定或者批准暂予监外执行的机关提出收监执行建议的；

（7）对符合法定减刑条件的社区矫正人员，没有依法及时向人民法院提出减刑建议的；

（8）对社区矫正人员有殴打、体罚、虐待、侮辱人格、强迫其参加超时间或者超体力社区服务等侵犯其合法权利行为的；

（9）其他违法情形。

其次，针对人民法院相关活动的监督，根据《人民检察院刑事诉讼规则（试行）》第659条的规定，人民检察院发现人民法院对依法应当撤销缓刑、假释的罪犯没有依法、及时作出撤销缓刑、假释裁定，对不符合暂予监外执行条件的罪犯通过贿赂等非法手段被暂予监外执行以及在暂予监外执行期间脱逃的罪犯的执行刑期计算错误，或者有权决定、批准暂予监外执行的机关对依法应当收监执行的罪犯没有及时依法作出收监执行决定的，应当依法提出纠正意见。

三、财产刑的执行监督

人民检察院依法对人民法院执行罚金刑、没收财产刑以及执行生效判决、裁定中没收违法所得及其他涉案财产的活动实行监督，发现人民法院有依法应当执行而不执行，执行不当，罚没的财物未及时上缴国库，或者执行活动中其他违法情形的，应当依法提出纠正意见。

四、剥夺政治权利刑的执行监督

根据我国《刑事诉讼法》第259条的规定，对被判处剥夺政治权利的罪犯，由公安机关执行。人民检察院应当依法对公安机关执行剥夺政治权利的活动实行监督，如果发现公安机关未依法执行或者剥夺政治权利执行期满未书面通知本人及其所在单位、居住地基层组织等违法情形的，应当依法提出纠正意见。

五、驱逐出境执行监督

依据我国《刑法》第35条的规定，对于犯罪的外国人，可以独立适用或者附加适用驱逐出境。驱逐出境就是指将外国人从中国境内移送出去,因此,人民检察院应当对移送过程的合法性进行监督,监督是否存在违反国际规则惯例或者我国法律法规的行为发生,是否有不当执行或者违法犯罪行为发生。同时,在刑罚执行完毕后,核实该外国犯罪人是否确实被逐出境内。

第二编 监狱行刑

监狱行刑,是指监狱依照法律规定将人民法院作出的生效裁判所确定的刑罚付诸实施的活动。在我国,死刑缓期二年执行、无期徒刑和有期徒刑,由监狱执行。监狱行刑制度,主要包括以下几项内容:(1)与监狱行刑有关的程序性制度,主要包括收监与释放;(2)行刑变更制度,包括暂予监外执行、减刑、假释等;(3)狱政管理制度,包括监管制度、罪犯日常生活管理、罪犯考核奖惩制度与狱内突发事故的处理制度等;(4)罪犯矫正制度,包括教育改造、罪犯劳动等;(5)特殊类型的罪犯(包括未成年犯与女犯)的管理与矫正。

第八章 监狱行刑制度概述

第一节 收 监

一、收监的概念

收监,又称收押,是指将被判处死刑缓期二年执行、无期徒刑和有期徒刑的罪犯依照法定程序移至监狱内关押的活动。

收监具有以下几个特点:

(1)收监权只能由国家专门的刑罚执行机关——监狱来行使,其他任何机关、单位和公民个人均无权收押罪犯。监狱行使收监权,可以依法做出予以收监、不予收监及暂不收监的决定。

(2)收监的对象是被判处死刑缓期二年执行、无期徒刑和有期徒刑的罪犯。但根据我国《刑事诉讼法》第253条第2款的规定,对于被判处有期徒刑的罪犯,在被交付执行刑罚前,剩余刑期在3个月以下的,由看守所代为执行。

(3)收监是一项严肃的执法活动,必须严格依照法定程序进行。违反法定程序的收监活动,可能造成收监错误,将不应收监的人收监或者没有将应收监的罪犯收监,亦可能影响之后的行刑活动的顺利进行。

二、收监的程序

收监,是监狱行刑之始,是对罪犯执行刑罚、实施惩罚和改造的首要环节,也是由一系列程序所组成的执法活动。根据我国《监狱法》第15条至第20条等相关规定,收监应按下列程序进行:

(一) 人民法院依法交付执行

人民法院将罪犯交付执行后,监狱才可以将其收监。我国《刑事诉讼法》第253条第1款规定,罪犯被交付执行刑罚的时候,应当由交付执行的人民法院在判决生效后10日以内将有关的法律文书送达公安机关、监狱或者其他执行机关。

交付执行前,罪犯可能被羁押,也可能未被羁押,两种情形下的交付执行活动有所不同。具体而言,被判处死刑缓期执行、无期徒刑、有期徒刑的罪犯,如果交付执行时在押的,第一审人民法院应当在判决、裁定生效后10日内,将判决书、裁定书、起诉书副本、自诉状复印件、执行通知书、结案登记表送达看守所,由公安机关将罪犯交付执行。如果罪犯在判决、裁定生效前未被羁押的,人民法院应当根据生效的判决书、裁定书将罪犯送交看守所羁押,并依照前述规定办理执行手续。

此外,对于共同犯罪案件,如果部分罪犯被判处死刑立即执行,若将其他同案罪犯交付执行,可能影响死刑复核程序的进行。因此,根据2013年最高人民法院《关于适用〈中华人民共和国刑事诉讼法〉的解释》第430条规定,同案审理的案件中,部分被告人被判处死刑,对未被判处死刑的同案被告人需要羁押执行刑罚的,应当在其判决、裁定生效后10日内交付执行。但是,该同案被告人参与实施有关死刑之罪的,应当在最高人民法院复核讯问被判处死刑的被告人后交付执行。

被判处无期徒刑、有期徒刑或者拘役的罪犯,符合我国《刑事诉讼法》第254条第1款、第2款的规定,人民法院决定暂予监外执行的,应当制作暂予监外执行决定书,写明罪犯基本情况、判决确定的罪名和刑罚、决定暂予监外执行的原因、依据等,通知罪犯居住地的县级司法行政机关派员办理交接手续,并将暂予监外执行决定书抄送罪犯居住地的县级人民检察院和公安机关。关于暂予监外执行的相关问题,具体见下文的介绍。

(二) 公安机关按时将罪犯移送至监狱

交付执行活动,由人民法院与公安机关共同完成,公安机关的主要职责,是向监狱交付罪犯。我国《刑事诉讼法》第253条第2款规定:"对被判处死刑缓期二年执行、无期徒刑、有期徒刑的罪犯,由公安机关依法将该罪犯送交监狱执行刑罚。对于被判处有期徒刑的罪犯,在被交付执行刑罚前,剩余刑期在3个月以下的,由看守所代为执行。"我国《监狱法》第 15 条规定:"人民法院对被判处死刑缓期二年执行、无期徒刑、有期徒刑的罪犯,应当将执行通知书、判决书送达羁押该罪犯的公安机关,公安机关应当自收到执行通知书、判决书之日起 1 个月内将该罪犯送交监狱执行刑罚。"公安机关应根据此规定,在法定的期限内将罪犯送交监狱执行刑罚。

(三) 监狱确认罪犯身份并认真审查送押罪犯的法律文书

监狱行刑涉及人身自由的剥夺,因此收监必须认真谨慎。为避免发生执行错误,监狱必须在受刑人被移送入监狱时,查点入监人数并确认受刑人的身份。由于公安机关在移交罪犯时,可能移交单个罪犯,也可能移交多个罪犯,因此,监狱工作人员在接收罪犯时,必须确实清点新收入监人数,以免发生失误。

至于身份之确认,根据我国《监狱法》第 16 条的规定,"罪犯被交付执行刑罚时,交付执行的人民法院应当将人民检察院的起诉书副本、人民法院的判决书、执行通知书、结案登记表同时送达监狱。监狱没有收到上述文件的,不得收监;上述文件不齐全或者记载有误的,作出生效判决的人民法院应当及时补充齐全或者作出更正;对其中可能导致错误收监的,不予收监。"监狱在收押罪犯时,必须按照法律规定审查上述"三书一表"是否齐全无误,如果发现与该条法律规定不符的情况,应当通知法院补正或者不予收监。

需要指出的是,从监狱行刑的实践来看,我国《监狱法》第 16 条没有考虑到自诉刑事案件的法律文书问题。因此,最高人民法院《关于适用〈中华人民共和国刑事诉讼法〉的解释》第 429 条作出了补充性规定:"被判处死刑缓期执行、无期徒刑、有期徒刑、拘役的罪犯,交付执行时在押的,第一审人民法院应当在判决、裁定生效后 10 日内,将判决书、裁定书、起诉书副本、自诉状复印件、执行通知书、结案登记表送达看守所,由公安机关将罪犯交付执行。"据此,对于刑事自诉案件,如果罪犯需要送到监狱执行,送交执行的公安机关应向监狱交送自诉状复印件而非"人民检察院的起诉书副本"。

(四) 对罪犯人身、物品进行检查

我国《监狱法》第 18 条规定,罪犯收监,应当严格检查其人身和所携带的物品。非生活必需品,由监狱代为保管或者征得罪犯同意退回其家属,违禁品予以没收。现金由监狱代为保管或存入银行,罪犯有正当用途时可允许其本人使用,其余待罪犯释放时一并发还。检查罪犯人身和携带物品时,女犯应由女性人民警察负责。另根据我国《监狱法》第 19 条规定,罪犯不得携带子女在监内服刑。

(五) 进行入监登记

进行入监登记,是收押罪犯时必须履行的一项法律手续,它对于了解和掌握罪犯的基本情况,有针对性地开展教育改造,具有重要的作用。

对收监执行的罪犯,应逐一填写"罪犯入监登记表",主要内容包括:罪犯的姓名、性别、年龄、民族、籍贯、职业、家庭住址、健康状况、个人简历、家庭情况、主要社会关系、文化程度、特长、主要罪行、罪名以及刑期起止日期、逮捕和拘留的时间、有无前科、判决的人民法院等，并贴附罪犯的免冠照片。

（六）向罪犯家属发出通知书

罪犯收监后，监狱应当及时通知罪犯家属。通知书应当自收监之日起5日内发出。对于无家属的罪犯，监狱可通知其原工作单位或原居住地的公安机关及基层组织。

（七）收监后对罪犯进行身体检查

根据我国1994年《监狱法》第17条的规定，监狱应当对交付执行刑罚的罪犯进行身体检查。经检查，对于具有暂予监外执行情形的罪犯，应当由交付执行的人民法院决定暂予监外执行。鉴于实践中产生的诸多问题，2012年《监狱法》对此作了修订，新修订的第17条规定，罪犯被交付执行刑罚，符合《监狱法》第16条规定即有关法律文书齐全的，应当予以收监。罪犯收监之后，监狱才对其进行身体检查。经检查，对于具有暂予监外执行情形的，监狱可以提出书面意见，报省级以上监狱管理机关批准。

总之，收监是一项十分重要的基础工作，它直接关系到已经发生法律效力的判决或裁定能否准确地执行。监狱在收押罪犯时，必须依法办事，严格掌握收监条件，认真履行收监手续，以保证刑罚执行的顺利进行。

第二节 暂予监外执行

一、暂予监外执行的概念

暂予监外执行是指因罪犯出现某种特殊情形，依法将其暂时在监狱或者看守所以外的场所，以一种非监禁的方式执行剥夺自由刑的行刑制度。目前不少学者将"暂予监外执行"简称为"监外执行"。但严格来说，监外执行是指在监狱外行刑的制度，除了"暂予监外执行"外，还包括假释以及管制刑、缓刑、单处剥夺政治权利刑等的执行。晚近以来，特别是随着我国社区矫正工作的推广，一些规范性文件已经区分这两个概念。如2009年6月公布的《中央社会治安综合治理委员会办公室、最高人民法院、最高人民检察院、公安部、司法部关于加强和规范监外执行工作的意见》中，"监外执行"就是管制、剥夺政治权利、宣告缓刑、假释等的执行与暂予监外执行的总称。换言之，"暂予监外执行"只是"监外执行"的一部分。为了严谨起见，本书使用"暂予监外执行"这一概念。

暂予监外执行有以下几个重要特征：

第一，暂予监外执行是剥夺自由刑的一种特殊执行方式。被判处剥夺自由刑的罪犯,理应在监狱或者看守所中服刑,才符合"剥夺自由刑"本身的性质。但由于出现法律所规定的特殊情况,基于人道主义的考量,将罪犯移至监狱或者看守所外执行其刑罚,在一段时期内不完全剥夺其人身自由。换言之,对于剥夺自由刑的执行方式而言,监狱或者看守所执行是原则,暂予监外执行只是一种例外。

第二,暂予监外执行只是暂时改变了行刑的场所与方式。在法定的特殊情形消失后,若罪犯的刑期未满的,罪犯仍然要到监狱或者看守所中继续服刑。

第三,暂予监外执行期间计入执行刑期。暂予监外执行的性质属于一种特殊的行刑方式,因此,罪犯的刑期不因执行场所、执行方式的变更而中断,仍然连续计算,即在监外执行的期间仍计入执行刑期。但我国《刑事诉讼法》第257条对此作出了两项例外规定:(1)不符合暂予监外执行条件的罪犯通过贿赂等非法手段被暂予监外执行的,在监外执行的期间不计入执行刑期。(2)罪犯在暂予监外执行期间脱逃的,脱逃的期间不计入执行刑期。

第四,暂予监外执行制度体现了对罪犯的人道主义关怀。尽管罪犯是犯罪的人,对社会造成了危害后果,应该接受处罚,但是,如果出现罪犯患有严重疾病等不利于监狱行刑、值得同情的情形时,基于人道主义的考虑,应该给予罪犯特殊照顾,让他们在更好的环境中接受治疗,恢复健康。

二、暂予监外执行的条件

我国《刑事诉讼法》第254条规定,"对于被判处有期徒刑或者拘役的罪犯,有下列情形之一的,可以暂予监外执行:(一)有严重疾病需要保外就医的;(二)怀孕或者正在哺乳自己婴儿的妇女;(三)生活不能自理,适用暂予监外执行不致危害社会的。对于被判处无期徒刑的罪犯,有前款第二项规定情形的,可以暂予监外执行。"由此可见,适用暂予监外执行的条件包含以下两个方面:

(一)暂予监外执行的适用对象

暂予监外执行适用于被判处拘役、有期徒刑以及部分无期徒刑的罪犯。其中,对于被判处无期徒刑的罪犯能否暂予监外执行,我国立法上有一个变化的过程。

1994年通过的《监狱法》第25条规定:"对于被判处无期徒刑、有期徒刑在监内服刑的罪犯,符合刑事诉讼法规定的监外执行的条件的,可以暂予监外执行。"但1996年修正的《刑事诉讼法》第214条规定:"对于被判处有期徒刑或者拘役的罪犯,有下列情况之一的,可以暂予监外执行……"。可见,关于无期徒刑的罪犯能否暂予监外执行,上述两部法律的规定存在矛盾之处。但《监狱法》同时明确规定暂予监外执行必须"符合刑事诉讼法规定的监外执行的条件",而根据1996年修订的《刑事诉讼法》的规定,被判处无期徒刑的罪犯是不能被暂予监外执行的。相比较而言,在暂予监外执行这一问题上,1996年修订的《刑事诉讼法》显示出比较严厉的立法思想。2012年修订的《刑事诉讼法》对此作出修正,允许对被判处无期徒刑的怀孕或者正在哺乳自己婴儿的妇女,适用暂予监外执行制度。这一修正体现了人道主义的行刑原则,也解决了《监狱法》和原《刑事诉讼法》存在的法律冲突问题。

(二) 适用暂予监外执行的实质条件

适用暂予监狱执行的实质条件,是指罪犯存在特殊的身心状态或者严重的身心健康问题而不适宜在监狱环境中服刑。具体而言,对于被判处有期徒刑的罪犯,有下列情形之一的,可以暂予监外执行;对于被判处无期徒刑的罪犯,符合第2项条件的,可以暂予监外执行:

(1) 有严重疾病需要保外就医的。对于罪犯确有严重疾病,必须保外就医的,由省级人民政府指定的医院诊断并开具证明文件。但是,根据《刑事诉讼法》第254条的规定,对于适用保外就医可能有社会危险性的罪犯,或者自伤自残的罪犯,不得保外就医。

(2) 怀孕或者正在哺乳自己婴儿的妇女。

(3) 生活不能自理,适用暂予监外执行不致危害社会的。根据有关规定,生活不能自理,是指因病、伤残或者年老体弱致使日常生活中起床、用餐、行走、如厕等不能自行进行,必须在他人协助下才能完成。[①]

三、暂予监外执行的程序

在我国,暂予监外执行有两种情况:一种是在交付执行前,发现被告人具有法定的暂予监外执行的条件;另一种是交付执行后,执行机关(监狱或者看守所)在执行刑罚过程中,发现在监所内服刑的罪犯具有监外执行法定条件的情形。不论是哪一种情况,都必须严格按照法律规定的程序执行。

(一) 暂予监外执行的决定程序

1. 交付执行前的暂予监外执行

我国《刑事诉讼法》第254条第5款规定,在交付执行前,暂予监外执行由交付执行的人民法院决定。换言之,在交付执行前,若发现罪犯符合暂予监外执行的条件的,由人民法院直接决定。

根据2013年最高人民法院《关于适用〈中华人民共和国刑事诉讼法〉的解释》第432条,人民法院决定暂予监外执行的,应当制作暂予监外执行决定书,写明罪犯基本情况、判决确定的罪名和刑罚、决定暂予监外执行的原因、依据等,

---

[①] 参见《看守所留所执行刑罚罪犯管理办法》(公安部2008年2月29日发布,2008年7月1日起施行)第19条第2款。

通知罪犯居住地的县级司法行政机关派员办理交接手续,并将暂予监外执行决定书抄送罪犯居住地的县级人民检察院和公安机关。

2. 交付执行后的暂予监外执行

我国《刑事诉讼法》第254条第5款规定,在交付执行后,暂予监外执行由监狱或者看守所提出书面意见,报省级以上监狱管理机关或者设区的市一级以上公安机关批准。

(二)暂予监外执行的监督程序

在决定暂予监外执行的整个过程中,人民检察院负有监督的职责。

首先,对于交付执行前的暂予监外执行决定,如果人民检察院认为人民法院的暂予监外执行决定不当,可以在法定期限内(自接到通知之日起1个月以内)提出书面意见;对于人民检察院的意见,人民法院应当立即对该决定重新核查,并在1个月内作出决定。

其次,对于交付后的监外执行程序,根据我国《刑事诉讼法》第255、256条的规定,监狱、看守所提出的暂予监外执行的书面意见的副本应当抄送人民检察院。人民检察院可以向批准机关提出书面意见。人民检察院认为暂予监外执行不当的,应当自接到通知之日起1个月以内将书面意见送交批准暂予监外执行的机关,批准暂予监外执行的机关接到人民检察院的书面意见后,应当立即对该决定进行重新核查。

(三)暂予监外执行的执行程序

根据我国《刑事诉讼法》第258条的规定,对于暂予监外执行的罪犯,依法实行社区矫正,由社区矫正机构负责执行。关于罪犯从监狱或者看守所转移给社区矫正机构的程序,即"交接手续",根据《社区矫正实施办法》和2013年最高人民法院《关于适用〈中华人民共和国刑事诉讼法〉的解释》的规定,主要有以下两种情况:

(1)人民法院决定暂予监外执行的,应当通知罪犯居住地县级司法行政机关派员到庭办理交接手续。

(2)执行机关决定暂予监外执行的,由交付执行的监狱、看守所将暂予监外执行的社区矫正人员押送至居住地,与县级司法行政机关办理交接手续。罪犯服刑地与居住地不在同一省、自治区、直辖市,需要回居住地暂予监外执行的,服刑地的省级监狱管理机关、公安机关监所管理部门应当书面通知罪犯居住地的同级监狱管理机关、公安机关监所管理部门,指定一所监狱、看守所接收罪犯档案,负责办理罪犯收监、释放等手续。

(四)暂予监外执行的收监程序

如前所述,暂予监外执行具有"暂时性",当法定的特殊情形消失后或者暂予监外执行被撤销时,应当将罪犯重新收监。根据我国《刑事诉讼法》第257条的规定,对于暂予监外执行的罪犯,有下列情形之一的,应当及时收监:(1)发现不符合暂予监外执行条件的;(2)严重违反有关暂予监外执行监督管理规定的;(3)暂予监外执行的情形消失后,罪犯刑期未满的。对于人民法院决定暂予监外执行的罪犯应当予以收监的,由人民法院作出决定,将有关的法律文书送达公安机关、监狱或者其他执行机关。2013年最高人民法院《关于适用〈中华人民共和国刑事诉讼法〉的解释》第434条规定,人民法院应当将收监执行决定书送交罪犯居住地的县级司法行政机关,由其根据有关规定将罪犯交付执行;收监执行决定书应当同时抄送罪犯居住地的同级人民检察院和公安机关。被收监执行的罪犯有不计入执行刑期情形的,人民法院应当在作出收监决定时,确定不计入执行刑期的具体时间。

《社区矫正实施办法》对此问题作出了更为具体的规定。根据该办法第26条,暂予监外执行的社区矫正人员有下列情形之一的,由居住地县级司法行政机关向批准、决定机关提出收监执行的建议书并附相关证明材料,批准、决定机关应当自收到之日起15日内依法作出决定:(1)发现不符合暂予监外执行条件的;(2)未经司法行政机关批准擅自离开居住的市、县(旗),经警告拒不改正,或者拒不报告行踪,脱离监管的;(3)因违反监督管理规定受到治安管理处罚,仍不改正的;(4)受到司法行政机关两次警告,仍不改正的;(5)保外就医期间不按规定提交病情复查情况,经警告拒不改正的;(6)暂予监外执行的情形消失后,刑期未满的;(7)保证人丧失保证条件或者因不履行义务被取消保证人资格,又不能在规定期限内提出新的保证人的;(8)其他违反有关法律、行政法规和监督管理规定,情节严重的。

第三节 减 刑

一、减刑的概念

减刑是在刑罚执行过程中,由于服刑罪犯具有悔改或者立功表现,而依法减轻其原判刑罚的制度。

减刑是我国一项重要的刑罚执行制度。早在我国1954年9月颁布的《劳动改造条例》中就有减刑的规定。作为对罪犯的一种刑事奖励措施,此项制度在实践中得到了普遍的适用。它对于激励罪犯悔过自新,促进罪犯改造,调控原判刑罚,从而最大限度地实现我国刑罚的目的发挥了积极的作用。我国《刑法》《刑事诉讼法》与《监狱法》,在总结适用减刑实践经验的基础上,对减刑的适用范围及条件、减刑后刑期的计算,以及减刑的程序等都作了明确的规定。

减刑不是改判。减刑虽然在事实上改变了原有刑罚的轻重,但并不同于改判。改判是指原判决确有错误,人民法院依法撤销原判决并重新作出判决;而减刑不存在原判决有错误的问题,只是因为罪犯在服刑过程中有悔改或立功表现,而将原判刑罚予以适当减轻。

减刑可以表现为两种情况:一是同一刑种的减轻,如将原判 10 年的有期徒刑减为 7 年有期徒刑;二是不同刑种的减轻,如将无期徒刑减为有期徒刑。

二、减刑的适用条件

减刑的适用条件,首先涉及的是哪些罪犯有可能得到减刑(对象条件);其次还涉及的是可能获得减刑的罪犯,在符合哪些具体的条件下才能实际上获得减刑(实质条件)。

(一) 对象条件

在我国,根据减刑适用对象的不同,分为两种类型的减刑:一种是被判处死刑缓期二年执行的罪犯的减刑,另一种是被判处管制、拘役、有期徒刑和无期徒刑的罪犯的减刑。这是两种不同性质的减刑。本书将第一种减刑称为"死缓的减刑";第二种减刑称为"普通减刑"。本章主要讨论"普通减刑"的相关问题,至于"死缓的减刑",将于本书第十七章再作说明。

根据 2012 年 7 月 1 日起施行的最高人民法院《关于办理减刑、假释案件具体应用法律若干问题的规定》(以下简称为《减刑、假释规定》),被判处拘役、3 年以下有期徒刑而宣告缓刑的罪犯,一般不适用减刑;但如果罪犯在缓刑考验期限内有重大立功表现的,可以参照《刑法》第 78 条的规定,予以减刑,同时应依法缩减其缓刑考验期限;但是拘役的缓刑考验期限不能少于 2 个月,有期徒刑的缓刑考验期限不能少于 1 年。

对于被假释的罪犯能否减刑,法律并没有明确规定,而司法解释在这一问题上的态度发生过改变。根据 1997 年 11 月最高人民法院《关于办理减刑、假释案件具体应用法律若干问题的规定》,对被假释的罪犯,除有特殊情形,一般也不得减刑。但是 2012 年 7 月 1 日起施行的最高人民法院《减刑、假释规定》则没有此项规定。因此,从理论上来说,对假释的罪犯的减刑,目前并没有特别的法律限制。

减刑一般是针对自由刑的,但有期徒刑罪犯减刑时,对附加剥夺政治权利的期限可以酌减。酌减后剥夺政治权利的期限,不能少于 1 年。

(二) 实质条件

根据我国《刑法》第 78 条与《监狱法》第 29 条的规定,被判处管制、拘役、有期徒刑、无期徒刑的罪犯,在服刑期间如果遵守监规,接受教育改造,确有悔改或者立功表现的,可以减刑。有重大立功表现的,应当减刑。可见,普通减刑的实质条件分为两类:一类是"可以减刑",另一类是"应当减刑"。

1. 可以减刑的实质条件

可以减刑的实质条件有两个,第一是服刑人员遵守监规,接受教育改造;第二是确有悔改或者立功表现。其中,第一个条件比较容易判断,而第二个条件的判断比较复杂,而且相对而言,是更为重要的条件。

(1) 确有悔改表现

对于什么是"悔改表现",刑法并没有明确规定。《减刑、假释规定》对此进行了解释。根据该解释,所谓"确有悔改表现"是指同时具备以下四个方面情形:认罪悔罪;认真遵守法律法规及监规,接受教育改造;积极参加思想、文化、职业技术教育;积极参加劳动,努力完成劳动任务。但对于老年、身体残疾(不含自伤致残)、患严重疾病罪犯的减刑,应当主要注重悔罪的实际表现。基本丧失劳动能力、生活难以自理的老年、身体残疾、患严重疾病的罪犯,能够认真遵守法律法规及监规,接受教育改造,应视为确有悔改表现。

上述四个方面情形中,"认罪悔罪"的认定标准比较抽象。根据《减刑、假释规定》第 2 条,在认定监狱服刑人员是否"认罪悔罪"时,要注意以下两个事项:

首先,要正确处理好监狱服刑人员的申诉问题。对监狱服刑人员在刑罚执行期间提出申诉的,要依法保护其申诉权利。不能机械地认为,申诉就必然等于不认罪悔罪。

其次,罪犯积极执行财产刑和履行附带民事赔偿义务的,可视为有认罪悔罪表现,在减刑时可以从宽掌握;确有执行、履行能力而不执行、不履行的,在减刑时应当从严掌握。

(2) 立功表现

《减刑、假释规定》第 3 条规定,"立功表现"是指具有下列情形之一的:(1) 阻止他人实施犯罪活动的;(2) 检举、揭发监狱内外犯罪活动,或者提供重要的破案线索,经查证属实的;(3) 协助司法机关抓捕其他犯罪嫌疑人(包括同案犯)的;(4) 在生产、科研中进行技术革新,成绩突出的;(5) 在抢险救灾或者排除重大事故中表现突出的;(6) 对国家和社会有其他贡献的。

需要注意的是,作为减刑条件的立功与作为量刑情节的立功是有所不同的。作为量刑情节的立功,是指犯罪分子有揭发他人犯罪行为,查证属实的,或者提供重要线索,从而得以侦破其他案件等情形。

2. 应当减刑的实质条件

应当减刑的实质条件是"有重大立功表现"。行刑制度上的重大立功表现是指服刑人员在行刑过程中作出的对国家和社会有重大贡献的行为,这是"应当减刑"的实质性要求。在 1979 年《刑法》中,只有"可以减刑"的规定,而没有"应当减刑"的规定;但 1994 年颁行的《监狱法》突破了这一限制,规定了"应当减刑"制度,并以法律的形式规定了"应当减刑"的情形。1997 年修订的《刑法》

对这一制度予以确认,并把作为"应当减刑"制度的适用对象扩展到了管制犯、拘役犯。

根据我国《刑法》第 78 条、《减刑、假释规定》第 4 条的规定,具有下列情形之一的,应当认定为有"重大立功表现":(1)阻止他人实施重大犯罪活动的;(2)检举监狱内外重大犯罪活动,经查证属实的;(3)协助司法机关抓捕其他重大犯罪嫌疑人(包括同案犯)的;(4)有发明创造或者重大技术革新的;(5)在日常生产、生活中舍己救人的;(6)在抗御自然灾害或者排除重大事故中,有特别突出表现的;(7)对国家和社会有其他重大贡献的。其中,所谓"重大犯罪活动"的含义,我国《刑法》并没有作出具体的规定,而参照最高人民法院《关于处理自首和立功具体应用法律若干问题的解释》(1998 年 4 月 17 日)第 7 条第 2 款的规定,所谓重大犯罪活动,是指犯罪嫌疑人、被告人可能被判处无期徒刑以上刑罚或者在本省、自治区、直辖市或者全国范围内有较大影响等情形。可见,犯罪活动是否属于"重大",主要考虑其法定刑与社会影响等因素。

三、减刑的限制

为避免减刑制度在实践中被滥用,我国刑法及相关司法解释在减刑的限度、幅度和频率等三个方面对减刑进行限制。这三方面内容同时亦解决了"怎么减刑"这一问题。

(一)减刑的限度

减刑的限度,是指减刑后服刑人员实际执行刑期的最低期限。根据我国《刑法》第 78 条第 2 款以及《减刑、假释规定》等相关规定,经过一次或多次减刑以后,服刑人员实际执行的刑期不能少于下列期限:

(1)判处管制、拘役、有期徒刑的,不能少于原判刑期的二分之一;

(2)判处无期徒刑的,不能少于 13 年;起始时间应当自无期徒刑判决确定之日起计算。

需要注意的是,《刑法修正案(八)》对无期徒刑的减刑限度进行了修改,因此在司法实践中,在办理减刑案件时,需要特别注意我国修订后的《刑法》第 78 条的时间效力问题。

我国修正前的《刑法》第 78 条第 2 款规定,被判处无期徒刑的犯罪分子,减刑以后实际执行的刑期不能低于 10 年。可见,修正后的《刑法》在这方面的规定更加严厉,因此,根据"从旧兼从轻原则",2011 年 4 月 30 日以前犯罪,被判处无期徒刑的罪犯,减刑前实际执行的刑期,适用修正前《刑法》第 78 条第 2 款的规定,即减刑以后实际执行刑期的最低期限为 10 年。

(二)减刑的幅度

减刑的幅度,是指每一次减刑所减少刑期的最大期限。规定减刑的幅度,其目的是为了保证减刑工作的严谨性,也为了避免罪犯在一次大幅度减刑后出现抗拒改造的表现。《减刑、假释规定》对有期徒刑和无期徒刑规定了不同的减刑幅度:

对于被判处有期徒刑的服刑人员,其减刑幅度为:确有悔改表现,或者有立功表现的,一次减刑一般不超过1年有期徒刑;确有悔改表现并有立功表现,或者重大立功表现的,一次减刑一般不超过2年有期徒刑。

对于被判处无期徒刑的服刑人员,其减刑幅度为:确有悔改表现,或者有立功表现的,一般可以减为20年以上22年以下有期徒刑;有重大立功表现的,可以减为15年以上20年以下有期徒刑。

但出于人道主义的考虑,对基本丧失劳动能力、生活难以自理的老年、身体残疾、患严重疾病的服刑人员,减刑的幅度可以适当放宽。

(三)减刑的起始时间和频率

减刑的起始时间,是指监狱服刑人员在服刑多长时间后才可以得到第一次减刑。减刑的频率,是指两次减刑所需的间隔时间,即服刑人员获得一次减刑之后,需要服刑多长时间后才能获得再一次减刑。减刑起始时间或间隔时间到来之前,实际上是监狱对服刑人员的"考核期"。"考核期"的设置,能够保证监狱有一段较充分的时间对服刑人员进行矫正;并且观察服刑人员的"良好表现"是属于悔改表现,抑或者仅仅是服刑人员为争取一次减刑所为的"权宜之计",从而能够较有效地减少减刑的随意性,提高减刑工作的科学性。

根据《减刑、假释规定》,根据罪犯的刑罚种类与刑期,以及罪犯的特殊情况,减刑的起始时间与频率有以下几种情形:

(1)被判处5年以上有期徒刑的罪犯,一般在执行1年6个月以上方可减刑,两次减刑之间一般应当间隔1年以上。被判处不满5年有期徒刑的罪犯,可以比照上述规定,适当缩短起始和间隔时间。有期徒刑的减刑起始时间自判决执行之日起计算。但对确有重大立功表现的服刑人员,可以不受上述减刑起始和间隔时间的限制。

(2)无期徒刑罪犯在刑罚执行期间,确有悔改表现,或者有立功表现的,服刑2年以后,可以减刑。

(3)以下三类人员的减刑的起始时间和间隔时间,需要特殊处理:

第一,基本丧失劳动能力、生活难以自理的老年、身体残疾、患严重疾病的罪犯。对于这类服刑人员的减刑,起始时间、间隔时间可以相应缩短。

第二,减刑时不满18周岁的未成年罪犯,可以比照成年罪犯依法适当从宽。未成年罪犯能认罪悔罪,遵守法律法规及监规,积极参加学习、劳动的,应视为确有悔改表现,减刑的幅度可以适当放宽,起始时间、间隔时间可以相应缩短。

第三,在刑罚执行期间又犯罪的服刑人员。对于这类人员,司法解释作出了更为严厉的规定。根据上述规定第 14 条,被判处 10 年以上有期徒刑、无期徒刑的罪犯在刑罚执行期间又犯罪,被判处有期徒刑以下刑罚的,自新罪判决确定之日起 2 年内一般不予减刑;新罪被判处无期徒刑的,自新罪判决确定之日起 3 年内一般不予减刑。

四、减刑后的刑期

减刑后的刑期计算,根据刑罚种类的不同而有所区别:

(1)判处管制、拘役、有期徒刑的,减刑后的刑期从原判决之日起算,原判决已经执行的部分,计算在减刑后的刑期以内。如罪犯甲于 2000 年 1 月 1 日被生效判决判处 10 年有期徒刑,2 年后于 2002 年 1 月 1 日被减刑为 9 年有期徒刑。减刑后的 9 年有期徒刑的刑期,应当是自 2000 年 1 月 1 日起开始计算,因此,如果该罪犯没有再获减刑的话,其刑期到 2008 年 12 月 31 日为止,甲将于 2008 年 12 月 31 日刑满释放。[①]

(2)无期徒刑减为有期徒刑的刑期,从裁定减刑之日计算。已经执行的刑期和判决前先行羁押的日期,不计算在内。无期徒刑减为有期徒刑以后,再次减刑的,其刑期的计算,应当从前次裁定减为有期徒刑之日起计算。如罪犯乙于 2000 年 1 月 1 日被生效判决判处无期徒刑,服刑 2 年后于 2002 年 1 月 1 日被减刑为 20 年有期徒刑。减刑后的 20 年有期徒刑的刑期,应当自 2002 年 1 月 1 日起开始计算,至 2021 年 12 月 31 日为止。因此,如果之后乙没有再获减刑的话,他将于 2021 年 12 月 31 日刑满释放。

五、减刑的程序

我国《刑法》第 79 条规定:"对于犯罪分子的减刑,由执行机关向中级以上人民法院提出减刑建议书。人民法院应当组成合议庭进行审理,对确有悔改或者立功事实的,裁定予以减刑。非经法定程序不得减刑。"由此可知,减刑程序主要包括执行机关向法院提出减刑建议书的程序(简称"提请"程序)和法院的审理程序。同时,也伴随着检察机关的监督程序。

(一)减刑的提请程序

减刑提请程序的主要法律依据,是司法部制定的 2003 年 5 月 1 日起施行的《监狱提请减刑假释工作程序规定》。根据该规定第 2 条,监狱提请减刑、假释,应当根据法律规定的条件和程序进行,遵循公开、公平、公正的原则,实行集体评议、首长负责的工作制度。

---

① 根据 1990 年最高人民法院《关于如何确定刑满释放日期的批复》,被判处有期徒刑、拘役的犯罪分子的刑满释放日期,应当为判决书确定的刑期的终止之日。

对被判处有期徒刑的罪犯与被判处无期徒刑的罪犯的减刑,其提请程序有一定的差别。对被判处有期徒刑的罪犯的减刑,由监狱提出建议,提请罪犯服刑地的中级人民法院裁定。而对被判处无期徒刑的罪犯的减刑,由监狱提出建议,经省、自治区、直辖市监狱管理局审核同意后,提请罪犯服刑地的高级人民法院裁定。

根据2003年司法部《监狱提请减刑假释工作程序规定》,监狱提请减刑的具体流程是:由分监区集体评议,监区长办公会审核,监狱提请减刑假释评审委员会评审,监狱长办公会决定。而省、自治区、直辖市监狱管理局审核减刑建议,则应当由主管副局长召集刑罚执行等有关部门审核,报局长审定,必要时可以召开局长办公会决定。

1. 分监区集体评议、监区长办公会审核

减刑的提请,首先应当由分监区召开全体警察会议,根据法律规定的条件,结合罪犯服刑表现,进行集体评议。监区集体评议后提出建议,并报经监区长办公会审核同意后,报送监狱刑罚执行(狱政管理)部门审查。对于直属分监区或者未设分监区的监区,由全体警察集体评议,提出减刑建议,报送监狱刑罚执行(狱政管理)部门审查。分监区、直属分监区或者未设分监区的监区的集体评议以及监区长办公会议审核情况,应当有书面记录,并由与会人员签名。

监区或者直属分监区提请减刑,应当向监狱刑罚执行(狱政管理)部门报送下列材料:(1)"罪犯减刑审核表";(2)监区长办公会或者直属分监区、监区集体评议的记录;(3)终审法院的判决书、裁定书、历次减刑裁定书的复印件;(4)罪犯计分考核明细表、奖惩审批表、罪犯评审鉴定表和其他有关证明材料。

2. 监狱刑罚执行(狱政管理)部门审查

监狱刑罚执行(狱政管理)部门收到对罪犯拟提请减刑的材料后,应当就下列事项进行审查:(1)需提交的材料是否齐全、完备、规范;(2)认定罪犯是否确有悔改或者立功、重大立功表现;(3)拟提请减刑的建议是否适当;(4)罪犯是否符合法定减刑的条件。刑罚执行(狱政管理)部门完成审查后,应当出具审查意见,连同监区或者直属分监区报送的材料一并提交监狱提请减刑假释评审委员会评审。

3. 提请减刑假释评审委员会评审

监狱应当成立提请减刑假释评审委员会,由主管副监狱长及刑罚执行、狱政管理、教育改造、生活卫生、狱内侦查、监察等有关部门负责人组成,主管副监狱长任主任。监狱提请减刑假释评审委员会不得少于7人。

监狱提请减刑假释评审委员会应当召开会议,对刑罚执行(狱政管理)部门审查提交的减刑建议进行评审。会议应当有书面记录,并由与会人员签名。

4. 公示

监狱提请减刑假释评审委员会经评审后,应当将拟提请减刑的罪犯名单以及减刑意见在监狱内公示。公示期限为7个工作日。公示期内,如有警察或者罪犯对公示内容提出异议,监狱提请减刑假释评审委员会应当进行复核,并告知复核结果。

5. 监狱长办公会决定

监狱提请减刑假释评审委员会完成评审和公示程序后,应当将拟提请减刑的建议和评审报告,报请监狱长办公会审议决定。

经监狱长办公会决定提请减刑的,由监狱长在"罪犯减刑审核表"上签署意见,加盖监狱公章,并由监狱刑罚执行(狱政管理)部门根据法律规定制作"提请减刑建议书",连同有关材料一并提请人民法院裁定。

对被判处无期徒刑的刑罪犯决定提请减刑的,监狱应当将"罪犯减刑审核表"连同有关材料报送省、自治区、直辖市监狱管理局审核。司法部直属监狱提请减刑的,报送司法部监狱管理局审核。

6. 监狱管理局审核减刑建议的程序

省、自治区、直辖市监狱管理局收到监狱报送的提请减刑建议的材料后,应当由主管副局长召集刑罚执行(狱政管理)等有关部门进行审核。审核中发现监狱报送的材料不齐全或者有疑义的,应当通知监狱补交有关材料或者作出说明。监狱管理局主管副局长主持完成审核后,应当将审核意见报请局长审定;对重大案件或者有其他特殊情况的罪犯的减刑问题,可以建议召开局长办公会审议决定。监狱管理局审核同意对罪犯提请减刑的,由局长在"罪犯减刑审核表"上签署意见,加盖监狱管理局公章。

7. 监狱向法院提出减刑申请

完成上述程序后,监狱最后应当向有管辖权的人民法院提出减刑的申请。对被判处有期徒刑的罪犯的减刑,有管辖权的法院是罪犯服刑地的中级人民法院。对被判处无期徒刑的罪犯的减刑,有管辖权的法院则是罪犯服刑地的高级人民法院。

监狱提请人民法院裁定减刑,应当向法院提交下列材料:(1)"提请减刑建议书";(2)终审法院判决书、裁定书、历次减刑裁定书的复印件;(3)罪犯确有悔改或者立功、重大立功表现的具体事实的书面证据材料;(4)罪犯评审鉴定表、奖惩审批表。对被判处无期徒刑的罪犯决定提请减刑的,应当同时提交省、自治区、直辖市监狱管理局签署意见的"罪犯减刑审核表"。

除向法院提交相关材料外,根据《监狱提请减刑假释工作程序规定》第15条,监狱在向人民法院提请减刑同时,应当将提请减刑的建议,书面通报派出人民检察院或者派驻检察室。另根据我国《刑事诉讼法》第262条的规定,人民检察院可以向人民法院提出书面意见。

(二)减刑的审理程序

我国《刑法》第 79 条规定,对于犯罪分子的减刑,由执行机关向中级以上人民法院提出减刑建议书。人民法院应当组成合议庭进行审理,对确有悔改或者立功事实的,裁定予以减刑。非经法定程序不得减刑。此条主要规定了法院对减刑案件的管辖权,至于具体的审理程序,则主要规定于 2012 年《减刑、假释规定》与 2013 年最高人民法院《关于适用〈中华人民共和国刑事诉讼法〉的解释》。概括而言,减刑案件的审理程序一般包括立案、公示、审理、送达等程序,特殊的案件还包括撤回、再审与重新裁定等程序。

1. 管辖与立案程序

根据最高人民法院《关于适用〈中华人民共和国刑事诉讼法〉的解释》第 449 条,减刑案件的管辖法院由罪犯服刑地决定。具体而言,对被判处死刑缓期执行、无期徒刑的罪犯的减刑,由罪犯服刑地的高级人民法院裁定;对被判处有期徒刑和被减为有期徒刑的罪犯、被判处拘役、管制的罪犯的减刑,由罪犯服刑地的中级人民法院作出裁定。

在立案程序中,法院主要审查相关的材料是否齐备。

首先,人民法院受理减刑案件,应当审查执行机关是否移送下列材料:

(1)减刑建议书;

(2)终审法院的裁判文书、执行通知书、历次减刑裁定书的复制件;

(3)罪犯确有悔改或者立功、重大立功表现的具体事实的书面证明材料;

(4)罪犯评审鉴定表、奖惩审批表等;

(5)其他根据案件的审理需要移送的材料。

其次,人民检察院对提请减刑案件提出的检察意见,应当一并移送受理减刑案件的人民法院。

人民法院经审查,如果上述材料齐备的,应当立案;材料不齐备的,应当通知提请减刑的执行机关补送。

2. 公示程序

为使减刑工作更加公平、公正、公开,同时也为了加强对减刑工作的监督,《减刑、假释规定》设置了一项公示程序。根据该规定第 25 条与最高人民法院《关于适用〈中华人民共和国刑事诉讼法〉的解释》第 452 条,人民法院审理减刑案件,应当一律予以公示。公示地点为罪犯服刑场所的公共区域。有条件的地方,应面向社会公示,接受社会监督。公示应当包括下列内容:

(1)罪犯的姓名、年龄等个人基本情况;

(2)原判认定的罪名和刑期;

(3)罪犯历次减刑情况;

（4）执行机关的减刑建议和依据；

（5）公示期限；

（6）意见反馈方式等。

3. 审理方式和期限

法院审理减刑案件的方式，包括书面审理与开庭审理两种方式。长期以来，我国法院审理减刑案件主要采用书面审理方式，这既不利于人民法院科学判断罪犯是否符合减刑的条件，也不利于充分保护罪犯的合法权益；亦增加了人民群众对减刑审理工作"暗箱操作"的怀疑。

开庭审理则可以使人民法院在审理减刑案件时，听取刑罚执行机关、检察机关、罪犯本人以及同监区罪犯等多方面的意见，确保减刑案件的公平公正，增强司法公信力。但鉴于目前人民法院普遍存在案多人少的矛盾，要求所有减刑案件一律开庭审理是不切实际的。《减刑、假释规定》、最高人民法院《关于适用〈中华人民共和国刑事诉讼法〉的解释》选取了现阶段人民群众反映较为强烈、社会关注度较高、司法实践中也容易出问题的六类减刑案件，明确要求必须开庭审理。

这六类减刑案件分别是：(1) 因罪犯有重大立功表现提请减刑的；(2) 提请减刑的起始时间、间隔时间或者减刑幅度不符合一般规定的；(3) 社会影响重大或社会关注度高的；(4) 公示期间收到投诉意见的；(5) 人民检察院有异议的；(6) 人民法院认为有开庭审理必要的。

无论是书面审理还是开庭审理，人民法院应当在法定的审理期限内作出裁定。根据我国《监狱法》第30条的规定，人民法院应当自收到减刑建议书之日起1个月内予以审核裁定；案情复杂或者情况特殊的，可以延长1个月。根据最高人民法院《关于适用〈中华人民共和国刑事诉讼法〉的解释》第449条的规定，对被判处无期徒刑的罪犯的减刑，由罪犯服刑地的高级人民法院，在收到同级监狱管理机关审核同意的减刑建议书后1个月内作出裁定，案情复杂或者情况特殊的，可以延长1个月；对被判处有期徒刑和被减为有期徒刑的罪犯的减刑，由罪犯服刑地的中级人民法院，在收到执行机关提出的减刑建议书后1个月内作出裁定，案情复杂或者情况特殊的，可以延长1个月；对被判处拘役、管制的罪犯的减刑，由罪犯服刑地中级人民法院，在收到同级执行机关审核同意的减刑建议书后一个月内作出裁定。

4. 撤回程序

在人民法院作出减刑裁定前，执行机关可以书面提请撤回减刑建议的。但是否准许，则由人民法院决定。

5. 送达程序

人民法院作出减刑裁定后，应当在裁定作出之日起7日内送达有关执行机关、同级人民检察院以及罪犯本人。

6. 再审程序

减刑案件实施的是"一审终审制",但生效的减刑裁定仍可能被"再审程序"所推翻。减刑案件的"再审程序",主要包括两种情形:

第一种情形是人民法院发现本院或者下级人民法院已经生效的减刑裁定确有错误。人民法院发现本院已经生效的减刑裁定确有错误的,应当另行组成合议庭审理;发现下级人民法院已经生效的减刑裁定确有错误的,可以指令下级人民法院另行组成合议庭审理。

第二种情形是人民检察院认为人民法院减刑的裁定不当。对于这种情形,根据我国《刑事诉讼法》第263条,人民检察院应当在收到裁定书副本后20日以内,向人民法院提出书面纠正意见。人民法院应当在收到纠正意见后1个月以内重新组成合议庭进行审理,作出最终裁定。

7. 重新裁定程序

除再审程序外,实践中也可能出现另外一种情形,可能导致原减刑裁定的变更。这种情形出现在刑事案件本身的裁判发生变更后。根据《减刑、假释规定》第23条,人民法院按照审判监督程序重新审理的案件,维持原判决、裁定的,原减刑裁定效力不变;改变原判决、裁定的,应由刑罚执行机关依照再审裁判情况和原减刑、假释情况,提请有管辖权的人民法院重新作出减刑裁定。

第四节 假 释

一、假释的概念

假释是指对被判处有期徒刑或者无期徒刑的部分罪犯,在刑罚执行一定时间后,因其认真遵守监规,接受教育改造,确有悔改表现,没有再犯罪的危险,由司法机关依法将其附条件提前释放的刑罚执行制度。

假释是一项十分重要的刑罚执行制度,它具有下列特点:(1)假释是对剥夺自由刑的一种非监禁化的变通执行方式,仅适用于被判处有期徒刑或无期徒刑的罪犯。(2)罪犯须服刑一定期限后方可适用假释。(3)假释附有考验期及考验条件。在此期间内,如果遵守考验条件,就认为原判决已经执行完毕。如果违反有关规定,即撤销假释,收监执行原判刑罚乃至数罪并罚。所以,假释并非对原判决的改变,只是附条件地提前释放。(4)须经过法定程序批准后方可假释。假释罪犯必须严格遵循法定的程序,否则可能滋生腐败,违背假释制度的制度目的。

假释制度,肇始于1791年担任澳大利亚新南威尔士州长的英国人菲利普

(Commodore Philip)创设的"有条件赦免"(Conditional Pardon),它是一种对表现良好的罪犯,予以缩短刑期,以鼓励其改过向上的行刑制度。1840年,英格兰人麦克诺奇(Alexander Maconochie)担任英国诺福克岛的刑罚指挥官,创立点数制(Marks System)与累进制,将受刑人的刑期规划为五个阶段:第一,严格监禁;第二,带锁链方式劳动;第三,划定区域给予部分自由;第四,使用释放票(Ticket-of-leave)或者附条件假释;第五,完全自由。换言之,受刑人通过点数的累积,其所受到的管理与限制就会越来越少,并以此鼓励罪犯改过自新,而"附条件假释"则是罪犯在获得完全自由之前可能经过的一个阶段。麦克诺奇的做法,促使英国在1853年通过了《刑罚劳役法案》(Penal Servitude Act),该法案授权各个监狱对受刑人施予矫治处遇,并逐步废止流放刑,因此,麦克诺奇被称为是"假释制度之父"。1855年,爱尔兰监狱局局长克劳夫顿勋爵(Walter Crofton)接受麦克诺奇的"点数制"与"累进制"的观念,实施爱尔兰的行刑制度,将受刑人刑期从独居监禁到提早出狱,分为多个阶段:第一,独居监禁,并辛勤劳动2年;第二,在一个不固定的期间内杂居劳动;第三,在监狱外从事劳役工作;第四,获得释放票,提早附条件释放。所谓的"附条件",是指假释出狱的罪犯必须遵守一定的条件与规定并经常报告在外生活状况,如果罪犯违反一个以上应该遵守的规定,则必须撤销其假释。克劳夫顿的"爱尔兰制度"被认为是当代假释制度之滥觞,受到欧洲多国如德国、丹麦,以及美国各洲的重视与效仿。[①]

我国清末的《大清新刑律》对假释制度作了专门规定,但是《大清新刑律》未及实施,清王朝即告覆灭。民国时期有关假释制度的立法继承了清末法律的基本精神,1912年《暂行新刑律》第66条规定:"受徒刑之执行而有悛悔实据者,无期徒刑逾10年,有期徒刑逾1/2后,由监督官申达司法部,得许假释出狱。但有期徒刑未满3年者,不在此限。"1928年《刑法》则将上述要件中有期徒刑执行须满"3年"的规定修正为"2年"。新中国成立后,假释作为我国的一项重要刑罚制度在适用中不断发展、完善,并且具体规定在我国《刑法》《刑事诉讼法》《监狱法》和有关法规之中,形成了具有中国特色的假释制度。

二、假释制度的作用

假释制度对于矫正犯罪人恶性、培养其社会适应性,并促进其再社会化,有着重要的作用。具体而言,假释制度的作用有以下几点:

第一,假释制度能够鼓励监狱服刑人员改过向善。对于有悔改表现的服刑人员,能够通过假释制度提前出狱,获得很大程度的自由。这种制度安排有利于

---

① Dean J. Champion, *Corrections in the United States: A Contemporary Perspective*, Pearson/Pretice Hall, 2001, p.415.

调动罪犯改造的积极性。

第二,假释制度有助于服刑人员的再社会化。自由刑的一个弊端在于罪犯长期与社会隔离后,重返社会困难。假释是附条件的提前释放,罪犯在假释期间,在社区矫正机构的监管与帮助下,能够更加顺利地过渡到完全自由的生活状态,实现再社会化。与此同时,减少服刑人员因对社会生活适应不良而重新犯罪的可能性。

第三,假释制度有利于培养罪犯的自律意识和能力。假释附有一定的条件,罪犯在考验期内必须履行这些条件,否则就有可能被重新收监执行,这无疑就给罪犯带来一定的压力,使其自觉遵守有关规定。这对于培养罪犯的自律意识和能力具有重要作用。

第四,假释制度可缓解监狱拥挤的状况,并减轻国家在监狱行刑上的财政负担。目前许多国家的监狱存在不同程度的拥挤问题,假释制度将表现良好的服刑人予以提前释放并予以监管,有利于减少监狱的服刑人员数量;监狱服刑人员数量的减少,亦意味着国家财政在监狱行刑上的负担有所减轻。

三、假释适用的条件

我国 2011 年 5 月 1 日起施行的《刑法修正案(八)》对假释的适用条件进行了修改。根据现行《刑法》第 81 条的规定,适用假释必须具备以下条件:

(一)对象条件

假释适用的对象是被判处有期徒刑或无期徒刑的罪犯。对于被判处其他刑罚的罪犯,不适用假释。管制犯因为没有被剥夺人身自由,不适用假释;拘役犯因刑期短,没有适用假释的必要。死刑缓期执行罪犯在缓刑期间,不能适用假释。但对死刑缓期执行罪犯减为无期徒刑或者有期徒刑后,符合法律规定条件的,仍然可以假释。

需要特别注意的是,我国《刑法》第 81 条第 2 款对假释的适用对象进行了限制性规定:"对累犯以及因故意杀人、强奸、抢劫、绑架、放火、爆炸、投放危险物质或者有组织的暴力性犯罪被判处十年以上有期徒刑、无期徒刑的犯罪分子,不得假释。"此一限制性规定体现了刑法对累犯以及部分暴力性犯罪严厉处罚的立法原意。其中的主要原因是,累犯与实施上述八种严重暴力犯罪的罪犯的人身危险性高,适用假释难以预防其再次犯罪。

在理解上述限制性规定时,需要注意以下几点:

第一,虽然上述规定只涉及被判处 10 年以上有期徒刑、无期徒刑的罪犯,但对因上述情形和犯罪而被判处死刑缓期执行的罪犯,被减为无期徒刑、有期徒刑后,也不得假释。

第二,在数罪并罚的场合,如果数罪中只有一个罪名属于上述八种暴力性犯罪之一而且该罪刑罚低于 10 年有期徒刑的,则即使其最终的刑罚为 10 年以上有期徒刑或者无期徒刑,对其也可以适用假释。如果数罪均属于上述八种暴力性犯罪而且最终的刑罚为 10 年以上有期徒刑或者无期徒刑,则即使每个犯罪的刑期均在 10 年以下,对其也不得假释。

第三,存在问题的情形是,在数罪并罚的场合,有两个或者以上的犯罪属于上述 8 种暴力性犯罪且每个犯罪的刑期均在 10 年以下,而且该罪犯另外还有其他犯罪,最终的刑罚为 10 年以上有期徒刑或者无期徒刑,那么对于该罪犯能否适用假释? 没有疑问的是,如果多个暴力性犯罪的刑期相加的总和不超过 10 年,则对该罪犯可以适用假释。例如甲犯了强奸罪、抢劫罪与诈骗罪,三个罪的刑罚均为 4 年有期徒刑,最终宣告的刑罚为 11 年有期徒刑,由于两个暴力性犯罪的刑期的总和为 8 年,因此对甲可以适用假释。有疑问的是,如果罪犯所犯数罪既有暴力性犯罪,又有非暴力性犯罪,且每个暴力性犯罪的刑期均不超过 10 年,但它们的刑期相加却超过 10 年,那么对其能否适用假释呢? 例如罪犯乙犯有强奸罪、抢劫罪与诈骗罪,三个罪的刑罚均为 6 年有期徒刑,而最终的刑罚为 15 年有期徒刑。对此,本书认为,首先应该要进行假定判断,即考虑若该罪犯只犯了暴力性犯罪,其最终的刑期会否超过 10 年。如上述案例的乙,如果只犯了强奸罪与抢劫罪,其总和刑罚为 12 年,根据《刑法》第 69 条有关数罪并罚的规定,其最终刑罚应为 6 年以上,12 年以下有期徒刑。在不考虑其诈骗罪成立的情形下,法官仅需要判断乙所犯强奸罪和抢劫罪在数罪并罚下的宣告刑期,以决定是否排除假释的适用:若两罪的刑期不满 10 年,则可以适用假释;而若两罪刑期在 10 年以上,则排除适用假释。总之,该问题目前并没有明确的立法规定或者司法解释,因此,实践中较为妥当的处理方法是由法院在判决时明确规定罪犯能否适用假释。

(二) 时间条件

假释只适用于已经执行一部分刑期的罪犯。因为只有经过一部分刑期的执行,监狱才能从中考察服刑人员是否确有悔改表现,没有再犯罪的危险,从而正确判定是否应当对其运用假释,从而保证假释制度的有效性和严肃性。根据我国《刑法》第 81 条第 1 款的规定,被判处有期徒刑的犯罪分子,执行原判刑期 1/2 以上,被判处无期徒刑的犯罪分子,实际执行 13 年以上的,可以假释。如果有特殊情况,经最高人民法院核准,可以不受上述执行刑期的限制。其中,有期徒刑罪犯假释,执行原判刑期 1/2 以上的起始时间,应当从判决执行之日起计算,判决执行以前先行羁押的,羁押 1 日折抵刑期 1 日。所谓的"特殊情况",是指与国家、社会利益有重要关系的情况。

此外,对于被减刑的服刑人员的假释时间,2012 年《减刑、假释规定》作出了一定程度的限制,规定了减刑与假释之间需要有一段时间的间隔。亦即:罪犯减刑后又假释的间隔时间,一般为1年;对一次减去2年有期徒刑后,决定假释的,间隔时间不能少于2年。但是如果罪犯减刑后余刑不足2年,决定假释的,可以适当缩短间隔时间。

(三) 实质条件

监狱服刑人员认真遵守监规,接受教育改造,确有悔改表现,没有再犯罪的危险,是适用假释的实质条件。如果一个罪犯被判处徒刑以后,虽然执行了一定刑期,但是其在监狱内没有悔改表现或者仍然有再次犯罪的危险,则不得适用假释。其中,所谓"确有悔改表现"的定义及其判断,可参照本章第三节"减刑"中的有关说明。

《刑法修正案(八)》将假释的实质条件之一"假释后不致再危害社会"改为"没有再犯罪的危险"。修改的主要原因"不致再危害社会"过于模糊、难以操作,修改后法律用语更加精确、规范。但是"没有再犯罪的危险"的判断,亦是一项较复杂的工作。根据2012年《减刑、假释规定》,办理假释案件,判断"没有再犯罪的危险",除符合《刑法》第81条规定的情形外,还应根据犯罪的具体情节、原判刑罚情况、在刑罚执行中的一贯表现、罪犯的年龄、身体状况、性格特征,假释后生活来源以及监管条件等因素综合考虑。

此外,《刑法修正案(八)》还在第81条增加了一项假释的适用条件:"对犯罪分子决定假释时,应当考虑其假释后对所居住社区有没有危险性"。由于假释后罪犯将在社区中服刑,接受"社区矫正",因此在决定假释时,一方面要看罪犯在社区中有没有再犯罪的危险。如果该罪犯对其居住的社区具有强烈的敌意,则一般不能假释。另一面要看居住社区能否保证对罪犯顺利地实施社区矫正,以保证假释的效果。

如上所述,《刑法修正案(八)》对假释的适用条件进行了修改,因此在司法实践中,在办理假释案件时,需要特别注意修订后的《刑法》第81条的时间效力问题。

首先,修正前的《刑法》第81条第1款规定,被判处无期徒刑的犯罪分子,实际执行10年以上的,可以假释。可见,修正后的刑法在这方面的规定更加严厉,因此,根据"从旧兼从轻原则",2011年4月30日以前犯罪,被判处无期徒刑的罪犯,假释前实际执行的刑期,适用修正前《刑法》第81条第1款的规定,即如果实际执行10年以上的,可以假释。

其次,修正前的《刑法》第81条第2款规定:"对累犯以及杀人、爆炸、抢劫、强奸、绑架等暴力性犯罪被判处10年以上有期徒刑、无期徒刑的犯罪分子,不得假释"。可见,修正后的《刑法》由于没有"等暴力性犯罪"的规定,因此比修正前的《刑法》的严厉性要轻。根据"从旧兼从轻原则",2011年4月30日以前犯罪,因具有累犯情节或者系故意杀人、强奸、抢劫、绑架、放火、爆炸、投放危险物质或者有组织的暴力性犯罪并被判处10年以上有期徒刑、无期徒刑的犯罪分子，2011年5月1日以后仍在服刑的，能否假释，适用修正前《刑法》第81条第2款的规定，即不得予以假释；2011年4月30日以前犯罪，因上述八种犯罪以外的其他暴力性犯罪被判处10年以上有期徒刑、无期徒刑的犯罪分子，2011年5月1日以后仍在服刑的，能否假释，适用修正后《刑法》的规定，可以适用假释，但应当根据《刑法》第81条第3款，考虑其假释后对所居住社区的影响。

四、假释的程序

我国《刑法》第82条规定："对于犯罪分子的假释，依照本法第79条规定的程序进行。非经法定程序不得假释。"《刑法》第79条规定的是减刑程序。具体来说，假释的程序与减刑的程序基本上相同，也包括提请程序与审理程序两个主要程序。但由于罪犯假释后，其刑罚执行机关将由监狱转为社区矫正机构，因此，与减刑程序相比，假释程序还多一个交接程序。

（一）假释提请程序

假释提请程序的主要法律依据，是司法部制定的2003年5月1日起施行的《监狱提请减刑假释工作程序规定》。根据该规定第2条，监狱提请减刑、假释，应当根据法律规定的条件和程序进行，遵循公开、公平、公正的原则，实行集体评议、首长负责的工作制度。

对被判处有期徒刑的罪犯与被判处无期行刑的罪犯的假释，其提请程序有一定的差别。对被判处有期徒刑的罪犯的假释，由监狱提出建议，提请罪犯服刑地的中级人民法院裁定。而对被判处无期徒刑的罪犯的假释，由监狱提出建议，经省、自治区、直辖市监狱管理局审核同意后，提请罪犯服刑地的高级人民法院裁定。

根据《监狱提请减刑假释工作程序规定》第16条和第17条，监狱提请假释的具体流程是：由分监区集体评议，监区长办公会审核，监狱提请减刑假释评审委员会评审，监狱长办公会决定。而省、自治区、直辖市监狱管理局审核假释建议，则应当由主管副局长召集刑罚执行等有关部门审核，报局长审定，必要时可以召开局长办公会决定。

1. 分监区集体评议、监区长办公会审核

假释的提请，首先应当由分监区召开全体警察会议，根据法律规定的条件，结合罪犯服刑表现，进行集体评议。监区集体评议后提出建议，并报经监区长办公会审核同意后，报送监狱刑罚执行（狱政管理）部门审查。对于直属分监区或者未设分监区的监区，由全体警察集体评议，提出假释建议，报送监狱刑罚执行（狱政管理）部门审查。分监区、直属分监区或者未设分监区的监区集体评议以及监区长办公会议审核情况，应当有书面记录，并由与会人员签名。

监区或者直属分监区提请假释，应当向监狱刑罚执行（狱政管理）部门报送下列材料:(1)"罪犯假释审核表";(2)监区长办公会或者直属分监区、监区集体评议的记录;(3)终审法院的判决书、裁定书、历次减刑裁定书的复印件;(4)罪犯计分考核明细表、奖惩审批表、罪犯评审鉴定表和其他有关证明材料。

2. 监狱刑罚执行(狱政管理)部门审查

监狱刑罚执行(狱政管理)部门收到对罪犯拟提请假释的材料后,应当就下列事项进行审查:(1)需提交的材料是否齐全、完备、规范;(2)认定罪犯是否确有悔改或者立功、重大立功表现;(3)拟提请假释的建议是否适当;(4)罪犯是否符合法定假释的条件。刑罚执行(狱政管理)部门完成审查后,应当出具审查意见,连同监区或者直属分监区报送的材料一并提交监狱提请减刑假释评审委员会评审。

3. 提请减刑假释评审委员会评审

监狱应当成立提请减刑假释评审委员会,由主管副监狱长及刑罚执行、狱政管理、教育改造、生活卫生、狱内侦查、监察等有关部门负责人组成,主管副监狱长任主任。监狱提请减刑假释评审委员会不得少于7人。

监狱提请减刑假释评审委员会应当召开会议,对刑罚执行(狱政管理)部门审查提交的假释、假释建议进行评审。会议应当有书面记录,并由与会人员签名。

4. 公示

监狱提请减刑假释评审委员会经评审后,应当将拟提请假释的罪犯名单以及假释意见在监狱内公示。公示期限为7个工作日。公示期内,如有警察或者罪犯对公示内容提出异议,监狱提请减刑假释评审委员会应当进行复核,并告知复核结果。

5. 监狱长办公会决定

监狱提请减刑假释评审委员会完成评审和公示程序后,应当将拟提请假释的建议和评审报告,报请监狱长办公会审议决定。

经监狱长办公会决定提请假释的,由监狱长在"罪犯假释审核表"上签署意见,加盖监狱公章,并由监狱刑罚执行(狱政管理)部门根据法律规定制作"提请假释建议书",连同有关材料一并提请人民法院裁定。

对被判处无期徒刑的罪犯决定提请假释的,监狱应当将"罪犯假释审核表"连同有关材料报送省、自治区、直辖市监狱管理局审核。司法部直属监狱提请假释的,报送司法部监狱管理局审核。

6. 监狱管理局审核假释建议的程序

如前所述,对被判处无期徒刑的刑罪犯决定提请假释的,监狱应当将"罪犯假释审核表"连同有关材料报送省、自治区、直辖市监狱管理局审核。对于司法部直属监狱提请假释的,报送司法部监狱管理局审核。

省、自治区、直辖市监狱管理局收到监狱报送的提请假释建议的材料后,应当由主管副局长召集刑罚执行(狱政管理)等有关部门进行审核。审核中发现监狱报送的材料不齐全或者有疑义的,应当通知监狱补交有关材料或者作出说明。监狱管理局主管副局长主持完成审核后,应当将审核意见报请局长审定;对重大案件或者有其他特殊情况的罪犯的假释问题,可以建议召开局长办公会审议决定。监狱管理局审核同意对罪犯提请假释、假释的,由局长在"罪犯假释审核表"上签署意见,加盖监狱管理局公章。

7. 监狱向法院提出假释申请

完成上述程序后,监狱最后应当向有管辖权的人民法院提出假释的申请。对被判处有期徒刑的罪犯的假释,有管辖权的法院是罪犯服刑地的中级人民法院。对被判处无期徒刑的罪犯的假释,有管辖权的法院则是罪犯服刑地的高级人民法院。

监狱提请人民法院裁定假释,应当向法院提交下列材料:(1)"提请假释建议书";(2)终审法院判决书、裁定书、历次减刑裁定书的复印件;(3)罪犯确有悔改或者立功、重大立功表现的具体事实的书面证据材料;(4)罪犯评审鉴定表、奖惩审批表。对被判处无期徒刑的罪犯决定提请假释的,应当同时提交省、自治区、直辖市监狱管理局签署意见的"罪犯假释审核表"。

除向法院提交相关材料外,根据《监狱提请减刑假释工作程序规定》第15条,监狱在向人民法院提请假释同时,应当将提请假释的建议,书面通报派出人民检察院或者派驻检察室。另根据我国《刑事诉讼法》第262条的规定,人民检察院可以向人民法院提出书面意见。

(二)假释的审理程序

根据我国《刑法》第79、82条的规定,对假释案件有管辖权的法院为中级以上的人民法院,而且对于假释案件,法院不能独任审理,而应该组成合议庭进行审理。假释的审理程序,具体包括以下几个主要内容:

1. 立案程序

在立案程序中,法院主要审查相关的材料是否齐备。有关假释的材料包括三方面:

第一方面的材料是由执行机关,即监狱移送的材料,包括:(1)假释建议书;(2)终审法院的裁判文书、执行通知书、历次减刑裁定书的复制件;(3)罪犯确有悔改或者立功、重大立功表现的具体事实的书面证明材料;(4)罪犯评审鉴定表、奖惩审批表等;(5)其他根据案件的审理需要移送的材料。

第二方面的材料是由社区矫正机构提供的材料。我国《刑法》第81条第3款规定,"对犯罪分子决定假释时,应当考虑其假释后对所居住社区的影响。"为此,《减刑、假释规定》第24条第2款规定:"提请假释的,应当附有社区矫正机构关于罪犯假释后对所居住社区影响的调查评估报告。"

第三方面的材料是人民检察院提供的资料。人民检察院对提请假释案件提出的检察意见,应当一并移送受理假释案件的人民法院。

人民法院经审查,如果上述三方面材料齐备的,应当立案;材料不齐备的,应当通知提请假释的执行机关补送。

2. 公示程序

为使假释工作更加公平、公正、公开,也为加强对假释工作的监督,《减刑、假释规定》设置了一项公示程序。根据该规定第 25 条,人民法院审理假释案件,应当一律予以公示。公示地点为罪犯服刑场所的公共区域。有条件的地方,应面向社会公示,接受社会监督。公示应当包括下列内容:

(1) 罪犯的姓名、年龄等个人基本情况;

(2) 原判认定的罪名和刑期;

(3) 罪犯历次减刑情况;

(4) 执行机关的假释建议和依据;

(5) 公示期限;

(6) 意见反馈方式等。

3. 审理方式和期限

人民法院审理假释案件的方式,包括书面审理与开庭审理两种方式。办理假释案件的法院可以自行决定采用书面审理或者开庭审理。但对于下列案件,应当开庭审理:(1) 在社会上有重大影响或社会关注度高的;(2) 公示期间收到投诉意见的;(3) 人民检察院有异议的;(4) 人民法院认为有开庭审理必要的。

无论是书面审理还是开庭审理,人民法院应当在法定的审理期限内作出裁定。根据我国《监狱法》第 33 条的规定,人民法院应当自收到假释建议书之日起 1 个月内予以审核裁定;案情复杂或者情况特殊的,可以延长 1 个月。根据最高人民法院《关于适用〈中华人民共和国刑事诉讼法〉的解释》第 449 条的规定,对被判处无期徒刑的罪犯的假释,由罪犯服刑地的高级人民法院,在收到同级监狱管理机关审核同意的假释建议书后 1 个月内作出裁定,案情复杂或者情况特殊的,可以延长 1 个月;对被判处有期徒刑和被减为有期徒刑的罪犯的假释,由罪犯服刑地的中级人民法院,在收到执行机关提出的假释建议书后 1 个月内作出裁定,案情复杂或者情况特殊的,可以延长 1 个月。

4. 撤回程序

在人民法院作出假释裁定前,执行机关可以书面提请撤回假释建议。但是否准许,则由人民法院决定。

5. 送达程序

人民法院作出假释裁定后,应当在裁定作出之日起 7 日内送达有关执行机关、人民检察院以及罪犯本人。

6. 再审程序

假释案件实施的是"一审终审制",但生效的假释裁定仍可能被"再审程序"所推翻。假释案件的"再审程序",主要包括两种情形:

第一种情形是人民法院发现本院或者下级人民法院已经生效的假释裁定确有错误。根据最高人民法院《关于办理减刑、假释案件具体应用法律若干问题的规定》第 29 条,人民法院发现本院已经生效的假释裁定确有错误的,应当另行组成合议庭审理;发现下级人民法院已经生效的假释裁定确有错误的,可以指令下级人民法院另行组成合议庭审理。

第二种情形是人民检察院认为人民法院假释的裁定不当。对于这种情形,根据我国《刑事诉讼法》第 263 条,人民检察院应当在收到裁定书副本后 20 日以内,向人民法院提出书面纠正意见。人民法院应当在收到纠正意见后 1 个月以内重新组成合议庭进行审理,作出最终裁定。

7. 重新裁定程序

除再审程序外,实践中也可能出现另外一种情形,可能导致原假释裁定的变更。这种情形主要出现在刑事案件本身的裁判发生变更后。根据《减刑、假释规定》第 23 条,人民法院按照审判监督程序重新审理的案件,维持原判决、裁定的,原假释裁定效力不变;改变原判决、裁定的,应由刑罚执行机关依照再审裁判情况和原假释情况,提请有管辖权的人民法院重新作出裁定。

(三)假释的交接程序

根据我国《刑法》第 85 条,对假释的犯罪分子,在假释考验期限内,依法实行社区矫正。因此,在法院作出的假释裁定生效后,刑罚的执行工作,将由监狱转移至社区矫正机关负责,这便涉及如何将服刑人员转移至社区的一系列交接程序。

根据《社区矫正实施办法》的规定,假释的交接程序包括两项:

第一项程序为司法机关通知罪犯与社区矫正机关。根据《社区矫正实施办法》第 5 条规定,对于适用社区矫正的罪犯,人民法院、公安机关、监狱应当核实其居住地,在向其宣判时或者在其离开监所之前,书面告知其到居住地县级司法行政机关报到的时间期限以及逾期报到的后果,并通知居住地县级司法行政机关;在判决、裁定生效起 3 个工作日内,送达判决书、裁定书、决定书、执行通知书、假释证明书副本等法律文书,同时抄送其居住地县级人民检察院和公安机关。县级司法行政机关收到法律文书后,应当在 3 个工作日内送达回执。

第二项程序为社区矫正人员,即适用社区矫正的罪犯前往社区矫正机关处报到。根据《社区矫正实施办法》第 6 条规定,社区矫正人员应当自人民法院判决、裁定生效之日或者离开监所之日起 10 日内到居住地县级司法行政机关报到。县级司法行政机关应当及时为其办理登记接收手续,并告知其 3 日内到指定的司法所接受社区矫正。发现社区矫正人员未按规定时间报到的,县级司法行政机关应当及时组织查找,并通报决定机关。

五、假释的考验期

假释是对服刑人员附条件地提前释放,所附的条件是服刑人员在一定期限内应当遵守一定的行为规范。其中,"一定期限"就是假释的考验期。考验期过短或者过长,均不利于服刑人员的改造和假释作用的发挥。目前,许多国家的刑法都规定对假释犯有一个考验期,至于考验期的长短,多数国家以尚未执行完毕的余刑为限,也有的另行规定具体的低限与高限。我国《刑法》第83条规定,有期徒刑的假释考验期限为没有执行完毕的刑期,无期徒刑的假释考验期限为10年。假释考验期限从假释之日起计算。

我国《刑法》第85条规定:"对假释的犯罪分子,在假释考验期限内,依法实行社区矫正,如果没有本法第86条规定的情形,假释考验期满,就认为原判刑罚已经执行完毕,并公开予以宣告。"至于假释犯在考验期内的矫正内容,将在本书第三编进行说明。

六、假释的撤销

在假释的考验期,若出现法定情形,假释将被依法撤销。根据我国《刑法》第86条的规定,以下三种情形将导致假释的撤销:

(1)罪犯在假释考验期犯新罪。被假释的罪犯,在假释考验期限内犯新罪的,应当撤销假释,按照我国《刑法》第71条规定的先减后并的方法实行并罚。也就是说,应将新罪所判处的刑罚与前罪还没有执行的刑罚,实行并罚;已经执行的刑期、假释后所经过的考验期,均不得计算在新判决确定的刑期之内。

(2)在假释考验期发现漏罪。在假释考验内,发现被假释的罪犯在判决宣告以前还有其他罪没有判决的,应当撤销假释,按照我国《刑法》第70条规定的先并后减的方法实行并罚。也就是说,将漏罪所判处的刑罚与前罪所判处的刑罚,实行并罚;已经执行的刑期,计算在新判决所确定的刑期以内,但是假释后经过的考验期,不得计算在新确定的刑期之内。

(3)罪犯违反有关监管规定。被假释的罪犯,在假释考验期限内,有违反法律、行政法规或者国务院有关部门关于假释的监督管理规定的行为,尚未构成新的犯罪的,应当依照法定程序撤销假释,收监执行未执行完毕的刑罚。另根据《社区矫正实施办法》第25条,假释的社区矫正人员有下列情形之一的,由居住地同级司法行政机关向原裁判人民法院提出撤销假释建议书并附相关证明材料,人民法院应当自收到之日起1个月内依法作出裁定:第一,违反人民法院禁止令,情节严重的;第二,未按规定时间报到或者接受社区矫正期间脱离监管,超过 1 个月的;第三,因违反监督管理规定受到治安管理处罚,仍不改正的;第四,受到司法行政机关三次警告仍不改正的;第五,其他违反有关法律、行政法规和监督管理规定,情节严重的。

因上述三种原因之一,人民法院裁定撤销假释的,居住地县级司法行政机关应当及时将罪犯送交监狱或者看守所,公安机关予以协助。

实践中出现的争议问题是,虽然有上述三种情形的出现,但是假释考验期满后才被发现,应该如何处理?对此,有学者认为,首先,对于假释期间新犯罪的,即使是经过考验期之后,才被发现的,也应当撤销假释,实行数罪并罚。其次,在考验期之后,才发现被假释的罪犯在判决宣告以前还有其他罪没有判决的,不能撤销假释,而只能对漏罪另行处理。[①] 但是,在我国司法实践中较有影响力的《刑事审判参考》却指出,《刑法》第 81 条对假释制度规定了严格的适用条件,即罪犯认真遵守监规,接受教育改造,确有悔改表现,假释后不致再危害社会。我国《刑法》第 86 条规定的应当撤销假释的三种情形,实质上是不具备假释适用条件的具体表现,只要发现被假释的犯罪分子具备这三种情形之一,就应当撤销假释。但在具体处理方式上应有区别:(1) 在假释考验期满后发现犯罪分子在假释考验期限内犯新罪,或者在判决宣告以前还有其他罪没有判决,如果新罪或者漏罪没有超过追诉期限,应当撤销假释,实行数罪并罚;(2) 如果新罪或者漏罪已过追诉期限,应当撤销假释,收监执行未执行完毕的刑罚;(3) 在假释考验期满后发现犯罪分子在假释考验期间内有违反法律、行政法规或者国务院公安部门有关假释的监督管理规定的行为,尚未构成犯罪的,应当撤销假释,收监执行未执行完毕的刑罚。[②]

第五节　释放与出狱人社会保护

一、释放

(一) 释放的概念

释放,是监狱(或者看守所)依照法律规定,解除服刑人员的监禁,恢复其人身自由的刑罚执行活动。

收监是监狱行刑的起点,而释放则是监狱行刑的终点。对于监狱而言,释放意味着其承担的惩罚与改造任务的结束;对于服刑人员而言,释放意味着人身自由的恢复。对于没有附加剥夺政治权利的服刑人员,释放亦意味着其罪犯身份

---

① 张明楷:《刑法学》(第三版),法律出版社 2007 年版,第 473 页。
② 最高人民法院刑事审判庭编:《刑事审判参考》(总第 41 集),法律出版社 2004 年版,第 169 页。

的消灭;对于附加剥夺政治权利的服刑人员,释放则意味着附加剥夺政治权利刑的开始,即其释放之日就是附加剥夺政治权利刑的刑期的开始计算之日。

需要注意的是,在刑事诉讼活动中,除了刑事执行阶段的释放外,还存在侦查、起诉、审判阶段的释放,即:公安机关、检察机关和人民法院发现被拘留、逮捕的人不应当拘留、逮捕,或者拘留、逮捕的原因已经消失时,应当立即释放被拘留、逮捕的人;第一审人民法院判决被告人无罪或者免除刑事处罚的,在宣判后应当立即释放在押的被告人。本书所讨论的是刑事执行阶段的释放。

(二) 释放的种类

1. 刑满释放

刑满释放是释放的主要形式,它是指被监禁的罪犯服满人民法院判决或裁定确定的刑期时,刑罚执行机关依法解除其被监禁状态,恢复其人身自由的刑事执行活动。我国《监狱法》第35条规定:"罪犯服刑期满,监狱应当按期释放,并发给释放证明书。"

刑满释放,需要具备两个基本条件:

(1) 刑满释放的对象,是被判处有期徒刑、拘役的服刑人员。对于被法院判处死刑缓期二年执行或者无期徒刑的罪犯,如果在刑罚执行期间,其刑罚没有被减为有期徒刑,则不能予以释放。因而,被判处无期徒刑或者死刑缓期二年执行的罪犯,只有被减为有期徒刑后,方有刑期届满、予以释放的资格。

(2) 刑满释放的实质条件,是罪犯服刑期满。罪犯的刑期,既可能是原生效裁判确定的刑期,也可能是减刑后的刑期、法院通过审判监督程序改判后确定的刑期、以及罪犯因犯新罪而被数罪并罚后的刑期等情形。

2. 因自由刑被撤销而释放

这种类型的释放在实践中较为少见,它可能包括两种情形:第一种是人民法院根据审判监督程序,撤销原判决,改判服刑人员无罪,因此而将服刑人员释放。第二种是法院虽然进行了改判,但是没有改判为无罪,而仅仅改变了刑罚,如将有期徒刑改为单处罚金刑等,从而使服刑人员获得释放。

3. 特赦释放

特赦,是指依照法律规定,对于某些特定的服刑人员,免除其刑罚全部或者一部分的执行,提前予以释放的制度。从某种角度来看,我国减刑制度其实也是一种特赦制度。但根据我国宪法与相关法律,特赦是一种与减刑不同的制度。新中国成立以来,分别于1959年建国十周年大庆前夕,对确实改恶从善的蒋介石集团和伪满洲国的战争罪犯、反革命罪犯和普通刑事罪犯实行了范围最广的特赦,1960年和1961年分别对确实改恶从善的蒋介石集团和伪满洲国的战争罪犯实行了特赦,1963年、1964年、1966年分别对确实改恶从善的蒋介石集团、伪满洲国和伪蒙疆自治政府的战争罪犯实行了特赦,1975年则是对经过较长时间关押和改造的全部战争罪犯实行了特赦,即我国总共先后实行了 7 次特赦。①根据我国《宪法》的规定,特赦由全国人大常委会作出决定,并由国家主席根据该决定发布特赦令执行。

(三) 释放的程序

释放是监狱徒刑的最后一个环节,是刑事执行中的一项严肃的法律措施,根据我国《监狱法》第 25 条及有关规定,释放应经下列几个程序:

1. 出监教育

罪犯在监狱中服刑,与社会相隔离,极容易形成相对机械与盲目服从的"监狱人",难以再次投入社会正常生活。因此,有必要在出监之前对罪犯进行特殊的教育,让他们了解目前社会政策、社会变化和社会生活。根据 2010 年中央办公厅、国务院办公厅《转发〈中央社会治安综合治理委员会关于进一步加强刑满释放解除劳教人员安置帮教工作的意见〉的通知》(中办发[2010]5 号文,以下简称《安置帮教意见》)与 2010 年司法部等《关于贯彻落实中央办公厅、国务院办公厅转发〈中央社会治安综合治理委员会关于进一步加强刑满释放解除劳教人员安置帮教工作的意见〉的通知的实施方案》(司发[2010]13 号文,以下简称《安置帮教实施方案》)的要求,监狱(有条件的看守所)要建立出监所教育的专区,保证出监所教育时间在 3 个月以上(看守所留所服刑罪犯余刑不足的除外)。要丰富出监所教育内容,告知国家对刑满释放人员衔接、就业、就学、帮扶、社会保障等方面的政策措施,以及与地方安置帮教组织的联系方式。中央综治委刑满释放人员安置帮教工作领导小组办公室组织编写专门教材、影视音像学习资料,作为出监所教育的必看必读内容,帮助他们解读、理解国家政策。要开展回归社会前的就业指导和心理辅导,积极创造条件组织监所内招聘会,吸引和鼓励更多企业进监所招聘人员,帮助刑满释放人员及时就业。

2. 评估教育改造质量

监狱、看守所要把提高教育改造质量作为中心任务,对每个服刑人员各个环节的教育改造效果进行评估、建立档案。在服刑人员刑释前的 1 个月,对其在监所的表现,包括认罪、认错、加减刑情况,掌握劳动技能情况,刑释后可能遇到的生活困难、家庭变化、有无固定住所、社会交往等以及回归社会危险性进行综合评估,根据评估结果将其分为"重点帮教对象"或"一般帮教对象",并针对其具体情况,对基层帮教组织、有关职能部门的服务管理工作提出建议。重点帮教对象包括:经评估认为回归社会后有明显重新违法犯罪倾向的人员,刑释前仍没有核实清楚姓名、身份、住址的人员和刑释后无家可归、无业可就、无亲可投等人员

---

① 参见高铭暄、马克昌主编:《刑法学》(第三版),北京大学出版社、高等教育出版社 2007 年版,第 351 页。

(以下简称"三无人员")。其他人员为"一般帮教对象"。

3. 签发释放证明书

根据我国《监狱法》的规定,对服刑期满的罪犯,监狱应发给释放证明书。释放证明书是解除监禁、罪犯恢复人身自由、依法获得释放的法律凭证,也是他们到居住地公安机关办理户籍登记时必须持有的证明文件。监狱应当在释放罪犯的当日签发释放证明书并发给释放人员,并且要根据不同情况限定其报到时间,要求在规定的期限内持"刑满释放证明书"到原户籍所在地的公安派出所报到。

4. 发给路费和生活补助费、退还罪犯个人财物

对于被释放人员,监狱应当发给回家路费和途中伙食费,办理户口迁移手续,由公安机关负责办理户籍登记。对于服刑期间因公致残的罪犯,释放时可根据国家有关规定和具体情况发给生活补助费,或者由国家负责其生活。对于患重病的罪犯,释放时应通知其家属来接,或由刑罚执行机关派人护送回家。监狱负责保管的罪犯的物品及现金,在罪犯刑满释放时应全部发还罪犯本人,并办理交接手续。

二、出狱人社会保护

(一) 出狱人社会保护的概念

出狱人社会保护,是指对罪犯出狱后的社会保护,主要包括帮助出狱人重新适应社会生活,预防再犯罪所进行的活动。其中,"出狱人"主要是指刑满释放人员,亦可简称为"刑释人员"。

我国政府十分重视出狱人社会保护工作。《监狱法》中有关出狱人社会保护的规定主要是"刑满安置"。刑满安置是指监狱会同社会各有关部门和单位,在罪犯刑满释放后,根据他们的具体情况作出妥善的安排,以解决他们的户口、就业等问题,给予他们学习工作或劳动的机会。《监狱法》第37、38条规定:"对刑满释放人员,当地人民政府帮助其安置生活";"刑满释放人员丧失劳动能力又无法定赡养人、扶养人和其他生活来源的,由当地人民政府予以救济";"刑满释放人员依法享有与其他公民平等的权利。"

当前,我国出狱人社会保护工作一般称为"安置帮教工作",实践中,安置帮教工作的主要法律依据是2010年《安置帮教意见》与2010年《安置帮教实施方案》。

(二) 出狱人社会保护的意义

开展出狱人社会保护工作有十分重要的意义,概括起来主要有以下三个方面:

(1) 有利于巩固矫治成果,减少和预防罪案发生。

应当说,通过监狱与监狱人民警察较长时间的教育引导、劳动矫正、生活监督,绝大多数服刑人员的越轨心理、不法习痞等都会得到矫治,并相应地形成遵法守法意识和良性生活方式。然而,需要注意的是,由于监禁刑执行的特点,服刑人员是被投入到了与社会相隔绝的电网高墙之中的监狱进行矫治的。首先,这种封闭的矫治措施阻断了服刑人员正常的社会交流,与服刑人员复归社会、从而社会化的理念存在一定的抵牾。其次,服刑人员由于长时间被监禁,一旦出狱,将面临到重建生活的重任,例如重新落户、选择就业、建立家庭等,而这往往不是出狱人一己之力能够合理胜任的。再次,刑罚及其执行所带来的标签效应,往往会给出狱人复归社会带来负面影响,出狱人可能面临歧视性对待,甚至是排斥。而一旦出狱人不能顺利融入社会,其重操旧业、再次犯罪的可能性就会增大。有鉴于此,切实做好出狱人的社会保护工作,不仅可以巩固和加强出狱人在服刑期间的改造矫治成果,而且可以有效地帮助出狱人复归社会,减少再犯,从而预防罪案发生,维护社会的和谐有序。

(2) 有利于出狱人复归社会,恢复与重建个人生活。

巩固矫治成果、减少罪案发生,这是出狱人保护于监狱改造和社会秩序层面而言的意义,而与之一体的另一层意义则是面向出狱人个体的。因为此处所谓的社会保护,保护的是出狱人个体,使其免受被人们标定为犯罪人的歧视,帮助其重建生活,以实现出狱人平稳地融入社会这一刑罚目标。出狱人在服刑期间,通过自己的知识学习与劳动实践,在一定程度上提高了文化水平,并掌握了一定的生产技术和生存能力。因而,通过对出狱人进行相应的保护措施,例如安置就业等,可以使得出狱人渐渐熟悉监狱高墙外的世界,逐步将自己所学运用起来,重新恢复自己和社会之间被破坏的关系,完成再社会化的任务。

(3) 有利于狱内秩序的稳定,提高服刑人员的改造积极性。

出狱人社会保护,不仅对于狱外的社会秩序、出狱人生活重建有意义,反过来还对监狱内的刑罚执行具有促进作用。这是因为,罪犯在服刑期间,尤其是服刑的中后期,最为关心的问题是刑满释放后能否得到社会、家庭、亲友的谅解和容纳,是否有就业谋生的机会。因此,如果出狱人社会保护工作搞得好,就会使在监狱中服刑的罪犯通过事实看到刑满释放后的光明前途,从而增强改造的信心,积极地接受改造,有利于狱内秩序的稳定。反之,如果出狱人社会保护不落实,就会使在押罪犯感到前途无望,丧失改造的动力和信心,这将势必对监狱的教育改造工作产生负面影响。

(三) 出狱人社会保护工作的历史发展

新中国成立之后,我国出狱人社会保护工作随着社会的变迁,走过了不同的历史发展时期。大体而言,可以分为四个阶段:

1. "多留少放"阶段

新中国成立之初,曾经在较长时间中对刑释人员采取了"多留少放"的政策和做法。1953年12月第二次全国劳动改造罪犯工作会议决定,采取"多留少放"的办法,将刑释人员留场就业安置。政务院1954年制定的《劳动改造条例》和《劳动改造罪犯刑满释放及安置就业暂行处理办法》对"多留少放"政策作出具体落实,并规定,犯人服刑期满,有下列情节之一的,可以由劳动改造机关给以收留安置就业:(1)自愿留队就业、而为劳动改造生产所需要的;(2)无家可归、无业可就的;(3)在地广人稀地区劳动改造的罪犯,刑期满了以后需要结合移民就地安家立业的。

2. "四留四不留"阶段

20世纪60年代,随着经济形势的好转,罪犯构成的变化,我国对安置政策进行了调整,中央将对刑释人员的安置政策调整为"四留四不留"。其中,"四留"人员包括:(1)改造不好的;(2)无家可归、无业可就的;(3)家住边境口岸、沿海沿边县以及靠近沿海沿边的县和大城市的;(4)放出去有危险和其他特殊情况。"四不留"人员包括:(1)改造好了的;(2)家住农村的;(3)家中有特殊需要或本人坚决不愿留场的;(4)释放出去政治影响较大以及老弱病残、丧失反革命活动能力、危害不大的。由此可见,在"多留少放"和"四留四不留"阶段,出狱人社会保护工作,主要地表现为监狱对刑满释放人员的留场就业,既包括出狱人自愿留场就业,也包括强制出狱人留场作业。①

3. 安置帮教责任化、法制化阶段

改革开放后,我国的出狱人社会保护政策发生了的变化,原来由监所机关安置为主的格局,逐步向社会安置帮教为主转变。1982年第八次全国劳改工作会议提出今后犯人刑满释放,一般不予留场就业,均应放回捕前所在地或者直系亲属所在地,由当地公安机关予以落户,原工作单位、当地劳动部门、街道或者公社大队负责安置就业。1984年公安部、司法部在《关于加强对刑满释放和解除劳教人员教育管理工作的通知》中,第一次提出安置帮教工作的开展应实行包管、包教、包思想转化的承包责任制。1994年中央综治委、公安、司法、劳动、民政、工商六部委联合下发了《关于进一步加强对刑释解教人员安置帮教的工作意见》,要求把这项工作作为社会治安综合治理领导责任制的一项重要内容。同年12月第八届全国人大常委会第十二次会议通过了《中华人民共和国监狱法》,对罪犯的释放和安置帮助问题作了明文规定:"对刑满释放人员,当地人民政府帮助其安置生活。刑满释放人员丧失劳动能力又无法定赡养人、扶养人和基本生活来源的,由当地人民政府予以救济。"至此,我国出狱人社会保护工作

---

① 参见余叔通主编:《劳动改造法学》,法律出版社1987年版,第145—150页。

由一项"政策"正式转变为一项"法律规定",实现了法制化。

4. 安置帮教社会化、系统化阶段

在社会主义市场经济的大环境下,我国就业压力较大,社会保障体系尚不完善,加上大多数刑释人员文化水平较低、缺乏专业技术,一些刑释人员具有好逸恶劳的恶习以及社会上对刑释人员存在一定程度的偏见和歧视等等,刑释人员在就业和社会保障等方面存在一些困难,使得他们中的一些人重新走上违法犯罪的道路,成为影响社会稳定的严重隐患。为此,2004年,中央社会治安综合治理委员会、司法部、公安部、劳动和社会保障部、民政部、财政部、国家税务总局、国家工商行政管理总局等八部门发布了《关于进一步做好刑满释放、解除劳教人员促进就业和社会保障工作的意见》,该《意见》指出,要适应国家就业政策和社会保障工作的发展变化情况,积极探索促进就业和社会保障工作的新途径;要不断拓宽渠道,鼓励刑释解教人员通过灵活多样的形式实现就业,包括非全日制、临时性、季节性工作等,逐步实现就业市场化、社会化;要在帮助和引导刑释人员依靠自身努力实现就业的同时,制定并落实积极的政策措施,使他们获得相应的社会保障或临时社会救济。

根据2010年中央办公厅、国务院办公厅转发的《中央社会治安综合治理委员会关于进一步加强刑满释放解除劳教人员安置帮教工作的意见》的通知与2010年司法部等部委发布的《关于贯彻落实中央办公厅、国务院办公厅转发〈中央社会治安综合治理委员会关于进一步加强刑满释放解除劳教人员安置帮教工作的意见〉的通知的实施方案》,对刑满释放和解除劳教人员的安置帮教工作,要将提高狱内改造质量与提高狱外服务管理水平相结合,将监狱内监管与社会内保护相衔接,强调各部门各司其职、密切配合、齐抓共管,社会力量广泛参与、社会舆论普遍支持的安置帮教工作格局,以实现刑释解教人员有人接、有人管,就业有人扶,创业有人帮,困难有人助的工作目标。

(四)出狱人社会保护的具体措施

根据《安置帮教意见》与《安置帮教实施方案》,安置帮教工作主要包括衔接管理、服务管理和教育帮扶三个方面的工作。

1. 衔接管理

衔接工作包括监狱、看守所与安置帮教机构的工作衔接,以及刑释人员出监所后同家庭和基层组织的衔接。衔接及其管理工作的目的是防止刑释人员直接流入社会而成为人口管理的盲区,防止刑释人员因"脱管"而重新违法犯罪。根据《安置帮教意见》与《安置帮教实施方案》,衔接管理包括以下几项内容:

(1)"一般帮教对象"的衔接工作。"一般帮教对象",是指除下述的"重点帮教对象"的其他人员。对于一般帮教对象,在其刑满释放前一个月,监狱、看守所将综合评估意见、回执单等相关材料送达服刑人员户籍所在地或居住地的县级安帮办。县级安帮办在一个月内反馈回执单,同时通知当地司法所,负责联系落实服刑在教人员家庭成员及所在村(社区)代表按期到监所将其接回。当地安置帮教组织要确定帮扶责任人,并签订帮扶协议书,落实帮扶措施。"一般帮教对象"刑满释放时,由司法所负责动员其家庭成员或所在村(社区)代表将其接回。司法所在其接回后第一时间与其见面,与村或(社区)家庭分别确定帮扶责任人,签订帮扶协议书,组织党员干部、群团组织、致富能手落实"一助一"或"多助一"的帮扶措施。

(2)"重点帮教对象"的衔接工作。重点帮教对象包括:经评估认为回归社会后有明显重新违法犯罪倾向的人员,刑满释放前仍没有核实清楚姓名、身份、住址的人员和刑满释放后无家可归、无业可就、无亲可投的人员(以下简称"三无人员")等。

对于有明显重新违法犯罪倾向的人员,在刑满释放前一个月,监狱、看守所将其综合评估意见、回执单等相关材料分别送达服刑人员户籍所在地或居住地的县级安帮办和公安机关。县级安帮办和公安机关必须立即将回执单反馈给监狱、看守所,并及时将有关情况分别通知当地司法所和公安派出所。公安派出所接到通知后,应将此类人员列为重点人口,制定管控方案;司法所要动员其安置帮教责任单位、家庭成员和村(社区)代表在此类人员刑满释放之日将其接回。责任区民警和安置帮教责任人在此类人员被接回后要立即与其见面,了解情况,落实帮教措施。对因假姓名、假身份、假住址等未能衔接的人员,司法行政机关和公安机关要切实负起责任,采取有效措施,妥善解决有关问题,尽快落实衔接措施。

对于"三无人员",在刑满释放前一个月,监狱、看守所将其综合评估意见、回执单等相关材料送达其户籍所在地县级安帮办。县级安帮办在一个月内将有关情况反馈监狱、看守所。户籍所在地乡镇(街道)人民政府(办事处)派人将其接回,进行安置,并帮助其实现就业。具有城镇户口而丧失劳动能力的,经当地民政部门审核后安排在城市社会福利机构。具有农村户口且符合"五保"条件的纳入"五保"范围。当地司法所负责落实后续帮教措施。

对于危害国家安全罪犯,在刑满释放前一个月,监管部门将其改造等有关情况通报原侦查机关。当地公安机关要为此类刑满释放人员专门建档,列为重点人员,会同有关部门和单位分等级落实教育管控措施。原侦查机关要与有关部门共同做好教育管控工作。

此外,根据《安置帮教意见》与《安置帮教实施方案》的要求,要通过政府投入、社会支持等多种方式,在有条件的大中城市试点,建立集食宿、教育、培训、救助为一体的过渡性安置基地,用于安置"三无人员"等重点帮教对象。此类人员刑满释放前一个月,监所通知安置基地所在地的县级安帮办,按照自愿、就近的原则,将其安置到过渡性基地,并与监所交接相关材料。此类人员可以在当地公安机关办理暂住户口登记手续,由司法行政机关落实帮教措施。

2. 服务管理

服务管理主要是为刑满释放人员提供就业、就学、社会保障等方面的服务,以保障其不受歧视,享受社会同等待遇,帮助其融入社会创造条件。根据《安置帮教意见》与《安置帮教实施方案》的要求,服务管理主要包括以下几项工作:

(1)各地公共就业服务机构要做好刑满释放人员的就业服务工作。刑满释放人员可以到户籍所在地公共就业服务机构进行失业登记,凭登记证明享受公共就业服务和有关就业扶持政策。各地应适当放宽对刑满释放人员中就业困难人员的认定标准,符合条件的刑满释放人员进行失业登记后可以直接申请就业援助;经人力资源和社会保障部门认定后,享受就业困难人员的就业扶持政策,包括收费减免、贷款贴息、社会保险补贴、岗位补贴、公益岗位安置、重点帮助等。农村户籍的刑满释放人员原有责任田(林)的,应予以落实。对生活困难的刑满释放人员,民政部门应按规定给予最低生活保障或采取临时救助措施。

(2)鼓励刑满释放人员自主创业、自谋职业,工商行政管理、人力资源和社会保障部门在办理证照、人员培训等方面给予政策扶持,金融机构按照国家有关政策给予信贷支持,符合条件的享受国家统一的促进就业税收政策。录用符合用工条件刑满释放人员的企业按规定享受国家普惠政策。

(3)工商行政管理部门对自主创业的刑满释放人员要给予支持,讲解相关法律、登记、消费、经营等相关知识和优惠政策,发挥个体协会作用,团结、带动、安置、帮教、鼓励刑满释放人员创业,增强其社会责任感。

(4)民政部门对于家庭人均收入低于当地最低生活保障标准的刑满释放人员,要按照规定给予城乡最低生活保障;对生活困难、但不符合最低生活保障条件的个体刑满释放人员,根据有关规定,给予其临时救助。

(5)税务部门要落实好各项促进就业再就业的税收政策,优化纳税服务,扶持刑满释放人员自主创业、自谋职业,及时解决政策执行中遇到的问题。

(6)人民银行要积极鼓励和支持金融机构为符合条件的刑满释放人员提供必要的信贷支持,创新金融产品和服务方式,支持刑满释放人员就业和创业。

(7)各省(区、市)安置帮教工作领导小组及办公室主动与人力资源和社会保障、财政等部门协商,确定本地就业困难刑满释放人员的认定标准,帮助解决在扶持刑满释放人员就业方面遇到的困难和问题。县级安帮办要协助工商行政管理、人力资源和社会保障、金融机构、税务等部门,在自主创业、自谋职业、录用刑满释放人员的企业落实办理证照、人员培训、信贷、税收等方面的扶持政策。司法所要帮助刑满释放人员解决在就业、就学、社会保障、社会救助中遇到的困难和问题。

（8）对于符合就学条件的刑满释放人员,特别是未成年人,教育部门和相关学校应当切实做好其就学的有关工作。

（9）落实刑满释放人员社会保险政策。符合申领失业保险金条件的刑满释放人员按规定享受失业保险待遇;已经参加职工基本养老保险或新型农村社会养老保险的,按规定继续参保缴费或领取基本养老金。刑满释放人员按当地规定参加城镇职工基本医疗保险、城镇居民基本医疗保险或新型农村合作医疗。

3. 教育帮扶

教育帮扶工作主要包括以下几项内容:

（1）加强对刑满释放人员的思想政治教育。各级刑满释放人员安置帮教组织要依托基层党政组织和基层群众自治组织,对辖区内刑满释放人员开展多种形式的思想政治、法制、道德和文化教育,增强其社会责任感,努力减少和消除其消极对抗情绪,激励引导其遵纪守法、自食其力,顺利融入社会。

（2）建立跟踪帮教机制。司法所每月要主动与公安派出所沟通了解辖区内刑满释放人员,特别是"重点帮教对象"的情况。同时,对各自登记在册的人员名单进行比对,发现有漏登漏报的要及时增补;有危害社会苗头的,要及时通报并采取防范措施。外出务工的刑满释放人员,由乡镇政府组织的,要落实管理帮教责任人;自己联系的,其本人及家属必须保证与村（社区）保持联系;当地帮教组织、司法所、公安派出所要与其务工居住地的帮教组织、司法所、公安派出所建立沟通协作机制,共同将教育、帮扶、管理工作措施落到实处,责任到人。

（3）推进社会帮扶。各级刑满释放人员安置帮教组织要整合社会资源参与安置帮教工作,推动安置帮教工作社会化。发挥工会、共青团、妇联、关心下一代工作委员会及个体劳动者协会和私营企业协会等群众组织和社会团体的帮教优势,动员"五老"（老干部、老战士、老专家、老教师、老模范）等人员组建相对固定的社会帮教志愿者队伍,有条件的地方建立专职社会工作者机构和队伍,推进安置帮教工作专业化。

（五）出狱人社会保护的保障机制

根据《安置帮教意见》与《安置帮教实施方案》的规定,刑满释放的保障机制包括以下几个方面的内容:

1. 组织保障

（1）领导机制。各级党委和政府要充分认识做好刑满释放人员安置帮教工作的重大意义,切实增强责任感和使命感,加强领导,完善机制,更新理念,创新方法,把刑满释放人员安置帮教工作落实社会治安综合治理领导责任制的一项重要内容抓紧抓好。县、乡两级党委、政府主要负责人要对做好刑满释放人员安置帮教工作负总责,分管领导是第一责任人。要建立健全辖区内安置帮教工作领导和办事机构,充实工作力量,完善工作制度,切实做到有人抓、有人管。

司法行政部门是各级党委政府主抓刑满释放人员安置帮教工作的职能部门。各级司法行政机关要建立健全安置帮教工作机构,基层司法所要设立安置帮教工作站(室),配齐配强专职工作人员,配备必要的办公设施。要建立完善各级安置帮教工作领导小组的例会制度,办公室的协调、督办、通报、表彰、考核制度和司法所的衔接、管控、安置、帮教、扶持、救助等各项工作制度,及时了解掌握成员单位开展安置帮教工作情况,推动各项工作措施的落实。要完善财务制度,加强安置帮教经费管理,切实提高安置帮教经费使用效益。

(2) 社会综合治理的体制机制。各级社会治安综合治理委员会及其办公室要把刑满释放人员安置帮教工作作为社会治安综合治理和平安建设的重要基础性工作同安排、同部署,定期听取安帮领导小组或办公室的工作汇报,指导各有关单位和部门认真履行职责,督促帮扶救助各项措施、促进就业各项政策的落实,及时协调解决安置帮教工作中遇到的困难与问题。各级安帮办要在同级党委、政府统一领导和综治委的具体指导下,组织成员单位落实刑满释放人员衔接管控、安置帮教工作各项措施,对安置帮教工作进行考核,考评结果及时向同级党委、政府报告并通报成员单位,通过考核推动安置帮教工作各项措施的贯彻执行。

(3) 基层工作体制。乡镇(街道)党政组织要承担起组织落实刑满释放人员安置帮教工作的责任,配齐配强职能部门工作人员,确保有人干事,有能力干事。乡镇(街道)综治部门要协助党委、政府,通过综治工作中心平台和工作机制,加大对刑满释放人员安置帮教工作的指导协调力度。村(社区)党组织和村(居)民委员会要积极协助司法所、公安派出所和驻村民警做好安置帮教工作,建立完善刑满释放人员帮教工作责任制,把安置帮教工作成效与村(社区)负责人和民警工作实绩考核、晋级晋职和奖惩挂钩。

2. 经费保障

各级党委政府要将刑满释放人员安置帮教工作经费,包括各级安置帮教工作领导机构工作经费、司法所安置帮教工作经费、刑满释放人员职业技能培训和职业技能鉴定经费、安置帮教志愿者工作经费等列入同级财政预算,切实予以保障。

3. 考核机制

各级安帮办要督促检查各地刑满释放人员安置帮教工作措施的落实情况,在年度工作考评中,要把刑满释放人员管控、安置、帮教情况,刑满释放人员重新违法犯罪率和工作经费保障等情况列为社会治安综合治理考评内容,考评结果向上级党委、政府报告并通报各部门。

各级党委和政府对经过考评为优秀的刑满释放人员安置帮教工作个人和组织,要根据国家有关规定予以表彰奖励;对考评结果为不合格的单位,或因责任不落实,措施不到位,发生刑满释放人员重新违法犯罪甚至参与重大恶性刑事案件或群体性事件的地方,对帮教责任人,司法所、公安派出所帮教责任民警,村(社区)党组织负责人,乡镇(街道)党政领导以及监管教育改造环节相关负责人,实行责任倒查,严肃追究有关单位领导和责任人的责任,符合社会治安综合治理一票否决制规定的,坚决实行一票否决。

4. 舆论引导机制

各级安帮办要认真总结推广在刑满释放人员安置帮教工作中形成的好经验好做法,指导各地、各部门树立本地区、本部门、本系统的安置帮教工作典型,充分发挥典型示范和带动作用。要充分运用各种媒体,树立和宣传刑满释放人员遵纪守法、勤劳致富、服务社会的先进典型,消除社会偏见和歧视,从多方面引导动员社会各界和广大人民群众理解、帮助刑满释放人员,共同参与安置帮教工作,努力为刑满释放人员融入社会创造良好的社会环境。

第九章 狱政管理

我国《监狱法》第3条规定,监狱对罪犯实行惩罚和改造相结合、教育和劳动相结合的原则,将罪犯改造成为守法公民。可见,改造罪犯是监狱的基本任务。良好的监狱秩序,是成功改造罪犯的前提保障;而良好的监狱秩序需要通过科学的狱政管理制度来实现。同时,在传统的监狱行刑实践中,人们往往将狱政管理与教育改造、劳动改造并称为改造罪犯的"三大手段"[①],由此亦可见狱政管理的重要地位。

第一节 狱政管理概述

一、狱政管理的概念

狱政管理,是指监狱对罪犯实施监管和行政管理活动的总称。[②]

相对于"监狱"而言,"狱政管理"这一概念在我国刑事执行法律规范中正式出现的时间比较晚。1954年的《劳动改造条例》虽然有相关的内容,但是并没有使用"狱政管理"这一概念,而使用了"管理犯人制度"这一概念。"管理犯人制度"的具体内容包括:收押、警戒、生活、接见和通讯、取保、释放。1982年公安部制定的《监狱、劳改队管教工作细则(试行)》第一次使用了"狱政管理"这一概念,以之作为第三章的章名。根据该细则,"狱政管理"包括管理原则、分管分押、管理制度、内看守、戒(警)具、禁闭、接见、通讯、邮汇、犯人财物和档案管理、狱内侦察等内容。1990年,司法部制定了《监管改造环境规范》与《罪犯改造行为规范》两个部门规章,这两个规范性文件进一步促进了我国狱政管理工作的规范化。1994年《监狱法》第四章仍旧使用"狱政管理"这一概念,内容则包括:分管分押;警戒;戒具和武器的使用;通信、会见;生活、卫生;奖惩;对罪犯服刑期间犯罪的处理。2004年司法部废止了《罪犯改造行为规范》,并同时颁布《监狱服刑人员行为规范》,这亦是我国狱政管理的规范化建设的一个重要事件。

结合我国《监狱法》等法律规定与我国监狱行刑实践,本书将狱政管理的内容概括为以下几部分:罪犯考核;分押分管制度;罪犯与外界交流管理制度;生活

---

① 参见王明迪、郭建安主编:《岁月铭记——新中国监狱工作50年》,法律出版社2000年版,第13—14页。

② 参见杨殿升主编:《监狱法学》(第二版),北京大学出版社2001年版,第82页。

卫生管理制度;罪犯奖惩制度;狱内突发事件的预防与处理制度。

二、狱政管理的任务

狱政管理服务立足于"惩罚和改造罪犯"这一目的,其具体承担的任务包括以下几项:

(一)维护监狱的安全与秩序

安全有序的监狱环境是对罪犯进行矫正的基础。监狱是一个相对封闭的环境,实践中可能危及这个环境的安全与秩序的风险包括内部风险与外部风险。内部风险主要来自于在押的服刑人员。一部分服刑人员具有较大的人身危险性,对他们进行矫正需要一个较长的时间。在成功矫治之前,他们可能会对服刑改造抵触不满,有的可能会伺机逃跑、实施破坏以及行凶等犯罪活动,甚至会出现骚乱、暴动等严重的突发事件。因此,必须通过严格的狱政管理,特别是合理的分类管理、严密的警戒和各种安全防范措施,防止罪犯自杀、逃跑和进行违法犯罪活动。外部风险主要是指监狱外的不法分子对监狱的侵袭,例如劫狱、聚众冲击监狱等。对于外部风险的控制与消除,主要是靠严密的外部警戒来完成。

(二)保障刑罚执行的准确与有效

狱政管理是对罪犯实施惩罚和改造过程中的行政管理工作,也就是说,狱政管理制度是用以配合刑罚执行的。合理科学的狱政管理制度,将有效地保障刑罚执行的合法、准确,最大程度发挥刑罚的效力。目前,我国监狱已经建立起对罪犯的日常考核制度。日常考核工作已经成为狱政管理中的一项重要的工作。做好日常考核工作,是依法对罪犯进行分类管理、分级处遇、奖罚特别是减刑、假释的前提。因此,做好日常考核工作对于刑罚执行的顺利进行,有着重要的意义。同时,由于罪犯考核涉及罪犯的重大利益,因此依法合理地完成罪犯考核工作对于稳定罪犯情绪,进而维护监狱秩序也有着重要意义。

(三)维护服刑人员的权利与利益

监狱在对服刑人员执行刑罚改造活动的同时,也担负着落实服刑人员相关合法权利的职责。狱政管理,不仅仅要保障国家刑罚权的实施,也要保障罪犯能够获得符合人道的待遇,保障罪犯的合法权益不受侵犯,这也是监狱行刑法治化的应有之义。对此,我国《监狱法》第7条明文规定,罪犯的人格不受侮辱,其人身安全、合法财产和辩护、申诉、控告、检举以及其他未被依法剥夺或者限制的权利不受侵犯。具体而言,狱政管理制度中包含了服刑人员在服刑期间的会见、通信、生活、医疗以及奖励等。通过对服刑人员权利的维护,可以化解服刑人员的抵触情绪,为矫治改造工作创造良好的氛围,促进服刑人员的思想改造。

三、狱政管理的原则

狱政管理原则是指监狱在对罪犯进行监管和行政管理的过程中必须遵循的基本准则。根据我国《监狱法》和有关监狱法规的规定,狱政管理应坚持依法管理原则、严格管理原则、直接管理原则与科学文明管理原则等。

(一) 依法管理原则

依法管理原则,是指狱政管理的整个过程中,监狱与监狱人民警察严格遵守《监狱法》等法律法规,并做到公正执法。依法管理原则是落实"依法治监"的要求,是法治原则在狱政管理中的体现。

依法管理,首先要求监狱人民警察训练掌握有关的法律知识,树立法治观念,提高依法管理的水平。其次还要求监狱人民警察严格公正执法,特别是要按照法定条件、法定程序和有关要求办理收押、释放、减刑、假释、暂予监外执行、离监探亲及安排劳动工种等,严禁监狱人民警察通过上述执法活动谋取不正当利益。

依法管理,还要求监狱贯彻落实制度化建设的要求,落实《监狱法》等有关法律法规所确定的各项制度,包括监管制度、日常管理制度、考核奖惩制度等等。通过严格执行各项制度,保障监狱安全、维护正常的监管秩序,从而保证监狱行刑目的的实现。

为落实依法管理原则,我国司法部等有关部门相继颁布了一些规范性文件,如《监管改造环境规范》(1990年)、《监狱人民警察六条禁令》(2006年)、《关于加强监狱安全稳定工作的若干规定》(2006年)、《监狱服刑人员行为规范》(2004年)、《监狱和劳动教养机关人民警察违法违纪行为处分规定》(2012年)等等,这些规范性文件都有助于依法管理原则的实现。

(二) 直接管理原则

直接管理原则,主要包含两层意义:

首先,直接管理原则要求监狱必须直接行使狱政管理权,不能将其狱政管理权转交其他法律没有授权的单位。狱政管理权是行刑权的一部分,而行刑权是国家刑罚权的一部分,因此,狱政管理权与刑罚权一样,必须由法律明确授权的机关行使。需要注意的是,当代西方监狱行刑中,出现所谓"监狱私营化"的趋势,即私营公司参与监狱建设、管理和为监狱提供服务的现象与趋势。虽然监狱私营化在节省政府管理费用等方面具有一定的优势,但是我国目前狱政管理还仍然坚持直接管理原则,私营机构无权参与狱政管理活动。

其次,直接管理原则还要求监狱人民警察对服刑罪犯进行直接的管理,即监狱人民警察要深入罪犯生活、学习、劳动现场,亲自组织、指导、监督和控制罪犯从事各种活动,不允许利用犯人管理犯人。我国《监狱法》第12条第2款规定:

"监狱的管理人员是人民警察",第 14 条第 8 项也规定,监狱人民警察不得"非法将监管罪犯的职权交予他人行使。"司法部 2009 年 11 月 17 日《加强监狱安全管理工作若干规定》就直接管理原则提出了明确的要求:禁止使用罪犯、工人和临时聘用人员代行管理职权、代办管理事务,禁止利用罪犯代为安排劳动项目、计分考评、搜身清监、检查信件和物品;禁止安排罪犯在变电所、锅炉房等重要部位或瓦斯检测、放炮等关键岗位劳动;禁止罪犯保管、登记、分发劳动工具;禁止罪犯代为保管、使用钥匙;禁止安排工人和临时聘用人员代替警察管理禁闭室、会见室、大门等重点部位。

(三)科学文明管理原则

简而言之,科学文明管理原则,是指狱政管理要符合科学、文明的要求。"科学"是指狱政管理要以科学理论为指导,遵循罪犯矫正的规律,同时以科学的方法判断狱政管理措施是否有利于监狱行刑的顺利进行。"文明"是人道主义原则对狱政管理工作的具体要求,"文明"原则要求狱政管理要与时俱进,使各项措施都符合当代人类文明的要求。科学文明管理是适应新时期监狱工作艰巨任务的客观需要,亦是创建现代化文明监狱的必然要求。它对于促进罪犯矫正,保障监管任务的顺利实现,有着十分重要的意义。

司法部 2004 年 9 月 20 日印发的《现代化文明监狱标准》对狱政管理提出具体的要求,其中包括:第一,建立健全并严格执行接见、通信、门卫、查监、巡逻、禁闭、警戒、戒具使用以及其他各项管理制度,审批程序严格,记载准确详尽。第二,依法保障罪犯的人身安全、合法财产和辩护、申诉、控告、检举等权利。尊重罪犯人格,不发生体罚虐待罪犯的事件。监狱为罪犯代为保管的物品要指定警察专人负责,做到账物相符,妥善保管。第三,严格按照《监狱服刑人员行为规范》对罪犯进行管理。计分考核准确公正,记载规范详实。第四,警察直接管理落实到位。第五,制定并完善处置突发事件应急预案,定期(每年应不少于一次)组织实施有效演练。第六,安全警戒工作机制健全,制度严密。

第二节 罪犯考核制度

一、罪犯考核的概念

罪犯考核,是指监狱在行刑过程中,根据一定的标准和程序,对罪犯在一定时期内的改造表现所进行的综合考察和评定。罪犯考核是监狱的一项经常性工作,对于正确执行刑罚,促进罪犯改造具有重要意义。

我国《监狱法》第 56 条规定:"监狱应当建立罪犯的日常考核制度"。司法部《关于在监狱系统推行狱务公开的实施意见》(2001 年 10 月 12 日,以下简称

《狱务公开意见》)也规定,正在监狱内服刑的罪犯必须参加计分考核;监狱建立对罪犯的日常考核制度,以计分的办法对罪犯进行考核。

计分考核在狱政管理中占有重要地位。我国《监狱法》第56条规定:"考核的结果作为对罪犯奖励和处罚的依据。"而《狱务公开意见》进一步指出,计分考核的结果作为分级处遇、奖罚和呈报减刑、假释的依据。可见,罪犯考核工作不仅是狱政管理工作的一项重要内容,也是许多其他行刑工作的基础。

二、罪犯考核的法律依据

目前,我国考核奖惩的主要法律依据是《监狱法》、司法部1990年8月31日起施行的《关于计分考核奖罚罪犯的规定》(以下简称《计分考核规定》)以及2002年出台的《监狱服刑人员行为规范》。其中,《监狱法》就考核内容、奖惩种类作出了较为原则性的规定;《计分考核规定》对考核的内容与方法作出了较为详细的规定;《监狱服刑人员行为规范》则较为详细地规定罪犯接受改造必须遵守的行为准则,这些"行为准则"是考核罪犯改造表现的一项基本内容,是实施奖惩的重要依据。上述三个规范性文件的内容有一定的重合性。其中,有关考核内容的规定,《计分考核规定》的内容具有一定的滞后性,因此在实践中应当以《监狱法》和《监狱服刑人员行为规范》为根据;但有关考核方法的规定,由于《监狱法》规定得比较简单、《监狱服刑人员行为规范》没有作出规定,因此在实践中,原则上还是应当以《计分考核规定》为根据。当然,由于《计分考核规定》出台较早,各地一般都根据《计分考核规定》制定了各自相应的实施细则,如宁夏回族自治区监狱管理局发布的《宁夏监狱对罪犯计分考核奖罚实施办法(试行)》(2010年6月7日发布施行)、广西壮族自治区司法厅制定了《计分考核奖罚罪犯规定实施细则》(2011年9月6日起施行)等,这些具体细则为罪犯的考核提供了操作性标准。

三、罪犯考核的内容

传统的监狱行刑中,罪犯考核的两个基本内容是"思想改造"与"劳动改造";《监狱服刑人员行为规范》将其细化为生活、学习、劳动、文明礼貌等几个方面。根据《监狱服刑人员行为规范》的规定,罪犯在监狱中要遵守以下五个方面的规范,罪犯行为是否遵守这些规范,以及遵守的程度、表现则是监狱考核的主要内容:

(一)基本规范

基本规范主要是指罪犯应当遵纪守法。具体包括:

(1)拥护宪法,遵守法律、法规、规章和监规纪律。

(2)服从管理,接受教育,参加劳动,认罪悔罪。

（3）爱祖国、爱人民、爱集体、爱学习、爱劳动。

（4）明礼诚信，互助友善，勤俭自强。

（5）依法行使权利，采用正当方式和程序维护个人合法权益。

（6）服刑期间严格遵守下列纪律：不超越警戒线和规定区域、脱离监管擅自行动；不私藏现金、刀具等违禁品；不私自与外界人员接触、索取、借用、交换、传递钱物；不在会见时私传信件、现金等物品；不擅自使用绝缘、攀援、挖掘物品；不偷窃、赌博；不打架斗殴、自伤自残；不拉帮结伙、欺压他人；不传播犯罪手段、怂恿他人犯罪；不习练、传播有害气功、邪教。

（二）生活规范

生活规范是罪犯在日常生活中需要遵守的规范。具体包括：

（1）按时起床，有秩序洗漱、如厕，衣被等个人物品摆放整齐。

（2）按要求穿着囚服，佩戴统一标识。

（3）按时清扫室内外卫生，保持环境整洁。

（4）保持个人卫生，按时洗澡、理发、剃须、剪指甲，衣服、被褥定期换洗。

（5）按规定时间、地点就餐，爱惜粮食，不乱倒剩余饭菜。

（6）集体行进时，听从警官指挥，保持队形整齐。

（7）不饮酒，不违反规定吸烟。

（8）患病时向警官报告，看病时遵守纪律，配合治疗。不私藏药品。

（9）需要进入警官办公室时，在门外报告，经允许后进入。

（10）在野外劳动现场需要向警官反映情况时，在3米以外报告。

（11）遇到问题，主动向警官汇报。与警官交谈时，如实陈述、回答问题。

（12）在指定铺位就寝，就寝时保持安静，不影响他人休息。

（三）学习规范

（1）接受法制、道德、形势、政策等思想教育，认清犯罪危害，矫治恶习。

（2）接受心理健康教育，配合心理测试，养成健康心理。

（3）尊重教师，遵守学习纪律，爱护教学设施、设备。

（4）接受文化教育，上课认真听讲，按时完成作业，争取良好成绩。

（5）接受技术教育，掌握实用技能，争当劳动能手，增强就业能力。

（6）阅读健康有益书刊，按规定收听、收看广播电视。

（7）参加文娱活动，增强体质，陶冶情操。

（四）劳动规范

（1）积极参加劳动。因故不参加劳动，须经警官批准。

（2）遵守劳动纪律，坚守岗位，服从生产管理和技术指导。

（3）严格遵守操作规程和安全生产规定，不违章作业。

（4）爱护设备、工具。厉行节约，减少损耗，杜绝浪费。

(5) 保持劳动现场卫生整洁,遵守定置管理规定,工具、材料、产品摆放整齐。
(6) 不将劳动工具和危险品、违禁品带进监舍。
(7) 完成劳动任务,保证劳动质量,珍惜劳动成果。
(五) 文明礼貌规范
(1) 爱护公共环境。不随地吐痰,不乱扔杂物,不损坏花草树木。
(2) 言谈举止文明。不讲脏话、粗话。
(3) 礼貌称谓他人。对人民警察称"警官",对其他人员采用相应礼貌称谓。
(4) 服刑人员之间互称姓名,不起(叫)绰号。
(5) 来宾、警官进入监舍时,除患病和按规定就寝外,起立致意。
(6) 与来宾、警官相遇时,文明礼让。

四、罪犯考核的方法

根据《计分考核规定》,我国监狱使用的是"计分考核法",即利用百分制对罪犯的改造表现进行打分评定的方法。

计分考核法的具体办法是:

(一) 设立考核领导小组

监狱成立考核领导小组,负责领导、掌握和处理考核、奖罚中的重大问题,具体业务由狱政部门办理。监区、分监区成立由干部组成的考核审评组,负责考核的具体实施。

(二) 计分标准

思想改造满分为55分,劳动改造满分为45分。考核计分要严格依据考核内容和标准,做到的计满分,做不到的扣分,完成好的加分。其中,凡有工时定额的劳动,一律按工时定额进行考核;无工时定额的劳动,可参照考核内容,以人定岗、以岗定责、以责定分进行考核。

实践中,一些地方的计分标准与《计分考核规定》有所不同。如《广西壮族自治区计分考核奖罚罪犯规定实施细则》规定,基本规范30分,生活规范15分,学习规范15分,劳动规范30分,文明礼貌规范10分;而根据《宁夏回族自治区监狱对罪犯计分考核奖罚实施办法(试行)》,对罪犯计分考核奖罚,实行基础减刑分加奖(扣)分制:罪犯每月基础减刑分为3分(未成年犯为3.5分),罪犯当月实际得减刑分为基础减刑分加奖(扣)分之和。

加、扣分必须以事实为依据。对罪犯需给予加、扣分时,由分管干部按规定填写"加、扣分审批单",报考核评审组集体审核后,由主管干部依据该核定的事实和审批权限实行专人审批。加、扣分的审批权,根据分数多少,分别由分监区、监区或监狱行使,任何人都不得越权加分或扣分。

监狱应当及时公布加分、扣分情况。对罪犯的加、扣分,应做到"当时清"、"三见面"(当日的问题必须当天找当事人及有关人员查实;与干部、本人、全队罪犯见面)。犯人对加分、扣分不服时,可以提出申辩,考核评审组或考核领导小组应当认真复查,并及时给予明确答复。

(三) 实行"日记载、周评议、月公布"的考核制度

对罪犯考核应每天评记1次,如因故当天未能评记,可于次日补记。在每周罪犯生活检讨会上,可对每个罪犯一周的计分考核情况进行复核评议。发现遗漏及时补填,如有错误,及时纠正。每月月终,由分监区考核评审组复查无误后,张榜公布罪犯当月得分情况。思想改造与劳动改造二者分数不得相互替补。凡月度思想改造、劳动改造均满基础分的,其超分可计入累计积分;思想改造不满基础分,劳动改造超过基础分并得奖分的,只享受物质、经济奖励。

(四) 罪犯考核的特殊情况

(1) 凡恶习不改,有重新犯原犯罪性质的违规违纪行为的,在同样条件下从重扣分;对原犯罪有突出悔改表现的,给予高分奖励。

(2) 罪犯在保外就医、入监教育和出监教育以及住院治疗期间,不纳入百分考核范围。老、病、残罪犯基本丧失劳动能力的,主要考核思想改造表现。

(3) 罪犯在禁闭或严管期间,不参加计分考核,同时要根据其违纪行为从重扣分,但所余积分仍然有效。解除禁闭或严管,经一个月考察后,继续计分考核。

(4) 罪犯在服刑期间又犯罪的,除依法惩处外,以前所得积分一律取消,处理后经3个月考察再重新计分。

(5) 罪犯依法提出正当申诉和控告的,不影响其考核得分。但利用申诉无理取闹,申诉被驳回后又无理缠诉的,应给予扣分或其他处罚。

(6) 对累犯、惯犯的考核应当从严掌握,一般入监后经过半年至一年的考察后,方可参加计分考核。

(五) 半年或年终进行评定

每半年或年终时,监狱根据罪犯分数多少,分别给予行政奖励或行政处罚。对连续获得数次表扬或记功的罪犯,可根据情况依法报请减刑、假释。

第三节 分押分管制度

对罪犯实施分类管理,是目前世界各国监狱行刑的一个重要制度。在我国,根据《监狱法》第四章第一节的规定,对罪犯的分类管理制度被称为"分押分管"。"分押分管",由"分押"与"分管"两部分内容组成,它是指监狱依据服刑罪犯的性别、年龄以及犯罪类型、刑罚种类、刑期长短、改造表现等情况,将罪犯

分类关押和差别管理的狱政管理方式。

一、分押分管制度的现实意义

在监狱行刑中实行分押分管制度,有以下几个现实意义:

(1) 有利于提高监狱管理效率。罪犯的构成十分复杂,罪犯之间的差异性比较大,如果不加区别全部关押在一起,监狱秩序难以维持,相应地也会增加罪犯改造的难度。相反,如果按照一定标准对服刑人员进行分类,根据其不同特点投入至相应的监狱或者监区,在同一监狱或者监区可以采取一些类似的管束或者改造措施,则可以减少监狱行刑的成本,提高监狱管理效率。

(2) 可以避免罪犯间相互教唆、传授犯罪伎俩,减少罪犯之间的"交叉感染"。在监狱中,罪犯之间容易出现相互传习犯罪伎俩的现象,对预防罪犯再犯罪非常不利。通过罪犯的分类管理,可以有效地预防和减少罪犯间的"交叉感染",从而提高改造的质量和效果。

(3) 有利于加强教育改造的针对性。通过分类管理,监狱可以根据不同类型罪犯的心理、行为和思想特点,制定并实施不同的矫治方案,从而加强教育改造的针对性、科学性和有效性。

(4) 有利于调动罪犯的改造积极性。罪犯分类管理,往往意味着监狱对不同改造表现的罪犯实行区别对待,这会在一定程度上激发罪犯的竞争意识,鼓励他们积极改造。

二、我国分押分管制度的历史沿革

我国古代就有对罪犯实施分别关押的做法。据《新唐书·百官志·狱丞》记载,唐朝实施"囚徒贵贱、男女异狱"的制度,即根据囚徒的身份地位、性别实施分别关押。清末时期,清政府聘请日本监狱学家小河滋次郎任狱务顾问起草了《大清监狱律草案》,这部草案第一次尝试将近代西方监狱的分类管理制度引入我国。该《草案》规定,监狱分为徒刑监、拘役场、留置所三类。徒刑监,拘禁处徒刑者;拘役场,拘禁处拘役者;留置所,拘禁刑事被告人。《草案》还效法日本,规定了分类管理制度。《草案》规定:"各种监狱均须严别男监女监"、"未满18岁之处徒刑者,应拘禁于特设监狱,或者监狱内特区分一隅拘禁之"。对于有暴行危险的囚犯和传染病罪犯则要进入夜间独居拘禁监房。《大清监狱律草案》虽然因清朝的灭亡而没有实施,但是它对民国时期的立法产生了较大的影响。北洋政府1913年分布的《监狱规则》便是以《大清监狱律草案》为蓝本而制定的。后来,南京国民政府亦效仿西方监狱制度,在法律中规定了分类监禁的制度。[1]

---

[1] 参见杨殿升主编:《监狱法学》(第二版),北京大学出版社2001年版,第86—87页。

新中国成立初期,分押分管制度即成为狱政管理中的一项重要制度。1954年《劳动改造条例》要求对罪犯实施分押分管,当时分押分管制度的主要内容是:

（1）对少年犯应当设置少年犯管教所进行教育改造。

（2）按照犯罪性质和罪行轻重,分设监狱、劳动改造管教队,将罪犯分别关押并给以不同的监管。

（3）对没有判决的犯人,设置看守所给以监管。

1956年,公安部在《关于对犯人实行分管分押制度中几个问题的通知》中规定,分管分押一般按照犯人的案情性质和刑期长短为主,同时也要照顾犯人在劳动改造中的表现。此外,对不同的罪犯应当分别实行从严、一般、从宽三种不同管理制度。1962年公安部制定的《劳动改造管教队工作细则（试行草案）》,进一步规定了监狱、劳改队应当对各类罪犯分别编队、分别关押、区别对待。

具体而言,看守所主要羁押未决犯和判处两年以下的罪犯。劳动改造管教所主要监管适宜在监外劳动的反革命犯和一般刑事犯。监狱则主要监管已判决死刑缓期执行、无期徒刑的反革命犯和其他重要刑事犯。收押条件和警戒条件较好的劳改队,也可以收押一部分重刑犯。对于特务间谍、判处死刑缓期执行、无期徒刑的罪犯以及外籍犯,劳改队和少年犯管教所不能收押,而只能由监狱收押。

1982年,公安部制定了《监狱、劳改队管教工作细则（试行）》,该细则中,"分管分押"被列为单独的一节。这一细则中的"分管分押"制度,有以下几个特点:

（1）强调要逐步把反革命犯与普通刑事犯分别编队,分管分教,区别对待。

（2）把普通刑事犯中的累犯、惯犯、"二进宫"、"三进宫"的犯人和偶犯、过失犯分别编队（组）,避免相互教唆、传习犯罪伎俩。

（3）同案的犯人和有直系亲属关系的犯人,除女犯外,不得被关押在同一个劳改单位。

（4）监狱、劳改队可根据实际情况建立严管队（组）,关押改造下列犯人:公开抗拒改造,屡教不改的刑事惯犯;严重破坏监规,组织反革命集团,或拉帮结伙,危险性大的为首分子;坚持反动立场,继续进行破坏活动,经教育无效的"四人帮"帮派骨干分子。

（5）对犯人中原系县（团）级以上的干部（不含"文化大革命"中双突的干部）、公、检、法机关工作干部和统战对象,应当集中到条件较好的劳改单位单独编队,在劳动和生活上给予适当照顾,管理上适当从宽,派政策业务水平较高的干部进行管理教育。对犯人中的高级知识分子,也要给予适当照顾,并注意发挥其技术特长。

（6）外籍犯要单独关押。派懂外文的干部进行管理教育。并适当组织他们从事一些轻微劳动。要尊重他们的生活习惯,生活标准可适当提高。凡属涉外事宜,应当请示省、市、自治区公安厅、局的外事管理部门处理。

（7）对少数民族的犯人,应当尊重他们的民族风俗习惯,在生活上给予适当照顾。少数民族犯人较多的单位,应当单独编队,尽可能派本民族的干部进行管理教育。

可见,新中国成立初期以及改革开放初期,我国在分押分管制度上已经进行了初步的探索,但总的来说,我国监狱对罪犯一直实行粗放型的分押分管;而且受制于种种主客观因素,上述有关分管分押的规定在实践中没有被严格地贯彻执行。进入20世纪80年代以后,为了强化监管改造工作,提高改造质量,各地监狱通过各种形式进行分押、分管、分教的试点,积累了许多新经验,取得了一定的效果。1989年7月司法部召开的全国监管改造工作会议,总结并肯定了各试点单位的经验,决定在监狱系统逐步推行分押分管分教制度。1991年10月,司法部劳改局(即后来的监狱管理局)发布了《对罪犯实行分押、分管、分教的试行意见(修改稿)》(以下简称《分押、分管、分教意见》),对分押分管进行了较为详细的规定。到1994年,《监狱法》总结了分押分管的实践经验,对分押分管作了明确规定。《监狱法》第39条第1款规定:"监狱对成年男犯、女犯和未成年犯实行分开关押和管理,对未成年犯和女犯的改造,应当照顾其生理、心理特点。"第2款规定:"监狱根据罪犯的犯罪类型、刑罚种类、刑期、改造表现等情况,对罪犯实行分别关押,采取不同方式管理。"这就为监狱对罪犯实行分押分管提供了法律依据。

三、分押分管制度的具体内容

分押分管制度的内容,由"分押"与"分管"两部分组成。

（一）分押

分押,即分类关押,是指根据罪犯的性别、年龄、犯罪性质和刑种、刑期等情况,将其进行分类,并将不同类型的罪犯关押在不同监狱或者同一监狱的不同监区。目前我国监狱行刑中,分押的方法包括两种:

第一种分押是监狱分类关押,即在不同类型的监狱中分别关押不同类型的罪犯。根据我国《监狱法》的规定,我国监狱按照所关押罪犯的性别、年龄,分为成年男犯监狱、成年女犯监狱和未成年犯管教所。同时,在我国刑事执行实践中,监狱类型有了进一步的细化,一些省市设置了罪犯分流中心、老残病犯监狱、轻刑犯监狱、重刑犯监狱等。

第二种分押是监区分类关押,即在同一监狱内设置多个监区,在不同监区内关押不同类型罪犯。目前,监区分类关押是我国监狱普遍采取的分类管理形式。

整体来看,目前我国监狱类型较少,"监狱分类关押"这种关押方法在实践中的功能有限,不能满足分押分管制度的需求。因此,需要在同一监狱内设置多个监区,然后根据一定的标准,将同一监狱中的罪犯进行分类,并将不同类型的罪犯分别置于不同的监区关押。

我国《监狱法》施行后,关于同一监狱内的罪犯如何进行具体的分类,国家有关部门并没有制定相应的规范性文件。参考1991年《分押、分管、分教意见》,监狱根据罪犯的犯罪性质,结合罪犯的犯罪手段、行为方式和恶习程度,并适当考虑各地监狱工作的实际情况,可以将罪犯分为四大类型进行关押:财产型罪犯、性罪犯、暴力型罪犯与其他类型罪犯。其中,财产型罪犯又可以分为两种类型:盗窃犯与其他财产型罪犯。

(二) 分管

分管指的其实是"差别管理",即对不同的罪犯采取不同的方式进行管理。具体来说,包括对罪犯的分类管理与分级管理两个方面。

1. 分类管理

分类管理,是指监狱在对罪犯分类关押的基础上,根据不同类型的罪犯在思想、心理、行为等方面的共同特征而进行的有针对性的管理措施。例如,针对未成年服刑人员与女性服刑人员,我国相关法律法规都规定了一些特殊的管理措施。

2. 分级管理

分级管理,也称为"分级处遇",是指监狱以服刑人员的改造表现为主要根据,并且综合考虑犯罪性质、刑期长短和恶习程度,对服刑人员实行不同级别的管理,并且给以相应的处遇。

目前,我国《监狱法》并没有"分级处遇"的规定。《狱务公开意见》指出,监狱对罪犯实行分级处遇的管理办法,分级处遇等级分为从严管理、普通管理、从宽管理。不同处遇等级的罪犯,在通信、会见、文体活动、购物、离监探亲和与亲属共餐、同宿等方面,按规定享有不同待遇。

我国一些地方的司法行政机关制定了分级处遇的具体办法,如《江苏省监狱系统罪犯分级管理暂行规定》规定,分级管理以罪犯改造表现为主要依据,以计分考核为基础,结合刑期执行情况、奖惩情况,将罪犯区分为不同级别,施以相应管理,给予相应处遇。该规定将罪犯分级管理设置为五个等级:宽管级(A级)、从宽级(AB级)、普管级(B级)、从严级(BC级)与严管级(C级)。

针对不同处于不同级别的罪犯,《江苏省监狱系统罪犯分级管理暂行规定》还规定了不同的处遇:

第一,宽管级(A级)的处遇为:(1)符合减刑、假释条件的优先呈报减刑、假释,减刑幅度可在法律规定的幅度内适当放宽;(2)每月可与亲属或监护人在宽见厅会见两次,可与亲属或监护人共餐;(3)符合条件的,每月可安排特优会见一次;(4)通信次数不限;(5)每周可拨打亲情电话一次;(6)可在监内积假休息;(7)保持宽管级半年,符合离监探亲条件的,经监所批准可离监探亲,时间为5—7天;符合特许离监条件的,经监所特许可离监1天;(8)每月可开账购买副食品80元;(9)可按规定自费点菜加餐;(10)有一定管理特长或劳动技能的,可优先从事事务性辅助岗位、关键性技术岗位和重要性生产岗位的劳动;(11)优先参加监所组织的外出参观活动;(12)优先安排到监所文体娱乐室活动;(13)优先参加监内各种兴趣班和职业技术培训;(14)可享受监所设置的其他相应处遇。

第二,从宽级(AB级)的处遇为:(1)符合减刑、假释条件的优先呈报减刑、假释;(2)每月可与亲属或监护人在宽见厅会见一次,并可与亲属或监护人共餐;(3)符合条件的,每两个月可安排特优会见一次;(4)通信次数不限;(5)每月可拨打亲情电话二次;(6)可在监内积假休息;(7)保持从宽级半年,符合离监探亲条件的,经监所批准可离监探亲,时间为3—5天;符合特许离监条件的,经监所特许可离监1天;(8)每月可开账购买副食品60元;(9)可按规定自费点菜加餐;(10)有一定管理特长或劳动技能的,根据需要可从事事务性辅助岗位、关键性技术岗位和重要性生产岗位的劳动;(11)经批准可参加监所组织的外出参观活动;(12)每月可安排到监所文体娱乐室活动;(13)可参加监内各种兴趣班和职业技术培训;(14)可享受监所设置的其他相应处遇。

第三,普管级(B级)的处遇是:(1)符合减刑、假释条件的,择优呈报减刑、假释;(2)每月可与亲属或监护人在普通会见厅会见一次,会见时间不超过45分钟;经监所批准可与亲属或监护人共餐;(3)每月可发信两次;(4)每月可拨打亲情电话一次;(5)可在监内积假休息;(6)符合特许离监条件的,经监所特许可离监1天;(7)每月可开账购买副食品40元;(8)可参加监所职业技术培训。

第四,从严级(BC级)的处遇是:(1)每月可与亲属或监护人在普见厅会见一次,会见时间不超过30分钟;(2)每月可发信一次;(3)每月开账购买副食品不超过30元;(4)每两个月可拨打亲情电话一次。

第五,严管级(C级)的处遇是:(1)原则上停止通信、会见;(2)每月开账仅限于生活必需用品;(3)一般应停止参加监内各种娱乐活动。

第四节 罪犯与外界交流的管理制度

所谓罪犯与外界交流,是指在监狱服刑的罪犯与监狱之外之间发生的有关联络和互动。在监狱服刑的罪犯,虽然其人身自由被剥夺,但这并不意味着他们与外界彻底隔绝。根据我国《监狱法》等法律的规定,罪犯可以通过通信、打电话、邮汇、会见、请假等方式与外界取得联系。

罪犯与外界的联系有利于维护罪犯情绪的稳定,有利于促进罪犯的改造积极性。因此,做好罪犯对外交流的管理工作,对于整个监狱行刑工作而言,具有重要的意义。

一、通信

通信,是指罪犯在监狱服刑期间与他人的书信来往活动。与他人通信,是罪犯在监狱中与外界联系的一个基本途径,亦是罪犯享有的法定权利。我国《监狱法》第47条规定:"罪犯在服刑期间可以与他人通信,但是来往信件应当经过监狱检查。监狱发现有碍罪犯改造内容的信件,可以扣留。罪犯写给监狱上级机关和司法机关的信件,不受检查。"上述规定明确了罪犯通信的范围与监狱对信件的检查、扣留权。

首先,就罪犯的通信范围而言,我国《监狱法》没有作出限制。因此,罪犯既可以与亲属、监狱护人通信,也可以与其他人通信。与1982年《监狱、劳改队管教工作细则(试行)》相比,罪犯的通信范围有所扩大;根据该细则的规定,罪犯一般只可以与亲属通信。

其次,监狱对罪犯的来往信件,拥有检查职权;但是罪犯写给监狱上级机关和司法机关的信件,不受检查。需要注意的是,监狱检查罪犯的来往信件,一般由指定的人民警察具体实施,未经监狱授权的人员不得行使检查权;同时,我国《监狱法》第14条亦规定,监狱人民警察不得私自为罪犯传递信件。

最后,对于"有碍罪犯改造内容的信件",监狱可以扣留。什么是"有碍罪犯改造内容的信件",我国《监狱法》没有作出具体的说明,监狱人民警察在行使扣留权的过程中拥有比较大的裁量权。

二、电话使用制度

监狱法并没有规定罪犯有使用电话与外界联系的权利。在过去,由于监狱缺乏可供罪犯使用的电话设备,也缺乏相应的制度,罪犯是不能通过电话与外界沟通的。1982年《监狱、劳改队管教工作细则(试行)》曾明确规定:"不准犯人与外界通电话。"随着时代的变化,以及监狱设备的改良,如今在监狱中服刑的罪犯,普遍可以根据监狱的规定使用监狱设置的有线电话。由于罪犯打电话的对象一般是其亲属,所以罪犯与这些人员的通话常被称为"亲情电话"。

目前,由于缺乏全国统一的罪犯使用电话的规定,所以各监狱关于"亲情电话"的做法可能不一样。以下结合《上海市罪犯通讯管理规定》(沪司狱狱政〔2010〕17号)的有关规定,介绍上海监狱亲情电话的制度。

(1) 电话设置、通话区域与费用。监狱设置专用设施,开通亲情电话,通话区域限于国内、境内,费用自理。

(2) 通话对象。罪犯可以申请1个固定座机电话号码,与亲属或监护人通电话。

(3) 通话频率与时间。罪犯亲情电话每月1次,C级(含C级)处遇以下每次不超过5分钟,B级(含B级)处遇以上每次不超过10分钟。罪犯情况特殊,当月需增加1次通话;需要与其他人员通话的,须经监狱长批准。

(4) 亲情电话的暂停。罪犯新收期间,禁闭、严管、隔离审查期间暂停亲情电话。特殊情况需通话的,须经监狱长批准。

(5) 亲情电话使用与监听程序。罪犯亲情电话,应由罪犯本人申请,经主管民警批准;通话结束后,责任民警填写"罪犯亲情电话通话登记表"。罪犯亲情电话,提倡讲普通话。

罪犯亲情电话须由民警实时监听,并进行录音,保存1年。发现使用隐语、暗语或外语的,即时中止;发现问题的,及时报告监区。

三、邮汇制度

监狱行刑中的邮汇,一般指罪犯的亲属、监护人或者其他人给罪犯邮寄包裹和汇款的总称。在特殊的情况下,也会出现罪犯向外界邮寄物品或者汇款的情形。根据我国《监狱法》等法律法规,罪犯在监狱服刑期间,可以收受、邮寄物品和钱款,但是,应当经监狱批准和检查。一般的做法是:

(1) 罪犯收受其亲属以及其他人的汇款,应当由罪犯在汇款单上签名、盖章,由监狱人民警察代领后,以罪犯本人的名义存入银行。罪犯有正当用途时,经批准可以支取,释放时,将存款连同利息如数发还本人。

(2) 对他人寄给罪犯的包裹,监狱应认真进行检查、登记。非生活必需品,由监狱代为保管,释放时发还本人,或者在会见时由亲属带回。如果包裹中夹带有违禁品的,监狱应当没收,并在详细登记后报告主管机关。

(3) 接收包裹或汇款的罪犯如果已经调离,监狱应及时将包裹或汇款转递罪犯所在单位;罪犯如果已经脱逃,暂由监狱代为保存;罪犯如果已经死亡或者被释放的,监狱应及时将包裹或汇款退回寄件人。

(4) 罪犯给他人的邮寄包裹或者汇款,须经监狱有关负责人员检查、登记,并由其代为办理邮汇手续,回执交罪犯本人保存。

四、会见制度

我国《监狱法》第48条规定:"罪犯在监狱服刑期间,按照规定,可以会见亲属、监护人。"会见亲属、监护人是罪犯的一项法定权利,是动员社会力量及罪犯亲属协助监狱对罪犯实施教育改造的一项重要措施。它有利于维系和巩固罪犯的家庭关系,稳定罪犯的思想情绪,促进罪犯悔过自新。

大部分在监狱服刑的罪犯,都可以会见亲属、监护人。但是,罪犯在关禁闭期间,原则上不准会见亲属或监护人。如有特殊情况需要会见的,须经监狱主管领导批准。此外,死刑犯会见制度的确定,在我国经历了一段较为漫长曲折的路程。中国古代礼法融合,强调天理人情,允许死刑犯与其亲属会见,"诸决大辟罪,皆防援至刑所,囚一人防援二十人,并官给酒食,听亲故辞决,宣告犯状,仍日未后乃行刑"(唐《狱官令》)。新中国成立以后,死刑犯的会见权利被否定,因而不存在所谓的会见制度。"刑前会见"的实践,则始于1998年最高人民法院《关于执行〈中华人民共和国刑事诉讼法〉若干问题的解释》第343条的规定,即"执行死刑前,罪犯提出会见其近亲属,或者其近亲属提出会见罪犯申请的,人民法院可以准许"。而2007年3月11日,最高人民法院、最高人民检察院、公安部、司法部联合颁布《关于进一步严格依法办案确保办理死刑案件质量的意见》以及2013年1月1日实施的最高人民法院《关于适用〈中华人民共和国刑事诉讼法〉的解释》第423条,则将"可以"改为了"应当",自此死刑犯在执行前有与家属会见的权利。

根据我国《监狱法》第48条的规定,探视人一般仅限于罪犯的亲属和监护人。其中,亲属是指与罪犯有血缘、婚姻或者收养关系的人。监护人一般是指未成年人或者精神病患者的法定代理人。

会见,应当在监狱指定的会见地点进行。监狱应根据服刑人员的数量,设立罪犯会见室,罪犯会见亲属或者监狱人要在会见室进行。会见室应配备专职警察进行管理;其内部构造亦要符合安全管理的要求,应安装防护、报警、监视、监听等装置,防止罪犯脱逃或者与探视人非法接触等。

根据司法部《加强监狱安全管理工作若干规定》,会见一般每月一次,会见人员一般不超过三人,确需增加会见次数、人数的,应当报监狱长批准。罪犯收受的物品应当由警察当面查验登记后再转交,钱款由监狱集中记账保管。对监狱内职务罪犯、涉黑涉恶罪犯以及在本地具有一定社会影响力的罪犯的会见情况,应当详细登记在案,归档备查。

五、特许离监制度(请假制度)

特许离监制度,亦称为"请假制度",是指对符合一定条件的罪犯,如果遇到直系亲属病危、死亡或者其他重大情况,确需本人回去处理的,可以准其回家看望和处理的制度。

根据司法部制定的《罪犯离监探亲和特许离监规定》(2001年9月4日起施行),对于同时具有下列情形的罪犯,可以特许其离监回家看望或处理:(1)剩余刑期 10 年以下,改造表现较好的;(2)配偶、直系亲属或监护人病危、死亡,或家中发生重大变故、确需本人回去处理的;(3)有县级以上医院出具的病危或死亡证明,及当地村民(居民)委员会和派出所签署的意见;(4)特许离监的去处在监狱所在的省(区、市)行政区域范围内。

罪犯特许离监的时间为 1 天。办理特许离监,应由罪犯本人或其亲属提出申请,由监狱审查批准。对特许离监的罪犯,监狱必须派干警押解并予以严密监管。当晚不能返回监狱的,必须羁押于当地监狱或看守所。

第五节 生活卫生管理制度

生活卫生管理是指对监狱服刑罪犯的日常生活和医疗卫生事务所进行的管理工作。生活卫生管理制度很大程度上决定了罪犯在监狱中的生存状态,也反映了监狱人权保障的状况。做好生活卫生管理,维持罪犯良好的生存状态,是监狱行刑的基础,也是落实人权保障这一宪法原则的要求。

生活卫生管理工作的对象有二:第一,罪犯的日常生活。罪犯的日常生活涉及其食、住、用、作息等各方面的细节。这些生活细节,罪犯基本上都要听从监狱的安排;监狱也要依法给予罪犯相应的待遇。第二,罪犯的身体健康。在监狱行刑中,难免会出现疾病等威胁罪犯身体健康的情况,因此,监狱需要在医疗卫生等方面作出合理的安排,以保障罪犯的身体健康。

一、生活管理

生活管理,是指监狱依法对罪犯的衣、食、住、用、作息等生活细节的安排与管理。在我国狱政管理实践中,生活管理主要包括伙食管理、被服管理、监舍区管理、作息安排等方面的内容。

生活管理是狱政管理中最经常、最基本的管理活动之一,它涉及罪犯诸多方面的切身利益。做好生活管理工作,有助于保障罪犯的身心健康,有利于帮助罪犯戒掉恶习、养成良好的生活习惯,亦有助于稳定罪犯思想情绪,维护监管改造场所秩序。

(一)饮食管理

饮食管理是监狱就罪犯的饮用水和食物方面所进行的计划、供应、调配等管理活动。饮食是维系罪犯服刑生活的物质基础,一个国家的饮食管理制度,是体现监狱行刑政策的一个重要窗口,良好的饮食管理制度同时也是促使服刑人员安心服刑的重要措施。根据相关监狱行刑法规,我国罪犯饮食管理的总要求是:保证罪犯吃好、吃熟、吃热、吃得卫生,并有足够的饮用水。

伙食管理制度有两项主要内容:第一是"伙食标准",即罪犯在监狱中能得到怎样的伙食。第二是"伙食管理",即为实现伙食管理的规范化,监狱在伙食方面应当建立的具体制度。

1. 伙食标准

确定伙食标准的方法,有三种:货币标准、热量标准和实物标准。新中国成立以来,一直都没有采用热量标准,而是采用货币和实物相结合的混合标准:一方面规定罪犯每个月的饮食货币标准,另一方面对罪犯的主食按量按品种供应,副食合理调剂。我国市场体制建立以后,食物价格有着较大的波动,为此,《监狱法》第50条规定:"罪犯的生活标准按实物量计算,由国家规定。"换言之,饮食标准采用的是实物标准。其中所谓的"实物量",是指在一定时期内,为满足罪犯的基本生活而需要的主、副食品与被服等用品的实际数量。

根据财政部、司法部1995年公布的《在押罪犯伙食实物量标准》,我国罪犯的饮食标准(按月计算)为:粮食12—25公斤,蔬菜15—25公斤,食油0.5—1公斤,肉食、蛋、鱼、豆制品1—2公斤,调味品适量,燃料、炊事用具及杂支运输费根据需要来确定。上述标准只是一个参考指导标准,各地监狱可结合本地的实际情况,制定具体的实施标准,并报送财政部、司法部备案。

监狱按照上述标准,进行采购供应,不受物价上涨因素的影响。在具体管理中,应该根据具体情况而作出相应的调整。例如,参加劳动的罪犯,体力消耗大,其标准可以适当高于不参加劳动的罪犯;从事农业劳动的罪犯,农闲时标准要低一些,农忙时标准要高一些;正处于生长发育期的未成年犯,其标准也可适当提高,等等。

2. 伙食管理

(1) 配备专职人员管理食堂。监狱应配备专职干警管理罪犯的饮食,要加强对从事炊事劳动罪犯的教育和管理,不断提高他们的技术水平。

(2) 成立犯人伙食管理委员会,选择改造表现比较好的罪犯担任伙食管理委员会的委员,协助监狱人民警察管理罪犯的伙食。

(3) 罪犯的伙食账目要按月公布。

(4) 对少数民族罪犯的特殊生活习惯应当予以照顾,必要时应当单设食堂或另立食灶。对外籍犯的饮食习惯监狱也应尽量给予照顾。

(5) 根据《狱务公开意见》,监狱对有特殊饮食习惯的少数民族罪犯,单独设灶。罪犯患病住院期间,适当提高伙食标准。

(6) 有条件的监狱,应当建立副食品生产基地,由罪犯在监狱人民警察监督指导下自己种植蔬菜,饲养家禽,搞好罪犯伙食。

(7) 加强罪犯就餐现场管理。罪犯在食堂用餐,由监狱人民警察带去带回,并在规定时间、地点和座位上就餐。罪犯在野外就餐,应指定改造表现良好、身体健康、责任心强的罪犯到食堂领饭,食堂应当保证罪犯吃上热饭,喝上热水,值班的监狱警察要加强监督,确保公平分发。

(二) 被服管理

罪犯被服包括囚服、被、褥、鞋帽、蚊帐、劳动服等。我国《监狱法》第51条规定:"罪犯的被服由监狱统一配发。"根据财政部、司法部1995年公布的《在押罪犯被服实物量标准》,罪犯被服管理制度的主要内容是:

(1) 罪犯入监后,一律穿囚服。囚服的式样一般由省(自治区、直辖市)监狱管理局统一制定,并统一组织制作和供应。为了便于识别,应当在囚服里面填写罪犯的姓名和所在队别,并在上衣左胸前印制小型符号,但禁止在囚服上印制"犯人"或"罪犯"等字样。

(2) 被服每年一般分夏季和冬季两次发放。新入监罪犯的囚服随时发放。到期的被服统一回收,以旧换新。罪犯刑满释放时,监狱发放的被服原则上应予收回,家庭确有困难的,经主管部门批准可以留用。

(3) 罪犯自带的内衣、内裤、鞋袜、被褥、蚊帐等,可允许其继续使用。

(4) 对罪犯生产劳动所需的工作服和防雨、防暑等用具及劳动保护用品,应当按照同类国营企业同工种工人的标准发放。

(三) 监舍管理制度

监舍是罪犯居住和活动的基本场所,是监管改造罪犯的重要物质条件。监舍管理指监狱对服刑罪犯住宿待遇的管理活动。监狱的建造要符合《监狱法》所规定的"坚固、通风、透光、清洁、保暖"的要求。

根据《监狱建设标准》等规定,罪犯监舍楼的人均建设面积为4.66平方米;监舍内要设置床铺或炕,寒冷地区,还应配置取暖设备。监狱保证罪犯监舍阳光充足、空气流通、防潮保暖并设床铺,寝室内床位宽不应小于80厘米,严禁让罪犯睡水泥板、地铺和三层铺。在罪犯的居住区域内应有公用的盥洗、晾晒和休闲活动空间。罪犯在监舍的居住,以集体住宿为主,通常是以罪犯小组为单位,分间居住;中队之间要相互隔离。监狱应配置专职人民警察负责监舍的管理、维修工作。

(四) 作息安排

科学、合理地安排罪犯的作息时间,对于建立良好的监管改造秩序,维护罪犯合法权益,调动罪犯改造积极性具有重要意义。我国《监狱法》第71条规定:"监狱对罪犯的劳动时间,参照国家有关劳动工时的规定执行;在季节性生产等特殊情况下,可以调整劳动时间。罪犯有在法定节日和休息日休息的权利。"

根据《加强监狱安全管理工作若干规定》,监狱应当坚持每周5天劳动教育、1天课堂教育、1天休息。罪犯每天劳动时间不得超过8小时,罪犯每周劳动时间不超过40小时。

二、医疗卫生管理

罪犯医疗卫生管理包括卫生管理、劳动保护和医疗管理等方面的内容。罪犯医疗卫生管理直接关系到罪犯的身体健康,是保障监管改造工作顺利进行的必要条件和教育感化罪犯的重要措施。我国《监狱法》第54条规定:"监狱应当设立医疗机构和生活、卫生设施,建立罪犯生活、卫生制度。罪犯的医疗保健列入监狱所在地区的卫生、防疫计划。"本章主要介绍卫生管理制度和医疗管理制度,有关劳动保护制度将于下一章介绍。

(一)罪犯卫生管理制度

罪犯卫生管理制度的主要内容包括:

(1)个人卫生管理。根据具体情况,合理安排罪犯洗澡、理发、洗晒衣被等。

(2)饮食卫生管理。为保证罪犯饮食的清洁卫生,并防止食物中毒,监狱应当建立各项饮食卫生管理制度。

(3)监舍卫生管理。监狱应通过建立监舍清洁卫生制度,定期进行检查评比等方法,维护监舍内务整洁、空气流通。

(4)环境卫生管理。监区、生产区等区域要经常清扫,保持环境整洁卫生。在周围空隙地带应植树种花,美化环境,以陶冶罪犯的情操。

(二)罪犯医疗管理制度

罪犯医疗管理制度的主要内容有:

(1)建立监狱医疗机构、配备相应的医护人员。监狱应根据需要设置犯人医院、医务室等医疗机构,并配备必要的医疗设备。目前,我国监狱系统已经形成由省(自治区、直辖市)中心医院、监狱医院、基层医务室组成的三级医疗卫生网络。

(2)定期组织健康检查。监狱医疗管理应坚持以防为主的方针,要定期对罪犯进行健康检查,做好消毒、防病措施。

(3)做好日常疾病诊治工作。罪犯患病要及时进行治疗,传染病要立即隔离治疗,防止蔓延。监狱的医务人员要认真地对患病罪犯给予及时、有效的治疗,对于患有严重疾病的罪犯,监狱医院无法医治的,可以转送社会医院诊治,符合法定条件的准其保外就医。

第六节 罪犯奖惩制度

一、罪犯奖惩概述

(一)罪犯奖惩的种类

依据我国《监狱法》《刑法》和《刑事诉讼法》的规定,对罪犯的奖惩可分为行政奖惩和刑事奖惩两种。

行政奖惩是监狱依据监狱法规定的条件和程序,直接对罪犯实施的奖励和惩罚。其中,行政奖励包括:表扬、物质奖励、记功、离监探亲;行政处罚包括:警告、记过、禁闭。

刑事奖惩是人民法院按照法律规定的条件和程序,对在押罪犯实施的奖励和处罚。刑事奖励包括减刑、假释;刑事处罚即依法追究服刑期间又犯罪的罪犯的刑事责任。

行政奖惩与刑事奖惩的性质是不同的,行政奖惩属于监狱内的行政性的奖励和处罚,不影响法院对罪犯的原判刑罚;而刑事奖惩是人民法院基于刑罚执行过程中出现的新情况所实施的奖励或处罚,可直接引起原判刑罚内容或执行方式的变动。

本节主要研究监狱对罪犯实施的行政奖惩。

(二)罪犯奖惩的原则

对罪犯实施奖惩是一项政策性、法律性很强的工作,应当遵循以下原则:

第一,实事求是原则。必须以考核的结果作为对罪犯奖励和处罚的依据,做到事实清楚,奖罚严明,不感情用事,严禁徇私舞弊。

第二,精神鼓励为主,物质奖励为辅的原则。对罪犯的奖励应当重在精神鼓励,将物质奖励作为一种辅助手段,充分调动罪犯改造的积极性。

第三,奖励为主,惩罚为辅原则。即教育多数,惩罚少数,以激励和促进罪犯改造。

第四,合法及时原则。对罪犯奖惩必须严格按照法律规定的条件和程序,赏罚分明,奖惩适时,以发挥奖惩的鼓励和惩戒作用。[①]

二、行政奖励

(一)行政奖励的种类

根据我国《监狱法》的规定,行政奖励的种类包括表扬、物质奖励、记功与准许罪犯离监探亲。

(二)奖励的条件

我国《监狱法》第57条第1款规定,罪犯有下列情形之一的,监狱可以给予表扬、物质奖励或者记功:(1)遵守监规纪律,努力学习,积极劳动,有认罪服法表现的;(2)阻止违法犯罪活动的;(3)超额完成生产任务的;(4)节约原材料或者爱护公物,有成绩的;(5)进行技术革新或者传授生产技术,有一定成效的;(6)在防止或者消除灾害事故中作出一定贡献的;(7)对国家或社会有其他贡

---

① 杨殿升主编:《监狱法学》(第二版),北京大学出版社2001年版,第103页。

献的。

准许罪犯离开监狱回家探望亲属,是我国《监狱法》规定的罪犯行政奖励种类之一。它有利于激励罪犯悔过自新,维系罪犯与家庭的联系,有利于取得罪犯亲属对教育改造工作的理解和支持。依据我国《监狱法》第57条第2款的规定,罪犯离监探亲必须具备以下四个条件:(1)对象只限于被判处有期徒刑的罪犯;(2)已执行原判刑期二分之一以上的;(3)具有《监狱法》第57条第1款所列七种情形之一的;(4)在服刑期间一贯表现好,离开监狱不致再危害社会的。根据《狱务公开意见》,除上述四个条件以外,罪犯还需要符合以下两个条件,才能获得离监探亲这种"奖励":(1)宽管级处遇的;(2)探亲对象的常住地在监狱所在的省(自治区、直辖市)行政区域内。离监探亲的罪犯在家期限为3天至7天。

(三)行政奖励的程序

根据《狱务公开意见》,对罪犯表扬、物质奖励、立功等行政奖励应当遵循以下程序:

(1)行政奖励由监区(分监区)集体研究,提出意见,呈报名单在罪犯中公示,经监狱主管部门审核后,由监狱长批准。

(2)行政奖励的决定应当在罪犯中公开。罪犯对行政奖励决定有异议的,可以申请复议,监狱应在7个工作日内作出答复。

罪犯离监探亲的审批程序是:监区根据离监探亲的条件,对提出申请的罪犯情况进行审查,填写"罪犯离监探亲审批表",经监狱主管部门审核,报监狱长批准。

三、行政处罚

(一)行政处罚的种类

根据我国《监狱法》的规定,行政处罚的种类包括警告、记过与禁闭处罚。这三种行政处罚中,以警告为轻,以记过或禁闭为重。其中,禁闭的期限为7天至15天。

(二)行政处罚的条件

依据我国《监狱法》第58条的规定,罪犯有下列破坏监管秩序情形之一的,监狱可以给予其警告、记过或禁闭处罚:(1)聚众哄闹监狱,扰乱正常秩序的;(2)辱骂或者殴打人民警察的;(3)欺压其他罪犯的;(4)偷窃、赌博、打架斗殴、寻衅滋事的;(5)有劳动能力拒不参加劳动或者消极怠工,经教育不改的;(6)以自伤、自残手段逃避劳动的;(7)在生产劳动中故意违反操作规程,或者有意损坏生产工具的;(8)有违反监规纪律的其他行为的。

（三）行政处罚的程序

根据《狱务公开意见》，行政处罚应当遵循以下程序：

（1）由监区（分监区）集体研究，提出意见，经监狱主管部门审核，由监狱长批准。

（2）行政处罚的决定应当在罪犯中公开。罪犯对行政处罚决定有异议的，可以申请复议，监狱应在7个工作日内作出答复。

第七节 突发事件的预防与处理

一、突发事件概述

（一）突发事件的概念

监狱突发事件，一般是指由人为因素或者自然、社会因素导致的，在监狱内突然发生的、影响和破坏正常监管秩序甚至危害公共安全的，需要及时处理的事件。

监狱突发事件是多种多样的，根据其发生原因，可以分为两类：第一类为自然灾害型的突发事件。如地震、洪水灾害、传染病爆发等。第二类是人为事件，即由罪犯等人员引起的事件。从事件的规模来看，人为事件可以分为个体性事件与群体性事件。个体性事件是指由单个罪犯引起的突发事件，如自杀、伤害或谋杀他人、纵火、越狱等。群体性事件，是指由多个罪犯共同引发的事件，如哄监闹事、群殴、暴动等。从事件的性质来看，人为事件可以分为违规违纪事件与犯罪事件等。

2007年我国《突发事件应对法》颁布后，许多地方司法行政部门或者监狱出台了"监狱内突发事件的应急预案"，以更好地预防与处理监狱内突发事件。需要注意的是，《突发事件应对法》所规定的突发事件，是指突然发生，造成或者可能造成严重社会危害，需要采取应急处置措施予以应对的自然灾害、事故灾难、公共卫生事件和社会安全事件。可见，《突发事件应对法》中的"突发事件"有"突然发生"与"严重社会危害"两个特征。但是，对于监狱突发事件来说，虽然也可能造成严重社会危害，但更强调的是事件的"突发性"。有些监狱内的违规违纪事件，虽然并没有造成严重的社会危害，仍然属于监狱突发事件的范畴。

（二）突发事件的预防

做好突发事件的事前预防工作，防患于未然，是现代狱政管理的重要工作。从理论和实践角度来看，突发事件的预防工作通常包括以下一系列的措施：

（1）做好警戒工作。在监狱行刑的过程中，难免会有部分罪犯存在种种抵抗情绪，因此就有可能出现罪犯逃跑、暴乱、行凶以及外部人员袭击监狱等突发事件。为避免这种现象的发生,各国都对监狱实施严格的警戒制度,我国亦不例外。我国监狱警戒制度的具体内容,将于下文介绍。

(2)建立监狱突发事件防范领导组织机构,包括领导机构、指挥机构与日常工作机构。其中,突发事件的领导机构一般由监狱的主管机构(司法行政机关)设立。指挥机构负责监狱突发事件应急处置工作的统一指挥协调。日常工作机构一般设置在监狱中,负责日常预防工作与突发事件的具体处理工作。

(3)建立应急联动机制。监狱及其主管机构应当逐级建立与政府、公安部门、武警部队、医疗卫生等部门处置突发事件的联系、沟通机制,加强经常性的信息通报工作,建立健全多级联动机制,整合多方面资源,及时平息、处置突发事件。根据《加强监狱安全管理工作若干规定》,监狱应当与驻监武警部队开展"共建共管共保安全活动",监狱防暴队要与驻监武警部队建立联动机制,明确协同配合权责,根据罪犯脱逃、行凶等不同事件制定完善处置预案,并定期开展协同配合演练,提高处置狱内突发事件能力。

(4)健全监管安全规章制度,编制"监狱内突发事件应急预案"。监狱及其主管部门不仅要健全监管安全规章制度,以维护正常的监管秩序,同时还要编制"监狱内突发事件应急预案",以建立规范有序、科学高效的应急体系,并提高监狱应对各种突发事件的能力。

(三)突发事件的处理

突发事件的处理,是指监狱等有关部门对各类突发性事件所采取的对策和处理措施。完善的突发事件处理措施是正常的监管工作秩序和监狱安全的重要保障。我国《监狱法》并没有对突发事件的处理进行规定,而仅仅对戒具和武器、禁闭室等突发事件中常用的手段作出了规定。一般而言,突发事件的处理包括现场处理与后期处置两个环节。

1. 现场处理

对于不同种类的突发事件,现场处理也有着不同的侧重点。

(1)自然灾害事件的现场处理。监狱行刑实践中,常见的自然灾害包括地震、水灾、塌方、火灾等。在现场处理过程中,监狱相关负责人员应当及时迅速稳定受灾场所,妥善安置服刑人员,确保其生命安全;同时要积极组织抢险救灾、最大限度减少灾害损失。与此同时,报告监狱主管部门和其他相关政府部门,接受政府和有关部门的统一指挥,协助政府和有关部门开展人员救护、安置疏散、工程抢险、卫生防疫等应急工作。同时,加强对监狱的警戒防范,防止次生、衍生事件发生,保障监狱安全。

(2)违规违纪事件的现场处理。违规违纪事件,虽然是造成危害相对较小的突发事件,但若处理不当,也可能演变为更严重的群体性突发事件。在行刑实践中,常见的违规违纪事件是我国《监狱法》第58条所规定的聚众哄闹监狱、辱骂或者殴打人民警察、欺压其他罪犯、偷窃、赌博、打架斗殴、寻衅滋事等。在现场处理的过程中,监狱人民警察应当迅速制止与控制事态,然后查明情况、迅速处理。为制止事件及处理违规者,监狱可能使用戒具、武器及禁闭室等手段。但由于这些控制手段与罪犯人权密切相关,我国《监狱法》对此作出了某些限制性的规定,具体将在下文介绍。

(3)监狱内犯罪等严重突发事件的现场处理。除了一般违规违纪事件外,在监狱中也可能发生后果严重的突发事件,特别是犯罪事件,如监狱暴动、凶杀、越狱脱逃等。监狱人民警察在发现这些事件后,应当及时报告,迅速作出反应,以控制事态的恶化,伺机制服罪犯。例如,对于暴狱事件,监狱和驻监武警部队应该迅速联手配合,封锁现场,控制监区;然后开展政治攻势,分化瓦解犯群力量;必要时使用武力平息事件。对于已经发生的凶杀等犯罪事件,监狱要做好侦查工作,具体内容于下文介绍。对于越狱脱逃事件,监狱人民警察发现后,应当快速出击,联合公安机关、武警部队等有关部门展开追捕行动。

(4)重大传染病暴发流行、集体食物中毒事件的现场处理。如果发生烈性传染性疾病疫情或集体食物中毒事件,监狱应先行处置,并且立即报告监狱主管部门以及卫生防疫部门,接受卫生防疫部门的统一指挥,协助卫生防疫部门尽快查明病因、检测毒源,采取隔离、救治、消除毒源等措施,防止疫情蔓延、毒害扩散。同时,加强对监狱的警戒防范,防止次生、衍生事件发生,保障监狱安全。

(5)重大安全生产事故(险情)的现场处理。重大安全生产事故(险情)发生后,监狱应先行处置,并且立即报告监狱主管部门和安全生产监督管理部门,接受安全生产监督管理部门的统一指挥,协助安全生产监督管理部门做好以下工作:实施疏散和救援行动,组织人员开展自救互救;紧急调配应急资源,进行应急处置;划定警戒区域,采取必要的强制驱离、封锁、隔离、管制等措施,对现场实施动态监测,加强安全防护,防止事故(险情)扩大。同时,加强对监狱的警戒防范,防止次生、衍生事件发生,保障监狱安全。

不论是哪一种突发事故,根据《加强监狱安全管理工作若干规定》,监狱发生重大事件后,监狱应当立即向省(区、市)司法厅(局)和监狱局报告;省(区、市)司法厅(局)应当在接到报告后立即向司法部报告,并及时书面报告详细情况,随时报告事态发展和处理情况。

2.后期处置

后期处置,是指突发事件得到有效控制,危害消除后,监狱等有关部门实施的有关措施。常见的后期处置措施包括:(1)对突发事件现场进行清理,确保监狱秩序稳定,对潜在隐患应当进行监测与评估,发现问题及时处理。(2)对突发事件中致病、致残、死亡的国家工作人员或人民群众,按照国家有关规定,给予相应的补助和抚恤。对启用或者征用的安置场所、应急物资的所有人给予适当补偿。(3)组织有关部门做好核实、统计和上报灾情等工作,采取有效措施,确保受灾人员的正常生活。(4)协调有关保险部门履行保险责任,快速勘查、快速理赔。(5)监狱应当总结经验教训,并向主管机关提交处置情况的专题报告。

此外,根据《加强监狱安全管理工作若干规定》,省(区、市)司法厅(局)应当建立新闻发言人制度,对涉及监狱系统的案件和突发事件的信息,应当经省(区、市)司法厅(局)按有关规定审核批准后,由新闻发言人发布。司法行政机关的干部、监狱人民警察、职工应严格执行保密规定和有关宣传纪律,不得擅自对外披露监狱工作情况;任何人不得擅自对监狱进行拍照和摄像。

二、警戒

所谓警戒,是指为了预防与制止罪犯逃跑、暴乱、行凶等违法犯罪活动以及监狱外部不法分子的袭击,而实施的防范戒备活动。警戒制度是保障监狱安全运行的重要制度。目前,监狱行刑中的警戒主要通过安全警戒设施与警戒制度的运行而进行。

(一)安全警戒设施

安全警戒设施是指监狱实施警戒活动、维护监狱安全所使用的设备。安全警戒设施是监狱警戒的物质保证,对于监狱的安全起着不可低估的作用。我国《监狱法》第43条规定:"监狱根据监管需要,设立警戒设施。监狱周围设警戒隔离带,未经准许,任何人不得进入。"这是对警戒设施的原则性规定。《监狱建设标准》[①]规定,监狱安全警卫设施包括:围墙、岗楼、电网、照明、大门及值班室、大门武警哨位、隔离和防护设施以及通讯、监控、门禁、报警、无线信号屏蔽、目标跟踪、周界防范、应急指挥等技术防范设施。

1. 隔离设施

隔离设施主要包括围墙、大门等。

根据《监狱建设标准》,中度戒备监狱与高度戒备监狱的围墙的建设标准不一致。中度戒备监狱围墙应高出地面5.5米,并达到0.49米厚实心砖墙的安全防护要求;围墙上部宜设置武装巡逻道。围墙地基必须坚固,围墙下部必须设挡板,且深度不应小于2米。当围墙基础埋深超过2米时,可用围墙基础代替挡板。围墙转角应呈圆弧形,表面要光滑,无任何可攀登处。高度戒备监狱围墙应高出地面7米,并达到0.3米厚钢筋混凝土的安全防护要求;围墙上部应设置武装巡逻道。围墙地基必须坚固,围墙下部必须设钢筋混凝土挡板,且深度不应小于2米。当围墙基础埋深超过2米时,可用围墙基础代替挡板。

---

① 《监狱建设标准》由中华人民共和国住房和城乡建设部和国家发展和改革委员会以建标[2010]144号通知联合批准发布,自2010年12月1日起施行。

监狱围墙应设置照明装置；照明灯具的位置、距离应适当，照明灯具应配有防护罩。监狱围墙内、外侧警戒线内照明效果应良好。

监狱大门是指设在监狱外围的进出设施；应分设车辆通道、警察专用通道和家属会见专用通道，均应设二道门，且电动 AB 开闭，并应设带封顶的护栏。监狱大门应设门卫值班室、武警哨位，并应安装防护装置，外门应为金属门，室内应设通讯、监控和报警装置，并设有可在室内控制大门开闭的装置。

2．警戒线和警戒区域

警戒线，是监狱依法划定或设置的限制罪犯活动区域的一种标志。警戒线分为长期性和临时性两种。长期性警戒线，主要指在监区大门和隔离墙内侧一定距离处及监狱干警办公室、值班室门前一定距离处，划定限制罪犯活动的界线。临时性警戒线，主要指在组织罪犯进行监外劳动和集会等活动时，在生产区和会场周围的一定距离处，划定限制罪犯活动的界线。在押解罪犯的途中，不宜或不便划警戒线时，执行押解任务的干警可以根据情况，向罪犯宣布一定的活动范围。监狱干警应当在警戒线以内组织罪犯进行各种活动；警戒线外围，由看押部队担任武装警戒。罪犯未经批准，不得逾越警戒线，对于擅自逾越警戒线的，监狱干警和武装看押人员可依法采取一切必要措施予以制止，直至鸣枪警告或开枪射击。

警戒区域，是监狱周围设置的警戒隔离带。我国《监狱法》第 43 条规定："监狱周围设警戒隔离带，未经准许，任何人不得进入。"根据《监狱建设标准》，中度戒备监狱与高度戒备监狱的警戒隔离带的建设标准有所不同。中度戒备监狱的警戒隔离带为监狱围墙内侧距墙 5 米和外侧距墙 10 米以内的地带；高度戒备监狱的警戒隔离带为监狱围墙内侧距墙 10 米和外侧距墙 12 米以内的地带。隔离带内应无障碍。未经监狱和看押部队的准许，任何人不得进入。对于未经准许擅自进入警戒区的人员，监狱干警和武装看押人员可以依法采取必要的措施予以制止。

3．监控设施

监狱中的监控设施，主要包括岗楼、闭路电视等。监狱应在在围墙的四角和大门设置岗楼，按照有关规定，岗楼宜为封闭建筑物，岗楼四周应挑平台，平台应高出围墙 1.5 米以上，并设 1.2 米高栏杆。岗楼一般应设于围墙转折点处，视界、射界良好，无观察死角，岗位之间视界、射界应重叠，并且岗楼间距不应大于150 米。岗楼应用金属防护门及设置通讯报警装置。此外，监狱在监区的制高点亦应设置望台、闭路电视与电子监控网络等，以此来监视监区，掌握犯人动态。

根据《加强监狱安全管理工作若干规定》，监狱均应建立监控指挥中心，各区域视频监控信号应当与监控指挥中心联网，监狱大门、围墙、禁闭室、会见室等要害部位的视频监控信号应当与驻监武警部队作战勤务室联网。监狱的大门、围墙、会见室、禁闭室、警察值班室、劳动现场、学习现场、监舍走廊等所有需要监控的部位应当安装视频监控装置。监狱应当安装手机信号屏蔽装置。监狱警戒围墙应当安装红外线、雷达、泄露电缆等报警装置,构成智能监控报警系统。

(二)警戒制度

根据我国《监狱法》以及监狱行刑实践,警戒制度由三个部分组成:内部警戒、外部警戒和群众联防;这三方面的内容在实践中通常称为"三道防线"①。

1. 内部警戒

内部警戒,又称为"内看守",是指监狱人民警察等在监狱内对罪犯进行的直接的监督管理活动。具体来说,内部警戒工作的主要内容包括:(1)监区大门出入人员的检查验证与登记。(2)在白天,管理留在监区或监舍的服刑人员。在夜间,负责全监狱服刑人员的管理工作,例如:值班、巡逻、查监、查铺;管制灯火;督促服刑人员就寝、起床;制止服刑人员私自串监、串组或进行非法活动;处理服刑人员中发生的问题等。(3)管理禁闭室。

在实践中,监狱往往会设置内看守中队、小队或班、组,具体负责内部警戒工作。内看守员是监狱人民警察的组成部分,在执行任务时可以依法携带、使用戒具和武器。

2. 外部警戒

外部警戒,是指人民武装警察部队为保证监狱安全而在罪犯监舍、劳动、学习和生活场所的外围以及押解罪犯途中依法实施的武装警卫戒备活动。武警部队与监狱的分工原则是:对罪犯的武装警戒,统一由武警部队担任;监狱对执行看押任务的武警部队,实行业务领导。而在警戒线以内对罪犯的管理工作,由监狱负责。

外部警戒的工作主要内容包括:第一,监区警戒,即是在监狱区域外围进行武装警戒活动,其任务是控制监狱大门、围墙,防范和打击罪犯暴乱、行凶、逃跑和狱外分子袭击监狱场所、劫夺押犯等犯罪活动。第二,劳动区域警戒,即在外出劳动区域对罪犯生产劳动现场实施的外围武装警戒活动。第三,武装追捕,即协助监狱追踪抓捕脱逃罪犯的警戒活动。第四,武装押解,即在罪犯转移关押场所、追捕逃犯归案以及狱外劳动途中的武装警戒活动。

3. 群众联防

群众联防,又称群众监督,是指监狱驻地周围的机关、团体、企事业单位和广大群众对监狱的安全警戒工作所进行的协助性活动。群众联防是"三道防线"中最后一道防线。我国《监狱法》第44条规定:"监区、作业区周围的机关、团体、企事业单位和基层组织,应当协助监狱做好安全警戒工作。"

---

① 杨殿升主编:《监狱法学》(第二版),北京大学出版社2001年版,第89页。

对于群众联防的任务,我国相关法律并没有做出比较明确的规定。在实践中,联众联防的作用主要是防止罪犯脱逃以及在脱逃的情况下协助追捕。群众联防的一般做法是:监狱、武警部队与周围的机关、团体、企事业单位和农村乡镇等建立联防机构,明确职责范围,规定联系制度,定期召开联防会议,研究制定防范措施,共同维护监管改造秩序,保障监狱安全。

三、戒具(警械)的使用

戒具是"警械"的一部分。警械,是专门用于预防和制止行为人实施某种行为的暂时性、防御性的器械。根据我国《人民警察法》规定,为制止严重违法犯罪活动的需要,人民警察依照国家有关规定可以使用警械。另根据《人民警察使用警械和武器条例》第 3 条的规定,警械,是指人民警察按照规定装备的警棍、催泪弹、高压水枪、特种防暴枪、手铐、脚镣、警绳等警用器械。

"戒具",是《监狱法》的专门用语,它是指为防止罪犯逃跑、行凶、自杀与进行其他破坏活动,以及在押解罪犯途中依法备置和使用的拘束罪犯人身自由的工具。在监狱行刑中,戒具主要包括手铐、脚镣与警绳等。戒具的使用同时也需要符合《人民警察法》和《人民警察使用警械和武器条例》的相关规定。

戒具对于维护监狱行刑秩序而言,有着重要作用;但使用不当,也可能成为折磨罪犯、侵犯人权的"刑具"。因此目前世界各国对戒具的使用都有比较严格的规定。1955 年第一届联合国预防犯罪和罪犯待遇大会通过的《囚犯待遇最低限度标准规则》规定:戒具如手铐、铁链、脚镣、拘束衣等,永远不得作为惩罚用具。此外,铁链或脚镣亦不得用作戒具。

根据我国《监狱法》《人民警察法》《人民警察使用警械和武器条例》等法律法规的规定,监狱中使用戒具等警械的具体要求如下:

(一) 戒具的使用

我国《监狱法》第 45 条规定,监狱遇有下列情形之一的,可以使用戒具:(1) 罪犯有脱逃行为的;(2) 罪犯有使用暴力行为的;(3) 罪犯正在押解途中的;(4) 罪犯有其他危险行为需要采取防范措施的。上述情形消失后,监狱应当停止使用戒具。在这些情形下,使用的戒具主要是手铐、脚镣与警绳。

对被依法判处死刑等待执行的罪犯,可同时使用手铐和脚镣。对老年、生病、残疾罪犯以及未成年犯禁止使用手铐、脚镣,对女犯,除个别特殊情况外,也不得使用手铐、脚镣。凡加戴手铐、脚镣的罪犯,均不应再出工劳动。

需要对罪犯使用手铐、脚镣时,主管干警必须填写"申请使用戒具审批表",报经监狱相关部门领导批准后方可加戴戒具。遇有罪犯行凶制止无效等特殊情况而来不及报批时,可先加戴戒具,然后再补办报批手续。使用手铐或脚镣的时间,除被判处死刑等待执行的罪犯外,一般为 7 天,最长不得超过 15 天。在危险状况消失后,要及时停止使用戒具。

(二) 其他警械的使用

《人民警察使用警械和武器条例》第7条规定,人民警察遇有下列情形之一,经警告无效的,可以使用警棍、催泪弹、高压水枪、特种防暴枪等驱逐性、制服性警械:(1)结伙斗殴、殴打他人、寻衅滋事、侮辱妇女或者进行其他流氓活动的;(2)聚众扰乱车站、码头、民用航空站、运动场等公共场所秩序的;(3)非法举行集会、游行、示威的;(4)强行冲越人民警察为履行职责设置的警戒线的;(5)以暴力方法抗拒或者阻碍人民警察依法履行职责的;(6)袭击人民警察的;(7)危害公共安全、社会秩序和公民人身安全的其他行为,需要当场制止的;(8)法律、行政法规规定可以使用警械的其他情形。人民警察依照前款规定使用警械,应当以制止违法犯罪行为为限度;当违法犯罪行为得到制止时,应当立即停止使用。

目前在监狱中,人民警察一般都配备警棍,一些监狱还逐渐配备了其他警械,如催泪弹。根据《人民警察使用警械和武器条例》的上述规定,当出现以下情形时,监狱可以使用警棍等警械:遇到罪犯报复或袭击,需要自卫;依法执行公务、制止罪犯脱逃等遇到抗拒;处理罪犯行凶、暴动骚乱、聚众哄闹和结伙斗殴事件。

四、武器的使用

根据《人民警察使用警械和武器条例》第3条的规定,武器,是指人民警察按照规定装备的枪支、弹药等致命性警用武器。

鉴于武器有较大的杀伤性、破坏性,监狱人民警察和武警执勤人员在使用武器时,必须坚持《人民警察使用警械和武器条例》第4条所规定的"应当以制止违法犯罪行为,尽量减少人员伤亡、财产损失为原则"。根据我国《监狱法》第46条的规定,监狱人民警察和武警执勤人员遇有下列情形之一,非使用武器不能制止的,按照国家有关规定,可以使用武器:(1)罪犯聚众骚乱、暴乱的;(2)罪犯脱逃或者拒捕的;(3)罪犯持有凶器或者其他危险物,正在行凶或者破坏,危及他人生命、财产安全的;(4)劫夺罪犯的;(5)罪犯抢夺武器的。

在上述五种情况下,监狱人民警察和武警执勤人员可以依法使用武器,但仍然要符合一定的程序,且要符合比例原则,不应造成过多的损害。一般而言,除遇到特别紧迫的情况以外,应当先作口头警告或鸣枪警告。罪犯如果不听警告时,可向其次要部位射击。罪犯有畏服表示、停止实施相关行为或者丧失继续实施犯罪能力时,应当立即停止使用武器。使用武器人员应当将使用武器的情况,如实报告所属机关书面报告。使用武器造成罪犯或者其他人员伤亡的,应当及时抢救受伤人员,要注意保护现场,并立即向上级机关和人民检察院报告。

对于监狱人民警察或者武警执勤人员违法使用武器的,应当承担相应的责任。《人民警察使用警械和武器条例》第 14 条规定,人民警察违法使用武器,造成不应有的人员伤亡、财产损失,构成犯罪的,依法追究刑事责任;尚不构成犯罪的,依法给予行政处分;对受到伤亡或者财产损失的人员,由该人员警察所属机关依照我国《国家赔偿法》的有关规定给予赔偿。而在人民警察或者武警执勤人员合法使用武器但造成无辜人员伤亡或者财产损失的情形,也应该由其所属机关参照我国《国家赔偿法》的有关规定给予补偿。

五、禁闭室的使用

禁闭室是我国监狱为处罚严重违犯监规纪律的罪犯或防范有逃跑、行凶、破坏等现实危险性罪犯而设置的单独监禁设施。

监狱应当根据实际需要,设置禁闭室。根据我国《监狱建设标准》的要求,禁闭室应集中设置于监狱围墙内,自成一区,离其他建筑物距离宜大于 20 米,并设禁闭监室、值班室、预审室、监控室及警察巡视专用通道,禁闭室室内净高不应低于 3 米,单间使用面积不应小于 6 平方米。

禁闭是对罪犯的一种行政处罚,有关禁闭的对象、适用程序已于上文介绍,在此不再赘述。

第八节 对罪犯服刑期间又犯罪的处理

一、又犯罪的概念

又犯罪亦称狱内又犯罪,指罪犯在服刑期间重新实施的触犯我国刑法、构成犯罪的行为。狱内又犯罪除了必须具备犯罪构成的一般要件外,还须具备以下条件:(1)主体必须是正在监狱中服刑的罪犯;(2)犯罪行为实施的时间必须是在刑罚执行期间。罪犯刑满释放或者赦免后实施的犯罪,以及人民法院在判决宣布以前罪犯所犯的未经判决的罪,都不属于狱内又犯罪。

根据犯罪实施的空间,可以将"服刑期间又犯罪"分为两种:第一种是罪犯在监狱内的犯罪。常见的犯罪有故意杀人罪、故意伤害罪、脱逃罪、妨害公务罪、传授犯罪方法罪等等。第二种是罪犯在脱逃之后在社会上的犯罪。常见的犯罪有盗窃罪、抢劫罪等等。

二、又犯罪的处理原则

我国《监狱法》第 59 条规定:"罪犯在服刑期间故意犯罪的,依法从重处罚。"这是我国处理狱内又犯罪案件所坚持的法律原则。罪犯在监狱服刑期间不但不认罪悔改,反而重新实施犯罪活动,公然抗拒改造,说明其具有很大的人身危险性和主观恶性,应当受到法律的严厉制裁。只有依法从重处理狱内又犯罪,才能有力地打击犯罪者的嚣张气焰,维护正常的监管改造秩序,保障刑罚的正确有效执行。

三、又犯罪的处理程序

对于又犯罪的处理程序,应当按照我国《刑事诉讼法》的相关规定进行。需要特别注意的有以下两点:

第一,对罪犯在监狱内发生的犯罪案件由监狱进行侦查。对符合《狱内刑事案件立案标准》等规定的案件,监狱应当立案侦查。侦查终结后,写出起诉意见书,连同案卷材料、证据一并移送人民检察院。

第二,对罪犯脱逃后,在社会上犯罪的案件。如果罪犯所犯的新罪是在捕回后被发现的,按对罪犯在监狱内犯罪的案件的程序办理,由罪犯服刑地的人民法院管辖。如果罪犯所犯新罪是在犯罪地被发现的,由犯罪地公安机关侦查,按刑事诉讼法规定程序办理,由罪犯犯罪地的人民法院管辖。罪犯被判决后,原则上仍应送回原服刑监狱执行。

第九节 罪犯死亡的处理

罪犯在监狱服刑期间,无论是正常死亡还是非正常死亡,监狱都应依法妥善处理,认真做好善后工作,这是我国监狱工作人道主义精神的具体体现,对于稳定监内改造秩序,争取社会各界的理解和支持具有一定的意义。我国《监狱法》第 55 条规定:"罪犯在服刑期间死亡的,监狱应当立即通知罪犯家属和人民检察院、人民法院。罪犯因病死亡的,由监狱作出医疗鉴定。人民检察院对监狱的医疗鉴定有疑义的,可以重新对死亡原因作出鉴定。罪犯家属有疑义的,可以向人民检察院提出。罪犯非正常死亡的,人民检察院应当立即检验,对死亡原因作出鉴定。"

根据我国《监狱法》和有关法规的规定,对罪犯死亡处理的程序是[①]:

(1) 罪犯病危时,所在监狱可以通知其家属来监看望。罪犯死亡后,应当立即填写罪犯死亡通知书,通知其家属和人民检察院、人民法院。

(2) 罪犯因病死亡的,由监狱作出医疗鉴定。人民检察院对监狱的医疗鉴定有疑义的,可以重新对死亡原因作出鉴定。罪犯家属有疑义的,可以向人民检察院提出。

---

① 参见杨殿升主编:《监狱法学》(第二版),北京大学出版社 2001 年版,第 79 页。

（3）罪犯非正常死亡的，应当由人民检察院对死亡原因作出鉴定。"非正常死亡"是相对于"正常死亡"而言的。正常死亡，是指衰老死亡与疾病死亡两种情形。

根据最高人民检察院《关于执行监狱法有关问题的通知》（1995年）的规定，对于非正常死亡的罪犯，人民检察院应在接到监狱通知后24小时内对尸体进行检验，对死亡原因作出鉴定。人民检察院对罪犯死亡原因的鉴定，由担负该罪犯所在监狱检察任务的人民检察院负责，如该人民检察院缺乏鉴定的专门技术，可请上一级人民检察院或聘请有关部门或具有法定资格的专门技术人员作出鉴定。

（4）犯人死亡后，凡有火化条件的地方，应当火化，骨灰盒可由家属领回，家属不愿领回的或逾期1年无人领取的，可掩埋处理。没有火化条件的地区，家属愿意领回尸体的，应当允许。不愿领回的，应当备棺掩埋，并树立标记，少数民族犯人死亡的，可按民族风俗习惯处理。

（5）罪犯遗物应当由家属领回，或由监狱代为寄回。如逾期1年仍不领取或无处投寄的，可经信托公司作价处理，上缴财政部门。

（6）若罪犯因公死亡的，监狱应当对其家属予以安抚，按照国家规定发给生活补助费。对家庭确有困难的，或为抢救他人生命、财产等作出贡献的，可酌情增加补助费。若罪犯是由于监狱工作人员刑讯逼供或体罚、虐待或者其他违法行为而死亡的，司法行政机关应当予以赔偿。

第十章 教育改造

第一节 教育改造概述

一、教育改造的概念

教育改造一词,是我国监狱法学和监狱行刑实践中所特有的法律概念,对其存在着广义、中义和狭义三种理解。根据《监狱法》的指导思想和任务,我国监狱的一切行刑活动,都是围绕着教育和改造罪犯而展开的,而任务则是将罪犯教育改造为守法公民。也正是在这层意义上,教育改造有了其广义的概念,即教育改造指我国监狱对罪犯实施的全部惩罚与改造活动,包括刑罚执行,狱政管理,思想、文化、技术教育和劳动生产等。这是因为刑罚执行是教育改造的前提,狱政管理是教育改造的保证,劳动生产是教育改造的组成部分,思想、文化、技术教育是教育改造的核心内容,因而都可称之为教育改造。然而,从我国《监狱法》第五章"对罪犯的教育改造"和第六章"对未成年犯的教育改造"来看,所谓的教育改造仅仅指的是对罪犯进行的思想、文化、技术教育以及组织、强制罪犯进行劳动这两个方面,这便是教育改造的中义概念。由此可见,较之于广义概念,中义概念明确将只具有教育功能而本身与教育改造并无直接关联的刑罚执行和狱政管理从内涵中排除出去。由于对罪犯实施劳动改造与对罪犯进行的思想、文化、技术教育,在内容上存在显著的不同,因此本书以专章形式分别讨论。由此,本章所讲的教育改造仅是一种狭义的教育改造,即是指我国监狱在刑罚执行过程中对罪犯实施的旨在使罪犯心理和行为得到矫正和重塑的系列教育活动。

二、教育改造的性质和特点

从教育改造的概念可以看出,其前提性条件是刑罚执行,也就是说教育改造首先是存在于监狱行刑过程中的。由此可见,教育改造的最主要的特性不是所谓的教育性,而是与刑罚相伴的法律强制性和矫正性。其法律强制性表现在教育改造是在刑罚执行中对罪犯采取的强制性改造的基本手段,其矫正性则体现在教育改造是服务于将罪犯训练成守法公民这一行刑目标之上的。因此,尽管教育改造与社会上的普通教育,在教育刑层面上具有相似性,需要遵循相应的规律,然而教育改造是以罪犯为教育对象的一种特殊教育类型,具有不同于社会普通教育的特殊性,其主要表现在以下五个方面:

(1) 教育的实施主体不同。

一般而言,社会上的普通教育,其实施主体是各类学校和文化教育机关;而教育改造的实施主体则是作为刑罚执行机构的监狱和作为刑罚执行人员的监狱人民警察。当然,在必要的时候,监狱还可邀请或者聘请社会上的有关机构或个人,参与到对罪犯的教育改造之中来,然而,这些机构和个人仅仅是参与者,组织和监督者都只能是监狱和监狱人民警察。

(2) 教育的接受对象不同。

社会上普通教育的受教育者是自愿接受教育、积极获取知识的国民,通常是在校就读的青少年学生以及接受职业培训的成年人;而教育改造则仅仅面向在监狱等场所服刑的罪犯,通常是被判处死刑缓期二年执行、无期徒刑和有期徒刑的服刑人员。

(3) 教育的直接目的不同。

社会进行普通教育的直接目的是为国家培养德、智、体、美、劳全面发展的建设人才;而受教育者接受教育的目的则是获取相关知识和技能。而国家进行教育改造的直接目的则是帮助人、改造人,通过系统的思想、文化和技术教育,矫正罪犯的越轨心理和不法行为倾向,将之培养成为自食其力的守法公民,实现预防和减少罪案的目的;教育改造的受教育者则通过接受教育改造,尽可能地改过迁善,早日顺利复归社会。

(4) 教育的内容侧重点不同。

教育内容的侧重点是与教育的直接目的密不可分的。由于社会上普通教育的直接目的是培养各方面全面发展的人才,因此,普通教育的侧重点在于传授各方面知识和培养现代职业技能等等。而教育改造的直接目的则是矫治恶习,使服刑人员不再为恶,因而教育改造的侧重点在于罪犯思想的转化和品行的矫正。具体来说,教育改造包括三个方面的内容,即思想教育、文化教育和技术教育。由于教育改造侧重于"去恶扬善",因此,"去恶"是首要任务,即以"思想教育"为核心来纠正服刑人员的心理和行为。而"扬善"则是服务于服刑人员复归社会的,即通过文化和技术教育来提高服刑人员社会适应能力和生存能力。

(5) 教育的外在形式不同。

首先,社会上的普通教育是在受教育者自觉自愿的状况下进行的;而教育改造则是监狱在惩罚管制的条件下对罪犯实施的一种强制性教育,是刑罚执行的内容之一。接受教育改造,是罪犯在服刑期间必须履行的一项法定义务,如果罪犯拒绝接受教育,则要受到法律制裁。其次,社会上的普通教育一般是循序渐进的常规教育,采取固定的组织形式和教学环节进行。而教育改造的实施形式则具有多样性:既有一般的循序渐进的常规教育,又有针对不同罪犯、不同时期和不同阶段的特别需要而进行的有重点的随机教育;既有一般教育,又有分类教育和个别教育;既注重监内教育,又注重监外教育。至于教育改造的方法,则更是多种多样。此外,社会上的普通教育一般有固定的教育年限,受学制限制;而教育改造则主要受罪犯的刑期限制,没有固定的教育年限。

三、教育改造的任务与目标

一直以来,教育改造在我国监狱行刑中都处于重要地位,其原因是教育改造对于实现预防犯罪这一刑罚目的起着重要作用。2003年司法部出台的《监狱教育改造工作规定》指出,监狱教育改造工作是刑罚执行活动的重要组成部分,是改造罪犯的基本手段之一,是监狱工作法制化、科学化、社会化的重要体现,贯穿于监狱工作的全过程。

关于教育改造的任务与目标,《监狱教育改造工作规定》强调要"通过各种有效的途径和方法,教育罪犯认罪悔罪,自觉接受改造,增强法律意识和道德素养,掌握一定的文化知识和劳动技能,将其改造成为守法公民。"司法部2007年颁布的《教育改造罪犯纲要》则进一步指出,教育改造罪犯的主要目标是:在罪犯服刑期间,通过各种教育改造手段和方法,使其成为守法守规的服刑人员。守法守规服刑人员的基本条件是:认罪悔罪、遵守规范、认真学习、积极劳动。

认罪悔罪是指罪犯承认犯罪事实,认清犯罪危害,对自己的犯罪行为表示悔恨,服从法院判决,不无理缠诉。认罪悔罪是罪犯转变其思想的第一步。遵守规范是指罪犯遵守法律、法规,遵守服刑人员基本规范、生活规范、学习规范、劳动规范、文明礼貌规范。教育罪犯遵守规范,主要是帮助其戒除恶习,养成良好的行为习惯。认真学习是指罪犯积极接受思想、文化、职业技术等教育,遵守学习纪律,学习成绩达到要求。通过认真学习,可以促使罪犯转变思想,提高其谋生能力,矫正恶习。积极劳动是指罪犯积极参加劳动,遵守劳动纪律,服从生产管理和技术指导,掌握基本劳动技能,严格遵守操作规程,保证劳动质量,完成劳动任务。有关劳动改造的内容,将于本书第十一章进行专门讲述。

为实现上述任务与目标,监狱及人民警察在行刑过程中,应当学习掌握并运用罪犯思想转化和恶习矫正的一般规律,遵守教育改造的基本原则,灵活运用各种教育方法,完成教育改造活动的各项内容。

第二节 教育改造的一般规律

规律是客观存在的,不以人们的意志为转移,但人们可以通过发挥主观能动性来发现和掌握规律。对罪犯进行的教育改造,如同世界上的其他任何事物和现象一般,都存在着自己独特的运动变化规律。尽管罪犯的情况错综复杂,各具特点,但他们作为一个被改造的群体,在改造过程中有着大致共同的转化规律。

发现并利用罪犯转化规律,对于针对性地运用各种改造手段和方法,不断提高教育改造的质量,具有重要意义。

从监狱行刑实践来看,大多数罪犯的改造一般都会经历强迫接受改造阶段、半强迫半自觉接受改造阶段和自觉接受改造阶段。简要而言,这三个递进的阶段其实就是罪犯从排斥到适应监狱环境、从抗拒到接受教育改造的渐进过程。每个阶段持续时间的长短,主要取决于罪犯的主观恶性程度,对待改造所持的态度,以及监狱对罪犯实施教育的力度等多种因素。

一、强迫接受改造阶段

改造一词,与生俱来地就与强制性的家长主义紧密关联。也正因为如此,浸淫在不良文化之中,长期习得不法行为的罪犯,通常会打心底抵触所谓的改造。因此,罪犯的良性转化不可能自发地产生,大多数罪犯在刚入监时都会经历一个强迫接受改造的阶段。由于长期越轨亚文化和不良行为的习得,很多罪犯通常形成了相对稳定的世界观、人生观、价值观。在被投入封闭的监狱之后,因为要接受严格的监规约束和定量的劳动教育,很多罪犯一方面不适应监狱的环境,另一方面抗拒监狱对其展开的改造,所以在一定程度上存在抵触,甚至是对抗、反抗的情绪。例如,在行动表现上,有的公开顶撞,有的拒绝劳动和教育,有的鸣冤叫屈,有的图谋越狱逃跑等等。不论何种表现,或多或少都同认罪服法问题有关。在这种情况下,显然不可能心甘情愿地接受惩罚和改造。毛泽东曾经指出:"所谓被改造的客观世界,其中包括了一切反对改造的人们,他们的被改造,须要通过强迫的阶段,然后才能进入自觉的阶段。"[①]强迫接受改造是罪犯改造过程中的第一个阶段。对大多数罪犯来说,通常都会经过强迫改造阶段,才能进入自觉改造阶段。强迫改造阶段的主要任务是解决罪犯的认罪服法问题。要在严格监管和强制措施下,对罪犯进行教育和改造,为其改恶从善奠定思想基础。

二、半强迫半自觉接受改造阶段

经过强迫接受改造阶段以后,大多数罪犯慢慢适应了监狱环境,理解了改造的内容,其思想逐渐发生变化,也即罪犯逐步开始以监狱内接受的知识(包括道德教育、法制教育等)来检视自己所犯罪行,以及因罪行而给被害人、社会、国家所造成的危害后果,愿意改恶从善,重新做人。在行为表现上,由对政府的抵触或仇视而逐渐转变到接近、靠拢。于是,便进入了半强迫半自觉接受改造的阶段。在这一阶段,罪犯一面表现出接受改造,一面又表现出旧习难改,易于反复。这是因为服刑人员在投入监狱服刑后的一段时间里,逐步接受了社会正常规范

---

① 《毛泽东选集》(第一卷),人民出版社1999年版,第296页。

的影响,以此对抗过去形成的心理定势和行为定型,而这一过程则并非是一蹴而就的。其思想特点是处于矛盾斗争的交织状态,表现在行动上就是时好时坏,摇摇摆摆,反反复复。由于罪犯个人的主观恶性程度不同,出现反复的情况也不同。一般说来,累犯、惯犯及其他恶习较深的罪犯,改造的难度大,出现反复的次数也较多。但就绝大多数罪犯来讲,这种反复的次数随着教育改造的发展在逐渐减少。并且每一次反复都不是简单地重复,而是向好的方面转化的累积和提高。因此,在这一阶段,监狱人民警察应当密切关注罪犯的心理和行为状态,认真分析罪犯发生反复的主客观原因,以便针对不同的情形,展开不同的教育辅导工作,积极促成罪犯心理和行为的正常化和良性化。

三、自觉接受改造阶段

一般来说,大多数罪犯经历了对自己罪行与危害的反省、对法规范的学习和接受之后,往往就能在守法思想和越轨思想、遵法行为和不法行为之间作出选择,进而有进一步形成新的思想体系和行为习惯的必要,因而进入自觉接受改造阶段。在这一阶段里,罪犯通常开始积极主动地参与到改造过程中来,而不再是监狱人民警察单方面的道德劝说和知识灌输。同时,由于服刑已有一定期限,多数罪犯出狱在即,有重建生活和学习生存技能的迫切要求。因此,在自觉接受改造阶段,罪犯的思想较为稳定,不易反复,行为模式趋于稳定。在行为表现上,通常表现为与监管人员以及其他服刑人员相处融洽,真诚悔悟,并在思想改造、文化、技术学习和劳动生产中严格要求自己。鉴于其表现,监狱及监狱人民警察通常将这类罪犯置于宽管级别,通过给予罪犯适度的自由,由其逐渐形成自我管理、自我生存,避免罪犯因长期服刑而形成所谓的"监狱化"[1]。简而言之,在这一阶段,对刑罚执行人员提出了更高要求,即如何在严格监管罪犯和罪犯自我管理之间的平衡,既要保证改造成果的巩固以及维护监狱管理秩序,也要尽可能减少罪犯的监管依赖。

总之,从强迫接受改造,到半强迫半自觉接受改造,再到自觉接受改造,既是罪犯逐渐适应监狱生活、接受改造的通常过程,也是大多数罪犯思想转化和恶习矫正的一般规律。尽管这样一种过程并不是一蹴而就的,但是通过把握这样一种规律,可以有助于刑罚执行机关及其人员探索和改善罪犯改造与处遇的方法,从而更加有效地实现对罪犯的教育改造。

---

[1] 监狱化,是指罪犯经过一定的监狱服刑之后,在出狱后也难以适应社会的发展变化的状态。美国学者克莱门斯便从罪犯复归社会的角度,提出了这样的感叹:"将一个人数年之久关押在高度警戒的监狱里,告诉他每天睡觉、起床的时间和每日每分钟应做的事,然后再将其抛向街头并指望他成为一名模范公民,这是不可思议的。"参见〔美〕克莱门斯·巴特勒斯:《矫正导论》,孙晓雳译,中国人民公安大学出版社1991年版,第130页。

第三节 教育改造的原则

教育改造的原则,是指监狱对罪犯实施教育改造的过程中必须遵循的基本准则。我国《监狱法》第61条规定:"教育改造罪犯,实行因人施教、分类教育、以理服人的原则。"《监狱教育改造工作规定》第4条规定,"监狱教育改造工作,应当根据罪犯的犯罪类型、犯罪原因、恶性程度及其思想、行为、心理特征,坚持因人施教、以理服人、循序渐进、注重实效的原则。"可见,监狱实施教育改造,应当坚持因人施教、分类教育、以理服人、循序渐进与注重实效等五项原则。

一、因人施教原则

因人施教,就是根据罪犯的不同情况,采取相应的教育内容和方法,进行有针对性的教育,这是我国教育改造罪犯的一条成功经验。

唯物辩证法认为,世界上万事万物都具有自身的矛盾特殊性。"不同质的矛盾,只有用不同质的方法才能解决"。[①] 罪犯的情况是千差万别的,每个人都具有各自的矛盾特殊性,要取得教育改造的最佳效果,必须针对每个罪犯的不同情况,采取相应的教育内容和方法,有针对性地进行教育。

贯彻因人施教原则,首先,要加强调查研究,切实掌握罪犯的犯罪原因、犯罪性质、文化程度、家庭背景、思想情况和改造表现等,做到心中有数;其次,根据每个罪犯的不同特点和同一罪犯在不同时期的不同情况,采取不同的教育内容和方法,对症下药;最后,配合因人、因时而异的思想教育,区别情况,依法妥善处理罪犯的申诉、奖惩、生活卫生等实际问题,以期进一步感化罪犯,获得教育改造的最佳效果。

二、分类教育原则

分类教育,就是根据罪犯的性别、年龄、经历、犯罪性质、罪行轻重、刑期长短、改造表现等不同情况,分为不同类型,针对某一类型罪犯的共同特点,采取不同的教育方法和内容进行教育。《监狱教育改造工作规定》第20条规定:"监狱应当根据罪犯的犯罪类型,结合罪犯的危险程度、恶性程度、接受能力,对罪犯进行分类,开展分类教育。"

分类教育既是教育改造应遵循的一项普遍原则,也是一种常用的教育改造方法。分类教育是行刑个别化原则的一种体现。它根据同一类型罪犯群体的特

[①] 《毛泽东选集》(第一卷),人民出版社1999年版,第311页。

点开展教育,因而具有一定的针对性。

贯彻分类教育原则,首先要按照不同的标准,对罪犯进行科学分类,实行分押分管;然后,要认真研究各类罪犯的特点和改造规律,采取有针对性的教育内容和方法,以提高教育改造质量。

三、以理服人原则

以理服人,就是采用摆事实、讲道理、实事求是的方法,对罪犯进行耐心细致的说服教育工作,不能以势压人,以惩罚代替教育。

监狱对罪犯的改造工作,从总的方面来说,是带有强制性的。接受教育是罪犯的一项法定义务,罪犯拒绝教育改造要承担法律责任。但是,对罪犯实施教育改造是解决思想意识领域的问题,凡属思想问题、精神世界的问题,只能说服,不能压服。我们可以强制罪犯在一定的时间里去劳动、学习,但对于罪犯的思想改造,却不是强制所能实现的。压服、强制或许能奏效于一时,但不能从根本上解决问题。所以,必须要以理服人,要用启发、引导、说服的方法,使罪犯心悦诚服,自觉接受改造。

贯彻以理服人原则,首先,监狱人民警察要品行端正,使犯人敬佩、信服,并要讲理论、讲政策、讲法律、讲究科学的工作方法和艺术,提高执法水平,使罪犯心服口服,自觉自愿地接受教育。其次,坚持正面教育和疏导,以说服教育为主,批评惩戒为辅,讲明道理,沟通思想;要引导罪犯讲真话、实话,暴露真实思想,允许罪犯申辩,对一时想不通的问题,应当耐心等待,反复启发教育。最后,处理问题要实事求是,公正廉明,发现错误要及时纠正。

四、循序渐进原则

循序渐进是指监狱实施教育改造活动,应当按照罪犯的思想转化规律,制定工作计划,分阶段、有步骤地实施。

转变罪犯的思想、矫正其恶习,需要经历一个过程,这个过程绝对不是轻而易举的,也不可能一蹴而就。如上文如述,罪犯思想的转变有一定的规律,监狱在教育改造的过程中要自觉遵循这个规律,不能操之过急。

贯彻循序渐进原则,首先要求监狱人民警察在观念上戒除"急功近利"的心态,认识到教育改造工作的长期性。监狱人民警察不能期望在短时间内实现矫正的目的,教育内容不能脱离实际,超出罪犯的承受能力,否则只能事倍功半,引起罪犯的抵触情绪。其次还要求监狱人民警察按照罪犯思想转化规律,有目的、按步骤地开展教育工作。最后还要求监狱人民警察坚持不懈,持之以恒,遇到教育过程中的挫折而不放弃。

五、注重实效原则

注重实效是指教育改造工作要把规范罪犯行为与矫正罪犯犯罪意识有机地结合起来,增强各种改造手段和措施的实际效果。

贯彻注重实效原则,首先要保证教育改造的时间。教育改造是一项需要花费较长时间的工作,因此,监狱需要保证罪犯接受教育的时间,而不能因为劳动或者其他活动而减少教育改造的时间。2004年司法部公布的《现代化文明监狱标准》规定,成年罪犯的教学时间每年不少于500课时,16—18岁的未成年犯每年学习时间不少于1000课时,16岁以下未成年犯全天学习。其次,要克服教育改造过程中种种形式主义的做法,强调教育的实用性。例如,添置教育设备需要从实际出发,而不能为了"装点门面"而购买不必要的设备。在教育改造的内容上,要注重考虑罪犯改造生活的实际,考虑罪犯将来出狱后适应社会的现实需要,而不能停留在讲大道理、说空话,或者简单地灌输崇高的政治理想与道德信念。

第四节 教育改造的方法

对罪犯进行教育改造必须采取正确的方式方法。我国《监狱法》第61条规定:教育改造罪犯,采取集体教育与个别教育相结合、狱内教育与社会教育相结合的方法。我国监狱在长期的实践中,已经创造了一系列教育改造罪犯的有效方法,《监狱教育改造工作规定》将其规定为"四个结合",即:集体教育与个别教育相结合、课堂教育与辅助教育相结合、常规教育与专题教育相结合、狱内教育与社会教育相结合。

一、集体教育与个别教育相结合

(一)集体教育

集体教育,又称共同教育或一般教育,指以班(组)、中队、大队或监狱为单位,将全体罪犯或者某一类型的罪犯集中起来,以解决罪犯群体、普遍性问题为主的教育方法。这种方法通常规模较大,形式正规严肃,有利于提高全体罪犯的思想认识,促进全体罪犯的改造。同时,这种方法也具有经济性、统一性,对于全体罪犯或者某类罪犯群体中的典型问题,能够一揽子回应并给予教育。

具体而言,由于集体教育包括对某类罪犯的教育,因此,分类教育也就成为了集体教育的一个分支。所谓分类教育是针对某一类型罪犯的共性特点所实施的集体教育,如暴力型犯教育、盗窃型犯教育、性罪犯教育、初犯、累犯教育等。

集体教育的主要方式有:

（1）讲授法。讲授法即通过上课、作报告、举办讲座等活动，对罪犯进行系统的思想、文化和技术教育。这类方法一般应用于内容较系统、理论色彩较浓或分量较重的教育内容，也可针对罪犯中存在的某一突出问题或比较复杂的问题进行教育。

（2）讨论法。讨论法即在管教干警的指导下，按照一定的教育内容和要求，组织罪犯分组讨论，以加深理解，提高认识。这是罪犯教育改造中常用的方法。讨论的内容可以是罪犯服刑改造中出现的带有共同性的问题。参加讨论的罪犯人数不宜过多，以便每个罪犯都有发表看法的机会。

（3）评比法。评比法即对罪犯的日常活动或专项活动进行评比，促进罪犯自我教育与相互教育。评比的方式有队前讲评、日常活动评比、专项活动评比，以及周(月)评比、年终评审等。评比法应当与讨论法结合使用，以帮助罪犯寻找差距，辨别是非，明确改进的途径和方向。

（二）个别教育

1. 个别教育的概念

个别教育，是指针对个别罪犯而进行的专门教育，这是一种以解决罪犯个体的特殊问题为主的教育方法。由于罪犯在改造过程中，既存在普遍性、共同性的问题，又存在个体独有的特殊问题，因此，在对罪犯进行集体教育的同时，还应对罪犯进行个别教育，以解决罪犯个体的特殊问题。不同于集体教育，个别教育多针对的往往是罪犯个体问题，例如较难改造的顽固犯、危险犯，以及临时出现特殊问题的罪犯等；其方式也通常是特别开展的，例如找罪犯进行个别谈话。

根据《监狱教育改造工作规定》，监狱应当根据每一名罪犯的具体情况，安排监狱人民警察对其进行有针对性的个别教育。个别教育应当坚持法制教育与道德教育相结合，以理服人与以情感人相结合，戒之以规与导之以行相结合，内容的针对性与形式的灵活性相结合，解决思想问题与解决实际问题相结合。

2. 个别教育的主要情形

个别教育的主要形式是监狱人民警察对罪犯的个别谈话教育。监狱各监区的人民警察对所管理的罪犯，应当每月至少安排一次个别谈话教育。罪犯有下列情形之一的，监狱人民警察应当及时对其进行个别谈话教育：

（1）新入监或者服刑监狱、监区变更时；

（2）处遇变更或者劳动岗位调换时；

（3）受到奖励或者惩处时；

（4）罪犯之间产生矛盾或者发生冲突时；

（5）离监探亲前后或者家庭出现变故时；

（6）无人会见或者家人长时间不与其联络时；
（7）行为反常、情绪异常时；
（8）主动要求谈话时；
（9）暂予监外执行、假释或者刑满释放出监前；
（10）其他需要进行个别谈话教育的。

在个别谈话教育前，负责的监狱人民警察应当认真分析罪犯的个性心理特点和思想症结，然后制定出一套切实可行的个别教育计划，有针对性地对罪犯进行个别教育。在进行个别教育时，应当区别不同情况分别或综合运用启发引导、表扬鼓励和警告劝戒等方法，以期收到理想的教育效果。

3. 顽固型罪犯和危险型罪犯的个别教育

根据《监狱教育改造工作规定》，监狱应当建立对顽固型罪犯(简称顽固犯)和危险型罪犯(简称危险犯)的认定和教育转化制度。

有下列情形之一的，认定为顽固犯：
（1）拒不认罪、无理缠诉的；
（2）打击先进、拉拢落后、经常散布反改造言论的；
（3）屡犯监规、经常打架斗殴、抗拒管教的；
（4）无正当理由经常逃避学习和劳动的；
（5）其他需要认定为顽固犯的。

有下列情形之一的，认定为危险犯：
（1）有自伤、自残、自杀危险的；
（2）有逃跑、行凶、破坏等犯罪倾向的；
（3）有重大犯罪嫌疑的；
（4）隐瞒真实姓名、身份的；
（5）其他需要认定为危险犯的。

监狱应当对顽固犯、危险犯制定有针对性的教育改造方案，建立教育转化档案，指定专人负责教育转化工作。必要时，可以采取集体攻坚等方式。

顽固犯和危险犯的认定与撤销，由监区或者直属分监区集体研究，提出意见，分别报监狱教育改造、狱政管理部门审核，由主管副监狱长审定。

二、课堂教育与辅助教育相结合

课堂教育与辅助教育是根据授课形式而对教育所作的区分。课堂教育是利用课堂讲授的形式对罪犯进行的教育。一般来说，课堂教育是指监狱对罪犯进行的有目的、有计划、有系统的思想教育、文化教育和职业技术教育，因此也将其称为"正规化教育"。辅助教育是运用报刊、杂志、广播、黑板报、墙报、影视、文体活动等对罪犯进行的具有一定的知识性、趣味性和科学性的教育活动。课堂教育与辅助教育相结合，使罪犯在受到规范化、系统化教育的同时，能够有灵活多样、健康有益的活动去丰富自己的学习和生活，这对于稳定罪犯情绪，活跃狱内气氛，提高改造效果是十分有益的。

三、常规教育与专题教育相结合

常规教育与专题教育是根据教育的内容而对教育所作的区分。常规教育泛指一般性的教育，其内容并不局限于某一个主题。而相对地，专题教育是指监狱根据改造工作的特别需要而围绕特定主题进行的专项教育。专题教育的主题，往往是罪犯普遍关注的有关改造生活的问题以及社会上的热点、焦点问题。根据《监狱教育改造工作规定》第19条的规定，监狱应当建立罪犯思想动态分析制度，并根据分析情况，组织开展有针对性的专题教育；分析工作进行的频率为：分监区每周分析一次，监区每半月分析一次，监狱每月分析一次；遇有重大事件，应当随时收集、分析罪犯的思想动态。分析的情况应当逐级上报。

四、狱内教育与社会教育相结合

狱内教育泛指监狱干警在监狱内对罪犯进行的经常性的教育。相对于社会教育方法来讲，狱内教育方法是罪犯教育改造的主要形式。狱内教育的具体方式多种多样，如集体教育、分类教育、个别教育、课堂教育、心理矫正、影视教育、文体活动等等。狱内教育与社会教育相结合，是教育改造罪犯的有效方法。

社会教育，也称为"社会帮教"，是指利用国家机关、社会团体、企事业单位和社会各界人士及罪犯家属等社会力量对罪犯进行教育。我国《监狱法》第68条规定："国家机关、社会团体、部队、企业事业单位和社会各界人士以及罪犯的家属，应当协助监狱做好罪犯的教育改造工作。"《监狱教育改造工作规定》第39条同时也规定，监狱应当积极争取社会各个方面和社会各界人士的支持，配合监狱开展有益于罪犯改造的各种社会帮教活动。

社会教育主要有两种形式，即走出去，请进来。所谓走出去，就是组织罪犯到社会上参观学习等，使罪犯从中受到启迪和教育。所谓请进来，就是邀请社会各界有关人士，包括罪犯家属、英雄模范人物、表现突出的刑满释放人员等到监狱作报告、讲演、座谈、赠送书籍等，对罪犯进行规劝和教育。根据《监狱教育改造工作规定》，监狱应当与罪犯原所在地的政府、原单位（学校）、亲属联系，签订帮教协议，适时邀请有关单位和人士来监狱开展帮教工作。此外，监狱应当鼓励和支持社会志愿者参与对罪犯进行思想、文化、技术教育等方面的帮教活动，并为其帮教活动提供便利。

第五节 教育改造的内容

根据我国《监狱法》第 4 条的规定,对罪犯的教育改造主要包括三方面的内容:思想教育、文化教育和职业技术教育。监狱行刑实践中习惯将之统称为"三课教育",这是监狱行刑中教育改造罪犯最为主要的部分。近年来,除了传统的"三课教育"外,我国监狱教育改造的内容有所扩展,《监狱教育改造工作规定》将入监教育、监区文化建设、心理健康教育与出监教育等明确规定为教育改造的内容。

本书认为,教育改造的内容,可以按照罪犯监狱服刑的阶段分为三个部分,即入监教育、监狱行刑教育、出监教育。其中,入监教育和出监教育通常起到的是过渡作用,帮助罪犯或者刑满释放人员尽快适应新的环境;而监狱行刑教育则主要是起矫治和改造作用,包括消除罪犯错误歪曲的思想、提升罪犯素质和文化水平、提高罪犯社会生存技能、矫正罪犯不良阴暗的心理等思想教育、文化教育、职业技术教育以及心理健康教育的内容。另外,《监狱教育改造工作规定》所确定的监区文化建设,并不直接属于教育改造罪犯的内容,而是监狱为顺利教育矫治罪犯而营造的良好氛围和环境,是教育改造的物质基础和客观保证,因此也间接地与教育改造的内容相关。本书亦在本节最后简要地论及监区文化建设。

一、入监教育

入监教育是指监狱为帮助新入监罪犯尽快熟悉监狱环境和适应改造生活而进行的专项教育。《监狱教育改造工作规定》和《教育改造罪犯纲要》要求,监狱对新入监的罪犯,应当将其安排在负责新收分流罪犯的监狱或者监区,建立服刑改造专档,集中进行为期两个月的入监教育。

入监教育的内容主要有:

(1)监狱常识教育,包括监狱的性质和任务,罪犯的法律地位等,重点是让罪犯明确服刑期间享有的权利和应当履行的义务。新收罪犯在入监后,监狱(监区)应当向其宣布罪犯在服刑期间享有的权利和应当履行的义务。具体而言,监狱一方面要告知罪犯在服刑期间享有下列权利:人格不受侮辱,人身安全和合法财产不受侵犯,享有辩护、申诉、控告、检举以及其他未被依法剥夺或者限制的权利等;另一方面也要向罪犯说明其在服刑期间应当履行下列义务:遵守国家法律、法规和监规纪律,服从管理,接受教育改造,按照规定参加劳动等。

(2)法制教育和监规纪律教育,其中《监狱法》和《监狱服刑人员行为规范》等是监规纪律教育的重点内容。法制教育和监规纪律教育的目的是,帮助罪犯了解和掌握服刑人员的行为规范,引导其认罪悔罪,并让罪犯正确认识我国监狱的性质与宗旨,懂得我国监狱工作的方针、原则和改造罪犯的各项制度,消除罪犯的抵触情绪,帮助罪犯明确改造目标、适应服刑生活、自觉接受改造。

在入监教育的过程中,监狱(监区)要用科学的手段和方法,了解和掌握新收罪犯的基本情况、认罪态度和思想动态,进行个体分析和心理测验,对其危险程度、恶性程度、改造难度进行评估,提出关押和改造的建议。

在入监教育结束后,监狱(监区)应当对新收罪犯进行考核验收。对考核合格的,移送相应类别的监狱(监区)服刑改造;对考核不合格的,应当延长入监教育,时限为一个月。

二、监狱行刑教育

(一)思想教育

我国《监狱法》第62条规定:"监狱应当对罪犯进行法制、道德、形势、政策、前途等内容的思想教育。"与对罪犯的文化教育和职业技术教育相比,思想教育着重改造罪犯的思想观念,其主要目的在于转化罪犯思想、转变错误认识和提高道德修养。根据《监狱教育改造工作规定》和《教育改造罪犯纲要》,思想教育主要包括认罪悔罪教育、法律常识教育、公民道德教育和时事政治教育等内容。

1. 认罪悔罪教育

认罪悔罪教育是罪犯树立改造意识、认真接受改造的一个重要前提条件。认罪悔罪教育的目的包括:首先,促使罪犯承认犯罪事实,自觉接收惩罚与改造。其次,鼓励罪犯坦白交代余罪,检举揭发监狱内外的犯罪活动及犯罪线索。最后,促使罪犯正确认识其犯罪行为给受害人、社会乃至国家所造成的损害,并对其犯罪深刻反省、真诚悔悟。

2. 法律常识教育

法律常识教育是我国监狱对罪犯进行的以正面灌输法律知识为主要内容的教育活动。其目的是为了培养罪犯的法制观念,使其知法、懂法,养成遵纪守法的意识。

监狱进行法律常识教育,首先要着重讲解我国法律的性质、特点以及树立社会主义法治观念的重要意义,让罪犯知道法在社会生活中的作用及与自身的关系,启发他们自觉树立和增强法制观念,避免重新违法犯罪。其次要组织罪犯学习宪法、刑法、刑事诉讼法、监狱法等法律知识,使罪犯掌握基本法律常识,了解公民所享有的权利和应当履行的义务,理解违法犯罪的含义及其法律责任,认识自己的犯罪行为给社会带来的危害,增强他们的法律意识,引导他们自觉守法。此外,还要组织罪犯学习民法通则、物权法、继承法、婚姻法、合同法、劳动法等法律知识,使罪犯了解依法解决民事纠纷的途径,懂得利用法律维护国家、集体利益和个人的合法权益。

法律常识教育与认罪悔罪教育的关系比较密切。监狱要在法律常识教育的基础上,深入开展对罪犯的认罪悔罪教育。要教育罪犯运用所学法律知识,联系自己犯罪实际,明白什么是犯罪,认清罪与非罪的界限,承认犯罪事实;要指导罪犯正确对待法院判决,正确处理申诉与服刑改造的关系,使罪犯认罪服判。

3. 公民道德教育

从目前我国押犯的情况看,大多数罪犯都是从道德败坏开始,逐步走上犯罪道路的。因此,要想把罪犯改造成为守法公民,必须认真对他们进行道德教育,破除罪犯错误的道德观念,重塑罪犯的人格。《教育改造罪犯纲要》指出对罪犯进行公民道德教育的目标,是使罪犯明确社会主义道德的基本原则和要求,认识正确处理个人、集体、他人的关系在社会生活中的重要意义,提高道德认识水平,培养遵守社会主义道德的自觉性。

公民道德教育主要包括道德观念教育与道德礼仪教育两个主要方面的内容。为做好公民道德教育工作,《教育改造罪犯纲要》提出了以下几项要求:

(1)要对罪犯进行中华传统美德教育,使罪犯了解中华民族优秀的民族品质、优良的民族精神、崇高的民族气节、高尚的民族情感和良好的民族礼仪。

(2)要对罪犯进行世界观、人生观、价值观的教育,使罪犯科学认识世界,明确人生目的,反思人生教训,端正人生态度,引导罪犯树立正确的世界观、人生观、价值观,正确对待人生道路上的失败与挫折。

(3)要对罪犯进行道德修养教育,教育罪犯掌握道德修养的正确方法,从小事做起,敢于自我解剖,严格要求自己,养成良好的道德品质。

(4)要把社会主义荣辱观教育作为道德教育的重要内容,使罪犯牢记"八荣八耻"的主要内容,以正确的荣辱观规范自己的言行,养成良好的行为习惯。

需要注意的是,在对罪犯进行道德教育、正面灌输道德基本知识的同时,应当在罪犯的日常改造活动中给以正确思想品德和行为方式的指导,及时纠正罪犯的某些不道德、不文明的行为,使其逐步养成良好的思想品德和行为习惯。

4. 时事政治教育

时事政治教育也称为"形势、政策和前途教育",主要是使罪犯了解社会的发展动态以及恰当认识自己的未来发展。罪犯在监狱服刑期间,最关心自己的改造前途,常常把个人刑满释放后的前途问题与国内外形势的变化和政府的各项方针政策的实施相联系。所以,大多数罪犯比较注重国内外形势的变化以及党和政府各个时期提出的重大政策措施。这就要求监狱人民警察要有针对性地对罪犯进行形势、政策和前途教育。

(1)形势教育。形势教育包括国内与国际形势教育,应当以党和国家的重大政策措施与事件为主要内容。通过教育,使罪犯了解党和国家的大政方针,了解国家政治、经济等方面的形势,了解我国在国际上的地位和作用,了解自己的改造前途,从而使罪犯能够顺应形势,积极改造。

（2）政策教育,主要包括:其一,罪犯改造政策教育,即认真向罪犯宣讲党和国家的罪犯改造方针政策,使罪犯全面了解党和国家改造罪犯方针、政策的精神实质和基本内容,以增强改造的自觉性。其二,党的基本路线和其他有关政策教育。监狱干警应及时向罪犯宣讲党的基本路线和国家的有关政策,特别是与罪犯家属和本人有关的政策,使罪犯了解党和国家的方针政策,消除疑虑,看到前途。对罪犯的政策教育,应当密切联系罪犯的思想实际,有针对性地进行。监狱在日常工作中应认真执行党和国家的政策,严格按政策办事,只有这样,才能使罪犯坚信政策,安心接受改造。

（3）前途教育。首先要使罪犯明确个人前途与国家前途的关系,懂得个人前途离不开国家的前途,个人的追求只有和社会发展规律和现实需要相一致才能实现。同时,还要教育罪犯懂得争取光明前途的关键在于自身的努力,党和国家监管改造工作的方针、政策给他们指明了走向新生的道路,只要他们认真改造,就会有光明的前途。

（二）文化教育

文化教育指的是以提高罪犯文化素质和知识水平为目标而进行的监狱教育,是劳动和职业技术教育的前提,因而也是增加罪犯生存技能、提高罪犯生存能力的基本手段之一。监狱推进文化教育,有利于改变罪犯旧有的知识结构,提高其认识能力;有利于配合和促进其他教育改造措施（例如法制教育、道德教育、职业技术教育等）的实施;更有利于罪犯以知识新人的面貌重新融入社会,重建生活。当然,在广大监狱服刑人员群体中,既有文化知识缺乏的成年人,也有求知欲和可塑性强的未成年人,对这些不同人群展开的文化教育,必须结合其年龄、已有文化水平、兴趣爱好等方面,来设定具有针对性的文化教育改造目标。

我国《监狱法》第63条规定:"监狱应当根据不同情况,对罪犯进行扫盲教育、初等教育和初级中等教育,经考试合格的,由教育部门发给相应的学业证书。"第65条又规定:"监狱鼓励罪犯自学,经考试合格的,由有关部门发给相应的证书"。根据《监狱法》《监狱教育改造工作规定》《教育改造罪犯纲要》的规定,监狱应当根据罪犯不同的文化程度,分别开展扫盲、小学、初中文化教育,有条件的可以开展高中(中专)教育。其中,对于尚未完成国家规定的九年制义务教育、年龄不满45周岁、能够坚持正常学习的罪犯,应当接受义务教育;已完成义务教育或者年龄在45周岁以上的罪犯,鼓励其参加其他文化学习。此外,对已完成义务教育的罪犯,本着自愿为主的原则,监狱还应当鼓励罪犯自学,参加电大、函大、高等教育自学考试,并为他们参加学习和考试提供必要的条件。

（三）劳动和职业技术教育

对罪犯进行职业技术教育是教育改造的重要组成部分。我国《监狱法》第

64条规定:"监狱应当根据生产和罪犯释放后就业的需要,对罪犯进行职业技术教育,经考核合格的,由劳动部门发给相应的技术等级证书。"第66条规定:"罪犯的文化和职业技术教育,应当列入所在地区教育规划。"《教育改造罪犯纲要》指出,进行劳动和职业技术教育的目标,是教育罪犯认识劳动的重要意义,引导罪犯树立正确的劳动意识,培养积极的劳动观念,养成良好的劳动习惯。

根据《监狱法》《监狱教育改造工作规定》《教育改造罪犯纲要》等规定,监狱应当根据罪犯在狱内劳动的岗位技能要求和刑满释放后就业的需要,组织罪犯开展岗位技术培训和职业技能教育。对于年龄不满50周岁,没有一技之长,能够坚持正常学习的罪犯,应当参加技术教育;对于有一技之长的罪犯,可以按照监狱的安排,选择学习其他技能。对罪犯的岗位技术培训,要按照岗位要求进行"应知""应会"培训和必需的安全教育培训;对罪犯的职业技能教育应当按照劳动和社会保障部门的标准进行。

罪犯职业技术教育的形式可多种多样,如开办技术班,举办技术讲座等。监狱应当主动与当地教育部门联系,争取在职业技术教育投资、师资力量、设施配备、考核和颁发技术等级证书等方面,得到有关教育部门的大力支持,以提高罪犯职业技术教育的质量。

(四)心理健康教育

心理健康教育,是指监狱为了向罪犯普及心理健康知识而组织实施的教育活动。罪犯在监狱中,心理调节能力和心理承受能力普遍较弱,容易发生各种各样的心理问题。因此,有必要在罪犯中普遍开展心理健康教育,引导罪犯树立关于心理健康的科学观念,懂得心理健康的表现与判断标准,了解影响心理健康的因素及其关系,对自身出现的心理问题学会自我调适或者主动寻求心理辅导、心理咨询等帮助,进而增强罪犯的心理承受和自我调控情绪的能力,提高其心理素质。此外,监狱还要帮助罪犯找出导致违法犯罪的心理根源,学会矫正和克服的相应办法。同时,监狱还需引导罪犯加强与他人的交流与沟通,培养其建立和谐人际关系的能力。

三、出监教育

出监教育,是针对处于刑满前最后改造阶段的罪犯,监狱组织实施的总结性、补课性和教育罪犯如何适应社会的专门性教育活动。根据《监狱教育改造工作规定》的要求,监狱对即将服刑期满的罪犯,应当集中进行出监教育,时限为3个月。

在实践中,许多罪犯由于长时间在监狱内生活,习惯了监狱中的封闭环境;面对即将到来的自由生活,不少罪犯反而会产生一些迷茫、焦虑等不良情绪,部分罪犯出狱后也不能很好地适应新的生活。作为教育改造的最后一个环节,出

监教育的主要目的就在于让罪犯做好回归社会的各项准备。具体而言,监狱应当在以下几个方面做好出监教育工作:

(1) 对罪犯进行形势、政策、前途教育,遵纪守法教育。监狱要对每一名即将服刑期满的罪犯进行谈话教育,使其做好出监准备。

(2) 加强对罪犯回归社会前的就业指导,开展多种类型、比较实用的职业技能培训,增强罪犯回归社会后适应社会、就业谋生的能力。

(3) 邀请当地公安、劳动和社会保障、民政、工商、税务等部门,向罪犯介绍有关治安、就业、安置、社会保障等方面的政策和情况,教育罪犯做好出监后应对各方面问题的思想准备,使其顺利回归社会。

(4) 根据罪犯在服刑期间的考核情况、奖惩情况、心理测验情况,对其改造效果进行综合评估。在罪犯刑满前一个月,监狱应将罪犯在监狱服刑改造的评估意见、刑满释放的时间、本人职业技能特长和回归社会后的择业意向,以及对地方做好安置帮教工作的建议,填入"刑满释放人员通知书",寄送服刑人员原户籍所在地的县级公安机关和司法行政机关。

(5) 做好监狱刑罚执行与社区矫正的衔接工作,把符合法定条件的在押罪犯逐步纳入社区矫正,使他们顺利融入社会,努力预防和减少重新违法犯罪。

(6) 对刑满释放人员回归社会后的情况进行了解,评估教育改造工作的质量和效果,总结推广教育改造工作的成功经验,不断提高监狱教育改造工作的质量。

四、监区文化建设

监区文化,是指监狱在行刑过程中所形成的特殊文化。监区文化有广义与狭义两种理解。广义的"监区文化",是指监狱里所有文化的总称;而狭义的"监区文化",仅指所谓的"监狱主文化",是指监狱在对罪犯的管理教育过程中为促进犯人改造,丰富他们的精神生活,所创造的含有文化因素的精神环境和改造氛围。监区文化建设中的"监区文化",指的就是这种狭义的监区文化。监区文化建设,是指监狱在罪犯改造工作中,通过多种手段和措施营造含有文化气息的改造环境和氛围,以丰富罪犯的精神生活,促进改造工作的顺利进行的活动。[①]

重视改造环境和监狱文化氛围对罪犯的熏陶作用,是近年来监狱行刑实践的一个重要特点。《教育改造罪犯纲要》指出,监狱要为罪犯营造良好的改造环境,做到规划合理,设施齐全,环境美化,监区整洁。要广泛开展丰富多彩的文化、体育活动,定期举行文艺演出、体育比赛,组织罪犯学习音乐、美术、书法等,丰富罪犯文化生活,陶冶罪犯情操,使罪犯在文明、人道,有利于身心健康,有利

[①] 金鉴:《监狱学总论》,法律出版社1997年版,第530页。

于矫治恶习,有利于重返社会的氛围中得到改造。

监区文化建设主要包括以下四个方面:健全监区文化制度、完善监区文化设施、搞好监区文化活动与优化监狱环境。①《监狱教育改造工作规定》则具体规定了以下几项监区文化建设措施:

(1)监狱应当组织罪犯开展丰富多彩的文化、体育等活动,加强监区文化建设,创造有益于罪犯身心健康和发展的改造环境。

(2)监狱应当办好图书室、阅览室、墙报、黑板报,组织开展经常性的读书、评报活动。监狱图书室藏书人均不少于10本。

(3)监狱应当根据自身情况,成立多种形式的文艺表演队、体育运动队等,组织罪犯开展文艺、体育活动。

(4)监狱应当根据条件,组织罪犯学习音乐、美术、书法等,开展艺术和美育教育。

(5)监狱应当建立电化教育系统、广播室,各分监区要配备电视,组织罪犯收听、收看新闻及其他有益于罪犯改造的广播、影视节目。

(6)监狱应当根据教育改造罪犯的需要,美化监区环境,规范监区环境布置。

(7)监狱应当在国庆节、国际劳动节、元旦、春节和重大庆祝、纪念活动日,以及每月的第一天,组织罪犯参加升挂国旗仪式。

---

① 王明迪主编:《罪犯教育概论》,法律出版社2001年版,第116、117页。

第十一章 罪犯劳动

第一节 罪犯劳动概述

一、罪犯劳动的概念

罪犯劳动,亦称监狱作业,是指监狱机关以矫治罪犯为目的,组织并监督服刑人员从事各种劳动的活动总称。详言之,督促罪犯劳动、从事生产,是矫治改造罪犯的重要手段,因而,可以说矫治罪犯、使其改过迁善的目的一定程度上是通过罪犯劳动来实现的,罪犯劳动的"主产品"是人格健全、自食其力的刑满释放人员。由于罪犯所从事的劳动都是有益于社会的,因而罪犯劳动同时也会创造产品、提供服务,这是罪犯劳动中的"副产品"。

罪犯劳动的形式多种多样,常见的形式包括以下几种:

(1) 工厂式与农场式劳动,即监狱建立工厂、农场,组织服刑人员生产固定工农产品的劳动。这是我国传统监狱行刑中最常见的劳动形式之一。其中,监狱可能自主决定生产产品的类型,也可能是组织从事加工型劳动,即监狱工厂承担社会企业的加工订货或者来料加工,组织罪犯参加产品加工劳动。

(2) 服务型劳动。服务型劳动,主要是指监狱组织罪犯,为监狱的生活卫生、环境建设提供服务。这些服务性的劳动包括犯人伙食工作、卫生及环境建设维护工作(如打扫卫生、种草植树等)、生活用具维修工作等等。

(3) 习艺培训型劳动,即针对罪犯将来出狱后就业的需要,监狱开展的以技术培训为主、生产产品为辅的劳动。换言之,就是为了使罪犯学习技术和手艺而开展的劳动活动。可见,习艺培训型劳动往往集教育与劳动于一身,同时兼具罪犯劳动和罪犯教育两种功能。

二、罪犯劳动的历史演变

(一) 西方罪犯劳动的历史

纵观西方刑罚史,组织罪犯从事劳动生产有着悠久的历史。尽管西欧各国在前启蒙时代崇尚报复、威吓的刑罚理念,大力推崇死刑、肉刑等残酷刑罚,然而,以劳役作为惩罚手段的刑罚依然是存在的。当然,这种劳役刑不可避免地带有了严厉的惩罚性质,罪犯通常在从事大量繁重体力劳动中,承受着肉体上的折磨以及精神上的羞辱。

第十一章 罪犯劳动

近代启蒙时代以降,西方各国相继废除了中世纪残酷野蛮的刑罚制度,自由刑在刑罚体系中占据了中心位置。西方国家早期自由刑在报应刑论刑罚思想的影响下,监狱行刑以惩罚犯人为目的,罪犯劳动被作为对罪犯实施报应的手段之一,由于刑罚目的并不包括教育和矫正的目的,驱使罪犯劳动本身就被认为仅仅是实现刑罚的惩罚报应功能。因此,在近代早期,罪犯劳动的教育和矫正意义并不为人重视,也因此监狱的行刑环境和劳作条件普遍恶劣。18 世纪中叶以后,经过监狱改良,西方国家的监狱环境和罪犯劳动条件有所改善。但是,教育和矫正罪犯仍没有被当做监狱行刑的目的,罪犯劳动仍被当做折磨和凌辱罪犯的手段。其在立法上的典型表现就是把自由刑分为禁锢刑和惩役刑两种,把犯人分为禁锢囚和惩役囚两类。在监狱中服劳役的只限于被判处惩役的犯人,被判处禁锢的犯人免服劳役。在当时英国监狱中,甚至实行着单纯以折磨罪犯身体为目的的无效劳动,如踏车、摇曲柄、投掷等。直到 1898 年,这种无效劳动才被禁止,而代之以有效劳动。

及至 19 世纪末,教育刑思想开始取代报应刑思想而占据主导地位。罪犯劳动的教育作用开始受到重视并且在监狱行刑中的地位日益提高。罪犯劳动不再是以纯粹折磨犯人或消耗犯人体力为目的的劳役或无效劳动,而是旨在使罪犯养成劳动习惯、学习生产技能的生产劳动。于是,监狱作业(罪犯劳动)便成为西方各国自由刑执行的一项重要内容,并在监狱立法中加以专门规定。

1955 年在日内瓦召开的联合国犯罪预防与罪犯处遇大会将监狱劳动列为专门议题之一,并形成专门决议,具体规定了罪犯劳动的目的、地位及原则等基本内容,主要包括:

(1)凡服刑者都必须参加劳动,但要以医生开具的体质和神经状况证明为度。监狱劳动不应被视为附加刑罚,而是一种有利于恢复罪犯适应能力、为其从事某种职业作准备、培养他们良好的劳动习惯、防止游手好闲和放荡不羁的措施。对于不能依法强迫参加劳动的囚犯,应当允许和鼓励他们从事劳动。

(2)罪犯及其职业训练上的利益高于监狱盈利的目的。也就是说,监狱当局在组织罪犯劳动时,首要考虑的应当是罪犯的职业训练和复归社会后的生存能力,罪犯劳动的物质盈利不能凌驾于矫正和改造罪犯的利益之上。否则,罪犯劳动容易异化为监狱剥削压榨罪犯的手段,监狱性质蜕变为企业而非刑罚执行机关。因此,监狱有责任使每个罪犯都有充分的、适当的工作可做,以便于其出狱后掌握一技之长,避免因贫穷困难而再犯、累犯。

(3)监狱劳动应在能够提高对劳动的爱好和兴趣的条件下或环境中进行。监狱劳动的领导和组织,不论是工业生产还是农业生产,都应尽可能地接近于自由劳动的领导和组织形式,使罪犯能够适应正常的经济生活条件。

(4)在监狱劳动安排上,应特别注意对那些能够有效地接受职业培训的罪犯,尤其是青年罪犯进行职业培训。这种培训应符合本国通行的一般做法和标准,以使罪犯获得与在狱外接受培训的人员同样的技能,并且在必要时,能够获得如同在正常条件下获得的证书。

同一届会议上通过的《囚犯处遇最低限度标准规则》就罪犯劳动规定如下:

(1) 监狱劳动应不使犯人感受痛苦。

(2) 劳动应在可能范围内,使犯人能够维持并且增强他们释放后的谋生能力。

(3) 犯人的劳动,应以他本人的利益和职业训练为主要目的,不可因为贪图财政上的利益而予以忽视。

应当说,西方罪犯劳动的历史是罪犯从受刑客体向受刑主体转变的历史,罪犯劳动不再仅仅满足惩罚报应的需求,同时也不再仅仅是国家和监狱当局获得物质利益、节省经费开支的手段。更为重要的是,罪犯劳动是服务于罪犯矫正这一行刑目标的,即通过劳动、习艺,是罪犯掌握一技之长,便于其复归社会,降低再犯率,实现特殊预防。在这一转变中,罪犯的人格地位和合法利益被确认,不再仅仅是可有可无、忽略不计的对象,而成为监狱行刑的重要主体。

(二) 中国罪犯劳动的历史

中国是世界上最早实行囚犯劳役的国家之一。在我国,囚犯服劳役始于殷商时期的囚奴,到了西周则形成制度。西周时期的"圜土制度"和"嘉石制度"就是通过劳动来惩罚罪犯,使其悔过自新的制度;其适用对象都是一些罪行轻微的罪犯。进入到古代大一统时期,囚犯劳役的适用范围进一步扩大。秦汉时期的髡刑、鬼薪、白粲、司寇、隶臣妾、复作等都要服劳役。唐朝称强制劳役为居作,并形成了比较完备的居作制度。以后的宋、元、明、清各朝代皆沿用唐制。中国古代的居作制度具有惩罚、役使和羞辱等多种功能。《唐律·刑法志》载:"用刑有五,其三曰徒,徒者奴也,盖奴辱之。"这说明,中国封建社会的居作制度与西方中世纪以前的罪犯劳动制度一样,也是以折磨和羞辱犯人为目的。

20世纪初期兴起的清末狱制改良,将西方近代监狱作业制度引进我国。清宣统二年(1910年)草拟的《大清监狱律草案》对监狱作业作了专章规定,其中贯穿了教育刑论的基本思想。例如,该《草案》第75条规定:"作业须选择适于卫生经济且无害于监狱纪律之种类。"第76条规定:"作业应斟酌在监人之刑期、健康、技艺、职业、将来生计等课之。课未满十八岁之作业,除前项以外,更应斟酌关于教养事项。"这些规定肇启了中国近代监狱作业立法之先河。虽然《草案》未来得及实施,清王朝就覆灭了,但对我国后来的监狱作业制度的建立和发展产生了重大影响。随后,北洋政府1913年制定的《监狱规则》和南京国民政府1928年制定的《监狱规则》均以《大清监狱律草案》为蓝本,对犯人劳动加以专章规定,并将章名由"作业"改为"劳役"。1946年南京国民政府颁布的《监狱行刑法》又将"劳役"改为"作业"。在北洋政府和南京国民政府统治时期,监狱法规虽然规定监狱作业的目的是矫治罪犯,但实际上仍然被当做惩罚和折磨犯人的一种手段。致使大批的囚犯在饥饿、酷刑、苦役的折磨下惨死在狱中。当时,监狱法规中所规定的作业,只限制在为数很少的新监中实行,对于遍布全国的旧监来说,监舍狭窄简陋,人满为患,缺乏组织犯人生产劳动的起码条件,致使押犯长年枯坐铁牢,无所事事,精神和肉体备受摧残。

组织罪犯从事有益社会的生产劳动,让他们在劳动中改造自己成为守法公民和有用之材是我们党和国家的一项重要政策。此项政策早在新民主主义革命时期,人民政权的监狱和看守所就开始实行,并且取得了很大成绩,积累了丰富经验。新中国成立后不久,毛泽东就提出:大批应判徒刑的犯人,是一个很大的劳动力,为了改造他们,为了解决监狱的困难,为了不让判处徒刑的犯人坐吃闲饭,必须立即着手组织劳动改造工作。根据党中央的指示,1951年5月召开的第三次全国公安工作会议,通过了《关于组织全国犯人劳动改造问题的决议》,要求各地立即着手制定通盘计划,组织劳动改造工作。在《决议》精神的指导下各地迅速组建监狱、劳改队等劳动改造机关,开辟劳动改造场所,把大批被判处徒刑的罪犯组织起来从事兴修水利、垦荒、开矿、筑路等生产劳动,结合劳动对他们进行教育改造。1954年9月7日政务院在总结劳动改造实践经验的基础上,制定了《中华人民共和国劳动改造条例》,用法规的形式将劳动改造罪犯的政策定型化。几十年来,我国监狱通过劳动,把大批的罪犯由四体不勤、好逸恶劳的寄生虫改造成为自食其力的守法公民,取得了举世公认的伟大成绩。实践证明,生产劳动是改造罪犯的基本手段和有效途径。我国《刑法》第46条规定:"被判处有期徒刑、无期徒刑的犯罪分子,在监狱或者其他执行场所执行;凡有劳动能力的,都应当参加劳动,接受教育和改造。"我国《监狱法》第70条规定:"监狱根据罪犯的个人情况,合理组织劳动,使其矫正恶习,养成劳动习惯,学会生产技能,并为释放后就业创造条件。"这就从法律上确定了罪犯劳动的目的、要求及其在监狱行刑中所处的重要位置,为监狱组织罪犯劳动提供了有力的法律依据。①

三、罪犯劳动的特征

当代监狱行刑中,罪犯劳动具有以下特征:

(一)罪犯劳动是自由刑执行的重要内容

自由刑,顾名思义,就是对罪犯个人自由的限制与剥夺。而限制和剥夺自由的时间则意味着刑罚的轻重:罪犯自由时间被剥夺的越长,其刑罚越重,反之则越轻。在目的刑的刑罚理念下,在剥夺罪犯自由的同时,对其进行矫治成为必

---

① 杨殿升主编:《监狱法学》,北京大学出版社1997年版,第167—171页。

要。因而,罪犯劳动被作为一种矫治手段成为了自由刑执行的一项重要内容。从当今世界各国的监狱行刑实践来看,把劳动作为对罪犯进行矫治的一种手段,是许多国家通常的做法。仅仅剥夺自由,不要求罪犯从事任何劳动的自由刑基本上是不存在的,只是组织罪犯从事劳动的目的和方式有所不同而已。有的国家法律规定,罪犯必须参加劳动;有的则规定罪犯可以参加劳动,也可以不参加劳动。我国《监狱法》第69条规定:"有劳动能力的罪犯,必须参加劳动。"

(二)组织罪犯劳动的基本目的是为了矫治罪犯

组织罪犯劳动和社会的生产劳动不同,后者一般是以经济利益为核心目标的,其成果通常是物质财富和精神财富,是与市场、需求相关联的。而组织罪犯劳动并不以经济利益为首要的目标。这是因为:我国监狱是国家的刑罚执行机关,其主要任务是惩罚与改造罪犯;同时,刑罚的目的和任务则是矫治罪犯;因此,组织罪犯参加生产劳动是矫治罪犯的一个基本手段。尽管罪犯劳动也会产生经济利益,然而,需要注意的是,这种经济利益并不是监狱机关积极追求的,而只能派生的、非主要方面。因此,刑罚执行机关无论如何都不能将经济利益的追求凌驾于改造罪犯的目标之上。我国《监狱法》第3条规定:"监狱对罪犯实行惩罚和改造相结合、教育和劳动相结合的原则,将罪犯改造成为守法公民。"这就从法律上确定了组织罪犯从事生产劳动,是实现矫治罪犯目的的一种基本手段。

(三)罪犯劳动的主体是服刑的罪犯

组织罪犯劳动与社会生产劳动所不同的,还在于主体的区别。一般的社会劳动的主体是社会上普通的公民,而在监狱中劳动的则是服刑的罪犯。对于前者而言,劳动是其生存的必需,其对劳动是积极应对的。而后者则不同,因为监狱的劳动旨在纠正其长期的不良习痼,所以在被强制劳动的初期,罪犯通常会有抵触情绪,甚至是抗拒行为。此外,在劳动力素质、业务能力、人员固定性等方面,参与劳动改造的罪犯是无法与社会上从事一般生产的劳动者相提并论的。

(四)罪犯劳动的组织者是刑罚执行机关

劳动的组织机关也是社会劳动和罪犯劳动的重要区别:一般社会劳动的组织者是公私企业或者公民个人,而罪犯劳动的组织者则是国家的刑罚执行机关,即监狱。依据我国监狱法的规定,组织罪犯劳动是法律赋予刑罚执行机关的职权,是监狱行刑的一项重要内容,其他任何机关、团体或个人都无权强制罪犯从事生产劳动。罪犯劳动的上述特点决定了监狱生产的特殊本质和规律。因此,监狱在组织罪犯劳动时必须采取一套不同于社会上一般企业的方针、政策和管理方法。

四、罪犯劳动的要求

为保证劳动的合目的性,维护良好的劳动秩序,罪犯在参加劳动时,需要遵

守一定的规则。根据《监狱服刑人员行为规范》的要求,罪犯在行刑过程中应当遵守以下劳动规范:

(1) 积极参加劳动。因故不参加劳动,须经警官批准。
(2) 遵守劳动纪律,坚守岗位,服从生产管理和技术指导。
(3) 严格遵守操作规程和安全生产规定,不违章作业。
(4) 爱护设备、工具。厉行节约,减少损耗,杜绝浪费。
(5) 保持劳动现场卫生整洁,遵守定置管理规定,工具、材料、产品摆放整齐。
(6) 不将劳动工具和危险品、违禁品带进监舍。
(7) 完成劳动任务,保证劳动质量,珍惜劳动成果。

第二节 罪犯劳动的作用

罪犯劳动作为改造罪犯的一项基本途径和手段,在我国监狱工作中占有重要的位置,起着十分重要的作用。我国《监狱法》第70条规定:"监狱根据罪犯的个人情况,合理组织劳动,使其矫正恶习,养成劳动习惯,学会生产技能,并为释放后就业创造条件。"具体而言,罪犯劳动有以下几个方面的重要作用:

一、转化罪犯思想

转化思想,是指通过组织罪犯从事生产劳动活动,转化罪犯的思想并且帮助罪犯树立起正确的人生观、价值观、道德观以及劳动观念。这是我国监狱组织罪犯从事生产劳动所要实现的主要目的,也是我国罪犯劳动的一个重要特色。

生产劳动对于改造罪犯来说,具有特别重要的作用。因为就大多数罪犯来说,他们的犯罪,都与不劳动有关。贪图享乐,好逸恶劳,是他们走上犯罪道路的重要原因。所以,要想从根本上转变罪犯的世界观、人生观,把他们改造成为自食其力的守法公民,就必须通过生产劳动。

实践证明,通过劳动,能够使罪犯逐渐体会到劳动的光荣,认识到劳动创造世界的伟大真理,从而消除鄙视劳动和轻视劳动人民的观点,养成热爱劳动的观念。我国的监狱生产,特别是工业生产,大多属于社会化大生产,整个生产过程包含着一系列相互衔接、紧密联系的部门和环节,每个生产部门和环节又划分为许多生产阶段和工序,相互间需要密切配合、协作。在生产过程中,不但需要各种不同工种的生产犯人,还需要许多专业的工程技术人员和管理人员。这种物质技术条件决定了监狱罪犯的劳动是集体的、细致的劳动;任何产品都是集体智慧的结晶和集体力量的产物。通过参加集体生产劳动,可以使罪犯养成关心和爱护集体的新的道德观念,树立人与人之间真诚的互助合作关系,铲除自私自利、损人利己、尔虞我诈的坏思想、坏作风。在劳动过程中,通过原材料的供应、产品的销售、技术交流与生产协作等过程,罪犯与社会发生着广泛的联系,可以使他们真正体会到人生的价值,看到社会的发展和个人的光明前途,增强民族自豪感。

二、矫正罪犯恶习

组织罪犯参加生产劳动,不仅可以改造罪犯的思想,而且可以矫正罪犯的恶习。好逸恶劳、贪图享乐,是许多罪犯走上犯罪道路的原因之一,也是他们实施犯罪行为的动机。通过组织罪犯参加生产劳动,可以使他们亲身感到每一件产品都要付出艰苦的劳动和汗水,懂得"一米一粟来之不易"的道理,认识到不劳而获和掠夺他人劳动成果的可耻,从而逐渐根除其好逸恶劳的恶习,树立勤俭节约和珍惜他人劳动成果的良好习惯。

罪犯中的许多人被判刑入狱前是不务正业、游手好闲之徒。他们放荡不羁,胡作非为。入狱后,他们必须严格遵守劳动纪律和各项管理制度,比如:要绝对服从干部和技术人员的指挥,严格保持监狱的生产秩序,做到文明生产;要保质保量完成生产任务,严禁粗制滥造;要爱护国家财产,努力节约原材料,严禁浪费、毁损、盗窃国家财产的恶劣行为;要严格遵守技术操作规程和安全生产制度,严禁违章操作;要严格遵守操作人员岗位责任制,严禁擅离职守等等。监狱还依法对一贯遵守劳动纪律的罪犯给予奖励,对严重违反劳动纪律的罪犯则给予相应的处罚。经过长期的劳动纪律和规章制度的约束、引导和激励,能够有效地矫治罪犯的行为恶习,使其逐步养成遵纪守法与劳动习惯。

三、康健罪犯身心

罪犯劳动还有利于罪犯的身体健康。对于人的健康来说,除了适当的营养之外,还需要进行锻炼。罪犯参加生产劳动就是一种很好的锻炼。一些罪犯在入狱以前,由于长期脱离劳动,过着放荡淫乱的生活,因而体弱多病。入狱以后,监狱组织进行生产劳动,不仅戒除了他们的恶习,而且增强了他们的体质。

罪犯被判刑入狱后,如果常年无所事事,会产生各种消极心理和不良体验,如孤独、苦闷、绝望,甚至可能发生某种心理疾患,有些罪犯因而萌发逃跑或重新犯罪的念头。监狱有计划地科学地组织罪犯从事生产劳动,就可以把他们的注意力吸引到为社会创造财富上面来,培养他们劳动的兴趣和爱好,使他们在劳动中充分发挥自己的才能,从而排除消极悲观心理,增强改造的信心和决心。

四、掌握生存技能

作为现代刑法主导理念的目的刑,反对罪犯从事与其改造以及复归社会无益的劳动,强调罪犯在接受劳动改造的过程中,逐渐掌握一两项生产技能,用以作为其出狱后确保自己生存、重建自己生活的手段。因此,在现代监狱行刑中,罪犯所接受和参与的劳动改造,在一定程度上就是罪犯学习科学技术知识和提升生产技能的实践。通过罪犯劳动,确保罪犯掌握一技之长,可以说,是于国于民于罪犯皆有利的举措:于国而言,国家通过监狱行刑,将其培养为可以从事生产的劳动者;于民而言,身边从此多出一个积极劳动的公民,少了一个不劳而获的寄生虫;于己而言,凭借着生产技能,可以挥别不堪回首的过去,而迎接一个崭新的未来。

五、创造社会财富

监狱组织罪犯参加生产劳动的主要目的是为了改造罪犯,但同时,生产劳动也可以为社会创造出物质财富。在监狱中服刑的罪犯,除了极少数老、弱、病、残丧失劳动能力者外,绝大多数都具有劳动能力。有些罪犯还掌握一定的专业技术,能够从事不同行业、不同工种的劳动。通过罪犯劳动,监狱内设的工厂或车间可以产出相应产品,这是积极创造社会财富的一面。同时,罪犯参与监狱卫生园艺、厨房饮食、修桥筑路等劳务活动,则减少了国家相应劳务的开支,节省了监狱的维护经费,这是积累社会财富的一面。此外,服刑人员刑满释放后,是潜在的生产力大军,有利于社会财富的创造和积累。

第三节 罪犯劳动的原则

虽然罪犯劳动是监狱行刑的重要内容,但应当注意监狱督促罪犯参与劳动,只是矫正和改造罪犯的手段之一,不能将手段和矫正的目的混淆,更不能将罪犯劳动凌驾于罪犯矫正之上。因此,监狱组织罪犯进行生产劳动,应遵循以下原则:

一、劳动与教育相结合的原则

我国《监狱法》第3条确定了监狱行刑的基本原则和基本目标,即监狱对罪犯实行惩罚和改造相结合、教育和劳动相结合的原则,将罪犯改造成为守法公民。罪犯劳动与罪犯教育并列为监狱矫治改造罪犯的两种手段,这两种手段均服务于"改造罪犯成为守法公民"这一目标。劳动和教育相辅相成,劳动使罪犯自力更生,而教育则荡涤罪犯心灵,使其刑满出狱后更好地适应监狱外的世界。因此,任何过于强调罪犯劳动,偏重劳动矫正罪犯的监狱行刑实践,都与劳动和教育相结合的原则相违背。

遵循劳动与教育相结合的原则,要求监狱及监狱人民警察在督促罪犯劳动时,注意以下三个方面:其一,以矫正改造罪犯为第一要务,罪犯劳动和罪犯教育都要围绕着罪犯的改造而进行;其二,必须将罪犯劳动和罪犯教育相结合,既不能片面追求罪犯劳动的实践功能,也不能脱离实践而纯粹地进行思想教育;其三,以习艺型劳动为媒介,根据罪犯个人特点,探索多种形式的习艺型劳动,实现罪犯职业技术教育与劳动的结合。

二、有利罪犯矫正原则

劳动有多种功能,但在监狱行刑中,劳动的目的在于改造罪犯。监狱组织劳动,必须符合这一目的。

首先,劳动是改造手段,而不是惩罚手段。罪犯的行为若违反纪律监规,应当依法给予处罚。监狱不能为了惩罚罪犯,让其从事无意义的劳动,或者从事过重的劳动。

其次,监狱劳动能够带来经济效益,但是,监狱不能为了追求经济效益而忽视改造目的。我国监狱行刑实践一直都很强调"改造第一,生产第二"这一方针。为更好地实现劳动的改造目的,监狱在制定生产计划,提出生产指标,确定劳动定额和安排劳动时间时,计划、指标和定额,应当低于同类国有企业,以保证罪犯劳动、学习和改造工作的正常进行。不能因片面追求高指标、高利润,搞加班加点,或者搞超体力劳动而挤掉教育改造的时间。如果生产与改造发生矛盾,生产要服从改造。

再次,在组织罪犯劳动的过程中,监狱应当突出劳动与改造的联系,强化劳动的改造功能。例如,应当研究各种劳动与种类罪犯改造的相适性,将罪犯分配到最有利于发挥其才能和对其进行改造的工作岗位。

最后,应当保障罪犯合法权益并根据其个人情况组织劳动。罪犯劳动中的合法权益主要是保证罪犯的休息时间和适当的报酬。罪犯劳动时间过长,势必会压缩罪犯接受教育的时间,降低教育的时效。而适当的报酬,则会对促进提升罪犯的劳动积极性。同时,在监狱服刑的罪犯的背景各异,其性别、年龄、文化水平、身体素质等等方面都存在较大差异。因此,监狱应当根据罪犯的个人特点,合理组织劳动,给罪犯安排合适的劳动岗位,制度合理的劳动目标,从而充分发挥罪犯的劳动能力,激发他们的劳动积极性。

第四节 罪犯劳动制度

为实现罪犯劳动的目的,保障罪犯人权,需要有一系列劳动制度作为保障。目前,我国《监狱法》以及有关法规制定的劳动制度主要包括罪犯劳动管理制度、罪犯劳动保护制度与罪犯劳动报酬制度。我国《监狱法》第72条规定:"监狱对参加劳动的罪犯,应当按照有关规定给予报酬并执行国家有关劳动保护的规定。"

一、罪犯劳动管理制度

罪犯劳动管理制度是指监狱为维护正常劳动秩序、实现劳动改造目的而实施的一系列管理活动。根据《关于加强监狱安全管理工作的若干规定》，监狱应当做好以下几项管理工作：

（一）生产项目准入管理

监狱应当实行生产项目准入管理制度，选择适合罪犯教育改造需要、有安全保障的生产劳动项目，禁止引进新建煤矿、易燃易爆、有毒有害等具有较大安全风险的生产劳动项目。

根据《加强监狱安全管理工作若干规定》的要求，监狱要以罪犯退出井下劳动为重点，积极稳妥退出煤矿非煤矿山等高危行业；监狱煤矿存在重大安全隐患的，应当立即停产整改，整改无效的，应当坚决关闭；禁止监狱煤矿超核定能力生产。

（二）现场管理

首先，罪犯劳动现场应当做到清洁、整齐，物品安放有序，视野开阔，便于监控；生产项目终止时，应当及时断水、断电，清理场地，消除安全隐患。

其次，监狱应当组织罪犯在规定的区域和指定岗位劳动，并应设置标识，禁止罪犯脱离警察管理单独劳动，对违反劳动纪律、擅离劳动岗位的罪犯应当按规定进行处罚。

最后，劳动工具应当实行定人、定位、编号管理，刀具、刃具、钝器等有危险性的劳动工具，使用时应当链锁，防止罪犯利用劳动工具实施犯罪。加强对安检门以及手持探测仪的使用和管理，所有罪犯进出劳动区域必须通过安检门，接受搜身检查。

（三）外协人员管理

外协人员需要进入监狱的，应当向其宣布监狱有关规定，进入监狱应当办理报批手续，由警察带领出入监狱大门并接受门卫查验，进入监狱后，应当在规定的时间和区域内活动。禁止外协人员为罪犯捎带书信等物品，禁止将移动电话、现金、便服、毒品等违禁品带入监狱。外协人员违反上述规定，禁止再次进入监狱，情节严重的，移送司法机关依法处理。

二、罪犯劳动保护制度

对罪犯劳动实行保护是我国监狱制度人道主义原则的具体体现，它对于保障监狱生产的正常进行，维护罪犯的合法权益，促进罪犯改造，具有十分重要的意义。依据我国《监狱法》和其他有关法律的规定，罪犯劳动保护主要包括以下几个方面的内容：

(一) 改善劳动条件

监狱对参加劳动的罪犯,应当按照国家对社会同类企业同工种规定的标准发放劳动保护用品,切实做好防寒保暖和防暑降温等工作。

(二) 保障安全生产

监狱中罪犯劳动与一般社会劳动相比,具有更多的不安全因素。有的罪犯恶习较深,放荡不羁,往往无视劳动纪律和生产规程,容易造成人身伤亡事故。因此,监狱在组织罪犯劳动时,既要预防和处理一般的劳动安全隐患,又要注意发现和消除罪犯本身的不安全因素。为此,监狱一般应当采取以下安全保护措施:(1) 建立健全各项安全生产规章制度,做到有章可循;(2) 经常对职工和罪犯进行安全教育和安全生产操作训练;(3) 认真进行安全检查,及时发现各种隐患,堵塞漏洞,消除不安定因素;(4) 对已经发生的安全事故要及时调查分析,对事故的责任者依法严肃处理,从中吸取教训;(5) 设置负责安全生产的专门机构和专职人员,建立健全安全生产责任制。[①]

(三) 预防和减少职业病

监狱应当注意保护和改善罪犯劳动的环境,防止和消除工业毒物、噪音、灰尘等职业性危害对罪犯健康造成的损害,其中要重点抓好对职业病的防治。监狱要配备专业人员负责罪犯的劳动保健工作,防止有毒或有害物质的污染。

(四) 确定合理的劳动时间

罪犯劳动,必然会消耗罪犯一定的体力或者脑力,而一个人体力、脑力的支出与恢复有一个循环周期。一方面,劳动力的支出通常有一个时间量的界限,超过这个界限人就会疲劳,就会因精力损耗过多而影响健康;另一方面,劳动力的恢复也需要一定量的时间。只有具备了充足的时间,人消耗掉的劳动能力才能得到恢复与再生,人的健康才能得到保护。人的劳动能力从支出到恢复的循环周期,也就是人体生理活动的时间节律,它一般完成于一昼夜之内。一般来说,人们只能适应时间节律,而不能随意加以改变或破坏,否则也会影响人的身体健康。因此,做好罪犯劳动保护工作,需要监狱按照国家法律规定合理安排罪犯的劳动时间,保证罪犯劳动负荷合理化,使罪犯的体力和精神得到恢复。

为了保护犯人的身体健康,避免犯人出现超体力劳动现象,我国《监狱法》第71条明确规定:"监狱对罪犯的劳动时间,参照国家有关劳动工时的规定执行;在季节性生产等特殊情况下,可以调整劳动时间。罪犯有在法定节日和休息日休息的权利。"对这些有关罪犯劳动时间的法律规定,监狱必须严格贯彻执行,不得随意延长劳动时间或者搞超体力劳动。

1995年6月14日司法部印发的《关于罪犯劳动工时的规定》对罪犯的劳动

---

① 杨殿升主编:《监狱法学》,北京大学出版社2001年版,第129—130页。

时间作出了具体规定:首先,在一般情况下,罪犯每周劳动(包括集中学习时间) 6 天,每天劳动 8 小时,平均每周劳动时间不超过 48 小时。未成年犯每天劳动 4 小时,平均每周劳动时间不超过 24 小时。其次,监狱保证参加劳动的罪犯每周休息 1 天。监狱在下列节日期间依法安排罪犯休假:元旦、春节、国际劳动节、国庆节。最后,在特殊情况下,劳动时间可以延长或者缩短。一方面,监狱生产单位需要延长劳动时间的,须提前拟定加班计划,经监狱狱政、劳动管理部门审核,报监狱长批准,方可实施。在下列特殊情况下,延长劳动时间可以不受上述规定时间的限制:(1) 发生自然灾害、事故或者因其他原因,威胁生命健康和财产安全,需要紧急处理的;(2) 生产设备、公共设施发生故障,影响生产和公众利益,必须及时抢修的;(3) 农忙季节需要抢收抢种的。组织罪犯加班的监狱生产单位,事后应当安排罪犯补休,确实不能安排补休的,根据延长劳动时间的长短,支付一定数量的加班费。夜间加班至 23 时以后的,应安排夜餐。在法定节假日安排罪犯劳动,根据延长劳动时间的长短,支付高于平常加班的加班费。另一方面,生产任务不饱满的监狱,可以报经省、自治区、直辖市监狱管理局批准,实行每周劳动 5 天,集中学习 1 天的制度。

2009 年,在一些监狱尝试改革作息时间的基础上,司法部开始推行"5 + 1 + 1"模式。根据《关于加强监狱安全管理工作的若干规定》,监狱应当坚持每周 5 天劳动教育、1 天课堂教育、1 天休息。罪犯每天劳动时间不得超过 8 小时,安排罪犯加班必须经监狱长批准。罪犯每周劳动时间不超过 40 小时,严禁超时超体力劳动。法定节假日应当安排罪犯休息。

三、罪犯劳动报酬制度

根据联合国第一届犯罪预防与罪犯处遇大会在关于监狱劳动的决议及《罪犯处遇最低限度标准规则》的规定:首先,对囚犯的工作,应订立公平报酬的制度。其次,囚犯应准至少花费部分收入,购买核定的物件,以供自用,并将部分收入交付家用。再次,管理部门应扣出部分收入,设立一项储蓄基金,在囚犯出狱时交给囚犯。对罪犯劳动给予报酬,不仅是对罪犯人格和劳动的肯定,也同时激励着罪犯积极改造、接受教育,对罪犯的改造具有现实意义。因此,世界上多数国家采取了罪犯有偿劳动的制度,即建立了罪犯劳动报酬制度。

我国监狱一贯实行罪犯劳动有偿制度。1994 年《监狱法》颁布之前,我国监狱对罪犯劳动实行"假定工资"制度。这种"假定工资"作为监狱生产的成本投入,其中相当一部分直接用于犯人的伙食费、被服费、零用钱、杂支费、医药费、技术津贴费,以及用于罪犯教育方面的开支,如购买订阅书籍、报纸、杂志、课本、文具等。按照这种劳动有偿制度,参加劳动的罪犯主要是以实物的形式而不是以货币工资的形式获取劳动报酬。①

我国《监狱法》颁布后,"假定工资"制度为法定的罪犯劳动报酬制度所取代。根据《监狱法》第72条的规定:监狱对参加劳动的罪犯,应当按照有关规定给予报酬并执行国家有关劳动保护的规定。这表明向罪犯支付报酬是监狱机关的法定义务,罪犯享有获得劳动报酬的法定权利。同时,根据《监狱法》第8条之规定:国家保障监狱改造罪犯所需经费。监狱的人民警察经费、罪犯改造经费、罪犯生活费、狱政设施经费及其他专项经费,列入国家预算。因此,先前以"假定工资"、实物形式以及罪犯生活费用来抵偿罪犯相应劳动报酬的做法,已经不再符合《监狱法》的要求了。

罪犯劳动报酬的管理办法,通常是由监狱为每个罪犯开设私人账户,并将劳动报酬存储于其账户之中。出于安全监管等方面的考虑,罪犯一般不能直接获得现金报酬,需要支取时,则要根据相关规定,由监狱人民警察代为办理。

罪犯劳动报酬通常用于以下方面:其一,罪犯在服刑期间购买自己所需、经过批准的物品;其二,用于补贴近亲属或者需要抚养、扶养的人的生活;其三,缴纳判决确定的罚金或者民事赔偿金等;其四,按照罪犯的意愿,用于赠予他人、社会捐赠等方面;其五,作为刑罚释放后的生活准备金。需要注意的是,一般而言,罪犯在服刑期间不能完全处分其全部劳动报酬,其部分劳动报酬作为其释放后备其生活以及工作的准备金,不能在服刑期间使用。

---

① 参见杨殿升主编:《监狱法学》,北京大学出版社2001年版,第131页。

第十二章 特殊类型罪犯的管理与矫正

第一节 未成年犯的管理与矫正

一、概说

(一) 未成年犯罪人

未成年犯罪人,可简称为"未成年犯",是指因犯罪而被判处刑罚的未成年人。根据我国法律之规定,"未成年人"指的是不满18周岁的人。另根据我国《刑法》第17条之规定,已满16周岁的人犯罪,应当负刑事责任;已满14周岁不满16周岁的人,犯故意杀人、故意伤害致人重伤或者死亡、强奸、抢劫、贩卖毒品、放火、爆炸、投毒罪的,应当负刑事责任。因此,"未成年犯"实际上是指已满14周岁不满18周岁的罪犯。

本章研究的未成年犯罪人,主要是指在未成年犯管教所服刑的未成年人。下列两类罪犯不在本章的讨论范围:(1) 接受社区矫正的未成年人;(2) 在收监时未满18周岁但在刑罚执行过程中已满18周岁,且剩余刑期超过两年,被依法移送成年犯监狱继续执行刑罚的罪犯。

(二) 未成年人犯罪的特点与趋势

根据全国人大内务司法委员会在2012年展开的专项调研,目前我国未成年人犯罪呈现出以下几个特点与趋势[1]:

(1) 未成年犯罪总体呈上升趋势。近年来,虽然未成年人犯罪的数量有起伏,但整体上处于不断上升的趋势。

(2) 低龄化趋势明显。实施犯罪行为的14至16周岁的未成年人犯罪人的数量逐年增加。

(3) 未成年犯罪人的文化素质总体上较低,大部分犯罪人只有初中以下学历。

(4) 暴力型、侵犯财产型犯罪居多。2008年至2010年,部分省份批准逮捕的未成年犯罪嫌疑人中,有超过70%的涉嫌实施上述犯罪。一些地方未成年人实施的毒品犯罪案件亦逐年上升。

---

[1] 参见全国人大内务司法委员会工青妇室:《〈预防未成年人犯罪法〉实施情况调研情况》,载《预防青少年犯罪研究》2012年第1期,第7页。

(5) 团伙化趋势化明显。据统计,部分地方的未成年犯管教所中,超过80%的未成年犯参与了团伙作案。

(6) 辍学、闲散未成年人的犯罪比例不断增长。闲散未成年人、留守未成年人、流动未成年人及离异家庭、单亲家庭、失去双亲家庭、父母服刑或者被劳教的家庭等"问题家庭"中的未成年人属于容易走上犯罪道路的特殊群体。

(三) 未成年犯的特点

未成年犯首先是未成年人,其年龄通常在 14 岁到 18 岁之间,处在生理和心理剧烈变化的青春发育期,这决定了未成年犯具有以下特点:其一,处在长身体和长知识的关键阶段;其二,行为人个体的是非分辨能力差;其三,个体的可塑性较大,其价值观、知识储备、个人能力、日常习惯等较为容易矫正;其四,个体活动能量大,但往往自我控制能力较弱,表现为易冲动等。[①]

正是由于未成年人处在上述这种生理和心理剧烈变化的青春发育期,有着种种不同于成年人的特点,因此,这对监狱和监狱人民警察所实施的矫正改造工作提出了更高的要求。刑罚执行机关及其执行人员应当结合青少年可塑性较大,易于改过迁善的特点,对其心理和行为进行矫正,以收到预期效果。

(四) 未成年犯矫正工作的法律渊源

为了贯彻未成年人矫正工作方针,将未成年犯矫正原则具体化,我国先后制定了一系列的未成年犯矫正工作制度。《监狱法》第六章对未成年犯的教育改造工作进行了专门规定,但该章只有 4 个条文。为使未成年犯的管理和教育更加规范,司法部颁布了《未成年犯管教所管理规定》[②],对未成年犯管教所的工作方针、组织机构、管理制度、教育制度、生活卫生制度以及未成年犯服刑期间的考核奖惩制度等予以了明确。

二、未成年犯矫正工作的方针

未成年犯罪人矫正工作的方针是指引导未成年犯罪人矫正工作前进的方向和目标。考察新中国成立以来未成年犯罪人矫正工作的历史,我们会发现其经历了一个从无到有、从模糊到逐渐明晰、逐渐完善的过程。1954 年 8 月中央人民政府政务院通过了《中华人民共和国劳动改造条例》,其中第二章第四节专门规定了少年犯管教所收容的对象、管理教育、设置、人员等,第一次明确将少年犯与成年犯的矫正区别开来,但当时没有确立未成年人矫正工作的方针。1957 年 1 月 11 日,公安部、教育部发布了《关于建立未成年犯管教所的联合通知》,第一

[①] 参见鲁加仑主编:《中国未成年罪犯改造研究》,吉林人民出版社 2000 年版,第 81—83 页。
[②] 《未成年犯管教所管理规定》于 1999 年 5 月 6 日司法部部长办公会议通过,1999 年 12 月 18 日司法部令第 56 号发布,自发布之日起实施。

次提出了少年犯改造的基本方针。该《通知》指出,对少年犯应当贯彻执行"以教育改造为主,以轻微劳动为辅"的方针,从而确立了教育在未成年犯改造中的核心地位。改革开放以后,随着对未成年人犯罪认识的不断深入,对未成年罪犯矫正方针不断得到完善,1982年1月13日中共中央《关于加强政法工作的指示》中指出:"劳改、劳教工作必须坚持实行教育、感化、挽救的方针,着眼于挽救。对失足的青少年要像父母对待患了传染病的孩子、医生对待病人、老师对待犯了错误的学生那样积极为他们创造条件,促进改造。"由此奠定了我国未成年人矫正工作的基调,并最终在相关的法律、法规中得到了确认。如我国《未成年人保护法》第54条规定:"对违法犯罪的未成年人,实行教育、感化、挽救的方针";《预防未成年人犯罪法》第44条规定:"对犯罪的未成年人追究刑事责任,实行教育、感化、挽救方针";《刑事诉讼法》第266条规定:"对犯罪的未成年人实行教育、感化、挽救的方针"。这一方针亦在未成年人监狱矫正的直接规范——《未成年犯管教所管理规定》中得到遵循,该规定第3条规定:"未成年犯管教所贯彻'惩罚和改造相结合,以改造人为宗旨'和'教育、感化、挽救'的方针,将未成年犯改造成为具有一定文化知识和劳动技能的守法公民"。这些规定为我国未成年犯的矫正工作指明了方向,矫正工作者在日常管理与矫正工作中,要自觉使行刑活动符合"教育、感化、挽救"的要求。

三、未成年犯罪人管理与矫正的原则

在"教育、感化、挽救"的工作方针的指引下,我国针对未成年犯的特点,确立了一系列未成年犯行刑的原则,主要包括以下几个方面:

(一)保障未成年犯合法权益的原则

我国《监狱法》第7条规定:"罪犯的人格不受侮辱,其人身安全、合法财产和辩护、申诉、控告、检举以及其他未被依法剥夺或者限制的权利不受侵犯。"在此规定的基础上,《未成年犯管教所管理规定》第5条规定:"未成年犯管教所应当依法保障未成年犯的合法权益,尊重未成年犯的人格,创造有益于未成年犯身心健康、积极向上的改造环境",从而为未成年犯在特殊的监禁环境下获得必要的生存、发展空间提供了直接的法律依据。只有依法保障未成年罪犯的合法权益,他们才能在监禁的环境中得到"感化",才能自觉地接受教育,从而使自身得到改造。

(二)教育为主,惩罚为辅的原则

我国《未成年人保护法》第54条、《预防未成年人犯罪法》第44条、《刑事诉讼法》第266条均规定,对犯罪的未成年人,坚持教育为主、惩罚为辅的原则。我国《监狱法》第75条规定,对未成年犯执行刑罚应当以教育改造为主。未成年犯的劳动,应当符合未成年人的特点,以学习文化和生产技能为主。在此基础上,我国《未成年犯管教所管理规定》第 4 条规定:"对未成年犯的改造,应当根据其生理、心理、行为特点,以教育为主。"这些规定充分考虑了未成年人身心发育不成熟、可塑性强的特点。强调教育在未成年犯改造中的优先地位,教育要渗透到未成年犯矫正的各个环节。虽然在未成年犯矫正中,教育是核心,但在未管所服刑的未成年人毕竟都是实施了严重危害社会行为的人,所以报应的成分也是不可或缺的。惩罚的元素依然存在,未成年犯一般也要参加劳动,但劳动的强度、时间、工种等区别于成年犯。只不过在报应犯罪与社会防卫之间,国家的立场更倾向于通过采取积极的教育措施,促使犯罪未成年人改过自新,重新回归社会。

(三)监管矫正与未成年犯特点相适应原则

未成年犯不同于成年犯,因而监管矫正方法也有所不同。基于未成年人的特殊身心状况,我国早在 20 世纪 50 年代发布的《劳动改造条例》中就已经规定少年犯的教育改造与成年犯的改造区别开来,这一原则在改革开放以后出台的一系列法律、法规中得到确认。我国《中华人民共和国未成年人保护法》第 57 条规定:"对羁押、服刑的未成年人,应当与成年人分别关押。"我国《监狱法》第 39 条规定:"监狱对成年男犯、女犯和未成年犯实行分开关押和管理。"第 74 条规定:"对未成年犯应当在未成年犯管教所执行刑罚。"《未成年犯管教所管理规定》第 2 条规定:"未成年犯管教所是监狱的一种类型,是国家的刑罚执行机关。由人民法院依法判处有期徒刑、无期徒刑未满 18 周岁的罪犯应当在未成年犯管教所执行刑罚、接受教育改造。"由此确立了未成年犯分开执行的原则,这一原则有利于避免未成年犯受到交叉感染,有利于未成年犯接受教育,也有利于未成年犯得到更好的处遇。

具体而言,在未成年犯管教所的环境建设上,不进行武装看押,不刻意渲染武力,创造有益于未成年犯身心健康、积极向上的改造环境。在管理队伍方面,未成年犯管教所和管区的人民警察配备比例应当分别高于成年犯监狱和监区。在日常管理中,可以对未成年犯使用"学员称谓",在依法监管的前提下,拉近管理者与被管理者的心理距离。①

尤其值得一提的是,我国相关法律根据未成年犯的身心特点,在对未成年犯进行矫治和改造方面,强调了社会各方多元化参与未成年犯矫正的立法理念。我国《预防未成年人犯罪法》第 3 条规定:"预防未成年人犯罪,在各级人民政府组织领导下,实行综合治理。政府有关部门、司法机关、人民团体、有关社会团体、学校、家庭、城市居民委员会、农村村民委员会等各方面共同参与,各负其责,做好预防未成年人犯罪工作,为未成年人身心健康发展创造良好的社会环境。"《监狱法》第 68 条规定:"国家机关、社会团体、部队、企业事业单位和社会各界

---

① 参见韩玉胜等著:《刑事执行法学研究》,中国人民大学出版社 2007 年版,第 448 页。

人士以及罪犯的亲属,应当协助监狱做好对罪犯的教育改造工作。"《未成年犯管教所管理规定》第 6 条规定,"未成年犯管教所应当加强同未成年人保护组织、教育、共青团、妇联、工会等有关部门的联系,共同做好对未成年犯的教育改造工作。"第 44 条规定:"未成年犯管教所应当加强与社会各界的联系,争取更多的社会力量参与对未成年犯的教育帮助"。可见,在我国未成年犯监狱矫正领域,在发挥专门机关作用的同时,重视社会力量的参与以形成一种合力已经得到了广泛的确认。

四、未成年犯的狱政管理制度

（一）分类管理

相对于成年犯的分类管理而言,未成年犯的分类显得比较简单。目前,未成年犯的分类管理的主要根据有性别、民族、刑期、犯罪类型等。具体而言,有以下几个规则:

（1）对未成年男犯、女犯,应当分别编队关押和管理。未成年女犯由女性人民警察管理。也就是说,未成年女犯不在女子监狱服刑。

（2）少数民族未成年犯较多的,可单独编队关押和管理。

（3）未成年犯管教所按照未成年犯的刑期、犯罪类型,实行分别关押和管理。

此外,根据未成年犯的改造表现,在活动范围、通信、会见、收受物品、离所探亲、考核奖惩等方面给予不同的处遇。

（二）警戒

对未成年犯的警戒措施,相对比较宽松。具体而言,未成年犯管教所建立警卫机构,负责警戒、看押工作。未成年犯管教所监管区的围墙,可以安装电网。在重要部位安装监控、报警装置。未成年犯管教所应当配备必要的通讯设施、交通工具和警用器材。

（三）戒具

对未成年犯原则上不使用戒具。如遇有我国《监狱法》第 45 条规定的情形之一,即罪犯有脱逃行为的、罪犯有使用暴力行为的、罪犯正在押解途中的、罪犯有其他危险行为需要采取防范措施的,可以使用戒具。

（四）通信、会见

除一般的通信、会见规则外,针对未成年犯的特别规则有:

（1）经批准,未成年犯可以与其亲属或者其他监护人通电话,必要时由人民警察监听。

（2）未成年犯会见的时间和次数,可以比照成年犯适当放宽。对改造表现突出的,可准许其与亲属一同用餐或者延长会见时间,最长不超过 24 小时。

（3）未成年犯遇有直系亲属病重、死亡以及家庭发生其他重大变故时,经所长批准,可以准许其回家探望及处理,在家期限最多不超过7天,必要时由人民警察护送。

（五）隐私权保护

为了更好地保护犯罪未成年人的隐私权,在监狱矫正过程中,对未成年人的档案管理与外部接触,《未成年犯管教所管理规定》作了一系列严格的规定:"对未成年犯的档案材料应当严格管理,不得公开和传播,不得向与管理教育或办案无关的人员泄漏。对未成年犯的采访、报道,须经省、自治区、直辖市监狱管理局批准,且不得披露其姓名、住所、照片及可能推断出该未成年犯的资料。任何组织和个人不得披露未成年犯的隐私。"

五、未成年犯的教育改造

对于未成年犯的行刑,我国一直强调要"教育为主",因此教育改造在未成年犯行刑过程中占有重要地位。为保障教育改造的顺利进行,我国《未成年犯管教所管理规定》规定:未成年犯管教所应当配备符合国家规定学历的人民警察担任教师,按押犯数4%的比例配备;未成年犯管教所应当设立教学楼、实验室、图书室、运动场馆等教学设施,配置教学仪器、图书资料和文艺、体育器材;各管区应当设立谈话室、阅览室、活动室;未成年犯管教所应当建立心理矫治机构。

（一）未成年犯教育改造的方法

未成年犯的教育改造,应当根据他们的特点,采用正确的方法,以取得良好的效果。目前我国未成年犯教育改造的方法,可以概括为"三个结合":

1. 集体教育与个别教育相结合

未成年犯走上违法犯罪的道路具有一些共同的规律性,但每一个罪犯的情况也有其特殊性,因此,对未成年犯的教育也应采取个别教育与集体教育相结合的方法。相比较而言,集体教育,成本较少,教育受众人数多,但其缺点是缺乏针对性,可能无法达到行刑个别化之目的。对未成年犯群体共同存在的问题,可以利用上大课、报告会、座谈讨论等集体方式进行教育,对未成年犯个体的某些特殊性的问题,则应进行深入细致的个别教育,真正做到"对症下药","一把钥匙开一把锁"。为推动个别教育方法,《未成年犯管教所管理规定》第38条规定,未成年犯管教所要根据未成年犯的案情、刑期、心理特点和改造表现进行有针对性的个别教育,实行教育转化责任制。

2. 课堂教育与辅助教育相结合

正规的课堂教育,是对未成年人进行思想教育和文化技术教育的基本形式。其主要做法是,参照社会上普通学校的学制、学时及教学内容,制定完善的教学规划和教学大纲,系统、完整地向未成年犯传授科学文化知识和生产技术。教育的课堂化有助于实现未年管教所的学校化,从而提高矫正的质量。根据有关规定,对未成年犯进行思想、文化、技术教育的课堂化教学时间,每周不少于20课时,每年不少于1000课时,文化、技术教育时间不低于总课时数的70%。但是,对未成年犯的教育改造,仅靠课堂教育是不够的,还应当开展丰富多彩、生动活泼的文化、体育和娱乐活动,以补充课堂教育之不足,达到最佳的教育效果。

3. 所内教育与社会教育相结合

未成年犯接受的教育一般是"所内教育",即在未成年犯管教所内接受的,由监狱的专职人员提供的教育。与此同时,依靠和动员社会力量教育改造罪犯,是我国监所工作的一大特点。社会教育是让社会力量参与教育的方法,即采取到社会上参观或者参加公益活动,邀请社会各界人士及未成年犯的父母或者其他监护人来所帮教的方法。此方法的目的在于促进未成年犯社会化。社会教育对于未成年犯的改造具有特别重要的意义。因为未成年犯对家庭有着很大的依附性,而家庭对未成年犯有着很大的亲和力,在未成年犯在所内服刑期间尤为突出。他们入所后担心被父母、亲友和社会所抛弃,渴望得到家庭的帮助和社会的关怀。因此,对未成年犯的教育改造仅靠专门机关的力量是不够的,必须依靠社会各界特别是未成年犯家属的配合和支持,把所内教育和社会教育紧密结合起来。通过社会教育和亲人规劝,使未成年犯感受到社会和家属亲人并没有遗弃他们,而是时刻关怀他们,期望他们改好,因而从中受到鼓舞和鞭策,决心改恶从善,重新做人。为此,未成年犯管教所应当加强与社会各界的联系,争取更多的社会力量参与对未成年犯的教育帮助;未成年犯管教所可以聘请社会知名人士或者有影响的社会志愿者担保辅导员。与此同时,未成年犯的父母或者其他监护人应当依法履行监护职责和义务,协助未成年犯管教所做好对未成年犯的教育改造,不得遗弃或者歧视。

(二)未成年犯教育的内容

未成年犯管教所应以未成年犯的生理、心理和行为特征为依据,确定教育改造的内容。我国《预防未成年人犯罪法》第46条规定:"未成年犯在被执行刑罚期间,执行机关应当加强对未成年犯的法制教育,对未成年犯进行职业技术教育。对没有完成义务教育的未成年犯,执行机关应当保证其继续接受义务教育。"在具体工作中应以思想教育为主,同时重视对他们进行文化教育、劳动教育和生产技能教育,使之在改造思想和矫正恶习的同时,学有所长,成为社会主义建设的有用之材。

1. 入所教育

入所教育是对新入所的未成年犯进行的特别教育,其内容包括认罪服法、行为规范和所规纪律教育等。入所教育时间不得少于两个月。

2. 思想教育

思想教育的目的是令未成年犯改变旧有的、不良的认知,并建立新的认知。

对未成年犯应当进行思想教育,其内容包括法律常识、所规纪律、形势政策、道德修养、人生观、爱国主义、劳动常识等。依据我国《监狱法》等相关规定,对未成年犯进行思想教育的具体内容包括:

第一,法制教育。对未成年犯的法制教育是为了矫正其错误的法制观念和心理,使之知法、懂法、守法,养成遵纪守法的行为习惯。未成年犯大多数法制观念淡薄,对他们进行法律知识教育十分重要。教育中要注意结合未成年犯的犯罪事实,针对他们的心理特点来进行,内容主要包括监狱法教育、宪法教育、刑事法律教育和其他法律教育等。

第二,道德教育。许多未成年犯的道德水准低下,很多人都是从缺乏道德观念、不讲社会公德开始逐渐滑向犯罪的深渊的。为此,应有目的、有计划地对未成年犯进行有关道德观念、道德情感、道德行为等方面的教育。教育他们热爱祖国,热爱人民,热爱劳动,热爱科学文化知识,培养他们的团结友爱、助人为乐的集体主义精神,树立正义感、羞耻感、荣誉感和责任感等,划清是非、善恶、美丑的界限,并且指导、督促他们以社会主义的道德准则来规范和约束自己的行为,使之逐步养成良好的道德情操和道德行为习惯。

第三,形势、前途教育。对未成年犯的教育改造不能将他们与社会生活隔离开来,要经常地针对未成年犯的思想特点进行形势教育和前途教育,让他们正确了解国内外的形势和国家建设所取得的伟大成绩及今后的发展目标,从而看到自己的改造前途,树立改造的信心和决心。

3. 生活常识教育

未成年犯管教所应当对未成年犯进行生活常识教育,培养其生活自理能力。培养未成年犯的生活自理能力,一方面,能使其适应未成年犯管教所的生活,能够自己照顾自己。另一方面,能使未成年犯出所后能独立生活。

4. 文化教育

文化教育在未成年犯的教育改造中起着十分重要的作用。通过比较系统、正规的文化教育,可以提高未成年犯的文化水平,扩大知识领域,使之逐步摆脱粗鲁野蛮、愚昧无知的状态。文化教育的首要目标是在未成年犯中完成义务教育课程。对未成年犯的文化教育应当根据其文化程度,分别进行扫盲教育、小学教育、初中教育。采取分年级编班施教,按规定的课程开课,使用经国务院教育部审定的教材。有条件的可以进行高中教育。此外,未成年犯管教所还应该鼓励完成义务教育的未成年犯自学,组织参加各类自学考试。对参加文化学习的未成年犯,经考试合格的,由当地教育发给相应的毕业或者结业证书。

为保障文化教育的顺利进行,我国《未成年犯管教所管理规定》第30条规定,未成年犯的文化教育列入当地教育发展的总体规划,未成年犯管教所应与当地教育行政部门联系,争取在教育经费、师资培训、业务指导、考试及颁发证书等方面得到支持。

5. 技术教育

开展技术教育的目的是令未成年犯掌握一技之长,使其在出狱后能就业谋生。为此,对未成年犯的技术教育应当根据其刑期、文化程度和刑满释放后的就业需要,重点进行职业技术教育和技能培训,其课程设置和教学要求可以参照社会同类学校的相关安排。对参加技术学习的未成年犯,经考试合格的,由当地劳动行政部门发给相应的技术证书。

6. 出所教育

出所教育是指对即将刑满释放的罪犯在形势、政策、遵纪守法等方面的教育,并在就业、复学等方面给予指导,提供必要的技能培训。出所教育时间各不得少于两个月。

六、未成年犯的劳动

未成年管教所关押的对象是未成年犯,其身体还处于发育期,过重的劳动任务不利于其成长与矫正;此外,由于教育改造是矫正未成年犯的主要手段,如果劳动时间过长,就难以保障教育时间。为此,我国《监狱法》与《未成年犯管教所管理规定》就未成年犯的劳动改造制度进行了特别的安排。

我国《监狱法》第 75 条规定,未成年犯的劳动,应当符合未成年人的特点,以学习文化和生产技能为主。《未成年犯管教所管理规定》第 42 条规定,根据需要,未成年犯管教所设立适合未成年犯特点的习艺劳动场所及其设施。此外,《未成年犯管教所管理规定》就劳动类型、时间等进行了限制性规定,即:组织未成年犯劳动,应当在工种、劳动强度和保护措施等方面严格执行国家有关规定,不得安排未成年犯从事过重的劳动或者危险作业,不得组织未成年犯从事外役劳动。未满 16 周岁的未成年犯不参加生产劳动。参加劳动的未成年犯,其劳动时间,每天不超过 4 小时,每周不超过 24 小时。

第二节 女性犯罪人的管理与矫正

一、概说

女性犯罪人,简称为"女犯",是指在监狱服刑的成年女性犯罪人。至于未成年女犯,一般适用有关未成年犯的有关规定。

在我国,女犯的数量相对较少。但进入 21 世纪后,在押女犯的数量逐年增

加,其所占比例虽然仍然很低,但有逐年上升之趋势,具体情况可如下表①所示:

年份(年)	数量(人)	比例
2003	71286	4.61%
2004	75870	4.85%
2005	77279	4.96%
2006	77771	4.97%
2007	78334	5.0%
2008	80951	5.09%
2009	85167	5.25%
2010	90322	5.49%

根据美国学者 Reichel 的归纳,女犯的地位经历了四个历史时期。[②] 第一个时期为"漠视时期"(The Neglect Response)(19 世纪 60 年代之前)。在此时期,女犯没有得到特殊照顾,男犯、女犯在同一个监狱内服刑;由于女性社会地位低,所以监狱的管理也有男性负责,从而造成许多不便之处。第二个时期为"差别对待时期"(The Differential Response)(19 世纪 60 年代开始)。这个时期的主要特征是,女权主义者要求建立女性的独立矫正机构。1873 年美国首座女子监狱在印第安纳州设立。第三个时期为"平等时期"(The Equalization Response)(20 世纪 60 年代开始)。此时期的特征是,女犯通过法律渠道,寻求更好地保护自身利益。特别是,提出男女量刑不平等,女犯在一些案件中量刑较男性重。此外,法院也开始介入女犯在监禁中的处遇问题,要求矫正机构在外出制度、管理、执行地点等问题上,应当尽量达到男女平等。20 世纪 80 年代以后,法院进一步开始要求矫正机构设置法律机构或者法律咨询部门,以协助解决女犯有关法律的问题。第四个时期为"女性导向时期"(The Female-oriented Response)(20 世纪 90 年代以后)。在"平等原则"下,监狱往往以男犯的标准作为女犯的处遇标准。虽然看似平等,但实践中反而造成矫正质量的低下与女犯重返社会的困难。而在"女性导向时期",人们要求正视两性的差别,应该采取不同的处遇标准,不能将男犯的管理制度直接嫁接到女犯的管理当中。

二、女犯管理与矫正的原则

根据我国《监狱法》等法律及有关的国际准则,管理与矫正女犯,需要遵循一定的基本原则。

---

① 资料来源:《中国统计年鉴》(2003 年至 2010 年),中国统计出版社出版。
② Philip L. Reichel, *Corrections: Philosophies, Practices, and Procedures*, West Publishing Company, 2001, pp. 399—407.

(一) 平等但区别对待原则

法律面前人人平等特别是男女平等是我国宪法所保护的原则。平等对待女犯,有两个方面的要求:第一,监狱要平等地保护女犯与男犯的合法权益,不得歧视女犯而对其权利进行不合理的限制。第二,女犯平等地履行其法律义务,监狱不得非法地加重女犯的义务。

不得歧视女犯也是国际规则所强调的原则。联合国《囚犯待遇最低限度标准规则》第6条规定,不应基于性别而加以歧视。联合国《关于女性囚犯待遇和女性罪犯非拘禁措施的规则》(以下简称《曼谷规则》)进一步要求监狱管理部门加强对监狱管理人员进行反歧视方面的业务培训,如第32个规则要求"监狱女性工作人员应能得到与男性工作人员平等的培训机会,所有参与女子监狱管理工作的工作人员都应接受关于性别敏感性和禁止歧视和性骚扰的培训"。

需要注意的是平等对待并不意味着关于男犯与女犯的法律规则或者管理手法总是一样的。基于两性的自然区别,对男犯、女犯区别对待是必然的选择;但区别对待的目的在于实现两性实质上的平等。例如,根据我国《监狱法》第39条规定,监狱对成年男犯、女犯分开关押和管理。虽然将男犯与女犯"隔离",但这种隔离并不违背平等原则,而是为实现实质上的平等而需要采取的措施。

(二) 特殊保护原则

对女性实施特殊保护是我国的一项基本国策。我国《妇女权益保障法》对妇女在政治、文化、教育等各个方面的权益作出了具体详细的规定。虽然女犯是犯了罪的妇女,但相对于男犯,仍有特殊保护之必要。根据我国《监狱法》第39条规定,对女犯的改造,应当照顾其生理、心理特点。由于女犯的生理、心理特征具有特殊性,在监狱环境下相对更容易地受到各种伤害,从而影响教育、改造的质量,因此有必要对女犯进行特殊保护。

对女犯实施特殊保护原则也是国际规则的要求。例如,《曼谷规则》要求,"应制定和实施关于监狱工作人员行为的明确政策和规章,目的是为女性囚犯提供最大限度的保护,使之免遭任何基于性别的言行暴力、虐待和性骚扰。"从这一规定可见,给予女犯特殊保护的原因之一,是因为她们受到非法侵害的可能性相对较高。

(三) 同性管理原则

同性管理原则,是指女犯由女性人民警察直接管理。我国《监狱法》第40条规定:"女犯由女性人民警察直接管理。"第18条第2款也规定:"女犯由女性人民警察检查。"在监管改造实践中,管理女犯监区或者与女犯直接接触较多的教育、劳动、生活卫生等岗位的管理人员应当是女性人民警察。但是一些不直接管理女犯的工作岗位,也可以配备男性人民警察。

女犯由女性管理人员实施管理也是国际惯例。《囚犯待遇最低限度标准规则》第 53 条规定:"(1)监所兼收男女囚犯时,其女犯都应由一位女性负责官员管理,并由她保管该部的全部钥匙。(2)除非有女性官员陪同,男性工作人员不得进入监所中的女犯部。(3)女犯应仅由女性官员照料、监督。但此项规定并不妨碍男性工作人员,特别是医生和教员,在专收女犯的监所或监所的女犯部执行其专门职务。"由此可见,同性管理原则并不完全排斥男性人民警察参与管理女性犯罪人。

三、女犯管理与矫正的特别规则

根据我国《监狱法》及相关法律法规,针对女犯而规定的特别的管理与矫正规则主要包括:

(一)分开关押

根据我国《监狱法》第 39 条规定,监狱对成年男犯、女犯和未成年犯实行分开关押和管理,换言之,对成年女犯实行单独关押。将男犯与女犯分开关押是国际社会的共识。《囚犯待遇最低限度标准规则》第 8 条也要求:"尽量将男犯和女犯拘禁于不同监所;同时兼收男犯和女犯的监所,应将分配给女犯的启舍彻底隔离"。

在我国改革开放之前,独立建制的女子监狱很少,女犯一般关押在城市监狱或者劳改队的独立大队。我国 1954 年《劳动改造条例》规定,女犯由女看守员监管。1962 年 12 月试行的《劳改队管教工作细则》第 12 条第 2 款规定:"女犯应当单独编队,由女看守员监管,并根据她们的生理特点,在劳动上、生活上给予适当照顾"。1982 年公安部制订的《监狱、劳改队管教工作细则(试行)》规定:"女犯应单独设立女监、女分监,一律由女干警进行管理教育。"而在 20 世纪 80 年代,随着全国"严打"斗争的深入开展,全国女犯的关押改造场所严重不足,客观上促进了专门关押女犯的场所的建设。原有的一些相对独立的女犯关押点经过改造后,成为独立的女子监狱;有的省在这个时期也新建了一些女子监狱。这段时期改造而成或者新建成的女子监狱有湖南省女子监狱(1980 年)、河南省女子监狱(1982 年)、浙江省女子监狱(1984 年)、福建省女子监狱(1985 年)等。到 1987 年底,全国单独设置女子监狱的有辽宁、吉林、黑龙江、山西、陕西、河南、安徽、浙江、福建、湖南、贵州、广西等省、自治区。1988 年 6 月司法部劳改局在长沙召开首次女犯改造工作专题会议,推动了各地女子监狱的建设。到 2003 年 10 月为止,全国已有 27 个省区市建立女子监狱 30 所,此外还有监区或者分监区建制的女犯关押点 15 个。近几年来,随着女犯数量的不断增加,一些地方建设新的女子监狱。到 2009 年底,全国共有女子监狱 36 所。①

---

① 参见杨木高:《中国女犯矫正制度研究》,南方大学出版社 2012 年版,第 22、23 页。

（二）收监程序

对于女犯的收监程序，需要注意的是两个方面的特别规则：

首先，对于怀孕或者正在哺乳自己婴儿的妇女，根据我国《刑事诉讼法》第254条规定，可以暂予监外执行，即监狱可以暂不收监。司法实践中，哺乳婴儿的年龄一般是不满1周岁。有关暂予监外执行的具体规则参见前文第十章的有关内容。

其次，女犯不得携带子女在监狱内服刑。各国处理罪犯子女问题的做法不一致，有的国家允许罪犯携带子女在监狱内服刑。而我国《监狱法》则不允许罪犯携带子女服刑。具体而言，女犯服刑后，子女已过哺乳期的，子女应交其亲属、监护人抚养，家中确无亲属的，应送到当地政府，由民政部门收养。《曼谷规则》第64条则要求，在可能和适当情况下，对怀孕妇女和有受扶养子女的妇女应首先选择非拘禁判决，只有在罪行严重或暴力犯罪或该妇女构成持续危险的情况下，并在考虑到儿童最高利益之后，才考虑拘禁判决，同时还应确保做好照看这类儿童的适当安排。

（三）日常管理

目前关于女犯日常管理，法律法规并没有作出特别的安排。但在一些具体事项上，实践中有一些比较常见的做法。例如，除有特殊生活习惯的少数民族犯外，女犯一律留齐耳短发，不得过颈，不准烫发、染发、戴假发、涂指甲、抹口红、戴首饰等。在囚服、被服管理上，女犯囚服在式样、色泽上要适当考虑女性的心理需求。在监狱环境建设和监狱监舍布置上，注意淡化监禁色彩，减少长期监禁带来的心理负面影响。有的监狱动员女犯美化、装饰自己的生活环境，女犯可以根据自己的爱好布置监舍。在会见方面，一般会适当放宽会见时间和会见次数。对家住农村的安排随来随见，根据女犯易动感情、心思多、话头长的特点，适当延长接见时间，让她们把话说透。在劳动方面，劳动生产项目要适合女犯的生理特点，不搞高空作业、有毒作业、重体力劳动。女犯在劳动指标、劳动时间管理要适当宽于男犯。在生活上，针对女犯体质弱、饭量小的特点，搞好伙食管理，提高配膳质量。在卫生方面，根据女犯生理特点，配备专门医务人员实行定期体检，对妇女常见病认真防治；做好女犯月经记录，采取相应措施调节女犯情绪。[①]

[①] 参见吴宗宪主编：《刑事执行法学》，中国人民大学出版社2007年版，第312—314页。

第三编 社区矫正

2011年2月25日第十一届全国人大常委会第十九次会议通过的《中华人民共和国刑法修正案(八)》,对于我国刑事执行法的发展而言,具有里程碑意义。该修正案正式将"社区矫正"写入法律,这同时也意味着,我国从2003年开始的社区矫正试点工作得到了法律的认可,"社区矫正"正式成为一种法定的刑事执行方法。

本编分四部分来讲述社区矫正的内容。第十三章将讲述社区矫正的基础性内容,包括社区矫正的概念、特征与价值,同时也概括性地介绍社区矫正在我国的发展历程。第十四章介绍社区矫正的适用问题,主要讲述社区矫正的适用范围(适用对象)以及调查评估制度。第十五章介绍社区矫正的程序,讲述社区矫正的开始、实施与终结三个阶段涉及的程序性问题。第十六章则重点介绍社区矫正的内容,包括监督管理、教育矫正、帮困扶助、考核与奖惩等。

第十三章 社区矫正概述

第一节 社区矫正的概念与特征

"社区矫正"对于我国来说,属于一个外来术语,它是从英文"community corrections"或者"community-based corrections"翻译过来的。在国外,关于"社区矫正"的概念,存在许多争议。下文将在对国际、国内有关理论、实践介绍的基础上,对本书的社区矫正概念进行界定。

一、国外社区矫正的概念

在英国,"社区刑"是指由下列命令构成或者包含下列命令的判刑:(1)(第177条界定的)社区令,或者(2)多项青少年社区令。[1]

在美国,社区矫正的基本概念是指对于刑事犯罪人采取了不同的制裁和非监禁的矫正项目。这些制裁和项目包括:(1)对于被控告的罪犯从刑事司法执

---

[1] 孙长永等译:《英国2003年〈刑事审判法〉及其释义》,法律出版社2005年版,第125页。

法体系和公诉前的看守所中转换出来的项目;(2)将被证实的罪犯保留在社区的判决和强制性限制的项目;(3)为使监狱的犯人从监禁到自由的平稳过渡而设计的项目。①

在加拿大,社区矫正的一般概念,包括所有针对犯人发生在社区环境的刑罚前介入和刑罚后介入。②

在澳大利亚使用的教科书中,"社区矫正"这一条目指代的范围极广,涉及自18世纪末期缓刑适用以来,经过逐步发展后形成的各种意义深远的对犯罪分子的管理办法。社区矫正项目的运作可以被用来替代监禁刑,或者允许被判处监禁的罪犯可以在社区完成一定比例时间的监禁刑(假释)。③

大陆法系国家尽管在19世纪末20世纪初就普遍采用了缓刑与假释制度,但社区矫正的概念未在法律上体现,而普遍在理论著述中被称为"社会内处遇措施"或"社区内矫正制度",具体是指以假释、保护观察和更生保护为中心,使犯罪者在现实社会内,在过着自律性生活的同时,接受以改善更生为目的之措施。④

从国外有关社区矫正的概念可以看出,尽管社区矫正在美国、澳大利亚、加拿大以及法国、德国等发达国家历史悠久,适用广泛,但不同的国家对社区矫正有着不同的定位。如在英国,社区矫正是刑罚体系的重要组成部分,是由多个单独的社区矫正令与特殊的刑罚方法组成的复合刑。在美国,社区矫正的法律属性基本上是刑事执法活动。可见在不同语境下,对社区矫正本身的描述各有千秋,在内涵与外延上各具特色。

二、我国社区矫正的概念

关于我国社区矫正的定义,相关的规范性文件有着明确的规定,同时,理论界对此亦有着较多的探讨与争议。

(一)"官方"定义

2003年最高人民法院、最高人民检察院、公安部、司法部联合发布的《关于开展社区矫正试点工作的通知》中,将社区矫正具体定义为:社区矫正是与监禁矫正相对的行刑方式,是指将符合条件的罪犯置于社区内,由专门的国家机关在相关社会团体和民间组织以及社会志愿者的协助下,在判决、裁定或者决定确定的期限内,矫正其犯罪心理和行为恶习,并促进其顺利回归社会的非监禁刑罚执

---

① 刘强主编:《社区矫正制度研究》,法律出版社2007年版,第5页。
② 王珏、王平、[加拿大]杨诚:《中加社区矫正概览》,法律出版社2008年版,第213页。
③ 司法部基层工作指导司编:《社区矫正试点工作资料汇编》(四),2005年12月,第97页。
④ 赵秉志:《外国刑法原理·大陆法系》,中国人民大学出版社2000年版,第318页。

行活动。

以上定义,来自于"两院、两部"联合发布的有关社区矫正的专门性法律文件,是关于社区矫正的具有权威性的官方定义,是我国开展社区矫正试点工作的法律依据,在理论界也得到了较高的认同。

"官方定义"的特色,就在其详细表述了社区矫正的性质、主体、目的等各方面的内容:第一,社区矫正的性质是一种与监禁矫正相对应的、新型的行刑方式,是一种非监禁刑罚执行活动。第二,社区矫正的行刑场所是"社区"。第三,社区矫正的主体是专门的国家机关,但其需要相关社会团体和民间组织以及社会志愿者的协助。第四,社区矫正有一定的期限。第五,社区矫正的目的是矫正罪犯的犯罪心理和行为恶习,并促进其顺利回归社会。

(二)对"官方定义"进一步辨析

(1)非监禁刑的执行还是非监禁刑罚执行措施?"官方定义"将社区矫正定位为非监禁刑罚执行活动,由此便需要厘清非监禁刑和非监禁刑罚执行措施的区别。非监禁刑是与监禁刑相对应的概念,监禁刑通常是指有期徒刑、无期徒刑、拘役、死刑缓期二年执行等刑罚,而非监禁刑则是指不需要通过关押来剥夺罪犯人身自由的一系列刑罚种类,包括管制、罚金、剥夺政治权利、没收财产以及驱逐出境等等。非监禁刑罚执行措施,其关注点在于刑罚执行过程中的非监禁性,即刑罚并不是以剥夺罪犯自由的方式来实施的。因此,非监禁刑罚执行措施不仅包括《刑法》所确定的各类非监禁刑罚,更包括刑罚执行中的各种非监禁的处遇方式,比如缓刑、假释、暂予监外执行等。"官方定义"确定的"非监禁刑罚执行活动"在语义理解上具有多义性,本书认为,其所指应当是非监禁刑罚执行措施,而非非监禁刑的执行,这是需要注意的。

(2)何谓社区?根据社会学的一般定义,社区是由一定数量的居民组成的、具有特定的互动关系和共同的文化维系力的人类社会生活共同体,其组成包括地域、人口、文化维系力以及社区中人们的互动关系等四维要素。① 而根据 2000 年中共中央办公厅、国务院办公厅转发民政部出台的《关于在全国推进城市社区建设的意见》,社区是"聚居在一定地域范围内的人们所组成的社会生活共同体",而"目前城市社区的范围,一般是指经过社区改革后作了规模调整的居民委员会的辖区"。由此可见,社区矫正的行刑场所并未与社会生活相隔绝,恰恰相反,社区矫正的行刑场所就是置于社会之中,服刑人员将在一定的区域范围内,受到社会各方面的监督和矫治。

(3)社区矫正的目的为何?社区矫正目的是指通过实施社区矫正所欲实现的目标或者达成的结果。其直接目的与刑罚目的是一致的,即通过落实刑罚,惩

---

① 参见郑杭生主编:《社会学概论新修》,中国人民大学出版社 2003 年版,第 272—273 页。

罚和矫治罪犯,剥夺其再犯能力,使罪犯顺利复归社会。然而,在直接目的之外,社区矫正有其自身的特殊目的:其一,克服监禁刑的弊病,防止交叉传染,避免罪犯标签化,提高罪犯社会生存能力,有效地防止再犯、累犯,发挥刑罚的预防效果。其二,在我国刑事执行实践中,被判处管制、剥夺政治权利等罪犯,以及被予以缓刑、假释、暂予监外执行的罪犯,由于监管机关精力人员有限、缺乏制度保障,长期处于脱离监管的真空状况,使得对罪犯的教育改造流于形式。社区矫正是通过引入社会多方力量的参与,实现矫正效果的最大化。

(三) 本书观点

综上,本书认为,官方定义的基本内容是可取的,但作为定义,应当适当简化。同时"非监禁刑罚执行活动"容易被误解为是"非监狱刑"的执行活动,在定义时应尽量避免这种误解。基于上述考虑,本书将社区矫正的概念表述为:社区矫正是专门国家机关在社会力量的协助下,在社区中以非监禁的方式,依法对特定的刑事犯罪人进行监督管理、教育矫正、帮困扶助,以促进其回归社会的刑罚执行活动。

三、社区矫正的特征

(一) 社区矫正的执行主体是专门国家机关

社区矫正运行过程中,涉及众多的国家机关,如司法行政机关、公安机关、法院、检察院以及民政、劳动和社会保障等众多的政府部门。但在这众多的机构和人员中,司法行政机关发挥着核心和纽带的作用,负责社区矫正各项工作的具体实施。虽然在我国的基本法律中仍未对此作出明确规定,但从社区矫正实践以及社区矫正的发展方向看,司法行政机关作为社区矫正的执行机构基本上是众望所归。2012 年 1 月 10 日最高人民法院、最高人民检察院、公安部、司法部联合发布的《社区矫正实施办法》第 3 条规定:"县级司法行政机关社区矫正机构对社区矫正人员进行监督管理和教育帮助。司法所承担社区矫正日常工作。"明确了司法行政机关承担着社区矫正的日常工作,并在相关条款中规定了其工作职责。

(二) 社区矫正运行中注重社会力量的广泛参与

社区矫正的推行,体现了我们国家犯罪治理立场的转变,是国家和社会双本位犯罪预防模式的实践。因为,从一般的意义上来讲,社区矫正的良好效果有赖于公众的认同和社区的合作。而从特殊的意义上讲,几乎所有的犯人最终都要回到原来的社区,因为"把犯人带出正常社会并置于异常社会中去,并以此希望他们(在释放后)能适应社会,这既不可能,也不合逻辑","那么他们应该在处理这个问题上早日得到帮助,所有的社会力量都应该团结起来。帮助他们恢复家庭关系,获得职业和受教育的机会,找到自己在社会中的合适位置。"①可见,在社区矫正运行过程中,社会力量的参与具有重要的价值蕴涵。这就要求社区矫正机构一方面依托于社区开放的环境,避免监禁生活对罪犯的消极影响,另一方面,充分运用社区的现有人力、物力资源,并积极挖掘其他社会资源,促进社区矫正人员的心态向良性转化,以适应正常的社会生活,成为守法公民。

(三) 社区矫正的对象是特定的刑事犯罪人

按照"两院、两部"联合发布的社区矫正有关法律文件的规定,社区矫正的适用对象包括以下五种类型的罪犯:(1) 被判处管制的;(2) 被宣告缓刑的;(3) 被暂予监外执行的;(4) 被裁定假释的;(5) 被剥夺政治权利,并在社会上服刑的。不过,随着《刑法修正案(八)》以及 2012 年修订的《刑事诉讼法》的出台,被剥夺政治权利的人员不再作为社区矫正的对象,所以目前我国社区矫正的对象限定在:被判处管制的、被宣告缓刑的、被暂予监外执行的、被裁定假释的四种类型的罪犯中。

(四) 良好的社区环境是社区矫正顺利推行的基础和平台

尽管在现代社会条件下,人们对社区的依赖与传统社会相比有所下降,但社区的重要性是因人而异的,对于一部分人来讲,社区仍然具有重要意义。对于社区矫正人员来讲,社区是其行刑场所、生活、工作的重要依托,更是其精神家园,"社区人"是社区矫正人员的重要社会角色,他们能否顺利回归社会有赖于良好的社区环境。从犯罪原因的角度来看,不良的社区环境是导致犯罪发生的重要因素。所以,社区矫正能否成功,一方面在于矫正对象的心理和行为的变化,一方面有赖于引发犯罪的社区环境是否得到治理。另外,在一个高度解体的社区里,被矫正人依然会游离于社会之外,由于刑罚而断裂的社会连带关系也很难得到重塑和接驳,不能达到复归社会的目的。而且,社区矫正从制度层面向现实层面转化的前提在于存在一个操作性的平台,并依托此平台,整合社区资源,将各种矫正实践推向深入。所以,良好的社区环境是社区矫正得以进行的基础和平台。

(五) 社区矫正必须严格依法进行

社区矫正作为一项刑罚执行活动,关涉被矫正人员的重大权益,须严格依法进行。试点中社区矫正的工作内容和程序是:社区矫正组织根据人民法院②作出的有效判决、裁定或者决定,在特定的时限内与人民法院、监狱管理机关或公

---

① 〔美〕克莱门斯·巴特勒斯:《矫正导论》,孙晓雳等译,中国人民公安大学出版社 1991 年版,第 82 页。

② 在我国,暂予监外执行的决定权虽然包括监狱管理机关、法院和公安机关,但暂予监外执行的期限最终要受到法院的判决和裁定的制约。

安机关交接有关法律文书和相关材料、履行相关法律手续,将社区矫正人员纳入社区矫正活动;其间,专门国家机关在社会组织和社会志愿者的参与下,通过个别谈话、提供咨询、进行教育、组织非营利性公益劳动、提供社会救助等方式开展对社区服刑人员的监督管理、教育矫正、帮困扶助;最终,根据社区矫正人员的表现,作出解除矫正、收监执行、撤销缓刑、假释等一系列决定。

(六) 社区矫正的核心目标是促进社区矫正人员回归社会

社区矫正作为刑罚制度的组成部分,其目标不仅受制于刑罚的总体目的,而且与其自身在刑罚运行中的特殊地位相联系。随着对刑罚理解的深化,人们已逐渐认识到单纯的报应与预防都不足以成为刑罚的根据,当前居于通说地位的是刑罚目的综合论。其基本立论在于:报应与预防都是刑罚赖以生存的根据。刑罚既回顾已然的犯罪,也前瞻未然的犯罪。报应与预防,如车之两轮、鸟之双翼,永远是刑罚不可或缺的两个方面。但在刑事活动的不同阶段,两者又有所侧重。在刑罚创制阶段,强调的是一般预防;在刑罚裁量阶段强调的是报应;而行刑阶段则意味着刑罚"进入采取最合适的方式来阻止其将来再犯罪的阶段",因此它应该"着重发挥刑罚的特殊预防功能"。[①] 可见,行刑阶段特殊预防受到格外的关注。

由社区矫正所承载的多重价值以及刑罚目的的综合论所决定,社区矫正的目标不是一维的,而是多维的。社区矫正不仅要通过矫正促进罪犯重新回归社会,还要惩罚罪犯,以体现刑罚的属性,同时还肩负着维护公共安全的职责。但作为刑罚观念进化的制度载体,在社区矫正的目标体系中,无疑应以"促使社区矫正人员回归社会为核心"。对于这一点,在我国学术界已经成为主流观点并在社区矫正的官方定义中得到采纳。当然,"促使矫正对象回归社会"是一个较为抽象的目标,对此应当有客观的评价标准。其中,降低重新犯罪率是一个重要的指标,但是还应当辅之以其他的标准,否则会容易形成不正确的矫正导向。

第二节 社区矫正的价值

庞德曾经指出:"在法律史的各个经典时期,无论是在古代和近代世界,对价值准则的论证、批判或合乎逻辑的适用,都曾是法学家们的主要活动。"因此,"价值问题虽然是一个困难的问题,但它是法律科学所不能回避的。"[②] 对于社区矫正,这一问题同样不能回避,因为它是社区矫正制度得以成立的前提。作为几

---

① 〔意〕帕多瓦尼:《意大利刑法学原理》,陈忠林译,法律出版社1998年版,第346—349页。
② 〔美〕庞德:《通过法律的社会控制——法律的任务》,沈宗灵、董世忠译,商务印书馆1984年版,第55页。

百年来刑罚文明演进的成果,社区矫正承载着人道、民主、安全、效益、正义等多重价值,下面将就这几个方面进行具体分析。

一、人道

（一）社区矫正体现了国家对于罪犯的宽容立场,并有助于民间立场的转变

"宽容,指容许他人有判断和行动的自由,对不同于自己或传统观点的见解能够耐心公正地予以容忍。"[①]"不过在刑法学的视角之下,宽容不是个人的一种品性,而是一种政治制度的特性。刑法的宽容性,不仅仅是一个刑罚轻重的问题,更是一个刑法在调整社会与个人关系的时候应当把握的准则。"[②]与此相适应,刑罚人道主义表现出国家在规定和运用刑罚时对犯罪以及犯罪人的一种宽容态度。社区矫正的推行体现了我们国家在治理犯罪问题立场上的转变,是宽严相济刑事政策的体现。曾几何时,"严打"被视为治理犯罪的"猛药",重刑成为威慑犯罪的"良方"。但随着我国市民社会与政治国家的二元社会结构的孕育,随着理论界与实务界对于"严打"的理性反思,我国在治理犯罪的立场方面开始向"轻轻重重"的两极化方向发展,2003年开始的社区矫正试点,就是对某些类型的罪犯"宽容"处遇的结果。而这一理念在2006年10月党的十六届六中全会作出的《关于构建社会主义和谐社会若干重大问题的决定》中得到了最终的确认。《决定》中指出:"实施宽严相济的刑事司法政策、改革未成年人司法制度,积极推行社区矫正。"从而以最高权威的方式把社区矫正与宽严相济刑事政策正式联结起来。作为刑罚轻缓的一面,社区矫正体现了在刑罚的适用上,对于犯罪人有选择的区别对待,是对那些社会危害性较小、人身危险性较低、或者缺乏受刑能力的犯罪人予以人道处遇的结果。

由此可见,社区矫正的推行是对我国政治制度宽容品性的确认,而这种确认和体现还将有助于引领社会公众形成对待犯罪的理性态度,创造一种对待罪犯的宽容社会氛围,使他们在宽容中感受人性关爱,从而顺利回归社会。因为罪犯顺利回归社会不仅取决于其对主流价值观念、行为方式认同和接受的程度,而且还取决于社会对他们的宽容和接纳的程度。按照标签理论,将某人贴上犯罪人标签就能产生一种自我实现的预言,该预言将促使他进一步实施犯罪行为。因为犯罪人内化了这种消极的耻辱标记并且丧失了自尊,而其他人的敌对反应将减少他们重新获得传统地位的机会。[③] 而社会对罪犯标签反应的主要原因在于

---

① 〔美〕房龙:《宽容》,徐舟译,东方出版社2005年版,第10页。
② 陈兴良:《刑法的价值构造》,中国人民大学出版社1998年版,第431—432页。
③ 〔美〕罗纳德·J.博格、小马文·D.弗瑞、帕特里克亚·瑟尔斯:《犯罪学导论——犯罪、司法与社会》(第二版),刘仁文、颜九红、张晓艳译,清华大学出版社2009年版,第167页。

人们对罪犯这一群体根深蒂固的社会刻板印象,社会刻板印象是人们对某一社会群体形成的概括而稳定的看法,刻板印象往往具有较高的稳定性,不易随着现实的改变而改变。刻板印象的负面作用是主要的,其过于泛化,以至于忽视了该群体中个体之间的差异。同时,这种刻板印象所带来的标签化影响是所谓的自验预言效应,即使得被贴上标签的群体成员表现出与刻板印象一致的行为。更为严重的是,刻板印象与偏见、歧视相互联系,是群体敌视下位的三个子成分。① 人们对罪犯这个群体总是持有憎恶、否定、怀疑、排斥等心理,这些因素造成了罪犯在社会上的异常生存状态,与这种刻板印象相随的是偏见、甚至是歧视,而这种"另类"的尴尬境地又往往驱使着罪犯重新犯罪,导致矫治教育之功毁于一旦。所以具有远见卓识的学者、肩负重大责任的立法者应当因势利导,运用自己的科学真知和政治智慧,科学、理性地引导民意。虽然我国重刑主义的文化传统根深蒂固,但代表刑罚轻缓一面的社区矫正的倡导和推行,毕竟在促使传统刑罚心理的转变方面迈出了第一步。

(二) 社区矫正体现了对罪犯主体地位的尊重,能够促进其重返社会

人道主义作为一种思想体系,其内涵随历史的发展不断地流变,但综观各种对于人道主义的论述,我们会发现,尽管不同的学者对于人道主义的表述不同,但其核心理念在于承认人本身的价值,承认人有自由、幸福以及发挥和表现自己才能的权利。或者说,人道主义是一种把人和人的价值置于首位的观念。从这一点进行观察,我们会发现,社区矫正处处体现着以人为本的思想,它没有将犯罪人驱逐到监狱这一与人类正常生活相隔绝的地方,以实现消极的特殊预防,而是将他们置于正常的社会环境中,致力于他们人格的积极改善和健康发展,因而避免了监狱行刑给罪犯人格带来的消极影响,赋予人之为人的尊严,并为其正常社会关系的维持与恢复、个人能力的发展奠定了基础。

具体来讲,社区矫正因其开放性而消除或减轻了监狱行刑给人带来的失去自由、正常的家庭生活和社会生活受到影响、缺乏自主性与安全感等诸多痛苦,从而避免了罪犯自律力萎缩、意志力丧失、孤僻和颓废等"监狱化"人格现象;社区矫正能够为罪犯保持正常的家庭生活和稳定的婚姻关系创造条件,满足其情感需求,避免了监禁环境下罪犯社会联结的偏离、失衡、中断;在开放的社区环境中,社区矫正人员在强制性的前提下摆脱了机械的服从,有了一定的自主性,从而为其人格的完善奠定了基础。如与监狱矫正的罪犯相比,社区矫正人员的人身自由被限制得较少,日常生活没有因服刑而受到很大的干扰。与此同时,社区矫正过程中重视对社区矫正人员的服务,通过对其提供最低生活保障、社会临时

---

① 参见〔美〕S. E. Taylor、L. A. Peplau、D. O. Sears:《社会心理学》(第十版),郭晓非等译,北京大学出版社 2004 年版,第 183 页以下。

救助等方式,帮助他们在社区立足,并在此基础上,开展促使其自新的各种活动,使其立足于自身特点,充分运用社区资源,提高自身的文化水平、获得必要的职业技能训练,获得自信心与归属感,增强适应社会的能力,并最终融于正常的社会生活中。

二、民主

作为一个承载着人们诸多诉求的术语,民主已经流传了几千年。作为一种制度设计,民主意味着"民众主权"或"多数人的统治",并且已经成为现代社会的普遍追求。就法律的民主化,英国学者罗杰·科特威尔指出:"法律民主化对于不同的学者而言,可能意指许多不同的事物。然而,在这里我们可以提出有关民主化的一个简单而又非常基本的工作定义,即每一个人像所有其他的人一样在确定影响他或她的生活的条件时,在相同程度上自主行动的能力。这样,法律民主化的可能性是指公民能够以这种方式行动来影响法律学说内容以及借以产生、解释、应用和实施法律学说的各种机构的可能性。"①在此基础上,他将法律民主化的表现归纳为四个方面:法律的非形式主义倾向、法律的非专业化倾向、公民参与法律机构和法律诉讼、法律运作的透明度增强。② 从社区矫正的实践观察,它不仅通过公开、透明的行刑方式推动了刑事司法领域民主价值的实现,而且通过政治国家与市民社会的良好互动,推动了刑事立法的民主化进程,促进了刑事制裁体系的整体性变革。

(一)社区矫正打破了专门机关对罪犯行刑的垄断,体现了民主的参与精神

在社区矫正的过程中,不仅体现了公、检、法、司等专门机关的合作,而且强调了社会团体、公民个人的积极参与。即在行刑过程中,主体将不再局限为矫正机关和罪犯,而是吸纳多元的社会力量,包括社会基层组织、学校、家庭、特定医疗和心理矫治机构、为社区服刑人员提供工作机会的公司和企业等等。多元主体对社区矫正的深度参与一方面有助于增强行刑的公开性和透明性,促进行刑权的规范运作;另一方面可使社会公众了解他们在罪犯再社会化过程中所扮演的重要角色,激发他们自觉参与法治建设的积极性。与此同时,在社区矫正的决定过程和执行过程中,被害人缺位的现象有所改善,被害人的利益得到比以往更多的关照,从而弥补了传统刑事司法的不足。这对于打破以往行刑的封闭状态,揭开其神秘的面纱,促进行刑过程中国家与社会的良好互动发挥了积极的作用。可见,社区矫正的推行改变了国家法律高高在上的冰冷面孔,缩短了法律与民众之间的距离,从而有利于培养法律与民众的亲和力,体现的是一种犯罪治理的

---

① 〔英〕罗杰·科特威尔:《法律社会学导论》,潘大松等译,华夏出版社1989年版,第346页。
② 同上书,第347—352页。

思想。

(二) 社区矫正推动了刑事立法的民主化进程,对刑事制裁体系的整体变革发挥了积极的作用

自 20 世纪 80 年代以来,基于严峻的犯罪现实,围绕犯罪的刑事治理方式,我国理论界与实务界进行了广泛而深入的探讨与尝试。比如理论界对"严打"的理性反思,对行刑社会化的构想,对宽严相济刑事政策的提倡等,对刑事法学的发展产生了巨大的影响,并对我们国家犯罪治理的策略起到了启迪的作用。但由于缺乏适宜的制度容器,很多良好的设想停留在理论的层面,很多有争议、或为人诟病的现实不得不继续存在,比如重刑化倾向的刑罚结构等。社区矫正制度的推行,为诸多弊端的革除打开了一个缺口,为刑事制裁体系化的改革奠定了基础。社区矫正虽然处于刑事法律运行的终端环节,但其影响力却覆盖整个刑罚体系,其推行过程,也是刑罚执行方式、刑罚内容、刑罚种类等不断完善的过程。我国当前社区矫正的推行是以试点的方式进行的,对此理论界与实务界都表现出了不同程度的忧虑,但如果考虑我国的具体国情,我们会发现这实际是扩大民主的一种方式。社区矫正通过其运作方式的公开、透明,给予了民众充分表达意见的机会,促进了刑事法律反思机制的形成,从而实现了决策机关与普通公众的沟通以及精英意识与民众意识的弥合。2003 年 7 月最高人民法院、最高人民检察院、公安部、司法部联合发布的《关于开展社区矫正试点工作的通知》明确指出:"在试点工作取得经验基础上,促进有关社区矫正方面的立法工作,为改革和完善中国特色的刑罚执行制度提供法律保障。"可见,我国社区矫正实践也的确承担着立法的使命。

三、安全

"与法永相伴随的基本价值,便是社会秩序。"[①]可见,秩序是法律首先追求的目标,虽然与公平、正义、自由、民主等终极性价值相比较,秩序处于较低的序列,但却是其他价值实现的基础和前提。虽然社会秩序的维护需要从各个方面努力,但维护社会的基本生存条件,保障社会的基本安全应是秩序价值的应有之义。而社区矫正作为刑事法律的组成部分,在社会秩序的维持、安全价值的实现方面,无疑能够发挥积极的作用。

(一) 社区矫正有利于维护监狱安全

监狱作为专门的刑罚机构,其本身必须具有稳定、良好的秩序,否则不仅难以实现其本身的功能,而且对社会的安全也是一个潜在威胁。但由于封闭的监

---

① 〔英〕彼德·斯坦、约翰·香德:《西方社会的法律价值》,王献平译,中国法制出版社 2004 年版,第 45 页。

狱与开放的社会的矛盾,罪犯的监狱化与再社会化之间的矛盾,在监狱服刑的罪犯人格异化、心理偏差等现象比较突出,从而给监狱安全带来隐患;与此同时,由于近些年来犯罪形势严峻,监禁人数猛增,致使监狱拥挤,人满为患,从而增加了监管压力。而社区矫正通过缓刑、假释、监外执行等方式,实现了犯罪人处遇的分流,使得一部分犯罪人得以远离监狱的复杂环境,在正常的社会环境和家庭氛围中进行矫正,这就为他们成功的再社会化提供了契机;而监狱人口的疏散,也一定程度上缓解了监狱拥挤的状况,为监狱机关集中精力监管人身危险性较高的罪犯创造了条件;另外,社区矫正通过假释等方式为监狱服刑的罪犯提供了提前走出监狱的机会,预示了其改造的光明前景,这就有效激发了他们的改造积极性,从而有利于维护监狱的安全。

(二) 社区矫正有利于维护社会安全

(1) 加强了对罪犯的正式社会控制。

改革开放以来,我国的社会化行刑一方面是理论层面的大力提倡,另一方面却是在现实中的裹足不前,个中原因,虽然不排除重刑主义的传统,但与各种倡议缺乏适宜的制度容器而无法变理想为现实有着重要的关系。我国的法律虽然不乏对管制、缓刑、假释的规定,但由于种种原因却造成了执行机关虚化,组织化力量难以发挥作用,非监禁式的行刑和非监禁处遇的考察都流于形式,因而极大制约了刑罚的非监禁化。以管制为例,它是我国刑法中唯一的限制自由刑,是自陕甘边区就开始进行探索的社会行刑方式,并且在新中国成立以后一度效果良好。但在 1997 年《刑法》修订中对于管制刑却出现了存废之争,主废的理由是管制刑难以执行。因为改革开放以来,公民的生产、生活和人员流动等都发生了很大的变化。特别是在范围广大的农村地区,基层组织在群众生产、生活中所起的作用,与过去相比较,被极大地削弱了。这就造成在管制的执行过程中,难以得到群众和基层组织的支持、配合,最终导致"不管不制"的现象。在这种情况下,如何解决非监禁式的刑事执行和非监禁化措施的考察问题,就成为实现非监禁化的一个重要前提。我国从 2003 年开始试行的社区矫正试点,就是解决上述问题的有益探索。[①] 我们目前进行的社区矫正试点,确认由司法行政机关承担对社区服刑人员的日常监督管理工作,有效地解决了以往工作中监督不到位的问题,强化了社会治安防控体系。可见,社区矫正中对组织建设的加强,对组织责任的强化,增强了对社区矫正人员的正式社会控制,维护了公共安全。

(2) 有利于对罪犯的非正式社会控制。

按照芝加哥学派的观点,犯罪问题与遭受社会解组的社区的社会生态学有

---

① 陈兴良:《宽严相济刑事政策研究》,载《法学杂志》2006 年第 2 期,第 29 页。

关。而居民之间经常交流将有助于形成减少犯罪的非正式社会控制。① 而赫希则指出,社会中大多数人不去犯罪的原因在于社会联系的作用。他认为,只有通过社会交往过程,人们与传统的社会建立联系,才能产生遵从感。当这种社会联系变弱时,人摆脱了社会的束缚,犯罪的几率就会提高。② 可见对家人、朋友、亲戚等重要人物感受的关注,有助于增强犯罪人的内在遏制力量,自觉地选择一种守法的行为方式。在传统的监狱行刑中,尽管也为犯罪人与家人的接触创造了诸种机会,但由于彼此之间生活状态的分离很难达到良好的互动,而社区矫正则为犯罪人与家人、朋友、亲戚的近距离接触、施加良好的影响创造了条件。

(3) 以一种更为积极的姿态维护社会的安全。

社区矫正对于安全价值的实现,不仅体现在对社区矫正人员社会控制力度的强化,而且体现在用刑节俭的同时,追求积极的特殊预防效果。对目标群体的控制固然可以维护社会安全,但其中也包含着压抑人的个性,阻碍社会发展的负面效应。因为"安全具有一张两面神似的面容。一种合理的稳定生活状况是必要的,否则杂乱无序会使社会四分五裂;然而稳定性必须常常为调整留出空间。在个人生活和社会生活中,一味强调安全,只会导致停滞,最终还会导致衰败。"③社区矫正以一系列人性化的处遇,避免了因严厉打击而造成的罪犯及其家人的对立情绪,激发了其感恩心理,增强了其规范意识;而且社区矫正重视罪犯主体地位,致力于解决罪犯所面临的各种问题,促使他们形成健康人格,重新适应社会生活,避免了因消极控制而造成的不良后果;另外,在社区矫正过程中,往往通过刑事和解、被害人补偿等方式,化解犯罪人和被害人之间的矛盾和冲突,修复社会裂痕,防止被害人的"恶逆变"反应,从而以一种更为积极的姿态维护了社会的安全。

四、效益

(一) 社区矫正可以节省国家的刑事审判资源,提高诉讼效率

按照中国基层刑事司法的基本经验,轻伤害案件、过失犯罪案件和未成年人犯罪案件占了基层法院所审理的刑事案件的大部分,如此大量的案件一律提起公诉、组成合议庭加以审判,则导致了大量时间、人力、物力不成比例地投入,一个轻伤害案件的诉讼过程可能会持续3个月以上。④ 适用社区矫正的犯罪,往

---

① 〔美〕罗纳德·J.博格、小马文·D.弗瑞、帕特里克亚·瑟尔斯:《犯罪学导论——犯罪、司法与社会》(第二版),刘仁文、颜九红、张晓艳译,清华大学出版社2009年版,第140、145页。
② 同上书,第170—171页。
③ 〔美〕E.博登海默:《法理学——法律哲学与法律方法》,邓正来译,中国政法大学出版社1999年版,第296页。
④ 陈瑞华:《刑事诉讼的中国模式》(第2版),法律出版社2010年版,第14页。

往往具有罪行轻微、案情简单的特点,对于这类案件可以采取简易审判程序,由审判员一人独任审判,由此可以免除很多繁琐的诉讼程序,提高审判效率,节省诉讼资源。

（二）社区矫正可以节省国家为解决监禁等后续问题所需费用

封闭的监狱生活不仅造成服刑人员的一系列拘禁性反应,而且给其家庭生活也带来极为不利的影响。有的罪犯因此而夫妻感情淡漠,婚姻解体;有的罪犯因难以承担家庭责任,引发一系列社会问题。据司法部预防犯罪研究所对全国31个省的抽样调查显示,截止到2005年底,在我国监狱服刑的156万在押犯中,有未成年子女的服刑人员近46万人,占押犯总数的30%左右,服刑人员未成年子女总数逾60万。由于父母一方或者双方处于被监禁状态,难于履行他们应尽的监护责任与抚养义务,未成年人赖以生存的载体——家庭出现残缺甚至瓦解,以至于很多孩子的生存、教育令人忧虑,更有一些孩子因此而流浪、乞讨甚至犯罪。据调查,服刑人员未成年子女的辍学率为13.1%,与全国中小学生的平均1.28%辍学率相比,差距悬殊。调查还显示,监狱服刑人员未成年子女犯罪占这一群体总数的1.2%,远远高于全社会未成年人犯罪率。[1] 而社区矫正的推行,为罪犯与其家庭成员的交流、沟通创造了条件,有助于罪犯婚姻关系的维持、家庭成员之间的亲情互动,避免更多社会问题的产生。而且,由于社区矫正强调对罪犯适应能力和生存能力的培养,这就为他们解矫后开始新的生活,承担起家庭的责任打下了基础,因而节省了国家为解决监禁犯罪人之后产生的相关问题所需的资源。

（三）社区矫正可以实现刑罚特殊预防的目标,提升社会效益

我国学者认为刑罚的效益应当包括至少三个要素:即刑罚的有效性、刑罚的有益性、刑罚的节俭性。这三个要素代表着刑罚的效益价值对刑罚的不同层次的要求。[2] 社区矫正与监狱行刑相比,不仅在行刑成本方面相对较低,而且在行刑效果方面效果也相对较好。从官方的统计来看,根据1992年《中国罪犯改造白皮书》的数据,中国监狱罪犯刑满释放后的重新犯罪率保持在8%左右。[3] 此后官方并未公布相关数据,据学者推断,进入21世纪以来,重新犯罪率保守估计可能在13%—14%左右。[4] 而从目前情况看,社区矫正制度在中国社会治安中发挥了积极的作用。截止到2011年,中国各地累计接收社区服刑人员近60万

---

[1] 司法部预防犯罪研究所课题组:《监狱服刑人员未成年子女基本情况调查报告》,载《犯罪与改造研究》2006年第8期,第40—42页。

[2] 邱兴隆:《刑罚的哲理与法理》,法律出版社2003年版,第528页。

[3] 金鉴主编:《监狱学总论》,法律出版社1997年版,第841页。

[4] 黄河:《重新犯罪率居高不下 刑释人员面临制度性歧视》,载《方圆》第310期,http://news.jcrb.com/jxsw/201201/t20120110_789026.html,最后访问时间:2013年9月7日。

人,累计解除矫正 32 万人,社区服刑人员再犯罪率不到 1%,收到了良好的法律效果和社会效果。① 这是因为服刑人员并未被投入与世隔绝的监狱之内,而是置身于自己所属的社区之中,淡化了罪犯这一标签属性,强化了教育矫正的内容,从而为服刑人员重新回归社会奠定了基础。

五、正义

从表层来看,在中国这样一个报应观念浓厚的国度里推行社区矫正,难免遭受有失正义的诘责。其实在不同的视角之下,正义可呈不同形状并具有极不相同的面貌。许多世纪以来,中外的思想家与法学家对正义作出了莫衷一是的解释,凸现了不尽相同的正义观。如果我们并不试图给出正义一个全面的定义,那么我们就有可能指出:"满足个人的合理需要和主张,并与此同时促进生产进步和提高社会内聚性的程度——这是维续文明的社会生活所必需的——就是正义的目标。"②如果就此目标对社区矫正进行考察,我们会发现,至少在满足个人合理需要和主张,提高社会内聚性的程度方面,是社区矫正所积极追求的。

(一) 社区矫正满足了报应正义的要求

毫无疑问,犯罪对人们朴素的正义观念造成冲击。因为它不仅危害国家、社会和个人的利益,而且违背了社会的公序良俗,所以,犯罪人需要以自身财产、人身自由乃至生命来为自己的行为付出代价。与监狱行刑和生命刑相比较,社区矫正对罪犯的惩罚力度似乎是不足的,罪犯仍然生活在自己的社区,有着很大的人身自由度,从而很难避免人们的诘责。但事实上,社区矫正并不像人们想象的那样毫无惩罚性。在我国现行法律的框架内,社区矫正的惩罚性突出地表现为:社区服刑人员要服从管理和监督,人身自由和行动受到一定限制,某些权利的行使受到限制,另外还要履行一定的法律义务。这些无不涉及对犯罪人的利益剥夺,从而满足了人们报应正义的要求。

(二) 社区矫正彰显了恢复正义的理念

社区矫正除了满足了报应正义的要求之外,还彰显了恢复正义的理念。在以报应为中心的刑罚模式之下,犯罪人虽然受到了惩罚,但被害人在人身、财产等方面所受到的损失却很难得到赔偿。因为目前的刑事附带民事诉讼在实践中因种种原因效果不佳,传统的监狱行刑虽可平息被害人的愤怒,却无助于其损失的赔偿。社区矫正的适用,则为被害人获得赔偿提供了可能性。在这一制度之

---

① 《司法部副部长郝赤勇谈我国司法行政制度及其改革发展》,载《法制日报》2011 年 8 月 10 日第 2 版。
② 〔美〕E. 博登海默:《法理学——法律哲学与法律方法》,邓正来译,中国政法大学出版社 1999 年版,第 252 页。

下,某些符合条件的犯罪人获得了在社区服刑的机会,这样他们就能够通过劳动获得报酬来赔偿被害人,解决其因遭受犯罪侵害而产生的困难。犯罪不仅直接侵害了被害人的合法权益,而且损害了社区的利益,具体表现为社区成员的安全感下降,人们之间的信任度降低,社区的道德传统面临着考验。在社区矫正过程中往往判令犯罪人为社区提供无偿的劳动,以补偿因为犯罪行为给社区造成的损害。通过这一过程,可以促使犯罪人重新取得社区成员的信任,并使他们在促进公益的行为中产生成就感,激发其与社区合作的愿望,实现与社区的重新融合。可见,在社区矫正的过程中,犯罪人得到有选择的区别对待,被害人的利益得到关照,犯罪人与社区的关系得到弥合,从而超越了以往单纯对抽象正义的追求,实现了恢复性正义。

(三)社区矫正有利于犯罪人的权利保障

从刑法的机能来看,它不仅要保护社会免受犯罪的侵害,还要保障罪犯的人权。诚然,由于其受刑人地位,社区矫正人员的人权具有不完整性,比如他们在人身自由方面受到一定限制,外出、迁居都要得到执行机关的批准。但与监狱矫正的罪犯相比,其人权状况有了很大的改善,社区矫正作为一种开放的行刑方式,可以更好地保障社区矫正人员行使未被法律剥夺的权利,如生存权、健康权、婚姻权、家庭权等。同时,在社区矫正条件下,社区矫正人员可以获得正常的文化教育和职业培训,从而有利于发挥他们的积极性,提高学习效果,促使其顺利复归社会。另外,与监狱矫正罪犯相比,社区矫正人员的人身自由度相对较大,从而能够在法律所允许的范围内,参与社区生活、参加国家和社会事务的管理。比如通过参与社区的文化、娱乐、管理活动,履行作为社区居民的权利。未被剥权的社区矫正人员,可以通过选举权和被选举权的行使,实现管理国家和社会事务的权利。可见与监狱矫正相比,社区矫正更加有利于犯罪人的权利保障,从而体现了刑罚的正义性。

第三节 我国社区矫正制度的发展历程

对我国而言,社区矫正属于"舶来品",清朝末期公布的《大清新刑律》,虽然建立了现代意义上的缓刑、假释制度,但是社区矫正的概念与观念没有形成,社区矫正作为一种独立的制度也没有建立起来。新中国成立以后,特别是20世纪80年代改革开放以来,我国刑法制度得到了改革与完善,但是由于我国长期以来过分期待监狱发挥净化社会功能的文化传统和刑事政策,使得我国长期以来都实行着以监狱行刑为主的刑罚执行制度。① 1979年《刑法》和1997年修订的

---

① 参见郭建安、郑霞泽:《社区矫正通论》,法律出版社2004年版,第18页。

《刑法》虽然都规定了管制刑与缓刑、假释等制度,实践中亦有不少的罪犯在"社区"中服刑,但是人们对"社区矫正"这一概念还是相当陌生,"社区矫正"的制度没有建立起来。

社区矫正作为一种刑罚执行方式或者制度在我国出现是近年来的事情。到目前为止,社区矫正工作在我国已经走过了十多年的时间,时间虽然比较短,但社区矫正制度已经基本形成。在这段时间内,社区矫正工作经历了几个不同的阶段:

一、社区矫正制度的萌芽阶段

在监狱外执行刑罚的制度,如管制、缓刑、假释、暂予监外执行等,已经在我国存在一段比较长的时间,然而长期以来,这并没有使现代社区矫正制度得以在我国诞生。

20世纪90年代中央政府逐渐重视社区重建问题。1991年5月民政部号召街道办事处和居民委员会开展社区建设工作。2000年中共中央办公厅和国务院办公厅转发民政部颁布的《关于在全国推进城市社区建设的意见》,标志着社区建设正式在我国全面展开。我国社会治安防控体系随着社区建设的推进而展开,公安部在2002年杭州会议上正式要求在全国推广社区警务战略。社区警务要求转变警务工作观念,要求社区民警与社区组织、居民建立密切的联系,关心社区建设和居民生活、探讨社区问题和居民困难、开展社区范围内的群防群治工作、收集治安信息和做好情报工作等等。[①] 可以说,社区建设的推进、社区警务的展开,为社区矫正创造了适宜的环境。

2002年年初,司法部决定把社区矫正作为2002年度重点课题进行专题研究。经过大量的研究和调查,课题组最后于2002年8月形成《关于改革和完善我国社区矫正制度的研究报告》。应当说,这一报告并非心血来潮,而是源自于学术界和理论界自20世纪90年代以来对监禁刑弊端持续性反思以及借鉴西方发达国家社区矫正经验的产物。该《报告》上报中央政法委员会后,得到了充分肯定,并直接促成了社区矫正在全国范围内试点的推广。[②]

在几乎同一时期,一些地方,特别是上海与北京也开始进行了有益的探索。上海市于2002年8月发布了《关于开展社区矫治工作试点的意见》,决定在上海市普陀区曹杨街道、徐汇区斜土街道和闸北区宝山街道开展社区矫治试点工作。《关于开展社区矫治工作试点的意见》在很多方面,都具有开创性的意义。例如,该《意见》提出了"社区矫治"的概念;此外还提出了"两个主体"的概念,

---

① 参见廖斌、何显兵:《社区建设与犯罪防控》,人民法院出版社2003年版,第48页以下。
② 参见王平主编:《社区矫正制度研究》,中国政法大学出版社2012年版,第47—48页。

即社区矫治工作的"法律主体"是公安机关,"工作主体"是承担主要社区矫正工作的司法行政机关。①

二、社区矫正制度的起步阶段

2003年7月10日,最高人民法院、最高人民检察院、公安部、司法部联合发布《关于开展社区矫正试点工作的通知》,拉开了我国社区矫正制度构建的序幕。首先,《关于开展社区矫正试点工作的通知》就开展社区矫正试点工作的重要意义、社区矫正的适用范围和任务、社区矫正工作的分工等方面进行了规定,其次,《关于开展社区矫正试点工作的通知》指出,开展社区矫正试点工作,应当选择基层工作比较好的社区进行,总结积累经验,不断扩大试点,逐步加以推广。据此,《关于开展社区矫正试点工作的通知》确定北京、天津、上海、江苏、浙江和山东等省(市)为第一批进行社区矫正工作的试点省(市)。

在总结各地经验的基础上,2004年5月9日,司法部印发了《司法行政机关社区矫正工作暂行办法》,这是关于社区矫正方面的第一部部门规章,其对于试点省市的社区矫正工作,有着重要的指导意义。《司法行政机关社区矫正工作暂行办法》在《关于开展社区矫正试点工作的通知》的基础上,规定了社区矫正的概念、性质、任务、适用范围、机构、人员、工作程序、具体措施等有关社区矫正的最为基本的问题。

2005年1月20日,最高人民法院、最高人民检察院、公安部、司法部又联合发布了《关于扩大社区矫正试点范围的通知》,将河北、内蒙古、黑龙江、安徽、湖北、湖南、广东、广西、海南、四川、贵州、重庆共12个省、自治区、直辖市作为第二批社区矫正试点地区,使社区矫正的试点工作得到进一步的展开。

为了更好开展社区矫正工作,许多试点省市亦颁布了一些规范性文件:如北京市发布的《关于开展社区矫正试点的意见》《北京市社区矫正工作实施细则》;上海市发布的《关于开展社区矫治工作试点的意见》《关于推进本市社区矫治工作的实施意见》;江苏省发布的《江苏省社区矫正试点工作实施意见》《江苏省社区矫正试点工作方案》;湖南省发布的《湖南省司法行政机关社区矫正工作实施细则》;辽宁省发布的《辽宁省社区矫正工作实施办法(试行)》等等,这些规范性文件主要就本地社区矫正实施的一些具体问题进行了规定。

三、社区矫正制度的普及阶段

随着试点工作的展开,在全国范围内试行社区矫正的时机逐渐成熟。2009年9月2日,最高人民法院、最高人民检察院、公安部、司法部联合发布了《关于

---

① 参见吴宗宪主编:《社区矫正导论》,中国人民大学出版社2011年版,第32页。

在全国试行社区矫正工作的意见》，决定从2009年起在全国试行社区矫正工作。同年10月21日，最高人民法院、最高人民检察院、公安部、司法部联合召开全国社区矫正工作会议，总结社区矫正试点经验，部署在全国试行社区矫正工作。

《关于在全国试行社区矫正工作的意见》在原有的规范性文件的基础上，就如何在全国全面试行社区工作提出了具体要求，其主要内容包括：(1) 全面试行社区矫正工作的重要性和必要性；(2) 全面试行社区矫正工作的指导思想、基本原则和适用范围；(3) 全面试行社区矫正工作的主要任务；(4) 加强对全面试行社区矫正工作的组织领导。

四、社区矫正制度的成型阶段

2011年2月25日，由全国人大常委会通过的《刑法修正案（八）》规定，对判处管制的犯罪分子、对宣告缓刑的犯罪分子、对假释的犯罪分子，依法实行社区矫正。至此，"社区矫正"这一刑罚执行方式终于为法律所承认，标志着社区矫正制度在我国已经基本成型，我国两大矫正体系——社区矫正与监禁矫正亦正式确立。

2012年1月10日，最高人民法院、最高人民检察院、公安部、司法部联合发布《社区矫正实施办法》，进一步明确了社区矫正的管理体制、执行机关、执法权限、执法责任，规范了矫正措施和执行程序，明确了各部门的分工和配合制度等一系列问题。

2012年1月17日，最高人民法院发布《关于办理减刑、假释案件具体应用法律若干问题的规定》，对社区矫正人员减刑的条件、程序等问题进一步予以明确。

2012年3月14日，第十一届全国人民代表大会第五次会议通过《关于修改〈中华人民共和国刑事诉讼法〉的决定》，根据修正的《刑事诉讼法》第258条，"对被判处管制、宣告缓刑、假释或者暂予监外执行的罪犯，依法实行社区矫正，由社区矫正机构负责执行。"该规定再一次确认了社区矫正制度，明确规定社区矫正由专门的机构负责执行，从而进一步完善了社区矫正制度。

2012年5月25日，司法部印发了《社区矫正执法文书格式》的通知，规范了《社区矫正宣告书》《社区矫正人员外出（居住地变更）审批表》《警告决定书》《撤销缓刑建议书》《解除社区矫正证明书》等共20种社区矫正执法文书格式，满足了社区矫正执法工作的需要。

五、社区矫正制度的未来

从以上的简要介绍可知，目前我国社区矫正制度业已为法律所确认，但是有关社区矫正的诸多内容，都是由司法机关和司法行政机关与其他国家机关联合颁布的试点工作文件以及司法解释,或者司法行政机关单独颁布的部门规章等所规定的,可见,目前社区矫正工作仍然没有彻底摆脱"试行"性质。在未来的社区矫正工作中,应着力于推动社区矫正立法进程。

当前,《社区矫正实施办法》是社区矫正工作的主要实施依据,赋予了社区矫正以规范性和正当性。应当说,该实施办法的规定相对详细,同时也进一步地提升了我国社区矫正工作的制度化程度。然而需要注意的是,《社区矫正实施办法》的发布者是最高人民法院、最高人民检察院、公安部和司法部,其充其量相当于司法解释。而根据我国《立法法》第8条第5项和第9项之规定,凡涉及对公民政治权利的剥夺、限制人身自由的强制措施和处罚,以及有关诉讼和仲裁制度的内容,都只能通过制定法律来予以规定。在此,《社区矫正实施办法》和《立法法》之间就存在着一定的紧张关系,在严格意义上而言,《社区矫正实施办法》依然存在着规范性不足、正当性缺乏的问题。

因此,为更好地贯彻刑事执行法的执行法定原则,应该尽快制定《社区矫正法》,对于社区矫正的主体、执行内容与程序等基本内容进行规定。关于执行主体,虽然目前由司法行政机关负责社区矫正的执行工作已经没有争议,但是其执行主体地位仍然没有法律的正式授权,因此,在《社区矫正法》中应当明确规定司法行政机关为社区矫正的执行机关。在《社区矫正法》的基础上,司法行政机关可以制定部门规章,最高司法机关可以发布司法解释。

2011年以来,国务院连续三年将制定《社区矫正法》列入立法工作计划,明确由司法部负责草案起草工作。社会各界普遍呼吁制定《社区矫正法》,全国人大代表、政协委员多次提出制定《社区矫正法》的议案和建议,基层社区矫正工作者和从事刑事法学、刑事诉讼法学研究的专家学者也对制定《社区矫正法》给予了极大关注。2013年2月,司法部在总结社区矫正实践经验的基础上,完成了《社区矫正法》草案送审稿的起草工作,已提请国务院审议。①

---

① 《健全社区矫正法律制度完善中国特色刑罚执行制度——司法部召开健全社区矫正法律制度研讨会综述》,载司法部网站:http://www.legalinfo.gov.cn/moj/index/content/2013-07/29/content_4706299_3.htm,最后访问时间:2013年10月15日。

第十四章 社区矫正的适用

社区矫正的适用,可以从宏观和微观两个角度把握:从宏观角度研究的是社区矫正的适用范围——哪些刑罚在哪种情形下是以社区矫正这种方法执行的。本章第一节将介绍社区矫正的适用范围。从微观上探讨社区矫正的适用,是指在具体个案中,针对特定的罪犯,决定机关是否应当决定适用社区矫正。在社区矫正试点阶段,一些地方建立了决定前的"调查评估制度",这种制度亦正式为《社区矫正实施办法》所确认。"调查评估制度"对于提高个案决定的规范化与科学性有着重要意义,本章第二节将介绍这一制度。

第一节 社区矫正的适用范围

一、社区矫正适用范围的概念

社区矫正是与监禁矫正相对应的一种刑罚执行方法,社区矫正的适用范围,指的就是哪些刑罚在哪些条件下能够以社区矫正的方法来执行。理论与实践中经常使用的另外一个术语是"社区矫正对象",其实与"社区矫正的适用范围"基本同义,只不过前者是从罪犯的角度,探讨哪些罪犯可以适用社区矫正。当然,从刑罚与罪犯两个不同角度去观察,有助于我们更好地理解社区矫正的适用范围。

从刑罚的角度观察,需要探讨的问题是:哪些刑罚允许以社区矫正的方式执行?这个问题的答案主要取决于刑罚的性质。一些刑罚不可能以社区矫正的方式执行,如死刑。在我国,死刑有两种方式,一种为立即执行,另一种为缓期二年执行。但无论哪种执行方式,都不属于"社区矫正"。此外,财产刑也不可能以社区矫正的方式执行。相对地,一些刑罚根据刑法只能进行社区矫正,如管制刑。对于大部分自由刑(包括拘役、有期徒刑与无期徒刑)而言,社区矫正只是可供选择的执行方式之一。可见,从刑罚的角度观察社区矫正的适用范围,需要重点注意的是,对于那些既可以通过监禁矫正,亦可能通过社区矫正来执行的刑罚,在哪些情况下应当适用社区矫正。

从罪犯的角度观察,需要探讨的问题是:哪些罪犯能够以社区矫正的方式来执行其刑罚?一般而言,社区矫正作为一种较为轻缓的执行方式,适用于罪行较轻、主观恶性较小、社会危害性不大的罪犯,或者经过监管改造,确有悔改表现、没有再犯罪危险的罪犯。

二、社区矫正的法定适用范围

世界各国关于社区矫正的适用范围的规定,有相似之处,如缓刑、假释基本上都属于社区矫正的适用范围,但是亦有许多差异。在我国,社区矫正的适用范围经历着一个变化过程,但整体上比较稳定。

在社区矫正试点工作初期,我国社区矫正制度的适用范围包括下列五种罪犯:

(1) 被判处管制的。

(2) 被宣告缓刑的。

(3) 被暂予监外执行的,具体包括:有严重疾病需要保外就医的;怀孕或者正在哺乳自己婴儿的妇女;生活不能自理,适用暂予监外执行不致危害社会的。

(4) 被裁定假释的。

(5) 被剥夺政治权利,并在社会上服刑的。

我国 2011 年通过的《刑法修正案(八)》明确规定,对被判处管制、宣告缓刑和裁定假释的罪犯依法实行社区矫正。我国 2012 年修正的《刑事诉讼法》则将暂予监外执行罪犯纳入社区矫正范围;但同时明确规定对于被判处剥夺政治权利的罪犯,由公安机关执行。

在社区矫正工作试点阶段,被剥夺政治权利并在社会上服刑的罪犯,亦应接受社区矫正;但我国《刑事诉讼法》修正后,他们就不属于社区矫正的适用范围。可见,对于被剥夺政治权利并在社会上服刑的罪犯,是否适用社区矫正,实务部门、立法部门之间还是存在一定争议的。在理论界,有不少学者提出,对被剥夺政治权利的罪犯不宜适用社区矫正,其理由主要有:(1) 剥夺政治权利属于资格刑范畴,社区矫正是一种社会化行刑措施,社会化行刑是以矫正复归思想为基础,资格刑适用的目的是为了防卫社会,在思想基础上,资格刑与社区矫正不相同。(2) 从制度设计上来看,我国刑法并没有对剥夺政治权利的监外服刑人员的人身自由进行限制,服刑人在迁居方面是自由的,这种自由使社区矫正在实践中无法开展。(3) 在我国,公民政治权利不是可以任意行使的,需要相关部门的事前审批,这种审批杜绝了被剥夺政治权利的人去行使政治权利。由于剥夺政治权利的行使并不需要社会力量的参与,这一点也与社区矫正的本质不同。[①]

虽然我国 2012 年修正的《刑事诉讼法》明确将"剥夺政治权利"这一刑罚剔除出社区矫正的适用范围,但是《社区矫正实施办法》仍然规定,司法行政机关

---

① 参见刘志伟等编:《社区矫正专题整理》,中国人民公安大学出版社 2010 年版,第 13 页。

应配合公安机关,监督被剥夺政治权利且在社会服刑的罪犯遵守《刑法》第 54 条的规定,并及时掌握有关信息;司法行政机关发现被剥夺政治权利罪犯有违反《刑法》第 54 条规定的情形,要及时向公安机关报告。同时,这类罪犯可以自愿参加司法行政机关组织的心理辅导、职业培训和就业指导活动。换言之,被剥夺政治权利的罪犯在刑罚执行过程中,仍然与社区矫正保持着某种联系。

综上,目前我国社区矫正的法定适用范围是被判处管制刑的、被宣告缓刑的、被暂予监外执行的和被裁定假释的罪犯。

三、社区矫正的具体适用范围

从刑罚种类的角度来看,目前社区矫正的适用范围仅限于自由刑(包括限制自由刑与剥夺自由刑);从罪犯种类的角度来看,社区矫正的适用范围包括被判处管制、宣告缓刑、裁定假释、暂予监外执行的罪犯。假释、暂予监外执行在上文中已经进行过介绍,在此不再赘述。

(一) 管制刑

管制刑是我国特有的一种限制自由刑,它是指对犯罪分子不予以关押,但限制其一定自由,实行社区矫正的刑罚。管制刑具有以下特点:

(1) 管制刑一般仅适用于罪行较轻,人身危险性较小的罪犯。

(2) 管制刑的刑期较短,一般为 3 个月以上,2 年以下,数罪并罚的不超过 3 年。

(3) 管制刑是一种限制自由刑,被判处管制的罪犯没有被剥夺人身自由,但是其人身自由受到一定的限制。我国《刑法》第 38 条第 2 款规定:"判处管制,可以根据犯罪情况,同时禁止犯罪分子在执行期间从事特定活动,进入特定区域、场所,接触特定的人。"罪犯如果违反禁止令的,由公安机关依照我国《治安管理处罚法》的规定处罚。

(4) 管制刑的执行方式是社区矫正。关于社区矫正的内容,将于本书第十六章进行介绍。在此不再赘述。

(二) 缓刑

1. 缓刑的概念与特征

缓刑,又称暂缓适用刑罚,是一种附条件地不执行原判刑罚的制度。缓刑具有以下特征:

(1) 缓刑以被告人被判有罪为前提。在被告人定罪以后才可能有缓刑的问题。在被告人定罪之前的起诉阶段,我国《刑事诉讼法》第 271 条针对未成年犯罪嫌疑人规定了附条件不起诉制度,这是一种缓予起诉制度,是刑事诉讼活动中的一种程序性处分,不涉及对行为的定罪问题。①

(2) 缓刑以被告人被确定刑罚为基础。从世界各国缓刑制度和实践来看,主要有两种缓刑制度,一种是缓期执行,即已经宣告刑罚,但根据情节在一定期限内暂不执行,简言之是附条件的不执行。另一种则是缓期宣告,即法院在认定被告人有罪的场合,根据一定的条件,在一定期限内暂不对被告人宣告有罪及宣告刑罚的制度,简言之是附条件的不宣告。② 我国缓刑制度属于前者,即缓期执行,因而人民法院必须对被告人作出了已经生效的量刑判决。

(3) 缓刑以附条件地不执行原判刑罚但实行社区矫正为其核心特征。犯罪人被判缓刑后,虽然原判刑罚附条件地不被执行,但是罪犯仍应接受社区矫正。我国《刑法》第 76 条规定:"对宣告缓刑的犯罪分子,在缓刑考验期限内,依法实行社区矫正,如果没有本法第 77 条规定的情形,缓刑考验期满,原判的刑罚就不再执行,并公开予以宣告。"

2. 缓刑的适用条件

根据我国《刑法》第 72、74 条的规定,适用缓刑需要符合以下条件:

第一个是"对象条件"。缓刑的适用对象是被判处拘役、3 年以下有期徒刑的犯罪分子。一般而言,被判处拘役、3 年以下有期徒刑的犯罪人,其罪行较轻。但对于罪行更轻而被判处管制或者单处附加刑的,由于没有剥夺罪犯的人身自由,因而没有适用缓刑的必要。

第二个是"实质条件"。罪犯必须同时符合以下条件,才可以适用缓刑:(1) 犯罪情节较轻;(2) 有悔罪表现;(3) 没有再犯罪的危险;(4) 宣告缓刑对所居住社区没有重大不良影响。在前三个条件中,"没有再犯罪的危险"是核心条件,(1)与(2)基本上都是"没有再犯罪的危险"的"证据"。其中,所谓"悔罪表现",是指犯罪后悔恨自己罪行的表现,如真诚向被害人道歉、赔偿被害人损失、积极退赃等等。即使罪犯的犯罪情节很轻,但没有悔罪表现的,不能适用缓刑。条件(4)是《刑法修正案(八)》增加的一个条件,增加此规定是基于政策的考虑,一方面为了保证社区的安全,另一方面亦是为了使缓刑犯能够接受良好的社区矫正。

第三个是"限制性条件"。我国《刑法》第 74 条规定,对于累犯和犯罪集团的首要分子,不适用缓刑。累犯不适用缓刑,主要是因为累犯在执行一定刑罚后再次犯罪,说明其再犯罪的可能性大。犯罪集团的首要分子不能适用缓刑,主要

---

① 同时,根据我国《刑事诉讼法》第 272 条的规定,在附条件不起诉的考验期内,由人民检察院对未成年犯罪嫌疑人进行监督考察。这种监督考察虽然与社区矫正的一些内容相似,但是二者的法律性质是不一样的。

② 参见〔日〕大谷实:《刑事政策学》(新版),黎宏译,中国人民大学出版社 2009 年版,第 195 页以下。

是因为他们的罪行比较严重,如适用缓刑则还可能组织、领导犯罪集团继续实施犯罪活动。

对未成年人、怀孕的妇女和已满75周岁的人,符合上述条件的,应当适用缓刑。

3. 缓刑的执行

我国《刑法》第76条规定,对宣告缓刑的犯罪分子,在缓刑考验期限内,依法实行社区矫正。

首先,缓刑的执行有一定的时间限制,这一时间限制就是所谓的"考验期限"。根据我国《刑法》第73条的规定,拘役的缓刑考验期限为原判刑期以上1年以下,但不能少于2个月;有期徒刑的缓刑考验期限为原判刑期以上5年以下,但是不能少于1年。一般来说,原判刑期越长,考验期越长,二者有一定的比例关系。

其次,缓刑的执行方式是社区矫正。关于社区矫正的内容,将于本书第十六章进行介绍。在此不再赘述。

四、禁止令及其执行问题

(一)禁止令的概念与特征

我国《刑法修正案(八)》新增了有关对管制犯、缓刑犯可以适用禁止令的规定。禁止令是人民法院根据犯罪情况而发布的,禁止犯罪人在特定时间内从事特定活动,进入特定区域、场所,接触特定人的命令。禁止令有如下特点:

(1)禁止令只适用于管制犯与缓刑犯。

(2)禁止令本身并不是管制或者缓刑考验的内容,也不是管制或者缓刑的执行方法,而是一种以特殊预防为目的的措施,而这种措施与西方国家的"保安处分"措施相类似。

(3)禁止令有一定的期限。根据2011年最高人民法院、最高人民检察院、公安部、司法部发布的《关于对判处管制、宣告缓刑的犯罪分子适用禁止令有关问题的规定(试行)》,禁止令的期限,既可以与管制执行、缓刑考验的期限相同,也可以短于管制执行、缓刑考验的期限,但判处管制的,禁止令的期限不得少于3个月,宣告缓刑的,禁止令的期限不得少于2个月。判处管制的犯罪分子在判决执行以前先行羁押以致管制执行的期限少于3个月的,禁止令的期限不受前款规定的最短期限的限制。

(二)禁止令的适用条件

根据《关于对判处管制、宣告缓刑的犯罪分子适用禁止令有关问题的规定(试行)》规定,"对判处管制、宣告缓刑的犯罪分子,人民法院根据犯罪情况,认为从促进犯罪分子教育矫正、有效维护社会秩序的需要出发,确有必要禁止其在管制执行期间、缓刑考验期限内从事特定活动,进入特定区域、场所,接触特定人的,可以根据刑法第 38 条第 2 款、第 72 条第 2 款的规定,同时宣告禁止令。"从这一规定来看,并不是对任何判处管制或者宣告缓刑的罪犯,都必须作出禁止令。适用禁止令的实质条件是"确有必要",而判断这种"必要性"的因素,主要包括"犯罪情况""有利于促进犯罪分子教育矫正"与"有需要通过禁止令维护社会秩序"三项。换言之,法院需要在综合考虑这三项因素的基础上作出决定。

（三）禁止令的内容

禁止令的内容,要以特殊预防为根据。① 因此,人民法院宣告禁止令,应当根据犯罪分子的犯罪原因、犯罪性质、犯罪手段、犯罪后的悔罪表现、个人一贯表现等情况,充分考虑与犯罪分子所犯罪行的关联程度,有针对性地决定禁止其在管制执行期间、缓刑考验期限内"从事特定活动,进入特定区域、场所,接触特定的人"的一项或者几项内容。

1. 禁止从事特定活动

主要禁止从事与犯罪活动有关的活动,例如:

（1）个人为进行违法犯罪活动而设立公司、企业、事业单位或者在设立公司、企业、事业单位后以实施犯罪为主要活动的,禁止设立公司、企业、事业单位;

（2）实施证券犯罪、贷款犯罪、票据犯罪、信用卡犯罪等金融犯罪的,禁止从事证券交易、申领贷款、使用票据或者申领、使用信用卡等金融活动;

（3）利用从事特定生产经营活动实施犯罪的,禁止从事相关生产经营活动;

（4）附带民事赔偿义务未履行完毕、违法所得未追缴、退赔到位,或者罚金尚未足额缴纳的,禁止从事高消费活动。

2. 禁止进入特定区域、场所

例如:

（1）禁止进入夜总会、酒吧、迪厅、网吧等娱乐场所;

（2）未经执行机关批准,禁止进入举办大型群众性活动的场所;

（3）禁止进入中小学校区、幼儿园园区及周边地区,确因本人就学、居住等原因,经执行机关批准的除外。

3. 禁止接触特定的人

例如:

（1）未经对方同意,禁止接触被害人及其法定代理人、近亲属;

（2）未经对方同意,禁止接触证人及其法定代理人、近亲属;

（3）未经对方同意,禁止接触控告人、批评人、举报人及其法定代理人、近亲属;

---

① 张明楷:《刑法学》(第四版),法律出版社 2011 年版,第 470 页。

(4) 禁止接触同案犯；

(5) 禁止接触其他可能遭受其侵害、滋扰的人或者可能诱发其再次危害社会的人。

(四) 禁止令的执行

禁止令虽然与管制、缓刑同时执行,带有一定的附属性,但其本身也有相应的执行程序与内容。我国《刑法》并没有规定禁止令的执行方式,但由于管制、缓刑执行方式是社区矫正,禁止令的执行场所因此也应该是社区,至于执行主体,《关于对判处管制、宣告缓刑的犯罪分子适用禁止令有关问题的规定(试行)》第9条明确规定,禁止令由司法行政机关指导管理的社区矫正机构负责执行。

需要指出的是,虽然"禁止令"由社区矫正机构负责执行,但"禁止令"的执行方法并不属于严格意义上的"社区矫正"。首先,现行法律并没有规定"禁止令"属于社区矫正的适用范围。其次,根据现行法律,我国的社区矫正是一种刑罚执行方式,而"禁止令"本身并非一种独立的刑罚,而仅是一种类似于保安处分的措施。最后,社区矫正的内容通常包括教育矫正、监督管理、帮困扶助三个方面,而"禁止令"的执行内容一般仅限于"监督管理"一项。

第二节 调查评估制度

社区矫正的对象是具有一定人身危险性的罪犯,而社区矫正的活动场所——"社区"没有像监狱那样有严密的警戒措施,因此社区矫正对社区而言存在一定的安全风险;究竟具体对哪些人员可以适用社区矫正,应当审慎考虑。

在国外,普遍存在矫正前的人格调查制度。所谓"人格调查",是指在决定实施社区矫正之前,由法定机构组织专门人员,对拟被矫正人员的犯罪背景、一贯表现及其素质与生活环境等进行专门调查,对其人身危险性和再犯可能性等进行系统评估,并作出科学分析的制度。人格调查的结果,一方面为法官决定特定对象是否适用社区矫正提供依据,另一方面也是社区矫正过程中对罪犯进行分类管理的重要依据。

在我国,与"人格调查"相似的制度,最早规定在2001年4月12日最高人民法院颁布的《关于审理未成年人刑事案件的若干规定》,其中第21条规定:"开庭审理前,控辩双方可以分别就未成年被告人性格特点、家庭情况、社会交往、成长经历以及实施被指控的犯罪前后的表现等情况进行调查,并制作书面材料提交合议庭。必要时,人民法院也可以委托有关社会团体组织就上述情况进行调查或者自行进行调查。"而在社区矫正工作中,我国目前已经初步建立起"调查评估制度"。同时,"调查评估"也成为决定某个特定被告人或者罪犯能否适用社区矫正的过程中最具有特色的一个程序。

一、调查评估的概念

社区矫正中的"调查评估",是指在作出社区矫正决定之前,由专门机构对拟适用社区矫正的人员(被告人或者犯罪人)的相关情况进行调查与评估,以供有关机关作出决定时参考。

调查评估的时间,是决定适用社区矫正之前。之所以要在适用社区矫正之前进行调查评估,目的主要在于统筹考虑适用社区矫正是否符合公共利益,是否对社区的安全产生不利影响,是否可以实现有效监管,是否更有利于罪犯的改造等。此外,在适用社区矫正之前进行调查评估,有利于确定社区矫正人员的居住地,进一步加强和规范司法行政机关同有关职能部门之间的有效衔接,从而避免发生社区矫正人员脱管、漏管等情况。

二、调查评估的适用范围

根据我国《刑法》第72条的规定,"宣告缓刑对所居住社区没有重大不良影响"是适用缓刑的一个条件;根据我国《刑法》第81条的规定,对犯罪分子决定假释时,应当考虑其假释后对所居住社区的影响。而判断适用缓刑、假释对社区的影响程度,就需要对被告人、犯罪人进行专门的调查与评估。换言之,根据刑法规定的精神,调查评估的适用范围是拟宣告缓刑、裁定假释的罪犯。

然而在实践中,调查主体的适用范围有所扩张。《社区矫正实施办法》第4条规定:"人民法院、人民检察院、公安机关、监狱对拟适用社区矫正的被告人、罪犯,需要调查其对所居住社区影响的,可以委托县级司法行政机关进行调查评估。"因此,对所有拟适用社区矫正的被告人、罪犯,均可以进行调查评估;调查主体的适用范围,等同于社区矫正的适用范围。

三、调查评估的主体

调查评估的主体,指的是由谁来决定并且实施调查评估。我国《刑法》并没有具体规定调查的主体,但根据《社区矫正实施办法》第4条的规定,是否需要对被告人或者罪犯进行调查评估,由有关的国家机关——人民法院、人民检察院、公安机关、监狱等根据情况决定,而具体从事调查评估的主体则是县级司法行政机关。人民法院、人民检察院、公安机关、监狱与县级司法行政机关之间属于委托关系。具体而言,人民法院在作出管制、缓刑、假释、暂予监外执行的判决、裁定和决定前,人民检察院在提出对被告人适用社区矫正的量刑建议前,公安机关、监狱对罪犯在决定暂予监外执行前,需要调查其所居住社区影响的,可以委托县级司法行政机关进行调查评估。

四、调查评估的内容

根据《社区矫正实施办法》第 4 条的规定,受委托的司法行政机关应当根据委托机关的要求,对被告人或者罪犯的居所情况、家庭和社会关系、一贯表现、犯罪行为的后果和影响、居住地村(居)民委员会和被害人意见、拟禁止的事项等进行调查了解,形成评估意见,及时提交委托机关。概括而言,调查评估的内容包括:

(1)确定被告人或者罪犯的居住社区,以便实现有效监管。要使罪犯能在"社区"中矫正,前提是存在一个社区作为刑罚的执行场所。因此,在适用社区矫正前的"准备阶段",需要确定被告人或者罪犯的居住社区。

(2)分析被告人的人身危险性,特别是其会否对社区的安全造成威胁。为此,需要对被告人或者罪犯的家庭和社会关系、一贯表现等状况进行综合考察。

(3)调查社区对被告人或者罪犯的接纳程度。社区的接纳与合作,是做好社区矫正工作的保证。因此在作出社区矫正决定时,应当适度考虑社区公众的态度和意见。为此,需要就犯罪行为的后果和影响、居住地村(居)民委员会和被害人意见等状况进行调查。

(4)对拟禁止事项进行调查。对人民法院拟适用禁止令的,司法行政机关还要就应该禁止哪些事项、能否执行好禁止令等问题进行调查评估。

五、调查评估的程序

目前关于调查评估的程序并没有统一的规定,各地在试行阶段的做法亦不相一致。以 2012 年北京市高级人民法院、北京市人民检察院、北京市公安局、北京市司法局出台的《北京市社区矫正实施细则》为例,结合我国《刑法》和《刑事诉讼法》的有关规定,调查评估可以按照以下程序进行:

(1)收到调查评估委托后,县级司法行政机关要及时指定拟适用社区矫正被告人、罪犯居住地的乡镇(街道)司法所进行调查。居住地司法所具体负责实施社会调查和核实居住地。社区矫正人员户籍所在地区县司法局应当配合其居住地区司法局开展社会调查和居住地核实等相关工作。

(2)被指定的乡镇(街道)司法所指派两名以上人员围绕《社区矫正实施办法》规定的调查事项,走访被告人、罪犯家庭、工作单位(就读学校)、同事(同学)、案件被害人及其家属,社区组织、社区居民等单位和个人,形成调查笔录。具体内容应当包括被告人、罪犯的居所和生活收入来源、家庭和社会关系、日常一贯表现、犯罪行为的后果和影响、家庭帮教条件、居住地村民委员会或居民委员会以及被害人意见等等。

(3)被指定的乡镇(街道)司法所围绕被告人、罪犯是否具有再犯罪危险性、是否可以实现有效监管、是否可以适用社区矫正等核心事项,全面分析掌握的调查资料。

(4)对人民法院拟适用禁止令的,还应当根据犯罪分子的犯罪原因、犯罪性质、犯罪手段、犯罪后的悔罪表现、个人一贯表现等情况,充分考虑与犯罪分子所犯罪行的关联程度,有针对性地开展调查,调查内容应当包括在管制执行期间、缓刑考验期限内"从事特定活动,进入特定区域、场所,接触特定的人"等一项或者几项禁止内容。

(5)鉴别、归类积极因素和消极因素,通过集体讨论,慎重作出能否对被告人、罪犯适用社区矫正措施及适用禁止令的建议,并形成调查评估报告提交县级司法行政机关。

(6)县级司法行政机关审核后提交给委托机关。在此过程中,县级司法行政机关应该认真审核把关,确保调查情况的客观性、评估结论的公正性,按时向委托的人民法院、人民检察院、公安机关、监狱提交调查评估报告。

第十五章　社区矫正程序

　　社区矫正程序是指社区矫正各项工作开展的先后顺序。整体来看,社区矫正的程序并不复杂,但是社区矫正的程序具有重要的功能,它是社区矫正工作规范化、法治化的保障。从社区矫正实践来看,目前我国社区矫正的程序还没有完全定型。从法律渊源来看,我国仍没有实现"程序法定"的要求。社区矫正程序的法律渊源,主要是《社区矫正实施办法》。《社区矫正实施办法》并没有明确"社区矫正程序"这个概念,本书参照此办法的相关规定,将社区矫正程序依社区矫正工作的先后顺序归纳为"开始""实施"与"终结"三个阶段。在每个阶段中,《社区矫正实施办法》对社区矫正机关、社区矫正人员等都有相应的程序性要求。

第一节　社区矫正的开始

　　社区矫正的开始,是指以社区矫正的方式开始执行刑罚。监狱行刑,始于收监程序,社区矫正则始于社区矫正人员的接收程序。所谓社区矫正人员的接收,是指社区矫正机关根据生效判决、裁定或者决定,依法将特定罪犯纳入社区矫正并办理相关手续的活动。

一、接收的法律依据

　　社区矫正人员接收工作是一项严肃的执法工作,社区矫正机关接收社区矫正人员,需要有一定的法律依据。这里所谓的"法律依据"是指生效的法律文书,具体包括以下几种:

　　(1) 法院作出的生效判决或者裁定。对于被判处管制、被宣告缓刑的社区矫正人员,接收的法律依据是人民法院作出的生效判决或者裁定。对于被假释的社区服刑人员,接受的法律依据是人民法院生效的裁定。

　　(2) 法院、监狱管理机关、公安机关作出的决定。对于被暂予监外执行的社区服刑人员,接收的法律依据是决定机关的决定。决定暂予监外执行的机关可能是法院、省级以上监狱管理机关或者设区的市一级以上公安机关。具体而言,判决或裁定生效以后,在交付执行前,暂予监外执行由交付执行的人民法院决定;在交付执行后,暂予监外执行由监狱或者看守所提出书面意见,报省级以上监狱管理机关或者设区的市一级以上公安机关批准。

二、接收机构

接收机构,是指社区矫正人员前往报到以及办理社区矫正手续的具体组织。确定接收机构,其实就是解决具体个案中,社区矫正的"管辖"问题;同时也决定了罪犯接受社区矫正的地理场所。根据《社区矫正实施办法》第6条的规定,接收机构是社区矫正人员居住地县级司法行政机关。

根据上述规定,社区矫正的"管辖"机构是由社区矫正人员的"居住地"所决定的。"居住地"与"户口所在地"是一个相对的概念。之所以由"居住地"而非"户口所在地"县级司法行政机关接收,主要是考虑到目前我国"人户分离"的情况比较普遍。如果社区矫正人员没有"居住地",则由户籍所在地县级司法行政机关接收社区矫正人员。同时,由"居住地"县级司法行政机关接收亦符合现行法律的精神。根据我国《监狱法》第27条规定,对暂予监外执行的社区矫正人员,由居住地执行机关执行。对管制、缓刑、假释的社区矫正人员,我国《刑法》明确规定,离开"居住"的市、县或者迁居,应经执行机关批准。可见,以居住地为执行地符合有关法律的立法宗旨和具体要求。

社区矫正人员居住地的初次确定,以人民法院等决定机关的裁判、决定文书确定的居住地为准。但究竟何为"居住地",《社区矫正实施办法》并没有明确指出。在我国法律中与"居住地"相近的一个概念为"经常居住地"。根据最高人民法院《关于适用中华人民共和国民事诉讼法若干问题的意见》第5条规定:公民的经常居住地是指公民离开住所地(户籍所在地)至起诉时已连续居住一年以上的地方。参考此定义,我们认为,社区矫正中的"居住地",一般指的是社区矫正人员能够连续居住一定时间的地方。具体来说,居住地一般需要具备以下条件:

(1)社区矫正人员在居住地有固定居所。社区矫正人员所有的、与他人共有的、承租的居所或者他人免费提供的居所都可以视为固定居所。

(2)社区矫正人员需要在居住地连续居住一定时间。这个时间是多长,法律并没有规定,各地的标准也可能不一样。如《北京市社区服刑人员接收工作暂行规定》,规定的居住时间为超过3个月。而根据司法部社区矫正管理局发布的《〈社区矫正实施办法〉解读》的说明,这个时间是能够连续居住6个月以上[①]。

(3)社区矫正人员在居住地有较固定的生活来源,或者亲友、其他人或者单位为其提供生活保障。

---

① 参见《〈社区矫正实施办法〉解读》,载司法部社区矫正管理局网站:http://www.moj.gov.cn/sqjzbgs/node_24068.htm. 最后访问时间:2013年9月4日。

三、接收的具体程序

目前,接收社区矫正人员程序涉及的活动与法律手续包括:

(一)决定机关的通知工作

决定机关在决定适用社区矫正后,应当依法及时地将有关事项通知罪犯本人及社区矫正机关(县级司法行政机关)。具体来说,对于适用社区矫正的罪犯,人民法院、公安机关、监狱应当核实其居住地,在向其宣判时或者在其离开监所之前,书面告知其到居住地县级司法行政机关报到的时间期限以及逾期报到的后果,并通知居住地县级司法行政机关。

(二)决定机关送达法律文书

社区矫正机关对罪犯进行社区矫正,需要以生效的法律文书作为法律依据。根据《社区矫正实施办法》第5条的规定,决定机关在判决、裁定生效起3个工作日内,向县级司法行政机关送达判决书、裁定书、决定书、执行通知书、假释证明书副本等法律文书,同时抄送其居住地县级人民检察院和公安机关。

县级司法行政机关收到法律文书后,应当在3个工作日内送达回执;发现文书缺项的,要及时通知决定机关补齐。

(三)社区矫正人员的报到与移送

社区矫正人员接收程序的核心活动是社区矫正人员的报到或者移送。社区矫正人员报到,是指接受社区矫正的罪犯在规定的时间内到社区矫正机关报到,开始接受社区矫正的活动。社区矫正人员的移送,是指决定机关直接将罪犯移送至社区矫正机关的活动。可见,社区矫正人员的主动报到与被动移送,是社区矫正机关接收社区矫正人员的两种方式。

《社区矫正实施办法》第6条第1款规定:"社区矫正人员应当自人民法院判决、裁定生效之日或者离开监所之日起10日内到居住地县级司法行政机关报到。县级司法行政机关应当及时为其办理登记接收手续,并告知其3日内到指定的司法所接受社区矫正。发现社区矫正人员未按规定时间报到的,县级司法行政机关应当及时组织查找,并通报决定机关。"第2款规定:"暂予监外执行的社区矫正人员,由交付执行的监狱、看守所将其押送至居住地,与县级司法行政机关办理交接手续。罪犯服刑地与居住地不在同一省、自治区、直辖市,需要回居住地暂予监外执行的,服刑地的省级监狱管理机关、公安机关监所管理部门应当书面通知罪犯居住地的同级监狱管理机关、公安机关监所管理部门,指定一所监狱、看守所接收罪犯档案,负责办理罪犯收监、释放等手续。人民法院决定暂予监外执行的,应当通知其居住地县级司法行政机关派员到庭办理交接手续。"

理解上述规定,应当注意以下几点:

第一,被判处管制刑、被宣告缓刑与被裁定假释的罪犯,自行到司法行政机关报到。被暂予监外执行的罪犯,则由决定机关直接移送给司法行政机关。

第二,对于被判处管制刑、缓刑与假释的社区矫正人员,应该在规定时限内首先前往县级司法行政机关报到。具体的时限是自人民法院判决、裁定生效之日或者离开监所之日起10日内。办理完接收登记手续后,告知社区矫正人员在3日内到指定的司法所接受社区矫正并通知司法所。

第三,对于暂予监外执行的社区矫正人员,移送程序因决定机关的不同而有所不同:

（1）人民法院决定暂予监外执行的,应核实罪犯暂予监外执行后的居住地并通知居住地县级司法行政机关。县级司法行政机关按照通知要求做好接收准备,并告知拟负责承担社区矫正日常工作的司法所。人民法院开庭宣判时,县级司法行政机关工作人员（必要时,司法所工作人员一同参加）到庭办理法律文书移交,核实罪犯身份、办理罪犯交接手续。

（2）公安机关、监狱管理机关批准暂予监外执行的,应核实罪犯暂予监外执行后的居住地并通知居住地县级司法行政机关。县级司法行政机关接到批准机关的通知后,做好接收准备并与罪犯服刑的看守所、监狱取得联系,约定罪犯交付日期,届时由看守所、监狱将罪犯押送至居住地,与县级司法行政机关以及司法所现场办理罪犯和法律文书交接手续。办理登记等事项后,由司法所将罪犯带回对其实施社区矫正。

（四）登记与建档

无论是社区矫正人员主动前往报到,还是被动移送,县级司法行政机关都需要做好登记与建档工作。

登记,是指接收社区矫正人员后,司法行政机关工作人员按照规定记录其基本信息的活动。登记的主要内容,包括社区服刑人员的姓名、性别、年龄、民族、身份证号、文化程度、婚姻状况、健康状况、户籍所在地、现家庭地址、电话、原工作单位或者职业、罪名、刑种及刑期、矫正期限及起止日期、本人简历、家庭成员等。

社区矫正档案是表明社区矫正人员基本情况和记录社区矫正活动的文字材料。社区矫正机关应当为社区矫正人员建立档案,并做到"一人一档"。社区矫正档案包括社区矫正执行档案和社区矫正工作档案：

（1）县级司法行政机关应当为社区矫正人员建立社区矫正执行档案,包括适用社区矫正的法律文书,以及接收、监管审批、处罚、收监执行、解除矫正等有关社区矫正执行活动的法律文书。

（2）司法所应当建立社区矫正工作档案,包括司法所和矫正小组进行社区矫正的工作记录,社区矫正人员接受社区矫正的相关材料等。同时留存社区矫正执行档案副本。

第二节 社区矫正的实施

完成社区矫正人员的接收程序后,下一阶段就是社区矫正的实施阶段。在此阶段中,社区矫正的工作由司法所负责。在实施阶段中,主要涉及矫正小组确定程序、宣告程序与矫正方案制定程序。至于实施阶段中的具体社区矫正内容,将在下一章进行介绍。

一、矫正小组确定程序

矫正小组,是指由负责特定社区矫正人员矫正事务的工作人员所组成的小组。司法所应当为社区矫正人员确定专门的矫正小组。

(一)矫正小组的构成

矫正小组的组成应当符合以下要求:

(1)矫正小组组长由司法所工作人员担任组长。

(2)矫正小组的成员除司法所工作人员之外,还可以包括社会工作者和志愿者,以及有关部门、村(居)民委员会、社区矫正人员所在单位、就读学校、家庭成员或者监护人、保证人等。

(3)社区矫正人员为女性的,矫正小组应当有女性成员。

(二)签订"社区矫正责任书"

确定矫正小组成员后,司法所应当与矫正小组签订"社区矫正责任书"。"社区矫正责任书"应当明确司法所与矫正小组的分工,并根据小组成员所在单位和身份,明确各自的责任和义务,确保各项矫正措施落实。具体要求如下:

1. 司法所的分工

司法所具体做好以下事项:(1)指导矫正小组对社区矫正人员进行监督管理和教育帮助;(2)认真听取矫正小组成员反映的情况并及时处理有关事宜;(3)发现矫正小组成员不认真履行义务、不能正常发挥作用的,要及时予以调整。

2. 矫正小组的分工

矫正小组成员的责任和义务具体包括:(1)协助对社区矫正人员进行监督管理和教育帮助;(2)督促社区矫正人员按要求向司法所报告有关情况,参加学习及社区服务,自觉遵守有关监督管理规定;(3)定期向司法所反映社区矫正人员遵纪守法、学习、日常生活和工作等情况;(4)发现社区矫正人员有违法犯罪或违反监督管理规定的行为,及时向司法所报告;(5)根据司法所需要,协助完成其他社区矫正工作。

二、社区矫正宣告程序

社区矫正实施阶段的"宣告",是指司法所依法及时向社区矫正人员宣告与社区矫正有关事项的活动。

宣告程序由司法所工作人员主持,矫正小组成员及其他相关人员到场。所谓"其他相关人员",一般是指可以帮助社区矫正工作顺利进行的、社区矫正人员的家庭成员或亲属、监护人、保证人、所居住社区的村(居)民委员会成员、所在单位的代表、就读学校代表等等。

宣告的主要内容包括:(1)判决书、裁定书、决定书等有关法律文书的主要内容;(2)社区矫正期限;(3)社区矫正人员必须遵守的各项规定;(4)违反规定应承担的法律后果;(5)社区矫正人员依法享有的权利和被限制行使的权利;(4)矫正小组人员组成及职责。

三、矫正方案的制定程序

为提高社区矫正的效率与有效性,社区矫正机构应当针对每一名社区矫正人员制定个别化的矫正方案。矫正方案是司法所接收社区矫正人员后,根据其被判处的刑罚种类、犯罪情况、悔罪表现、个性特征和生活环境等情况进行综合评估分析,确定针对性监管、教育和帮助措施,并根据实施效果适时予以调整的社区矫正工作计划。

(一)矫正方案的制定步骤

司法所应当指定专职人员负责社区矫正方案的拟定和组织实施,社区矫正专职社工在此过程中提供协助。制定矫正方案的一般步骤是:

(1)查阅有关法律文书材料,与社区矫正人员进行谈话,了解其认罪悔罪情况和思想动态,走访社区矫正人员家属、邻居、村(居)委会、原单位(学校)的有关人员,了解社区矫正人员的犯罪事实、犯罪类别、主观恶性、心理行为特点、家庭状况、成长经历、社会关系等,做到基本情况明了,基本事实清楚。

在适用社区矫正之前,如果对社区矫正人员曾经进行过调查评估的,则上述调查走访活动可以适当减少。

(2)根据走访了解到的情况,对社区矫正人员的危险程度、利益需求、心理行为、素质缺陷等进行综合分析,找出社区矫正人员犯罪的症结和可能影响矫正进行的问题所在,确定矫正工作的重点和方向。

(3)在综合分析评定的基础上,拟定矫正方案。

(二)矫正方案的内容

矫正方案一般都应该包括以下三个组成部分:

(1)社区矫正人员的基本情况,包括个人自然情况、刑罚种类、矫正期限、居住地址等。

(2)对社区矫正人员犯罪情况、悔罪表现、个性特征、生活环境等的综合评估情况。

(3) 对其拟采用的监督管理、教育学习、帮困扶助的措施等。

(三) 矫正方案的执行及调整

司法所对拟定的矫正方案要及时审核确定后执行。同时,司法所要定期对实施情况进行评估,不断完善矫正方案。对于针对性强、矫正效果明显的措施,可以继续使用;如果实施效果差,则要及时调整矫正方案。

第三节 社区矫正的终结

社区矫正的终结,是指由于法定情形的出现而依法结束社区矫正。社区矫正的终结,包括以下几种情形:

一、因期满而解除社区矫正

社区矫正,是具有一定期限的执行活动。期满后,司法行政机关应当依法解除社区矫正。不同类型的社区矫正人员接受社区矫正的期限及计算方法在前文已经有所介绍,在此简单地概括如下:

(1) 被判处管制的社区矫正人员,其矫正期限与管制的期限相等,矫正期从判决执行之日起计算。

(2) 被宣告缓刑的社区矫正人员,其矫正期限与缓刑考验期限相等,矫正期从判决确定之日起计算。

(3) 被假释的社区矫正人员,其矫正期限与假释考验期限相等,矫正期从假释之日起计算。

(4) 被暂予监外执行的社区矫正人员,没有固定的社区矫正期限,但最长期限为"剩余的刑期"。"剩余的刑期"是指原刑期扣除在监狱或者看守所内已经执行的时间所剩余的时间。"剩余的刑期"未满,但准予暂予监外执行的情形消失的,社区矫正结束,将罪犯重新收监或者入所;"剩余的刑期"已满,则社区矫正因期满而结束。

(一) 期满前的准备

社区矫正期满前,社区矫正人员应当作出个人总结,司法所应当根据其在接受社区矫正期间的表现、考核结果、社区意见等情况作出书面鉴定,并对其安置帮教提出建议。

(二) 期满后的解除程序

社区矫正人员矫正期满,司法所应当组织解除社区矫正宣告。宣告由司法所工作人员主持,按照规定程序公开进行。司法所应当针对社区矫正人员不同情况,通知有关部门、村(居)民委员会、群众代表、社区矫正人员所在单位、社区矫正人员的家庭成员或者监护人、保证人参加宣告。宣告事项应当包括:宣读对社区矫正人员的鉴定意见;宣布社区矫正期限届满,依法解除社区矫正;对判处管制的,宣布执行期满,解除管制;对宣告缓刑的,宣布缓刑考验期满,原判刑罚不再执行;对裁定假释的,宣布考验期满,原判刑罚执行完毕。

县级司法行政机关应当向社区矫正人员发放解除社区矫正证明书,并书面通知决定机关,同时抄送县级人民检察院和公安机关。

暂予监外执行的社区矫正人员刑期届满的,由监狱、看守所依法为其办理刑满释放手续。

(三)期满后的安置工作

社区矫正人员社区矫正期满的,司法所应当告知其安置帮教有关规定,与安置帮教工作部门妥善做好交接,并转交有关材料。

二、因死亡而自动终止社区矫正

社区矫正人员在社区矫正期间内死亡的,社区矫正自动终止。在实践中,对于社区矫正人员正常死亡的,由医院出具死亡证明;对于非正常死亡的,司法鉴定部门应作出死因鉴定。因社区矫正人员死亡而终止社区矫正的,县级司法行政机关应当及时书面通知批准、决定机关,并通报县级人民检察院。

三、社区矫正终结的其他法定原因

(一)缓刑、假释的撤销

对于被判处缓刑、假释的罪犯,可能由于法定的原因而被人民法院撤销缓刑、假释,社区矫正也随之终止。

1. 撤销的条件

根据《社区矫正实施办法》第25条,缓刑、假释的社区矫正人员有下列情形之一的,可以撤销缓刑、假释:(1)违反人民法院禁止令,情节严重的;(2)未按规定时间报到或者接受社区矫正期间脱离监管,超过1个月的;(3)因违反监督管理规定受到治安管理处罚,仍不改正的;(4)受到司法行政机关三次警告仍不改正的;(5)其他违反有关法律、行政法规和监督管理规定,情节严重的。

2. 撤销的程序

在社区矫正过程中,撤销缓刑、假释,由居住地同级司法行政机关向原裁判人民法院提出撤销缓刑、假释建议书并附相关证明材料,由人民法院在法定期限内(自收到建议书之日起1个月内)作出裁定。司法行政机关撤销缓刑、假释的建议书和人民法院的裁定书同时抄送社区矫正人员居住地同级人民检察院和公安机关。

3. 撤销后的收监程序

人民法院裁定撤销缓刑、假释后,居住地县级司法行政机关应当及时将罪犯送交监狱或者看守所,公安机关予以协助。

(二) 对暂予监外执行的罪犯决定收监执行

从"暂予监外执行"的概念来看就可以知道,"暂予监外执行"具有暂时性质,也就是说,被暂予监外执行的罪犯,可能会被重新收监执行其刑罚。

1. 重新收监的条件

根据《社区矫正实施办法》第 26 条,被暂予监外执行的社区矫正人员有下列情形之一的,应当对其重新收监:

(1) 发现不符合暂予监外执行条件的;

(2) 未经司法行政机关批准擅自离开居住的市、县(旗),经警告拒不改正,或者拒不报告行踪,脱离监管的;

(3) 因违反监督管理规定受到治安管理处罚,仍不改正的;

(4) 受到司法行政机关两次警告,仍不改正的;

(5) 保外就医期间不按规定提交病情复查情况,经警告拒不改正的;

(6) 暂予监外执行的情形消失后,刑期未满的;

(7) 保证人丧失保证条件或者因不履行义务被取消保证人资格,又不能在规定期限内提出新的保证人的;

(8) 其他违反有关法律、行政法规和监督管理规定,情节严重的。

2. 重新收监的程序

重新收监的程序包括重新收监的决定程序与重新收监的执行程序。

(1) 重新收监的决定程序

在社区矫正过程中,社区矫正人员符合重新收监条件的,由居住地县级司法行政机关向批准、决定机关提出收监执行的建议书并附相关证明材料,批准、决定机关应当自收到之日起十五日内依法作出决定。司法行政机关的收监执行建议书和决定机关的决定书,应当同时抄送社区矫正人员居住地同级人民检察院和公安机关。

(2) 重新收监的执行程序

根据重新收监的决定机关的不同,重新收监的执行程序有所不同:

人民法院对暂予监外执行罪犯决定收监执行的,居住地县级司法行政机关应当及时将罪犯送交监狱或者看守所,公安机关予以协助。

监狱管理机关对暂予监外执行罪犯决定收监执行的,监狱应当立即赴羁押地将罪犯收监执行。

公安机关对暂予监外执行罪犯决定收监执行的,由罪犯居住地看守所将罪犯收监执行。

第十六章 社区矫正内容

根据我国社区矫正法律、规章、工作文件的有关规定,社区矫正的日常工作由对社区矫正人员的监督管理、教育矫正、帮困扶助、考核与奖惩等几方面组成。本章将对这几方面内容进行具体介绍。

第一节 社区矫正人员的监督管理

一、监督管理的概念与特征

社区矫正人员的监督管理是指社区矫正机构依法对社区矫正人员的服刑过程进行检查、督促和约束,以保障刑事判决、裁定和决定得到严格执行的一系列活动。

社区矫正过程中的监督管理具有以下几个特点:

(1) 法定性。从监督管理的主体来看,是社区矫正机构中具有执法资格的工作人员,根据我国的实践,主要是指司法所工作人员。虽然社区矫正工作者由社区矫正执法者、社会工作者、社会志愿者组成,但在监督管理过程中,后二者充其量在司法所工作人员的安排下发挥一些辅助性作用。监督管理权是社区矫正执法者的法定职权,不可放弃和转让。从监督管理的对象来看,是符合一定条件因而在社区服刑的罪犯,他们必须按照有关法律的规定,接受监督管理,不可选择和替代。从监督管理的内容来看,须严格按照法律文书及社区矫正有关规定加以确定,不得随意变更。

(2) 全程性。监督管理始于对社区矫正人员的接收,终于社区矫正人员矫正结束,贯穿于社区矫正的整个过程。在此期间,社区矫正机构根据社区矫正人员的表现,根据法律规定的条件和程序,适时调整监督管理方案,以达到预定的目的。

(3) 复杂性。对社区矫正人员的管理是一个复杂的过程,既要根据社区矫正人员的人身危险性不断调整管理等级,又要根据管理机关自身条件、社区矫正人员的个性特点选择管理方法。根据对社区矫正人员的管理强度,可以分为高、中、低三种类型;根据管理矫正人员的数量,分为个案管理与分类管理;根据与社区矫正人员的接触程度可以分为直接管理和间接管理;根据管理的方式,可以分为人力管理与技术管理,等等。

二、监督管理的作用

（一）保障刑罚的顺利执行

社区矫正作为一种非监禁性刑罚执行活动，尽管与监狱行刑相比，社区矫正人员的人身自由度大大提高，但刑事制裁性依然是社区矫正的首要特征。基于此，社区矫正人员的人身自由和行动受到一定限制、某些权利的行使受到限制、另外还要履行一定法律义务。而这些惩罚性内容是否落实，有赖于对社区矫正人员严格的监督管理活动。

（二）促进社区矫正人员的良性转化

社区矫正人员的犯罪原因尽管复杂多样，但好逸恶劳、放荡不羁、缺乏规范意识是一个较为普遍的现象。然而，人的心理和行为不是一成不变的。通过对于社区矫正人员依法、严格、科学、文明的管理，以及对其行为结果恰当的评价，能够促使其心理和行为向良性发展，并逐渐养成遵纪守法、遵守社会公德的良好习惯。

（三）维护公共安全

安全感是人类的一种基本需要，"从最低限度来讲，人之幸福要求有足够的秩序以确保诸如粮食生产、住房以及孩子抚养等基本需要得到满足；这一要求只有在日常生活达至一定程度的安全、和平及有序的基础上才能加以实现，而无法在持续的动乱和冲突状况中予以实现。"[1]而调查表明，社会公众对社区矫正的疑惧不安比较突出，这很大程度上影响社区矫正的社会参与及发展前景。加强对社区矫正人员的监督管理，预防违法犯罪行为的发生，则是维护社区居民的正常生活，实现社区矫正安全价值的重要途径。

三、监督管理制度的具体内容

对社区矫正人员进行监督管理既是社区矫正的重要内容，也是维护社区安全，保障其他工作得以进行的前提。根据我国《刑法》《刑事诉讼法》《社区矫正实施办法》等有关规定，目前我国的社区矫正监督管理制度主要包括以下几个方面：

（一）报告制度

报告制度是指社区矫正人员按照有关规定，向司法所汇报遵纪守法、接受监督管理、参加教育学习、社区服务等有关情况的制度。具体包括以下两种情况：

---

[1] 参见〔美〕E.博登海默:《法理学——法律哲学与法律方法》，邓正来译，中国政法大学出版社1999年版，第293—294页。

1. 定期报告

根据《社区矫正实施办法》的规定,社区矫正人员应当定期向司法所报告遵纪守法、接受监督管理、参加教育学习、社区服务和社会活动的情况。

保外就医的社区矫正人员还应当每个月向司法所报告本人身体情况,每3个月向司法所提交病情复查情况。

2. 随机报告

随机报告包括两种情况,一是社区矫正人员发生居所变化、工作变动、家庭重大变故以及接触对其矫正产生不利影响人员的,应当及时、主动地向司法所报告。二是在重点时段、重大活动期间或者遇有特殊情况时,司法所为了及时了解掌握社区矫正人员的有关情况,可以根据需要要求社区矫正人员到办公场所报告、说明情况。

(二) 定期走访制度

定期走访制度是指司法所工作人员定期到一定的地点,了解、核实社区矫正人员有关情况的制度。

《社区矫正实施办法》规定:"为了了解、核实社区矫正人员的思想动态和现实表现等情况,司法所应当定期到社区矫正人员的家庭、所在单位、就读学校和居住的社区进行走访。""对保外就医的社区矫正人员,司法所应当定期与其治疗医院沟通联系,及时掌握其身体状况及疾病治疗、复查结果等情况,并根据需要向批准、决定机关或者有关监狱、看守所反馈情况。"

(三) 检查制度

检查制度是指司法所为了及时掌握社区矫正人员的有关情况,采取一定方式,对社区矫正人员的情况进行查验、核实的制度。

根据《社区矫正实施办法》的规定,检查的内容包括社区矫正人员个人生活、工作及所处社区的实际情况,检查的方式包括实地检查、通讯联络、信息化核查等几种,具体可由司法所工作人员根据实际情况选择。

(四) 审批制度

审批制度是指社区矫正机构根据有关规定,对社区矫正人员的社会活动等有关情况进行审查、批准的制度。具体包括以下几种情况:

(1) 批准进入特定领域、场所。对于人民法院禁止令确定需经批准才能进入的特定区域或者场所,社区矫正人员确需进入的,应当经县级司法行政机关批准,并告知人民检察院。

(2) 批准离开所居住地。社区矫正人员因就医、家庭重大变故等原因,确需离开所居住的市、县(旗),在7日以内的,应当报经司法所批准;超过7日的,应当由司法所签署意见后报经县级司法行政机关批准。返回居住地时,应当立即向司法所报告。社区矫正人员离开所居住市、县(旗)不得超过1个月。

(3) 批准迁居。社区矫正人员因居所变化确需变更居住地的,应当提前 1 个月提出书面申请,由司法所签署意见后报经县级司法行政机关审批。县级司法行政机关在征求社区矫正人员新居住地县级司法行政机关的意见后作出决定。

(五) 会客制度

会客制度是指社区矫正机构依法对社区矫正人员的社会交往进行管理的制度。

根据我国《刑法》的规定,管制犯、缓刑犯、假释犯均要遵守关于会客的规定。各地在社区矫正过程中,对此进行了具体的规定。如《湖南省社区矫正实施细则规定》:"社区服刑人员接受媒体采访或会见境外非亲属人员,当地司法所将来访媒体或来访客人的基本情况、会见事由进行登记备案,并经逐级审查后报省社区矫正工作机构批准。"

对于某些管制犯和缓刑犯,除了遵守关于会客的一般规定外,还可能要根据人民法院宣告的"禁止令",禁止接触特定的人员(具体内容请见第十四章的介绍)。

(六) 突发事件处置制度

突发事件处置制度是指社区矫正机构根据有关规定,对社区矫正运行过程中出现的一些突发性事件进行处理、应对的制度。

在社区矫正运行过程中,难免出现一些突发性事件,如社区矫正人员失控脱管、非正常死亡,正在或可能发生违法犯罪活动等等。这些情况一旦发生,一方面可能造成生命、财产的重大损失,另一方面无疑会严重冲击社会公众对社区矫正的心理底线。因此,在社区矫正常态管理的基础上,建立完善的突发性事件处置制度十分必要。《社区矫正实施办法》第 35 条第 2 款规定:"司法行政机关应当建立突发事件处置机制,发现社区矫正人员非正常死亡、实施犯罪、参与群体性事件的,应当立即与公安机关等有关部门协调联动、妥善处置,并将有关情况及时报告上级司法行政机关和有关部门。"为了能够对突发性事件快速反应并妥当处理,首先要健全突发事件管理机制;其次要畅通突发事件信息渠道;最后还要制定应急处置预案。为防止意外发生,还应就预案有备用方案。

(七) 其他相关制度

除了上述制度,在社区矫正过程中,社区矫正机构还要建立例会、通报、业务培训、信息报送、统计、档案管理以及执法考评、执法公开等制度,以保障社区矫正工作规范运行。

四、监督管理中应注意的问题

(一) 做好风险评估工作

鉴于刑罚资源的稀缺及社区矫正人员的复杂多样,在相应的措施实施之前,对社区矫正人员的人身危险性进行评估无疑是必要的。在借鉴国际经验的基础上,我国社区矫正试点中对于风险评估的探索,已经取得一定进展。比如北京市在第一套量表即《北京市社区服刑人员综合状态评估指标体系——初始化量表》(2005年试用版)的基础上,又开发出了第二套量表即《北京市社区服刑人员综合状态评估指标体系——后续量表》,又称中期量表。这些量表为北京市目前广为采用的分类管理和分阶段教育发挥了重要的作用。

量表的开发固然重要,但如何加以运用,也是一个不容忽视的问题。根据国外学者的研究,风险评估量表的使用应注意以下问题:(1)评估量表应当经过矫正群体的试测;(2)评估量表应当经过信度和效度的检验;(3)评估内容中应当包括为刑事司法系统所广为接受和检验的静态因素和动态因素;(4)评估量表的操作难度应当与测试者的水平相适应;(5)评估结论应当与诊断式评估相结合;(6)风险评估的内容应当为矫正官员、政策制定者、评估对象所熟知与认可。[①] 这些建议无疑具有重要的启迪意义。

(二)促进常态管理与特殊管理的有机结合

社区矫正人员在社会服刑,与监狱矫正的罪犯相比,更紧密地与社会生活联系在一起,所以在对他们进行常规管理的基础上,还要根据社会生活的变化,适当调整监督管理方案。比如在"五一"、"十一"、"春节"等节假日期间,"两会"、"奥运会"等重要历史时期,由于情况特殊、形势复杂、国内外态度敏感,无疑对公共安全提出了更高的要求,从而对社区矫正危险管理提出了新的挑战。目前,我国社区矫正试点已十余年,对特殊时期的安全保卫工作也积累了一定的经验。从北京市的经验来看,未雨绸缪,早做规划是做好特殊时期社区矫正危险管理的前提;广泛动员、加强沟通合作是管理措施得以落实的关键;监督管理与帮困扶助的结合,是危险得以降低的根本。不过,由于社区矫正推崇刑罚经济的理念,在特殊时期的安全保卫中,也应当以节俭为宜,避免刑罚资源的浪费,另外对于一些比较成熟的做法,应尽快以制度的方式确立下来,将非常态管理向常态管理转化,以避免因管理制度的不确定性给管理人员及矫正对象所带来的心理波动。

(三)做好人力管理与技术管理的有效配合

在监督管理的过程中,除利用传统的人力资源以外,还可以根据当地的条件,辅之以现代科技手段。"目前,我国部分省市如江苏、浙江、山东等地,自2008年开始,陆续组建了社区矫正移动管理信息平台系统,尝试利用GPS和/或GPRS手机终端对部分社区服刑人员进行实时跟踪管理。但由于手机携带必须依靠自觉性,一旦人机分离,并不利于实时监管,而且携带者如果预谋犯罪,甚至

---

① James Austin, The Proper and Improper Use of Risk Assessment in Correction, *Federal Sentencing Reporter*, Vol. 16, No. 3, 2004, pp. 197—198.

有可能造成刑侦误导。因此,此种罪犯电子监控方式不宜在全国推广采用。而电子手铐、电子脚镣,作为一种新型的罪犯电子监控方式,将定位跟踪技术、信息管理技术、系统整合技术融于一体,构建了一道无形的"电子围墙",已被世界主要发达国家和地区普遍采用,取得了良好的经验和效果,应该成为我国罪犯电子监控方式的发展主流方向。①

第二节　社区矫正人员的教育矫正

一、教育矫正的概念与特征

（一）教育矫正的概念

社区矫正人员的教育矫正是指社区矫正机构为了促进社区矫正人员再社会化,依法针对其犯罪心理和行为恶习施加系统性影响的活动。

（二）教育矫正的特征

1. 教育主体的多元性

社区矫正的推行体现了民主的参与精神,它打破了专门机关对罪犯行刑的垄断,是刑罚执行主体多元化的体现。在社区矫正的过程中,不仅体现了公、检、法、司等专门机关的合作,而且强调了社会团体、公民个人的积极参与。在对社区矫正人员教育矫正的过程中,社区矫正执法人员固然发挥着重要作用,但社区矫正社会工作者、社区矫正志愿者以及其他社会力量,以其专业特长、志愿精神和民间身份,无疑能够施加更为积极的影响。

2. 教育属性的特殊性

社区矫正教育属于特殊教育。我国《刑法》第46条规定:"被判处有期徒刑、无期徒刑的犯罪分子,在监狱或者其他执行场所执行;凡有劳动能力的,都应当参加劳动,接受教育和改造。"社区矫正,无疑属于在"其他执行场所执行",可见,接受教育矫正,是社区矫正人员的一项法定义务,具有强制性,从而与一般学校教育区分开来;另外,社区矫正人员是在社区当中,在开放的行刑环境下接受教育矫正,因而在教育场所、教育方式上更具灵活性,从而与在监狱服刑人员的教育也有所不同。

3. 教育内容的丰富性

教育矫正的目的是通过对社区矫正人员的犯罪心理和行为恶习施加系统性影响,促进其再社会化的进程。为此,在教育内容的设定上是非常丰富的。既有

---

① 参见社区矫正调研课题组:《关于推进中国特色社区矫正工作的调研报告》,载《中国司法》2011年第2期,第71页。

促进其犯罪心理转变的思想道德教育,也有培养其守法观念的法制教育,还有提高其社会适应性的心理健康教育等等,不一而足。

二、教育矫正的作用

1. 维护社区安全

危险管理是维护社区安全的重要内容。社区矫正中的危险管理,是以以下两个基本观念为基础进行的:(1) 危险控制。这是指对高危险犯罪人进行限制,从而使其难以进行犯罪行为的活动。(2) 危险降低。这是指适用治疗计划改变犯罪人的基本危险水平,从总体上降低犯罪人进行新的犯罪行为可能性的活动。上述两个基本观念是相互关联的。危险控制策略一般通过使用限制犯罪人行动的措施(不包括使用药物),试图改变犯罪人的直接环境,在这种情况下,犯罪人的犯罪动机不会直接受到影响。相反,危险降低策略试图改变犯罪人的思想和动机,使犯罪人选择守法的生活。① 无疑,在社区矫正的危险控制中,危险降低是更为积极的、根本的策略。而对社区矫正人员的教育,无疑是改变其犯罪心理,降低其人身危险性的重要措施,从而对于维护社区安全具有重要作用。

2. 促进社区矫正人员心理、行为的良性发展

国外学者的研究证实,有效的矫正项目都非常关注个人层面的转变,而无效的矫正项目则仅仅致力于为个人提供发展机会,因此,为了达到良好的矫正效果,在社区矫正人员利用各种发展机会之前,促使他们在意识、推理、解决问题的方式等认知层面的转变是必需的。② 可见,在社区矫正运行过程中,对矫正对象的犯罪心理及行为的矫正是至关重要的。从犯罪原因的角度来看,犯罪是社会因素和个体因素相互作用的结果,社会因素是重要的因素,但在强调社会因素的同时,不应忽视个体因素,而恰恰是因为个体差异造成在同样的社会环境下,犯罪人只是极少数的现实,所以矫正教育尽管见效比较迟缓,但一旦有效,却是根本的和持久的。矫正教育对于社区矫正人员心理、行为的良性发展具有促进作用。

三、教育矫正的主要内容

"两院、两部"联合发布的《关于在全国试行社区矫正工作的意见》中规定:"加强对社区服刑人员的思想教育、法制教育、社会公德教育,组织有劳动能力的社区服刑人员参加公益劳动,增强其认罪悔罪意识,提高社会责任感。加强心

---

① 郭建安、郑霞泽主编:《社区矫正通论》,法律出版社 2004 年版,第 123—124 页。
② Doris Layton Mackenzie, *What Works in Corrections: Reducing the Criminal Activities of Offenders and Delinquents*, Cambridge University Press, 2006, p.335.

理矫正工作,采取多种形式对社区服刑人员进行心理健康教育,提供心理咨询和心理矫正,促使其顺利回归和融入社会。"《社区矫正实施办法》第 15 条规定:"社区矫正人员应当参加公共道德、法律常识、时事政策等教育学习活动,增强法制观念、道德素质和悔罪自新意识。社区矫正人员每月参加教育学习时间不少于八小时。"第 16 条规定:"有劳动能力的社区矫正人员应当参加社区服务,修复社会关系,培养社会责任感、集体观念和纪律意识。社区矫正人员每月参加社区服务时间不少于八小时。"第 17 条规定:"根据社区矫正人员的心理状态、行为特点等具体情况,应当采取有针对性的措施进行个别教育和心理辅导,矫正其违法犯罪心理,提高其适应社会能力。"从这些规定可以看出,社区矫正常规性的教育内容主要包括思想道德教育、法制教育、社会公德教育、时事政策教育、劳动教育、心理健康教育等等。不过,根据教育学的规律及社区矫正人员的服刑特点,在不同阶段教育的侧重点应当有所不同,下面就按照社区矫正人员的服刑阶段,从入矫教育、常规教育、解矫教育三个方面进行介绍:

(一) 入矫教育

入矫教育是指社区矫正机构在接收社区矫正人员后,为了促使其了解社区矫正、适应服刑生活而进行的过渡性教育活动。时间以 1—3 个月为宜。主要内容包括:社区矫正基本常识;社区矫正人员的权利与义务;认罪悔罪教育;必要的心理辅导。从教育方式上来讲,宜将个别教育和集体教育有机地结合起来。通过教育,使社区矫正人员理解社区矫正的性质与任务,明确自身的角色与地位,消除服刑初期心理上的不适应,自觉接受社区矫正机构的监督管理和教育矫正,以顺利度过矫正期。

根据我国《刑法》《刑事诉讼法》《社区矫正实施办法》的规定,社区矫正人员在社区矫正期间的权利和义务如下:

1. 社区矫正人员的服刑义务

被判处管制的犯罪分子,在执行期间,应当遵守下列规定:(1) 遵守法律、行政法规,服从监督;(2) 未经执行机关批准,不得行使言论、出版、集会、结社、游行、示威自由的权利;(3) 按照执行机关规定报告自己的活动情况;(4) 遵守执行机关关于会客的规定;(5) 离开所居住的市、县或者迁居,应当报经执行机关批准。另外,对于某些管制犯,还要遵守禁止令。根据我国《刑法》第 38 条规定,判处管制,可以根据犯罪情况,同时禁止犯罪分子在执行期间从事特定活动,进入特定区域、场所,接触特定的人。

被宣告缓刑的犯罪分子,应当遵守下列规定:(1) 遵守法律、行政法规,服从监督;(2) 按照考察机关的规定报告自己的活动情况;(3) 遵守考察机关关于会客的规定;(4) 离开所居住的市、县或者迁居,应当报经考察机关批准。另外,对于某些缓刑犯,还要遵守禁止令。根据我国《刑法》第 72 条规定,宣告缓刑,可以根据犯罪情况,同时禁止犯罪分子在缓刑考验期限内从事特定活动,进入特定区域、场所,接触特定的人。

被宣告假释的犯罪分子,应当遵守下列规定:(1)遵守法律、行政法规,服从监督;(2)按照监督机关的规定报告自己的活动情况;(3)遵守监督机关关于会客的规定;(4)离开所居住的市、县或者迁居,应当报经监督机关批准。

暂予监外执行罪犯,应当遵守下列规定:(1)遵守法律、法规和社区矫正有关规定;(2)在指定的医院治疗;(3)按时提交病情复查情况;(4)因就医确需离开所居住的市、县(旗),须经社区矫正机构批准;(5)进行治疗以外的社会活动,须经社区矫正机构批准;(6)遵守其他相关的监督管理规定。

2. 社区矫正人员的权利

社区矫正人员的合法权利应当予以保障。《社区矫正实施办法》第36条规定:"社区矫正人员的人身安全、合法财产和辩护、申诉、控告、检举以及其他未被依法剥夺或者限制的权利不受侵犯。社区矫正人员在就学、就业和享受社会保障等方面,不受歧视。"对于社区矫正人员反映的问题,司法工作人员应当认真听取和妥善处理,并依法维护其合法权益。

(二)常规教育

常规教育,是指在入矫教育结束后、解矫教育之前的中间时段,对社区矫正人员所进行的教育活动。这一阶段的教育内容丰富,教育方法多样,在社区矫正人员心理和行为的良性转化中发挥着重要的作用。下面进行具体介绍:

1. 思想道德教育

(1)道德教育

道德教育对于犯罪预防具有重要的意义,因为一个国家的整体道德水平是影响犯罪率高低的一个重要指标,个人的道德水准是影响一个人行为选择的重要因素。为了提高于社区矫正人员的道德水平,社区矫正机构应当根据《公民道德建设实施纲要》的要求,对社区矫正人员进行社会公德、职业道德、家庭美德教育,帮助其分清善恶美丑、树立正确的荣辱观,确立与社会主义市场经济相适应的道德观念和道德规范,自觉追求科学、文明、健康生活方式。从而帮助社区矫正人员摈弃各种错误世界观、人生观、价值观,尤其是享乐主义、拜金主义、极端个人主义等与犯罪密切相关的观念,树立起与社会主流相一致的道德观念。

(2)形势政策教育

形势政策教育是指社区矫正工作者就社会发展状况和趋势,党和国家现行政策,尤其是非监禁式刑事执行方面的政策对社区矫正人员进行的教育。以促使社区矫正人员认清形势,走出狭隘的个人天地,增强重新做人的勇气和信心,从而自觉遵纪守法,积极参加各项矫正活动,争取光明的前途。

2. 法制教育

尽管社区矫正人员犯罪的原因千差万别，复杂多样，但法律意识淡薄、守法意志薄弱无疑是非常重要的因素，而促使这一群体成为守法公民，是社区矫正的重要追求。所以，对社区矫正人员进行法制教育，就成为首当其冲的选择。法制教育的主要内容包括：

（1）法的基本知识教育。包括法律的起源、发展和消亡，法律的本质和作用，法律和其他社会现象的关系，法律的创制和实现，法律的价值等。从而使社区矫正人员对我国法律制度有一个基本的了解，为培养法制观念打下良好的基础。

（2）宪法教育。宪法是国家的根本法，是治国安邦的总章程，具有最高权威和法律效力。通过宪法的学习，使社区矫正人员了解我国的基本制度、公民的基本权利和义务、国家生活的基本原则，充分认识社会主义制度的优越性，增强宪法意识、公民意识、爱国意识和民主法制意识。

（3）现行主要法律、法规教育。首先是结合社区矫正人员的实际情况，进行刑法、刑事诉讼法等刑事法律的教育，使社区矫正人员正确认识和划清罪与非罪、守法与非法的界限，对自己的犯罪行为进行深刻的反省，对自己的犯罪原因有更为客观的评价，对于将来的行为选择有更理性的判断，做到真心认罪悔罪，自觉接受监督管理、教育矫正，以顺利度过社区矫正期。其次是组织社区矫正人员学习民法、婚姻法、经济法、劳动法、社会保障法等与人身、财产密切相关的法律法规，促使社区矫正人员学会一种理性处理问题的方式，运用法律来维护自身的合法权益。

（4）社区矫正规章制度教育。通过多种途径，帮助社区矫正人员了解社区矫正的性质、任务、目标、适用条件、适用程序、管理、教育、公益劳动、考核、奖惩等具体规定，明确自身的权利与义务，促使其产生一种服刑意识，树立正确的服刑态度。

3. 文化和职业技术教育

文化素质是个体素质的基础，因此在社区矫正过程中应当注重对于社区矫正人员的文化教育。对于未成年人，主要是帮助其完成义务教育。对于成年人，则根据其实际情况，进行扫盲教育、成人教育以及职业技术教育。

4. 劳动教育

劳动对于社区矫正人员积极人格的塑造发挥着积极的作用，表现为"培养社会责任感；同其他工人接触；学会充实业余时间；发展长时间的兴趣和技术；甚至发展获得新的就业机会，以及在失业或在不能就业阶段培养其工作习惯。"①

---

① 〔美〕大卫·E.杜菲：《美国矫正政策与实践》，吴宗宪等译，中国人民公安大学出版社1992年版，第292页。

当前,我国对于社区矫正人员的劳动观念、劳动纪律的培养,主要通过社区服务的方式进行,《社区矫正实施办法》第 16 条规定:"有劳动能力的社区矫正人员应当参加社区服务,修复社会关系,培养社会责任感、集体观念和纪律意识。社区矫正人员每月参加社区服务时间不少于 8 小时。"为达到应有的效果,在具体执行环节上要坚持以下几个方面的原则:

(1) 突出"公益性"特点。我国社区矫正人员社区服务的种类,应当在非营利机构的各种劳动项目中选择。比如社会福利机构、慈善机构、学校、医院、图书馆等公益性的事业单位、公共设施管理部门以及政府或社区矫正管理部门指定的其他公益性场所等等。

(2) 有益于社区矫正人员与社区关系的恢复。为了达到这一效果,在社区服务过程中,应当充分发挥社区的作用,比如由社区组织对社区矫正人员的社区服务,或者动员社区居民作为志愿者,监督社区矫正人员的社区服务活动,以便二者在这一过程中达成相互理解,促进社区矫正人员与社区关系的恢复。

(3) 促进社区矫正人员"自省意识"的萌发。在组织社区服务的过程中,各地根据矫正对象的特点,对其形式进行了积极探索。比如江苏省在试点中探索出四种公益劳动的形式:由司法所统一组织的集中式公益劳动;落实劳动基地,组织社区矫正人员定期参加的基地式公益劳动;根据社区矫正人员的特长,由社区安排和落实的特长式公益劳动;社区矫正人员自主完成,责任人定期考核的自助式公益劳动。本书认为,根据社区矫正人员的个人情况和社会生活状态安排的特长式和自助式的社区服务形式尤其值得倡导,因为这两种方式充分体现了对矫正对象的尊重与信任,因而对于培养其自省意识,积极进行自我矫正发挥了积极的作用。

5. 心理矫正

犯罪学的研究表明,犯罪人作为人类总体的一部分,具备人的一般属性,即都是自然属性和社会属性的融合。但犯罪人除了具有人的一般属性外,还具有不同于非犯罪人的特殊属性——反社会性,如具有错误的世界观、人生观、价值观;需要结构不合理,或某一方面的需要过分强烈;对自己缺乏准确的定位;具有孤僻、偏执等不良的性格特征。而教育矫正的目标,就在于通过多种途径,促使犯罪人的犯罪心理向良性转化,所以在社区矫正工作中,应当充分利用心理学的知识、方法与技能,通过心理测量与评估、心理健康教育、咨询和治疗等一系列活动,帮助服刑人员消除各种不良心理或者心理障碍,从而实现对服刑人员的心理矫正。

在对社区矫正人员进行心理矫正的过程中,须按照一定的步骤进行:首先,通过多种方式,与矫正对象建立起相互信任的关系,为心理矫正活动的顺利展开奠定基础。其次,将心理测量与心理评估有机地结合起来,根据矫正对象的不同心理和需求状态等,有的放矢地开展心理矫正工作。再次建立、健全心理档案,以反映矫正对象的心理发展历程,并预测其未来的行为倾向。

(三) 解矫教育

解矫教育是在社区矫正人员服刑后期,一般是解矫前1—3个月,所进行的总结性、补课性以及社会适应性教育。首先指导社区矫正人员对过去的矫正生活进行全面的回顾与总结。其次是针对社区矫正人员存在的不足,进行补课式教育。如针对社区矫正人员在思想认识上的错误认识,强化道德教育、法制教育,针对其心理上的问题,进行心理疏导。再次是社会适应教育,包括向社区矫正人员介绍当前国际、国内的基本形势,讲清我国安置帮教的具体规定,以便让其树立信心,勇敢地面对未来生活,顺利地回归社会。

第三节 社区矫正人员的帮困扶助

一、帮困扶助的概念与特征

(一) 帮困扶助的概念

社区矫正人员的帮困扶助是指社区矫正机构组织或者直接实施的,旨在帮助社区矫正人员解决就业、生活、法律、心理等方面遇到的困难和问题,促进其顺利回归社会的一系列措施。

(二) 帮困扶助的特点

1. 帮困扶助主体具有多元性

对社区矫正人员帮助,充分体现了社区矫正的社会参与性,国家力量与社会力量的通力合作。与监督管理的不可转让性相比较,对社区矫正人员的帮困扶助更加的灵活,既可以由社区矫正机构组织实施,也可以在社区矫正机构的组织下,通过与相关的机构与人员签订服务合同进行,或者发动社会力量志愿参与。

2. 帮困扶助内容具有广泛性

根据帮助的性质,可以分为就业帮扶、生活帮扶、法律帮扶、心理帮扶等等。根据帮扶是否由矫正机关实施,可以分为直接帮扶和间接帮扶;根据帮扶所发挥的作用,可以分为生存型、支持型和发展型三种类型。

3. 帮困扶助彰显了人道主义精神

对社区矫正人员的帮困扶助充分体现了社区矫正所彰显的人道主义精神。通过对社区矫正人员提供最低生活保障、临时救助等方式,帮助他们在社区立足,并在此基础上,开展促使其自新的各种活动,使其立足于自身特点,充分运用社区资源,提高自身的文化水平,获得必要的职业技能训练,获得自信心与归属感,增强适应社会的能力,并最终融入到正常的社会生活中。

二、帮困扶助的作用

（一）满足社区矫正人员基本生活需要，为社区矫正的顺利进行提供基本保障

我国《监狱法》明确规定，监狱行刑中罪犯的衣、食、居、医等均由国家保障，而社区矫正人员在诸多方面却要遭受极大的考验。社区矫正人员的需要呈现出多方面、多层次的特点，而且这种多层次的需要还表现出了一定的阶段性：社区矫正人员初回社区时，其面临的最主要的困难是心理或思想观念的问题，如面对社会和家庭的被抛弃感、无助感、不公平感等等。当他们稍微安顿下来时，会发现自己"面临的最大困难"是基本的物质需要无法得到满足。可见，与监狱服刑的罪犯相比，社区矫正人员的需要已经发生了转移，由以"自由"为核心转变为以"基本生活需要"为核心。所以，通过临时救助、办理低保等方式帮助社区矫正人员克服生存上的困难，有助于稳定他们的情绪，为其他矫正措施的顺利进行提供基本保障。

（二）有助于提升社区矫正人员适应社会的能力

社区矫正过程中，对于罪犯的帮助，并未简单停留在维持他们温饱的层面上，而是以此为基础，开展促使其自新的各种活动，使其立足于自身特点，充分运用社区资源，提高自身的文化水平、获得必要的职业技能训练，获得自信心与归属感，增强适应社会的能力，并最终融入到正常的社会生活中。

三、帮困扶助的主要内容

（一）物质帮助

调查发现，社区矫正人员在矫正过程中所遇到的困难集中在物质困难、心理上的不适应、无居住地、与家人关系紧张等几个方面。这些困难中，物质困难的解决无疑处于首要地位，毕竟生存是第一位的，而且这一困难的解决有助于缓解与家人关系、消除因生活问题而产生的焦虑、沮丧情绪。下面就物质帮助的实施进行详细介绍：

1. 临时救助

（1）发放临时救助资金

发放临时救助资金，是指社区矫正机构，协调相关部门，对符合一定条件的社区矫正人员给予临时性资金救助，以帮助其渡过难关，避免意外发生。由于我国社区矫正立法还比较粗疏，加之各地经济发展水平不一，在临时救助的条件、发放标准、资金来源等方面存在较大差异。一般来讲，拟发放对象必须是由于某种原因，经济上陷入困顿，难以维持正常生活；启动源于本人或者近亲属的申请；从救助资金的来源来看，有的是从社区矫正专项经费中划拨的，有的是协调民政

部门发放的。从长远来看,由社区矫正机构协调,民政部门发放比较顺理成章,因为对困难群体进行临时救助,原本是民政部门的一项法定职责。民政部门应当将社区矫正纳入社区建设和社区管理之中,为家庭困难的社区矫正人员提供临时救助和生活帮扶。

(2)建立过渡性安置基地

由于诸种原因,一部分社区矫正人员无家可归,或者存在着较为严重的心理问题,急需进行临时安置,以避免一系列问题的产生。从社区矫正实践来看,试点省市对此已展开积极探索。比如北京市朝阳区建立了"阳光中途之家",上海市建立起多家"过渡性安置就业基地"。从这些过渡性机构来看,尽管一定程度上吸纳了民间力量,但总体还是在国家的主导下进行的。在社区矫正试行的初期,这种运作模式有一定的必要性和合理性。但随着社区矫正的深入发展,这种一律由政府推导的模式很难适应我国的复杂情况,在资金筹集、运作方式上会存在很多操作性的问题,推广起来的难度还是比较大的。基于此,鼓励热心公益事业的企事业单位对社区矫正人员进行过渡性安置,不失为符合我国社区矫正的未来发展方向的一种选择,也是对社会管理创新的一种更深层次的探索。当然,在这个过程中,应当采取多种方式,激发企业的参与积极性。

2. 最低生活保障

按照"两院、两部"《关于在全国试行社区矫正工作的意见》的要求,在社区矫正过程中,要"积极协调民政、人力资源和社会保障等有关部门,将符合最低生活保障条件的社区服刑人员纳入最低生活保障范围,为符合条件的农村籍社区服刑人员落实责任田"。经过几年来试点,社区矫正过程中的帮扶工作已开始得到相关部门的重视与支持,并出台了一系列具体规定,这对于保障社区矫正人员的生存,无疑发挥了重要作用。

3. 提供就业支持

为物质困难的矫正人员办理低保、提供临时救济,虽然能解他们的燃眉之急,但毕竟都属于暂时性的解决方案,只有稳定的职业能够改变他们无所事事的状况,避免无事生非的发生,另外因职业而带来的稳定收益、社会保障、社会地位的提升有助于矫正人员自尊心和自信心的提升,有助于其深度回归社会。所以在社区矫正有关文件中,就业支持得到高度重视。比如《社区矫正实施办法》第18条规定:"司法行政机关应当根据社区矫正人员的需要,协调有关部门和单位开展职业培训和就业指导,帮助落实社会保障措施。"就业支持主要包括以下几个方面:

(1)就业指导。就业指导可从以下几个方面进行:一是针对社区矫正人员的具体情况,帮助其对自身就业形成准确的定位,以免因期望过高而引起心理落差。二是针对社区矫正人员的特点,帮助其拟订个性化的就业方案。在这个过程中,要根据社区矫正人员的自身情况和市场行情,引导其正确认识个人条件和外部环境的关系。三是对社区矫正人员提供就业政策咨询,提醒他们注意求职应聘后劳动合同的签订、社会保险的缴纳等方面的事宜,以避免其合法权益受到侵犯。

(2) 职业培训。对社区矫正人员进行职业培训,是提高其就业竞争能力的重要措施。各地在职业培训的方式上进行了积极探索,有的地方由政府举办免费的职业培训班,还有的地方积极利用社会资源,通过政府采购的方式,与资质较好的培训机构合作,对社区矫正人员开展职业培训。也有的地方与有公益心的企业联手,建立培训与就业基地,都收到了良好的效果。

(3) 完善非正规就业体系。社区矫正人员身处社会环境中,其就业环境就不能不受整体社会状况的影响。总体来讲,"十二五"期间,劳动力供大于求的总量矛盾仍十分突出。与此同时,由于我国产业结构的调整,以及劳动者就业观念的转变,一些地区和部门开始呈现"用工荒"。鉴于当前的就业形势和社区矫正人员的实际情况,鼓励他们进行非正规就业,是一个可行的途径。为此,需要在相关的法律法规中正式承认并提升非正规部门和非正规就业的社会地位,确定非正规就业的法律地位,进一步规范非正规就业的劳动关系,构建非正规就业的社会保障体系,消除就业歧视,以改善非正规就业环境。

(二) 心理帮助

调查发现,社区矫正人员虽然从总体上基本属于正常人群,但其心理健康也普遍存在一定问题。如自暴自弃、焦虑恐慌、抑郁悲观、冷漠消极等等。所以在运用心理学理论和方法,对社区矫正人员犯罪心理进行矫正的同时,对心理上存在一定困惑、苦恼,以及遇到心理危机的矫正人员进行必要的心理帮助,是对社区矫正人员开展帮扶工作的一个重要组成部分。

虽然心理矫正与心理帮助在内容方面的侧重点有所不同,但其原理与方法具有一致性,所以可以在同一个运行模式下具体操作。基于社区矫正的社会化特点和经济性的追求,对于心理矫正工作人员的具体配备,不宜通过公开招考国家公务员的方式进行;而从当前社区矫正社会工作者的素质来看,也很难全面承担起社区矫正中的心理矫正工作;发动组织社会志愿者从事心理矫正工作,固然节约经费,降低成本,但很难保证人员的稳定性,对于一些突发的心理问题也很难做到及时应对。在这种情况下,由社区矫正机构拟定心理矫正任务,通过社会公开招标方式,吸收企业法人等社会力量具体执行心理矫正任务,应该是一种比较可行的方式。这种模式一方面能够解决社区矫正机构专业人员匮乏的问题,另一方面也容易取得罪犯的心理认同,从而获得良好的矫正效果。具体操作过程如下:区(县)一级社区矫正机构,在充分调查的基础上,制定辖区内心理矫正工作的总体目标和任务,然后向社会公开招标购买服务。通过竞标,选择一家资质较好、价格适当的心理服务机构签订合同,运用专业力量开展心理矫正工作,以解决社区矫正人员所面临的诸多心理问题,促使其悔过自新、弃恶从善,成为守法公民,并成功地融入正常社会生活中去。

(三)法律帮助

《社区矫正实施办法》第 36 条规定:"社区矫正人员的人身安全、合法财产和辩护、申诉、控告、检举以及其他未被依法剥夺或者限制的权利不受侵犯。社区矫正人员在就学、就业和享受社会保障等方面,不受歧视。"可见,社区矫正人员作为行刑法律关系的主体之一,在必须履行服刑义务的同时,也享有一定的权利。与此同时,社区矫正人员生活在社区,在人身、财产、工作和社会保障方面,会遇到很多具体的法律问题,甚至会面临一些法律诉讼。这些问题的顺利解决,有利于稳定社区矫正人员的服刑心理,积极配合矫正机关的各项矫正措施,培养依法维护自身权益与化解纠纷的思维模式与行为方式,促进其再社会化的进程。

在社区矫正实践中,法律援助是各地司法机关经常采用的一种法律帮助形式。法律援助制度,也称法律救助,是为世界上许多国家所普遍采用的一种司法救济制度。它作为实现社会正义和司法公正,保障公民基本权利的国家行为,在一国的司法体系中占有十分重要的地位。在对社区矫正人员进行法律援助的过程中,司法行政机关除利用自身资源外,还可以积极发掘具有法律专长的志愿者,以整合社会力量,充分有效地运用社会资源。

(四)就学帮助

学校教育作为一种系统、正规的教育形式,在促进未成年人文化素质的提升方面能够发挥积极的作用。而且,学校教育有利于未成年人参加集体生活,学会与人交往,塑造健全人格。另外,学校的校规校纪对未成年犯也是一种约束,便于其思想和行为向良性转化。《社区矫正实施办法》第 33 条第 6 款明确规定:"协调有关部门为未成年社区矫正人员就学、就业等提供帮助"。

另外,我国日益向知识社会迈进,一个人的知识水平对其职业前景具有重要的影响。所以,尽管在实践中,社区矫正机构积极为社区矫正人员提供培训机会、推荐就业,但由于其自身文化素质偏低,在职业能力的提升与就业范围的选择方面都会受到一定的限制。基于此,对于有继续学习愿望的成年社区矫正人员,社区矫正机构也应当鼓励、支持,帮助他们达成就学愿望。

四、帮困扶助中应注意的问题

(一)发挥国家的作用

社区矫正作为积极的"特殊预防"的产物,追求社区矫正矫正人员在心理和行为上真正回归社会,为了达到这一效果,应当在职业、教育、心理、居住等方面加强对他们的辅导援助,避免其在矫正期间居无定所、衣食无着、工作难寻、社会歧视等问题的产生,促使他们顺利度过矫正期,重新适应社会生活。这一点,在一些国家的立法上已经得到强调。比如德国《刑法典》第 56 条中规定,如被判刑人接受考验帮助即可防止其犯罪,法院应在全部或者部分考验期间将其置于考验帮助人的监督与指导之下。① 日本《犯罪者预防更生法》第 36 条详细规定了对假释犯的辅导援助:(1) 协助教养训练计划的实施;(2) 协助其得到医疗及给养;(3) 协助其得到固定的住所;(4) 进行职业辅导,协助寻求就业机会;(5) 调整、改善环境;(6) 为更生目的实现而协助其前往适当的地点居住;(7) 采取其他对于假释犯更生改过具有必要意义的措施。同时,该法第 40 条规定,在特殊情况下,假释犯可以得到有关部门的紧急救护:(1) 保护观察所长在交付保护观察者因伤或无适合的临时住所而可能妨碍其改过更生时,应帮助其得到公共卫生福利机构及其他机构提供的医疗、膳食、居住、职业等必要服务。上述机构必须在法规规定和自身应负责任范围内提供上述帮助。(2) 对认为必要的紧急救护,在不能得到前款规定的帮助时,保护观察所长应在预算范围内支付必要的费用对其进行救护。② 可见对社会内处遇罪犯进行帮助保护,已经为一些国家以法律的形式确认,而我国刑法典中相关内容的缺失,很大程度上影响了社区矫正试点中帮助服务任务的落实。基于更生保护的非强制性、非权力性和福利性的色彩,我们认为,在刑法典中补充原则性规定的基础上,适宜通过其他法律法规加以细化。此外,在总结地方实践经验的基础上,我国也可以考虑出台一部规定社区矫正帮扶工作的专门法律,以使对社区矫正人员的帮助有章可循,促进其顺利回归社会。

(二) 动员社会的力量

新中国建立以来,我国曾一度实行国家包揽福利的制度,其结果是普遍贫穷,充其量只能满足人民最低层次的生存条件。当前,"福利多元主义"已成为西方国家的主流。它主张社会福利是全社会的产物,国家只是福利来源的组成部分,而不是全部。西方国家对政府在推进社会福利中角色的重新定位,对我国确定多元主体在社会救助中的角色具有重要的启示。我们应借鉴国外经验,在对社区矫正人员的救助过程中,除了发挥国家的力量,还应当积极发挥阳光社区矫正服务中心等社会组织的作用,同时注重运用家庭、亲属、邻里等传统社会资本的力量,以便为社区矫正人员构建起全方位、多层次的社会救助体系。

(三) 注重效率

社会救助工作对于维护求助对象——社区矫正人员的基本生活权益具有重

---

① 徐久生、庄敬华译:《德国刑法典》(2002 年修订),中国方正出版社 2004 年版,第 22 页。
② 中华人民共和国司法部编:《外国监狱法规汇编》(二),社会科学文献出版社 1988 年版,第 431—432 页。

要作用。社区矫正人员的需要往往具有紧急性,而迟到的社会救助不仅会使需要救助者的生存权或其他权利面临威胁,而且不利于社会秩序的维护和社会稳定。因此,各类社会救助机构在工作过程中要注重工作效率,及时向社区矫正人员伸出援助之手。

第四节 社区矫正人员的考核

一、社区矫正人员考核的概念与特征

社区矫正人员的考核是指社区矫正机构,依据一定的程序和标准,对社区矫正人员在矫正期内的表现进行考察与评定的活动。社区矫正人员的考核,具有以下几个特点:

(1) 社区矫正考核的实施主体是司法所。

《社区矫正实施办法》规定:"司法所应当及时记录社区矫正人员接受监督管理、参加教育学习和社区服务等情况,定期对其接受矫正的表现进行考核。"

(2) 考核的内容是社区矫正人员的服刑表现。

《社区矫正实施办法》规定:"司法所应当及时记录社区矫正人员接受监督管理、参加教育学习和社区服务等情况。"可见,对社区矫正人员的考察,主要根据其日常行为进行,具体包括命令性规定是否得到了执行,禁止性规范是否得到了遵守,以此考察社区矫正人员的认罪悔罪、遵纪守法的情况。

(3) 考核方式多样化。

根据各地的社区矫正实践,对社区矫正人员的考核方式主要包括汇报法、评议法、查评法、记事法以及百分考核法等等。

二、考核的原则

(一) 依法考核原则

对社区矫正人员的考核,是一项严肃的执法活动,必须严格依照有关法律、法规、规章等进行。目前,社区矫正考核的法律依据主要为《刑法》《刑事诉讼法》《关于办理减刑、假释案件具体应用法律若干问题的规定》《社区矫正实施办法》《关于对判处管制、宣告缓刑的犯罪分子适用禁止令有关问题的规定(试行)》《司法行政机关社区矫正工作暂行办法》以及一些省(区、市)制定的社区矫正人员考核奖惩办法。

(二) 公开、公平、公正的原则

社区矫正人员考核的考核内容、程序、结果要向社区矫正人员及其家属公开、向监督机关公开、向社会公开,自觉接受社会监督和法律监督。在考核过程

中，社区矫正工作人员要秉公执法、不徇私情，根据一定的标准，对社区矫正人员作出恰如其分的评价，确保社区矫正考核的公正性。

(三) 准确及时原则

对社区矫正人员的考核要及时进行，避免拖延，以确保矫正秩序的稳定，强化社区矫正人员的规范意识，提高他们参加各项矫正活动的积极性，从而为顺利回归社会创造条件。对社区矫正人员的考核不仅要及时，而且要准确、妥贴，确保社区矫正人员心服口服，以发挥其应有的功效。

(四) 考核与奖惩相衔接的原则

在考核的基础上对于社区矫正人员及时奖惩，一方面体现法律的严肃性，以维护矫正秩序；另一方面对社区矫正人员起到激励作用，提高其矫正的积极性，促进其心理、行为的良性发展。考核结果因社区矫正人员服刑表现的不同而有所区别，对于遵章守纪、服刑态度好的，有立功表现或者重大立功表现的，可分别予以表扬，直至减刑的奖励；对于违反法律、行政法规和监督管理规定的，可视情节分别给予警告、行政处罚直至撤销缓刑、假释，收监执行的惩罚。

第五节 社区矫正人员的奖惩

社区矫正人员的奖惩是指社区矫正机构，在对社区矫正人员进行考核的基础上，依法对其进行奖励或处罚的活动。根据奖惩的性质，可以分为行政奖惩与司法奖惩两种类型，下面分别进行介绍。

一、行政奖惩

(一) 行政奖惩的概念与特点

行政奖惩是指社区矫正机构在考核的基础上，依照行政权限对社区矫正人员给予的奖励或处罚。根据我国有关法律规定及社区矫正实践，目前我国社区矫正行政奖惩具有以下特点：

(1) 行政奖惩的批准机关是行政机关。

行政奖惩的批准机关是行政机关，不过值得注意的是，除了治安管理处罚权一直由公安机关行使外，其他的行政奖惩，如表扬、警告等的审批机关，经历了一个不断变化的过程。社区矫正试点之初，因为法律的掣肘与缺乏经验，社区矫正行政奖惩的审批往往由公、检、法、司所组成的联合机构审批。如《北京市社区矫正工作实施细则》规定：表扬、物质奖励及警告由司法所提议，街道 (乡、镇) 社区矫正工作领导小组审议批准。随着社区矫正的深入，社区矫正相关制度的完善，社区矫正行政奖惩的批准机关逐渐转移到了司法行政机关。如《社区矫正实施办法》第 23 条规定：县级司法行政机关对社区矫正人员可以给予警告，并出具书面决定。

(2) 行政奖惩类型具有多样性。

社区矫正试点开展以来,中央国家机关与地方国家机关对于社区矫正人员的奖惩进行了相应的规范与探索,如《司法行政机关社区矫正工作暂行办法》第34条规定:行政奖励为表扬,行政处罚为警告或者提请有关部门给予警告、记过、治安处罚。在此基础上,很多省份结合本省实际情况,就社区矫正行政奖惩的类型进行了一定程度的探索。比如上海市司法局《关于社区服刑人员日程行为惩罚的规定》(试行)规定:社区服刑人员行政奖励项目为表扬、记功、社区矫正积极分子。处分包括警告、记过。《北京市社区矫正工作实施细则》规定:对矫正对象的行政奖励包括表扬、物质奖励,处罚包括警告、治安处罚。《江苏省社区矫正工作办法》规定:行政奖励种类有表扬、记功;行政惩戒种类有警告、记过、治安罚款、治安拘留。

从这些规定可以看出,目前在我国社区矫正实践中,行政奖惩类型的类型并不是整齐划一的。总体来看,行政奖励主要包括表扬、物质奖励、评为社区矫正积极分子、记功几种类型;行政处罚主要包括警告、记过、治安处罚。

(3) 具体奖惩条件有一定区别。

从社区矫正有关规定可以看出,各地不仅在社区矫正行政奖惩的适用类型上存在差异,即便是对于相同的奖惩类型,在适用的条件上也各有特色。比如表扬,是各地普遍采用的奖励形式,但在表扬的条件上,是有一定区别的。

(二) 行政奖惩的适用条件

1. 行政奖励的适用条件

行政奖励的类型包括表扬、物质奖励、记功与评为社区矫正积极分子等。

(1) 表扬

表扬是为各地普遍采用的一种行政奖励方式,但从具体适用条件来看,还是存在一定差别的。比如《江苏省社区矫正工作办法》第44条规定:社区矫正对象接受社区矫正满3个月,有下列情形之一的,可以予以表扬:① 严格遵守法律、法规及社区矫正管理规定,服从社区矫正工作人员的管理和教育;② 积极参加思想和法制教育,完成规定的教育课时,成绩良好;③ 积极参加公益劳动,超额完成规定的任务;④ 积极参加健康有益的社会公益活动。

《湖南省司法行政机关社区矫正工作实施细则》第47条规定:社区服刑人员同时具备以下条件的,给予表扬:① 认真遵守法律、法规及矫正制度;② 积极参加公益劳动,表现突出;③ 在学习以及各种活动中态度端正,成绩优秀;④ 遵守公民道德规范,受到社区群众普遍好评。

(2) 物质奖励

《北京市社区矫正工作实施细则》第18条规定:社区矫正对象有下列情形

之一的,给予物质奖励:① 遵守法律法规及矫正制度,服从管理,接受教育,积极参加公益劳动,认罪服法,确有悔改表现的;② 揭发和制止他人的违法犯罪行为,经查证属实的;③ 在抢救国家财产、消除自然灾害和各类事故中有突出贡献的;④ 遵守公民道德规范,邻里和睦,热心帮助他人,受到社区群众普遍好评的;⑤ 有其他有利于国家、社会突出贡献的。

(3) 记功

上海市司法局《关于社区服刑人员日程行为惩罚的规定》(试行)第7条规定:社区服刑人员符合下列条件之一的,可予以记功:① 连续两次获得表扬的;② 主动检举揭发他人违法违纪行为或阻止违法犯罪活动的;③ 在防止和消除灾害事故和突发事件中,见义勇为,作出一定贡献的;④ 服务社会,乐于助人,有突出事迹的;⑤ 克服困难,自食其力,成为社区服刑人员榜样的。

《江苏省社区矫正工作办法》第45条规定,社区矫正对象有下列立功表现之一的,可以记功:① 检举、揭发犯罪活动,或者提供重要的破案线索,经查证属实的;② 阻止他人犯罪活动的;③ 在生产、科研中进行技术革新,成绩突出的;④ 在抢险救灾或者排除重大事故中表现积极的;⑤ 对国家和社会有其他突出贡献的。

(4) 评为社区矫正积极分子

上海市司法局《关于社区服刑人员日程行为惩罚的规定》(试行)第8条规定:社区服刑人员一贯表现良好,年内获得3次表扬以上的,可以评为社区矫正积极分子;具有以下重大立功表现的,应当评为社区矫正积极分子:① 阻止或检举他人重大犯罪活动的;② 有发明创造或者重大技术革新的;③ 在日常劳动、生活中舍己救人的;④ 在抗御自然灾害或者排除重大事故中,有突出表现的;⑤ 对国家和社会有其他重大贡献的。

2. 行政处罚的适用条件

(1) 警告

《社区矫正实施办法》第23条规定:社区矫正人员有下列情形之一的,县级司法行政机关应当给予警告,并出具书面决定:① 未按规定时间报到的;② 违反关于报告、会客、外出、居住地变更规定的;③ 不按规定参加教育学习、社区服务等活动,经教育仍不改正的;④ 保外就医的社区矫正人员无正当理由不按时提交病情复查情况,或者未经批准进行就医以外的社会活动且经教育仍不改正的;⑤ 违反人民法院禁止令,情节轻微的;⑥ 其他违反监督管理规定的。

(2) 记过

上海市司法局《关于社区服刑人员日程行为惩罚的规定》(试行)第11条规定:社区服刑人员有下列行为之一的,应当予以记过:① 受警告处分后,在2个月考察期内仍有违纪行为的;② 有轻微违法行为,群众意见或反映较大的;

③故意逃避监督管理的;④参与违法违纪活动,情节轻微,尚不构成治安处罚的。

(3)治安管理处罚

《社区矫正实施办法》第24条规定:"社区矫正人员违反监督管理规定或者人民法院禁止令,依法应予治安管理处罚的,县级司法行政机关应当及时提请同级公安机关依法给予处罚。公安机关应当将处理结果通知县级司法行政机关。"公安机关给予处罚的主要依据是《治安管理处罚法》。例如,根据该法第60条第4项之规定,被依法执行管制、剥夺政治权利或者在缓刑、暂予监外执行中的罪犯,有违反法律、行政法规或者国务院有关部门的监督管理规定的行为的,处5日以上10日以下拘留,并处200元以上500元以下罚款。

二、司法奖惩

司法奖惩是指社司法行政机关在考核的基础上,提请人民法院或其他相关国家机关对社区矫正人员给予的奖励或处罚。根据有关规定及社区矫正实践,司法奖惩具有以下特点:

(1)司法奖惩的决定机关是人民法院及其他相关国家机关。

根据有关规定,社区矫正司法奖惩的提请机关是司法行政机关,而最终决定机关根据情况而有所不同。减刑、撤销缓刑、假释的裁定机关是人民法院,撤销暂予监外执行的决定机关根据情况的不同,分别由人民法院、省级监狱管理机关和县级以上公安机关行使。

(2)司法奖惩的类型相对固定。

与行政奖惩相比,司法奖惩的力度更大,对社区矫正人员的影响与触动也较大,有着更为严格的条件和程序,尽管有些地方也进行了一些积极探索,但随着《社区矫正实施办法》的出台,社区矫正司法奖惩的类型已经基本固定下来,具体包括减刑、撤销缓刑、假释、收监执行几种类型。

(3)适用条件处于不断完善中。

近些年来,针对司法奖惩,相关国家机关先后通过颁布一系列司法解释,如《关于办理减刑、假释案件具体应用法律若干问题的规定》《社区矫正实施办法》《关于对判处管制、宣告缓刑的犯罪分子适用禁止令有关问题的规定(试行)》,以提高司法奖惩的操作性,实现其应有的功效。

目前,对于社区矫正人员的司法奖励只有减刑一种;而司法处罚包括撤销缓刑、撤销假释与收监执行。这些措施已于前文有所介绍,在此不再赘述。

第四编　其他刑罚执行

第十七章　生命刑的执行

第一节　生命刑概说

一、生命刑的概念

生命刑又被称为死刑①,是刑罚体系中最为严厉的一种刑罚种类,所以也被称为极刑,乃刑之极之谓。在中文含义里,死刑系指"剥夺犯人生命的刑罚"②。而在英文之中,死刑是由"capital punishment"、"death penalty"、"punishment by death"等语词所指代的,系指"针对谋杀或其他特别严重犯罪行为而设定的一种以剥夺罪犯生命权利为基本特征的刑罚方法。以法定方式执行,如绞刑、电刑、窒息、注射等"③。从中英文对死刑的定义来看,有一个显著的不同点:死刑剥夺的是生命还是生命权。

关于这个问题,学界也存在与之对应的两派观点。一派观点认为,死刑"是剥夺犯罪人生命的刑罚方法"④或者"是剥夺犯罪人生命的终极的刑罚"⑤;另一派则认为死刑是"剥夺人生命权利的刑罚方法"⑥。生命还是生命权,这一字之差,反映了定义者在死刑定义方式上的差别:前一派观点采用了事实学意义上的观察视角,而后一派则更强调规范意义的定义视角。从事实学意义上的定义,和我们日常理解的死刑是一致的;而规范意义上的定义,则运用了权利这一法律用语来表述。对此如何评价? 我们认为,规范意义上的死刑定义较为可取,理由有

---

① 为行文方便,除章节名以及标题外,下文均以死刑替代生命刑来论述。
② 中国社会科学院语言研究所词典编辑室编:《现代汉语词典》(第5版),商务印书馆2005年版,第1293页。
③ 薛波主编:《元照英美法词典》,法律出版社2003年版,第371页。
④ 张明楷:《刑法学》(第四版),法律出版社2011年版,第475页。
⑤ 〔日〕山口厚:《刑法总论》(第二版),付立庆译,中国人民大学出版社2011年版,第394页。
⑥ 马克昌:《刑罚通论》,武汉大学出版社1995年版,第79页;陈兴良主编:《刑种通论》(第二版),中国人民大学出版社2007年版,第29页。

二:其一,法律本身就是由权利与义务的规范话语组成的,刑法所进行的惩罚,正是对法律赋予其的某种权利的褫夺,正如自由刑是剥夺了罪犯的人身自由权一样,死刑也正是对罪犯生命权的剥夺。其二,我国死刑制度中不仅包括死刑立即执行,也包括死刑缓期执行,因此对死刑的定义必须能够涵括这两种情形。如果采用事实学的定义,即死刑是剥夺人生命的刑罚,那么必然出现死缓犯一方面被"剥夺"了生命,另一方面却在两年死缓考验期内继续生存,并可能因为无故意犯罪而转为无期徒刑甚至是有期徒刑的悖论。生命一经剥夺便不可重生,而生命权被剥夺则依然存在恢复权利的可能。由此可见,用规范学的定义,显然既可以保证法律体系的规范化理解,又可以在外延上包括较为特殊的死缓制度。因此,死刑是指依法剥夺罪犯的生命权的一种刑罚方式。

二、生命刑的起源、发展及趋势

生命刑的起源可以追溯到原始社会的血亲复仇与同态复仇:在以血缘关系为纽带而建立起来的原始社会氏族里,"假如一个氏族成员被外族人杀害了,那么被害者的全氏族必须实行血亲复仇"①。随着原始氏族社会的逐渐瓦解,在私有制基础上产生的国家逐渐地开始限制氏族与私人的复仇权,而代之以国家的刑罚权。作为国家刑法体系中的死刑制度,正是产生于私有制产生、国家兴起之际,是奴隶制社会、封建社会里被广泛运用的、在整个刑罚体系中居于核心地位的一种刑罚方式。

死刑在我国的历史上可谓源远流长:西周在沿用夏商时期法典的基础上,较为成型地形成了法定的五种刑罚——墨、劓、剕、宫、大辟。依《尚书·吕刑》所言,五刑之罪共有三千种,墨罚一千,劓罚一千,剕罚五百,宫罚三百,大辟二百,其中大辟就是死刑,其执行方式包括磬(缢死)、斩(斩首或腰斩)、焚(火烧死)、磔(或轘,即车裂),此外还有醢、炮烙、脯、枭首、戮尸等。随着封建时代的到来,奴隶制五刑渐渐被封建制五刑所取代,在隋唐时期基本确定了笞、杖、徒、流、死,其中死刑只包括绞斩二等,斩重于绞。然而在实定律法规定以外的所谓法外死刑方式,俯拾皆是,为人所尽知的有笞杀、弃市、凌迟、夷三族、灭九族等死刑执行方式。直至明清时期,正式入律的行刑方式仍有凌迟、斩、绞、枭首、缘坐和戮尸六种。到清末刑法改革之时,修律大臣沈家本提出:"现在改定法律,嗣后凡死罪,至斩决而止,凌迟及枭首、戮尸三项,著即永远删除。所有现行律例内,凌迟、斩枭各条俱改为斩决,其斩决各条俱改为绞决,绞决各条俱改为绞监候,入于秋审情实,斩监候各条俱改为绞监候,与绞候人犯仍入于秋审,分别实缓办理。"②

---

① 《马克思恩格斯全集》第4卷,人民出版社1972年版,第83页。
② 沈家本:《奏议删除律例内重法折》,载《历代刑法考》,中华书局1985年版,第2027页。

至此，随着残酷死刑执行方式的废止，中国死刑执行跨入了近代，死刑只能在绞刑与斩刑、实刑与缓刑的范围内选择适用。

同样，在启蒙时代以前，死刑在西方国家也曾经广为滥用。早在公元前18世纪的奴隶制国家巴比伦，就在石柱上雕刻着迄今为止有据可考的人类历史上最古老的成文法典《汉谟拉比法典》。该法典全文282条，其中规定可以直接处以死刑的有36条，执行方式包括焚刑、溺刑、刺刑以及用牲畜撕裂犯人身体等。古希伯来法典中也规定了大量死刑，其中可以适用死刑的罪名有三十多种，死刑执行方法主要有石击刑、火刑、斩刑、绞刑四种。古印度《摩奴法典》的死刑名目极其繁多，包括单纯死刑和加重死刑两大类，单纯死刑适用斩刑，加重死刑有桩刑、火刑、象踩刑、溺刑、热油刑、兽刑、分尸刑、箭射刑等。[①] 欧洲在进入中世纪之后，刑罚日渐严苛，死刑和肉刑被滥用，其中最著名的当属1532年颁布的《卡尔五世刑事审判法》，史称《加洛林纳法典》。根据该法典，连在别人的池塘内捕鱼和堕胎都要判处死刑，而且死刑执行方法十分残酷、名目繁多，计有绞刑、溺刑、砍四块、火刑、活埋、桩刑、车裂等，对于宗教变节分子，在处死刑之前，还用钳子攫肉的方法加重刑罚。在死刑之外，还规定了名目繁多的肉刑。[②]

然而，进入17世纪启蒙时代以来，随着启蒙思想家们所宣扬的人权思想不断地深入人心，人作为本体的价值不断地被认同和张扬，死刑的存废就成为了聚讼不已的焦点问题。1764年意大利著名的刑法学家贝卡利亚在其代表作《论犯罪与刑罚》一书中提出了"在一个组织优良的社会里，死刑是否真的有益和公正"[③]这样一个命题，他从社会契约、死刑的威慑力等角度来论证死刑既不是必要的也不是有益的。此后的近250年间，死刑的存废双方各自提出了一系列自我证成的论据，死刑问题开始与社会契约、人权观念、预防效力等问题相互纠缠起来。

死刑废除论者，包括贝卡利亚、边沁、菲利、李斯特等，认为：第一，死刑违反社会契约，个人没有权利向政府让渡自己的生命权。第二，死刑没有威慑效果，刑罚的威慑在于确定性与延续性而不是严苛性。第三，死刑及其执行方式侵犯了人的尊严与价值。第四，死刑与禁止杀人的法律自相矛盾，即体现公共意志的法律在阻止公民去做杀人犯的同时，却安排了一个公共杀人犯。第五，死刑违背借由刑罚来达到教育改造罪犯、使之改过迁善回归社会的现代刑事政策的宗旨。第六，死刑具有不可逆性，使得误判难纠。第七，死刑的不可分性，使其难以实现罪行相当、刑罚公正。死刑保留论者，则包括康德、黑格尔、洛克、卢梭、龙勃罗

---

① 参见甘雨霈:《比较刑法大全》(下册)，北京大学出版社1997年版，第584页—585页。
② 胡云腾:《死刑通论》，中国政法大学出版社1995年版，第61—62页。
③ 〔意〕贝卡利亚:《论犯罪与刑罚》，黄风译，中国大百科全书出版社1993年版，第45页。

梭、加罗法洛等,认为:第一,社会契约意味着每个社会成员将一切权利全部转让给了社会共同体。第二,死刑是满足人民自然的报应情感和实现社会正义的必然要求。第三,拒绝了正义与报应原则的法治国家是不文明的,因此,死刑并不意味着不人道与不文明,而恰恰是实现正义和报应的手段。第四,根据人趋利避害的本能,死刑具有强大的威慑效果。第五,死刑能够一劳永逸地除害,对于无法矫正的罪犯,死刑是保护社会的最后选择。第六,死刑可以防止私人间的报复,保障法律秩序的稳定。第七,现代国家在实体和程序两个方面,通过严格的制度建构,是可以保证死刑的正确适用的,因而所谓的错判难纠并不能成为废除死刑的理由。[1]

尽管关于死刑存废的理论论争仍在持续,任何一方观点似乎也并不存在压倒性的优势,然而,对死刑进行限制、进而废除的实践却在这两百年间大行其道、蔚然成风,成为了一股强势的国际潮流。早在1810年《法国刑法典》中,就已经只对部分政治犯罪、人身及财产犯罪规定死刑。但是,人类社会共同认识到限制乃至废除死刑以保障人的生命价值,并形成席卷全球的废除死刑运动,则是发生在第二次世界大战以后的20世纪中后期。其中引人注目的是,1966年联合国通过的《公民权利与政治权利国际公约》(International Covenant on Civil and Political Rights)的第6条,强调了人所固有的生命权,鼓励各国废除死刑,对未废除死刑的国家而言,死刑必须严格适用,并不得施加于十八岁以下的人和孕妇。[2] 此外,在《公民权利与政治权利国际公约》基础上通过的《关于公民权利和政治权利国际公约的第二选择议定书》(The Second Option Protocol to the International Covenant on Civil and Political Rights)、《欧洲保护人权和基本自由公约第六议定书》(Protocol No. 6 to the European Convention for the Protection of Human Rights and Fundamental Freedoms)与《欧洲保护人权和基本自由公约第十三议定书》(Protocol No. 13 to the European Convention for the Protection of Human Rights and Fundamental Freedoms)、《关于废除死刑的美洲人权公约议定书》(Protocol to the American Convention on Human Rights to Abolish the Death Penalty)等国际和地区性公约,进一步地为废除死刑描绘了路线图,也同时对保留死刑的国家的死刑政策的制定起到了参考和约束的作用。

值得注意的是,世界各国在废除死刑的问题上,不仅通过诸如世界性或地区性的公约取得了相应的共识,而且也实实在在地在本国进行着废除死刑的实践。

---

[1] 参见梁根林:《刑事制裁:方式与选择》,法律出版社2006年版,第110页以下;马克昌:《比较刑法原理——外国刑法学总论》,武汉大学出版社2002年版,第766页以下。

[2] 参见北京大学法学院人权研究中心:《国际人权文件选编》,北京大学出版社2002年版,第18页。

根据大赦国际的统计,截至 2011 年 12 月 31 日,废除死刑和保留死刑的国家和地区的数目分别是:完全废除死刑的国家和地区有 96 个,废除普通犯罪死刑的国家和地区有 9 个,实际废除死刑的国家和地区有 35 个,废除死刑的国家和地区总数达到了 140 个,而保留死刑的国家和地区总数为 58 个。① 因此,"死刑的演进就是一部从死刑占据刑罚体系的中心位置到死刑在刑罚体系中的地位每况愈下,乃至于面临被逐出刑罚体系的厄运的历史"②。

三、我国的生命刑政策

面对世界性废除死刑的呼声与浪潮,正如持死刑保留论观点的川端博所指出的那样,"鉴于这样的历史潮流,能够预测死刑在世界各国中将会被废除,对此否定的论者可以说几乎没有。"③从我国的理论界来看,多数学者对于死刑终将被废除这一问题,基本上没有异议;所争议的乃是,何时以及以何种方式废除死刑的问题。④ 在这一问题上,多数学者倾向于在符合基本国情的基础上来推动死刑的废除,大体原因有以下两点:其一,由于中国特定的政治、人文、经济、犯罪状况等国情因素的存在,从泛中华文化圈的各国与地区废除死刑的实践来看,猝然废除死刑可能会给社会带来诸多的负面效应;其二,废除死刑这一问题牵涉到社会存在与社会意识的相互作用,其中社会存在是死刑存废的物质性因素,社会意识则是精神性因素,死刑的真正废除并非有赖于学者的疾呼或一时的立法,而是在于社会的发展与人道主义的兴盛。

在认清并理解我国国情的基础上,如何限制及进而废除死刑?我国学界主流的意见是:在立法论上,强调严控死刑立法、防止"刑罚攀比"现象,逐渐缩减经济犯罪乃至普通犯罪的死刑罪名、限缩死刑适用对象、严格死刑适用条件,减少刑法分则加重条款的规定、广泛适用数罪并罚的规定,最终将死刑定位为最后使用的、非常规的刑罚方法,实现刑罚结构的轻缓化。在司法论上,强调严格解释死刑条款、制定统一的死刑量刑规范指南,扩大死缓的适用,收回死刑核准权、统一死刑核准的标准,激活宪法所规定的特赦制度、形成中国特色的死刑赦免制度。当然,在现代代议制民主制度下,立法是与政治、民意紧密相关的。因此,废除死刑的实践,不仅仅是、甚至不主要是由刑法学者来推动的,更多的是政治权力、政治人物与公众意识、民众间的互动,如何发掘真实的民意、并合理地引导民

---

① See Death Sentences And Executions 2011. At http://www.amnesty.org/en/library/info/ACT50/001/2012/en. 最后访问时间:2013 年 10 月 14 日。
② 陈兴良:《刑法适用总论》(下卷),法律出版社 1999 年版,第 130 页。
③ 〔日〕川端博:《刑法总论讲义》,日本成文堂 1997 年版,第 652 页。
④ 关于死刑存废论之争,以及学界对死刑问题的基本态度,参见胡云腾:《存与废:死刑基本理论研究》,中国检察出版社 2000 年版。

意,是死刑废除的关键因素。

从我国具体的死刑限制实践来看,较早明确我国死刑政策的是1956年中共八大的政治报告。在报告中,刘少奇同志就指出,"要进一步实行宽大政策,凡属需要处死刑的案件,应当一律归最高人民法院判决或者核准。这样,我们就可以逐步地达到完全废除死刑的目的,而这是有利于我们的社会主义建设的。"① 根据新中国建立后多年的死刑实践,可以将我国历来的死刑政策归纳为:保留死刑、不可不杀,坚持少杀、不可多杀,严格适用、防止错杀。简言之,我国现阶段保留死刑,严格控制死刑。

从我国刑事立法的实践来看,在1979年《刑法》之中,仅对28个罪名配备了死刑条款,而在1983年"严打"后,死刑条款通过单行刑法的形式急剧增加至74个,及至1997年修订的《刑法》,死刑罪名依然有68个。② 此后的7个刑法修正案均未增减死刑罪名,直至2011年《刑法修正案(八)》的出台,废除了13个罪的死刑,同时对年满75岁的老年人原则上排除死刑。此外,2006年最高人民法院印发的《关于复核死刑案件若干问题的规定》的通知,确定2007年1月1日起,正式收回部分地方高级人民法院死刑复核权,由最高人民法院统一行使。需要看到的是,20世纪八九十年代死刑罪名的增加,有其特殊的背景:改革开放、经济体制的转轨、社会管理方式的变迁、新型经济犯罪的大量出现、犯罪率的居高不下等。但总体而言,我国的立法实践是基本符合我国生命刑政策及世界限制、废除死刑潮流的。

四、我国的生命刑立法

(一) 立法确定的死刑罪名

我国现行《刑法》总计有41个条文规定了死刑,罪名总数为55个。这些配备了死刑的罪名按刑法分则的章节顺序,分列如下:

(1) 危害国家安全罪。该章共有7个条文涉及死刑。《刑法》第113条总括性的规定了背叛国家罪,分裂国家罪,武装叛乱、暴乱罪,投敌叛变罪,间谍罪,为境外窃取、刺探、收买、非法提供国家秘密、情报罪,资敌罪,这7个罪名可以判处死刑。

(2) 危害公共安全罪。该章共有5个条文涉及死刑:放火罪,决水罪,爆炸罪,投放危险物质罪,以危险方法危害公共安全罪,破坏交通工具罪,破坏交通设

---

① 刘少奇在中共八大上所作的政治报告,中央政府门户网站 http://www.gov.cn/test/2008-06/03/content_1004301_6.htm,最后访问时间:2013年10月14日。

② 精确而言,1997年修订《刑法》时,死刑罪名有69个,但经过2002年最高人民法院、最高人民检察院下发《关于执行〈中华人民共和国刑法〉确定罪名的补充规定》,"奸淫幼女罪"这一罪名已取消死刑。

施罪、破坏电力设备罪、破坏易燃易爆设备罪、劫持航空器罪、非法制造、买卖、运输、邮寄、储存枪支、弹药、爆炸物罪、非法买卖、运输、储存危险物质罪、盗窃、抢夺枪支、弹药、爆炸物、危险物质罪、抢劫枪支、弹药、爆炸物、危险物质罪等14个罪名。

（3）破坏社会主义市场经济秩序罪。该章共有5个条文涉及死刑：生产、销售假药罪，生产、销售有毒、有害食品罪，走私武器弹药罪，走私核材料罪，走私假币罪，伪造货币罪，集资诈骗罪等共7个罪名。

（4）侵犯公民人身权利、民主权利罪。该章共有5个条文涉及死刑：故意杀人罪、故意伤害罪、强奸罪、绑架罪和拐卖妇女、儿童罪。

（5）侵犯财产罪。该章只有抢劫罪可以判处死刑，共计1个条文、1个罪名。

（6）妨害社会管理秩序罪。该章共有3个条文涉及死刑：暴动越狱罪，聚众持械劫狱罪，走私、贩卖、运输、制造毒品罪，组织卖淫罪，强迫卖淫罪等5个罪名，可以判处死刑。

（7）危害国防利益罪。该章有两个条文涉及死刑：破坏武器装备、军事设施、军事通信罪，故意提供不合格武器装备罪、军事设施罪。

（8）贪污贿赂罪。其中只有贪污罪与受贿罪这两个罪名、两个法条配备了死刑刑罚措施。

（9）渎职罪。该章节无死刑罪名。

（10）军人违反职责罪。该章有战时违抗命令罪，隐瞒、谎报军情罪，拒传、假传军令罪，投降罪，战时临阵脱逃罪，阻碍执行军事职务罪，军人败逃罪，为境外窃取、刺探、收买、非法提供军事秘密罪，战时造谣惑众罪，盗窃、抢夺武器装备、军用物资罪，非法出卖、转让武器装备罪，战时残害居民、掠夺居民财物罪等12个罪名可以判处死刑，其中，涉及11个法条。

（二）我国死刑立法的方式

我国《刑法》不仅在刑法分则中特别地规定了死刑条款，而且在总则部分的第48条到第51条，一般性地对死刑的种类、适用对象、适用条件、执行方式与核准程序等做出了规定。从对死刑适用的作用上看，分则的死刑条款是积极性的，即为死刑的判决提供合法性依据的，而总则的死刑条款则是消极性的，即严格把好死刑判决与执行的关口。

此外，就给具体罪名配备死刑的模式而言，存在着采取完全相对死刑的立法模式与绝对死刑、相对死刑结合的立法模式。其中，所谓的绝对死刑模式，是指刑法分则条文中针对某一行为或者行为的某种特定情节，只规定死刑作为唯一刑罚措施的立法模式。我国刑法采用了绝对死刑与相对死刑结合的立法模式，其中的绝对死刑条款具体表现在：《刑法》第121条劫持航空器（致人重伤、死亡或者使航空器遭受严重破坏的,处死刑)与《刑法》第239条绑架罪(致使被绑架人死亡或者杀害被绑架人的,处死刑,并处没收财产)。这种绝对死刑条款,不加区别地适用死刑,剥夺了法官的自由裁量权,不利于司法对死刑的控制。因此,应当在我国刑法中逐渐摒弃绝对死刑条款。

五、我国生命刑的适用限制

(一)我国死刑的种类

根据我国《刑法》第48条之规定,死刑的适用制度包括死刑立即执行与死刑缓期二年执行这两种。其中,死刑缓期二年执行,是指"对于应当判处死刑的犯罪分子,如果不是必须立即执行的,可以判处死刑同时宣告缓期二年执行",因此,死缓不是一种独立的刑种,而是一种特殊的死刑适用制度。

(二)我国死刑适用的对象

根据我国《刑法》第49条第1款、第2款规定,犯罪的时候不满18周岁的人和审判的时候怀孕的妇女,不适用死刑;审判的时候已满75周岁的人,不适用死刑,但以特别残忍手段致人死亡的除外。其中,第49条第1款与联合国《公民权利与政治权利国际公约》的第6条第5款是一致的,体现了我国严控死刑的立法意志以及与世界死刑适用接轨的立场。第2款是《刑法修正案(八)》新增的一款,是对我国自古以来矜老恤老的立法传统的回应与回归。

对未成年人不适用死刑,主要是考虑到未成年人身心发育不成熟,无法完全辨识和控制自己的行为能力,本着"感化、教育、挽救"的精神,使其改过自新。犯罪的时候不满18周岁的人不适用死刑,是指绝对不允许判处死刑,既包括不适用死刑立即执行,也包括不适用死刑缓期二年执行。这里的犯罪的时候,指的是犯罪的实行行为发生之时,既不是指犯罪的预备行为发生之时,又不是指犯罪结果实际发生之时。如果犯罪有连续或持续状态的,那么死刑判决应根据行为人已满18周岁后的部分进行衡量。所谓不满18周岁,则是指按照公历年、月、日计算不满18岁实足年龄。

对怀孕的妇女不适用死刑,主要是基于对孕妇及其腹中胎儿权益的人道主义考虑,是一种防止株连、恤刑的规定。根据司法解释,所谓的"审判时"应当作扩张理解:在羁押期间已是孕妇的被告人,无论其怀孕是否属于违反国家计划生育政策,也不论其是否自然流产或者经人工流产以及流产后移送起诉或审判的,均属于审判的时候怀孕的妇女。因此,"审判时"指的是整个诉讼程序,而不是仅指法院对案件的审理阶段。[①]

[①] 参见最高人民法院《关于如何理解"审判的时候怀孕妇女不适用死刑"问题的电话答复》及《关于对怀孕妇女在羁押期间自然流产审判时是否可以适用死刑问题的批复》。

对审判的时候年满 75 周岁的老年人,一般不适用死刑,更多地也是基于人道主义的考虑。我国自西周时期就有了针对特殊人群的三赦三宥制度,同时也有所谓"悼与耄虽有罪不加刑"的司法原则。① 自《唐律》明文规定以降,各代沿用老、幼、废、疾专门条款,以减轻对老年人的刑罚。但是,需要注意的是,《刑法修正案(八)》之规定并非完全"不加刑",其留下了"以特别残忍手段致人死亡"的例外情形。对于这一例外的适用,必须同时满足"特别残忍手段"与"致人死亡"两个要件,否则,仍然不能适用死刑。同时,"致人死亡"并不仅仅指故意杀人致人死亡,也包括其他暴力犯罪致人死亡,如故意伤害致人死亡、强奸致人死亡等。

(三)我国死刑审判和复核程序

死刑是刑罚种类中最重的一种,关系到被告人及其家庭的重大利益,因此,为了坚持"少杀、慎杀"的原则,我国对死刑案件的诉讼程序作了特别的规定,主要是审判级别与死刑复核程序。根据我国《刑事诉讼法》第 20 条的规定,死刑案件只能由中级以上人民法院进行一审,基层人民法院无权管辖死刑案件。提高审判级别,将死刑审判的实践集中在中级人民法院以上,有利于保证判决的正确性、裁量的统一性。

所谓死刑复核程序是指人民法院对判处死刑的案件进行复审核准所遵循的特别审判程序。② 具体而言则是指,上级人民法院对由下级人民法院判处死刑并依法报请复核的死刑判决或裁定,通过对事实的认定与法律的适用的两个方面审查,以确定原判决是否正确、能否发挥效力的一种特别诉讼程序。死刑立即执行案件除依法由最高人民法院判决的以外,都应当报请最高人民法院进行核准。死刑缓期二年执行案件,可以由高级人民法院判决或核准。根据我国《刑事诉讼法》第 236 条的规定,中级人民法院判处死刑的第一审案件,被告人不上诉,应当由高级人民法院复核后,报请最高人民法院核准。高级人民法院不同意判处死刑的,可以提审或者发回重新审判。高级人民法院判处死刑的第一审案件被告人不上诉的,以及判处死刑的第二审案件,都应当报请最高人民法院核准。

根据我国《刑事诉讼法》第 238 条规定,最高人民法院复核死刑案件,高级人民法院复核死刑缓期执行的案件,应当由审判员三人组成合议庭进行。死刑复核一般采取书面审查的方式,但也可以结合调查研究的方式。根据最高人民法院《关于适用〈中华人民共和国刑事诉讼法〉的解释》第 348 条,死刑复核程序

---

① 《礼记·曲礼上》。悼乃年幼之人,耄即耄耋,指年长之人。西周时确立了年 7 岁以下、80 以上免罚的司法原则,此后年长与年幼成为刑罚减免的法定事由。

② 陈光中主编:《刑事诉讼法》(第二版),北京大学出版社、高等教育出版社 2005 年版,第 370 页。

需要全面审查的内容主要包括：(1) 被告人的年龄，是否已满 18 周岁；是否属于怀孕妇女；有无刑事责任能力。(2) 原判决的认定的事实是否清楚，证据是否确实、充分。(3) 犯罪的情节、后果与危害程度。(4) 原判适用法律是否正确，是否必须判处死刑，是否必须立即执行。(5) 有无法定、酌定从重、从轻或者减轻处罚情节。(6) 诉讼程序是否合法。(7) 应当审查的其他情况。根据该《解释》第 350 条，死刑复核后，最高人民法院应作出以下处理：(1) 原判认定事实和适用法律正确、量刑适当、诉讼程序合法的，应当裁定核准；(2) 原判认定的某一具体事实或者引用的法律条款等存在瑕疵，但判处被告人死刑并无不当的，可以在纠正后作出核准的判决、裁定；(3) 原判事实不清、证据不足，应当裁定不予核准，并撤销原判，发回重新审判；(4) 复核期间出现新的影响定罪量刑的事实、证据的，应当裁定不予核准，并撤销原判，发回重新审判；(5) 原判认定事实正确，但依法不应当判处死刑的，应当裁定不予核准，并撤销原判，发回重新审判；(6) 原审违反法定诉讼程序，可能影响公正审判的，应当裁定不予核准，并撤销原判，发回重新审理。

根据我国《刑事诉讼法》第 237 条规定，中级人民法院判处死刑缓期二年执行的案件，由高级人民法院核准。根据上述《最高人民法院》解释第 349 条，高级人民法院复核死缓案件后，应作出以下处理：(1) 原判认定事实和适用法律正确、量刑适当、诉讼程序合法的，应当裁定核准；(2) 原判认定的某一具体事实或者引用的法律条款等存在瑕疵，但判处被告人死刑缓期执行并无不当的，可以在纠正后作出核准的判决、裁定；(3) 原判认定事实正确，但适用法律有错误，或者量刑过重的，应当改判；(4) 原判事实不清、证据不足的，可以裁定不予核准，并撤销原判，发回重新审判，或者依法改判；(5) 复核期间出现新的影响定罪量刑的事实、证据的，可以裁定不予核准，并撤销原判，发回重新审判，或者依法改判；(6) 原审违反法定诉讼程序，可能影响公正审判的，应当裁定不予核准，并撤销原判，发回重新审判。同时，高级人民法院复核死刑缓期执行案件，不得加重被告人的刑罚。

第二节 生命刑的立即执行

一、死刑立即执行的概念与原则

死刑立即执行是指人民法院在死刑判决核准生效、接到最高人民法院死刑执行令后的 7 日内，依法结束罪犯生命的活动。

死刑立即执行具有严苛性、不可逆性，如果不遵循一定的准则，会极容易导致错案或者造成社会恐慌。通过对死刑执行实践的观察与总结，本书认为，在死

刑立即执行阶段,执行机关需要遵循以下原则:

第一,慎重执行原则。执行阶段是整个死刑诉讼程序的最后一个步骤,是保障被告人生命权益的最后一堵墙,执行机关必须本着审慎、仔细的工作态度来执行死刑。慎重执行的主要有如下表现:执行死刑的法院在接到执行死刑命令后的7日内,进行刑前审查,查明是否存在停止执行的情形;临刑审查,在执行死刑的现场,指挥执行的审判人员与临场监督的检察人员在行刑之前,负有对死刑犯进行是否适用立即执行审查的职责,防止错杀。

第二,秘密执行原则。根据我国《刑事诉讼法》第252条第5款规定,执行死刑应当公布,不应示众。所谓"应当公布"指的是应当将死刑执行的对象、时间与结果,以适当的方式公之于众;而"不应示众"是指死刑执行的过程不能公开,不能让一般民众围观死刑执行。这既是出于人道主义考虑,又是防止死刑给民众带来的心理刺激与报复倾向。

第三,不增加受刑人痛苦原则。死刑演化至今,逐渐去血腥化,一个重要的表现就是不再于死刑之上附加额外的惩罚,这些过剩的惩罚往往是不人道、有辱人格的,而且也不符合死刑本身的立法目的。因此我国《刑事诉讼法》第252条第2款规定,死刑采用枪决或注射等方法执行。如此,则能尽量减少死刑执行给受刑人所额外增加的心理恐惧和肉体的痛苦。

二、死刑立即执行的依据

刑罚的执行依据,一般是生效的法院判决或者裁定,而死刑立即执行则比较特殊。一方面,死刑判决的生效需要最高人民法院核准;另一方面,死刑的立即执行,还需要有最高人民法院院长签发的死刑执行命令。死刑的复核与执行死刑命令的签发,在我国司法制度中是源远流长的。早在唐代,《唐律·断狱》就明确了地方判处的死刑案件必须经过特别的"复奏"程序,即上报并经皇帝批准。其中,京城地区的死刑判决必须经过五次复奏,其他地区的死刑判决则需要三次复奏。[①] 这种核查、批准并下达执行命令的特别司法程序,是对死刑判决质量的保证,是死刑判决的最后一道纠错程序,反映着我国对死刑执行的审慎态度。

三、死刑立即执行的主体

死刑立即执行的主体是人民法院。在一般情况下,根据最高人民法院《关于适用〈中华人民共和国刑事诉讼法〉的解释》第417条的规定,最高人民法院的执行死刑命令,由高级人民法院交付第一审人民法院执行。在特殊情况下,即

---

① 参见曾宪义主编:《中国法制史》,北京大学出版社、高等教育出版社2000年版,第175页。

罪犯在死刑缓期执行期间故意犯罪,由最高人民法院核准执行死刑的情况下,死刑由罪犯服刑地的中级人民法院执行。另外,根据公安部《公安机关办理刑事案件程序规定》第288条,对被判处死刑的罪犯,公安机关应当依据人民法院执行死刑命令,将罪犯交由人民法院执行。

四、死刑立即执行的时间

中国古代将刑罚权,尤其是死刑执行权看成是替代天罚的手段,既为古代刑罚的执行提供了合法性根据,又使得死刑的执行披上了一层神秘面纱。西周时期统治者就开始注重顺天道立法、顺天时行刑,强调春夏乃万物生长繁衍的季节,而秋冬则是肃杀、萧条的时令,因此刑罚的执行应该顺应天时,秋冬行刑。如《礼记·月令》所记载:"仲春之月……令有司,省囹圄,去桎梏,勿肆掠,止狱讼。季秋之月……乃趋刑狱,勿留有罪"。这样的刑罚执行理念,因为既符合儒家顺天应时的理念,又符合古代农耕社会的农耕习俗,故在汉代被制度化、规范化了,并为后世各朝代传承。汉儒董仲舒对秋冬行刑作了理论论证:阳为德,阴为刑,刑主杀,而德主生,"王者生杀,宜顺时气"①。

所谓死刑的"立即执行"是相对于"缓期二年执行"而言的,并非指死刑判决后马上执行死刑。根据我国《刑事诉讼法》第251条的规定:"下级人民法院接到最高人民法院执行死刑的命令后,应当在7日以内执行"。因此,从我国现行法的规定来看,所谓秋冬行刑已经是不存在的。然而通过选择特定的时间来处决死刑犯,在过去的刑事执行中所在多有。实践中,各地希望发挥死刑威慑和一般预防的效果,通常会选择国庆、春节等节假日前夕集中处决一批死刑犯人,少则数人,多则数十人。② 事实上,集中处决有利于降低执行成本,但却有违人道主义。因为死刑犯不再仅仅是因为自己罪行而受罚,同时也成了国家秩序维护的某种宣传工具,这是与不增加受刑人痛苦的执行原则相违背的。从近年来的刑事执行实践看,这种选择特定时间集中处决犯人的做法已经比较少见了。

五、死刑执行的场所与方式

死刑执行的地点与方法,我国法律均有较明确的规定。根据《刑事诉讼法》第252条之规定,死刑执行的场所应当是"刑场"或者是"指定的场所"。

在人类历史上,死刑有着各种不同的执行方式。而随着社会的发展与人道主义的高扬,死刑的执行实现了"去血腥化",死刑执行方式亦由多样化向单一

---

① 参见《后汉书·章帝纪》。
② 例如2002年陕西省在春节前集中处决51名罪犯。参见《节前严打威慑犯罪 陕西省51名死刑犯被集中处决》,载《华商报》2002年2月7日。

化发展。近代以降,各国死刑执行的方法主要有以下五种[①]:

(1) 枪杀。枪杀是指以枪射击犯人致其死亡的死刑执行方法。枪杀是目前世界上最为通行的死刑执行方法。

(2) 斩杀。斩杀是指以刀切断犯人的首级致其死亡的死刑执行方法。

(3) 绞杀。绞杀是指以绞绳勒紧犯人的颈部使其窒息死亡的死刑执行方法。

(4) 电杀。电杀是指以电击犯人致其死亡的死刑执行方法。

(5) 毒杀。毒杀是指以毒气致使犯人死亡的死刑执行方法。

新中国成立后,在死刑的执行方式的选择上,主要是采用世界通用的枪决方式,1979年《刑法》第45条规定:"死刑用枪决的方法执行"。随着1996年《刑事诉讼法》的修改,我国的死刑执行方式增加了注射的方法,并选择昆明等地进行实验。增加注射的方法,主要是考虑到枪毙的行刑方式有时候不能一枪毙命,往往需要对受刑人进行补枪,这样既会增加受刑人不必要的痛苦,也同时加大了行刑人的心理负担。注射的方式较之于枪毙,更加符合行刑人道主义,也更加符合联合国经社理事会通过的《保护面临死刑者权利的保障措施》中所提出的"应以尽量减轻痛苦的方式执行"的要求。近年来,随着各地物质水平的提高与丰富,注射死刑因其痛苦较小、简便易行,为各地所提倡,北京等省市先后推广注射执行死刑。

我国《刑事诉讼法》第252条第2款规定:"死刑采用枪决或者注射等方法执行"。而所谓的"等",即意味着法院可以采用其他方法执行死刑,但根据最高人民法院《关于适用〈中华人民共和国刑事诉讼法〉的解释》第425条之规定,采用枪决、注射以外的其他方法执行死刑的,应当事先层报最高人民法院批准。

六、死刑立即执行的程序

(一) 行刑准备

在死刑执行前,人民法院做好公告、会见、通知等准备工作。

首先,根据2007年最高人民法院、最高人民检察院、公安部、司法部印发的《关于进一步严格依法办案确保办理死刑案件质量的意见》之规定:负责执行死刑的人民法院应当制作死刑执行的公告或告示。

其次,根据2012年最高人民法院发布的《关于适用〈中华人民共和国刑事诉讼法〉的解释》第423条之规定,第一审人民法院在执行死刑前(一般是在向罪犯送达核准死刑的裁判文书时),应当告知罪犯有权会见其近亲属。罪犯申请会见并提供具体联系方式的,人民法院应当通知其近亲属。罪犯近亲属申请

[①] 陈兴良:《刑法适用总论》(下卷),法律出版社1999年版,第362页。

会见的,人民法院应当准许,并及时安排会见。

最后,根据最高人民法院《关于适用〈中华人民共和国刑事诉讼法〉的解释》第424条,第一审人民法院在执行死刑3日前,应当通知同级人民检察院派员临场监督。

(二)验明正身与交付执行

执行死刑前,指挥执行的审判人员对罪犯应当验明正身,讯问有无遗言、信札,并制作笔录,再交执行人员执行死刑。

验明正身是负责执行死刑的人民法院确认被交付执行的罪犯是其本人、防止错杀的司法活动,是死刑立即执行的首要步骤。这项工作既涉及法院判决是否真正落实、生效,也牵涉到法院是否错杀、误杀,因此这是一项极其严肃的司法活动。验明正身的基本内容包括:核实罪犯的姓名、性别、出生年月、籍贯、住址、逮捕前的职业、家庭情况、犯罪事实以及身体状况。指挥执行的审判人员在确认死刑犯身份的真实性以及不存在不宜交付死刑执行的情形之后,死刑执行的工作才可以进入下一环节。

在验明死刑犯的正身之后,负责指挥执行的审判人员要讯问死刑犯有无遗言、信札。所谓遗言就是死刑犯在临死前想说的话,而信札则是死刑犯在临死前将遗言以书面形式表达的信件、纸张等。讯问有无遗言、信札是让死刑犯在临死前能够留言给亲人并交代后事,有利于体现行刑的人道主义。同时,这也为死刑犯在临死之前提供了检举他人犯罪事实并获得立功的机会。当然,通过死刑犯的遗言、信札往往也能纠正错案、防止错杀。对死刑犯的遗言和信札,负责指挥执行的审判人员要及时审查,根据不同情况作出不同处理。根据最高人民法院于《关于适用〈中华人民共和国刑事诉讼法〉的解释》第428条第1款,对罪犯的遗书、遗言笔录,应当及时审查。涉及财产继承、债务清偿、家事嘱托等内容的,将遗书、遗言笔录交给家属,同时复制附卷备查。涉及案件线索等问题的,抄送有关机关。①

(三)执行

执行死刑主要涉及死刑执行方法、执行场所、行刑拍摄以及对死刑犯尸体的检验这四个方面问题,执行方法与执行场所前文已述,在此不赘。根据1990年最高人民法院、最高人民检察院、公安部发布的《关于严格控制在死刑执行现场

---

① 该规定是吸收了1984年最高人民法院、最高人民检察院、公安部、司法部联合发布的《关于正确处理死刑罪犯遗书遗物等问题的通知》(已失效)第1条之规定。原规定为:(1)涉及财产继承、债务清偿、家事嘱托等一般内容的,交给家属,同时复制存卷备查;(2)属于诽谤性质和反动言词的部分,不交给其家属;(3)有喊冤叫屈内容的,应迅速查明事实,依法处理,喊冤叫屈部分不转交其家属;(4)凡涉及案件线索、证言性质和有关方面的工作问题,应抄送有关机关,这一部分不交给其家属。在前述(2)、(3)、(4)项中,除所列情况外的遗书、遗言,仍抄给其家属,原件存件备查。

进行拍摄和采访的通知》的规定：

（1）死刑执行现场和处决后罪犯的照相、录像由法院组织拍摄，随案卷存档，其他政法机关一般不要到现场进行拍摄。检察院、公安机关因工作需要死刑执行现场照片和录像时，可商请法院提供。

（2）严禁新闻记者到刑场采访、拍摄、录像，特殊案件确因宣传需要，新闻机关要求提供照片和录像资料的，由法院酌情提供，用完收回。新闻稿须经省级法院审核。

（3）对刑场照片、底片、录像带等资料，法院要制定管理制度，严格控制，防止流入社会或流出境外、国外。对因违反制度造成不良后果的人员，要严肃处理。

执行死刑的另一问题就是，确认死刑犯死亡。在对死刑犯执行死刑之后，应当由法医对死刑犯的尸体进行检验，以确认死刑犯已经正法，结束死刑执行。

死刑的执行过程，应当由在场书记员制作笔录。死刑执行攸关生命，因此对死刑执行进行全程笔录就是一项极其严肃的工作。笔录应当记明执行死刑的具体情况，包括执行的时间、场所、方法、指挥与执行人员的姓名、临场监督的检察人员姓名、死刑执行的其他情况等。

（四）善后工作

执行死刑后，负责执行的人民法院应当办理以下事项：

（1）在执行死刑后15日内将执行情况，包括罪犯被执行死刑前后的照片，上报最高人民法院。

（2）对罪犯的遗书、遗言笔录，应当及时审查；涉及财产继承、债务清偿、家事嘱托等内容的，将遗书、遗言笔录交给家属，同时复制附卷备查；涉及案件线索等问题的，抄送有关机关。

（3）通知罪犯家属在限期内领取罪犯骨灰；没有火化条件或者因民族、宗教等原因不宜火化的，通知领取尸体；过期不领取的，由人民法院通知有关单位处理，并要求有关单位出具处理情况的说明；对罪犯骨灰或者尸体的处理情况，应当记录在案。

（4）对外国籍罪犯执行死刑后，通知外国驻华使、领馆的程序和时限，根据有关规定办理。

七、死刑立即执行的停止

死刑立即执行的停止，简称为"死刑停止执行"，是指在执行死刑的过程中由于出现和发现法定事由而停止死刑立即执行的制度。死刑停止执行，是防止误杀、最大限度限制死刑适用的一项制度。

(一) 死刑停止执行的条件

根据我国《刑事诉讼法》第251条之规定,停止执行死刑的条件包括:(1) 在执行前发现判决可能有错误的;(2) 在执行前罪犯揭发重大犯罪事实或者有其他重大立功表现,可能需要改判的;(3) 罪犯正在怀孕。

最高人民法院《关于适用〈中华人民共和国刑事诉讼法〉的解释》将以上三个条件继续细化为以下六种情形:(1) 罪犯可能有其他犯罪的;(2) 共同犯罪的其他犯罪嫌疑人到案,可能影响罪犯量刑的;(3) 共同犯罪的其他罪犯被暂停或者停止执行死刑,可能影响罪犯量刑的;(4) 罪犯揭发重大犯罪事实或者有其他重大立功表现,可能需要改判的;(5) 罪犯怀孕的;(6) 判决、裁定可能有影响定罪量刑的其他错误的。

(二) 死刑停止执行的程序

根据死刑停止情形是由第一审人民法院还是最高人民法院发现,死刑停止执行的程序有一定的差别:

如果是第一审人民法院在接到执行死刑命令后、执行前,发现有前述六种情形之一的,应当暂停执行,并立即将请求停止执行死刑的报告和相关材料层报最高人民法院。最高人民法院经审查,认为可能影响罪犯定罪量刑的,应当裁定停止执行死刑;认为不影响的,应当决定继续执行死刑。

如果是最高人民法院在执行死刑命令签发后、执行前,发现有前述六种情形之一的,应当立即裁定停止执行死刑,并将有关材料移交下级人民法院。

(三) 死刑停止执行后的处理

死刑停止执行后,相关的案件将按照以下步骤进行处理:

1. 下级人民法院的调查

下级人民法院接到最高人民法院停止执行死刑的裁定后,应当会同有关部门调查核实停止执行死刑的事由,并及时将调查结果和意见层报最高人民法院审核。

2. 最高人民法院的审查

对下级人民法院报送的停止执行死刑的调查结果和意见,由最高人民法院原作出核准死刑判决、裁定的合议庭负责审查,必要时,另行组成合议庭进行审查。

3. 最高人民法院对案件进行处理

最高人民法院对停止执行死刑的案件,根据最高人民法院《关于适用〈中华人民共和国刑事诉讼法〉的解释》第422条之规定,应当按照下列情形分别处理:

(1) 确认罪犯怀孕的,应当改判;

(2) 确认罪犯有其他犯罪,依法应当追诉的,应当裁定不予核准死刑,撤销原判，发回重新审判；

（3）确认原判决、裁定有错误或者罪犯有重大立功表现，需要改判的，应当裁定不予核准死刑，撤销原判，发回重新审判；

（4）确认原判决、裁定没有错误，罪犯没有重大立功表现，或者重大立功表现不影响原判决、裁定执行的，应当裁定继续执行死刑，并由院长重新签发执行死刑的命令。

第三节　生命刑的缓期二年执行

一、死刑缓期二年执行的概念

死刑缓期二年执行，简称为"死缓"，是指监狱根据人民法院的判决或者裁定，将被判处死刑缓期二年执行的罪犯予以收监、进行改造，根据罪犯两年内的表现予以不同处理的一种死刑执行制度。死缓并不是一种独立的刑种，而是死刑的一种特别执行方式，其有以下特征：

第一，死缓执行的主体是监狱。根据我国《刑事诉讼法》第253条之规定，对于判处死刑缓期二年执行的罪犯，由公安机关依法将该罪犯送交监狱执行刑罚；执行机关应当将罪犯及时收押，并且通知罪犯家属。作为死刑的一种特殊执行方式，监狱对死缓犯实行教育改造，并对其两年内的狱内表现进行考察，这实际上与执行徒刑并无二致。

第二，死缓执行的对象是应当判处死刑，但不是必须立即执行的罪犯。根据我国《刑法》第48条之规定，死刑只适用于罪行极其严重的犯罪分子。因此，所谓应当判处死刑是指罪犯的客观罪行极其严重，达到了判处死刑的标准；而不是必须立即执行是指罪犯存在从轻情节、主观恶性不深、认罪态度良好、民愤不大、积极对被害人进行赔偿并取得谅解等因素，从而与死刑立即执行相区别开来。

第三，死缓执行的结果存在多种可能性。即死缓作为过渡性刑罚执行方式，当二年考察期届满，根据罪犯的不同表现，人民法院会有不同裁量结果。根据我国《刑法》第50条：判处死刑缓期执行的，在死刑缓期执行期间，如果没有故意犯罪，2年期满以后，减为无期徒刑；如果确有重大立功表现，2年期满以后，减为25年有期徒刑；如果故意犯罪，查证属实的，由最高人民法院核准，执行死刑。

二、死刑缓期二年执行的由来与存废之争

（一）死缓的由来

死缓作为一种特殊的死刑执行方式，一般认为发端于我国20世纪50年代，是由以毛泽东为代表的中国共产党人在镇压反革命的实践中，对罪犯进行区别

对待、慎用死刑立即执行的一种独创性制度设计。死刑缓期执行最早出现在1951年第一次镇压反革命高潮之中,根据反革命犯罪的不同情况以及组织大规模劳动改造工作的需要,中共中央指示对严重损害国家和人民利益但尚未达到极其严重的程度,罪该判处死刑但又不是必须立即执行的反革命分子,采取区别对待的政策,可以对他们采取判处死刑,缓期二年执行,强迫劳动、以观后效的方法。自1952年起,死缓的对象不再限于反革命犯,开始适用于贪污犯。① 及至1979年制定《刑法》之时,在总结司法实践的基础上,死缓作为正式的死刑执行制度得以确定。1997年《刑法》修订之时,立法机关又进一步完善了死缓制度,包括取消对未成年人适用死缓、明确死缓适用条件、核准程序以及死缓考验期的计算与期满后的处理等。

(二) 死缓的存废之争

关于死缓的存废问题,我国刑法学界早在20世纪50年代就发生过激烈的论战。死缓废除论者认为:(1) 从制度的背景上看,由于惩办与宽大的刑事政策出台,适用死缓的政治形势发生了变化,过去适用死缓的反革命分子,都变为了无期徒刑或者长期徒刑的对象,因此死缓无存在的必要;(2) 从人道主义上看,死缓给犯罪分子附加了过多的精神压力,这是不人道的;(3) 从刑罚适用上看,刑罚应当与罪行相适应,并且稳定,死缓虽然在死刑范畴内,但是又介于死或不死的范围内,使得罪刑难以稳定均衡;(4) 从刑罚效果上看,对于判处死缓的人,有的经过2年改造减为有期徒刑,实际上比无期徒刑要轻缓,导致了重罪轻罚的现象。与废除论针锋相对,死缓保留论者则认为:(1) 政治形势的变化不影响制度的存废;(2) 死缓的独特性,使得其无法被无期徒刑或长期徒刑所取代;(3) 被判处死缓之后又犯罪而被执行死刑的罪犯很少,由此可见死缓的矫正效果;(4) 死缓制度本身就体现了宽大的政策精神,体现了人道主义;(5) 死缓在执行过程中可能存在问题,但如果严格适用并限制减刑,死缓不会轻于无期徒刑,故不能因噎废食。② 从死刑立法的实践上看,死缓保留论实际上是主流的观点。

本书认为,在中国死刑罪名偏多、死刑判决较多的司法国情之下,死缓制度有其特殊的价值:(1) 从我国死刑传统上看,通过在死刑和生刑之间设置某种过渡期来严格控制死刑的适用,是古来有之的思路和实践,从古代的斩监候、绞监候到现代的死刑缓期执行,体现的就是这样一种死刑理念;(2) 由于我国徒刑的总和刑期最高只有25年,死刑与徒刑之间并未呈现出阶梯式的衔接关系,出现

---

① 参见张希坡:《中华人民共和国刑法史》,中国人民公安大学1998年版,第362页。
② 参见高铭暄主编:《新中国刑法学研究综述(1949—1985)》,河南人民出版社1989年版,第423页以下。

了所谓的"生刑太轻、死刑太重"的批评,而死缓恰好可以作为一生一死的缓冲和过渡,实现刑罚配置的合理化;(3)从刑法目的上看,死缓体现了矫正的理念,消弭了刑法过重的报应意味,有利于发挥刑罚的个别化机能。事实上,包括日本及我国台湾地区在内的许多学者,对中国的死缓制度青睐有加。例如野村稔教授认为如果日本意欲控制死刑,那么除了慎重判处死刑外,借鉴死缓制度将是合理的选择。① 蔡墩铭、甘添贵教授认为死缓符合刑罚的本质与目的、可以减少误判的后遗症、发挥人道主义精神,为可以考虑采行之办法。②

三、死刑缓期二年执行的程序

(一)死缓执行的前提与开始

死缓执行的前提实际上是指死缓判决、裁决必须被核准生效,即只有死缓的判决与裁决经过最高人民法院或者高级人民法院依法核准之后,死缓的执行程序才得以启动。根据我国《监狱法》第15条之规定,在死缓判决核准生效之后,人民法院应当将判决书或裁定书、执行通知书一并送达负责羁押死缓犯的公安机关,通常情况下是羁押死缓犯的看守所。

(二)死缓犯的移交

死缓犯的移交是指公安机关根据已生效的死缓判决,将死缓犯从看守所移交至监狱,使其服刑的司法程序。根据我国《监狱法》第15条、第16条之规定,公安机关应当自收到执行通知书、判决书之日起1个月内将该罪犯送交监狱执行刑罚。罪犯被交付执行刑罚时,交付执行的人民法院应当将人民检察院的起诉书副本、人民法院的判决书、执行通知书、结案登记表同时送达监狱。最高人民法院《关于适用〈中华人民共和国刑事诉讼法〉的解释》第429条规定:"被判处死刑缓期执行、无期徒刑、有期徒刑、拘役的罪犯,交付执行时在押的,第一审人民法院应当在判决、裁定生效后10日内,将判决书、裁定书、起诉书副本、自诉状复印件、执行通知书、结案登记表送达看守所,由公安机关将罪犯交付执行。"

(三)死缓犯的收监

死缓犯的收监是指监狱在依法核对相关法律文件后,将死缓犯置于监狱,并使其服刑的司法程序。根据我国《监狱法》的规定,相关法律文件包括生效的死缓判决书或裁定书、执行通知书、起诉书副本、结案登记表等。监狱没有收到上述文件的,不得收监;上述文件不齐全或者记载有误的,作出生效判决的人民法院应当及时补充齐全或者作出更正;对其中可能导致错误收监的,不予收监。

---

① 参见〔日〕野村稔:《刑法总论》,全理其、何力译,法律出版社2001年版,第114页。
② 参见蔡墩铭:《我国死刑问题之研讨》,载台湾《刑事法杂志》1989年第6期;甘添贵:《大陆死缓制度研究》,载《大陆法制研究》,台湾"司法院"1993年版。

监狱将死缓犯收监后,应对死缓犯身体进行入监检查,女性死缓犯应由女性狱警进行检查。入监检查完毕后,办理入监手续。同时,根据我国《监狱法》第20条之规定,罪犯收监后,监狱应当在死缓犯人收监之日起5日内,向罪犯家属发出通知书。

此外,死缓执行还包括死缓犯的狱内改造与监管,该部分与有期徒刑与无期徒刑的执行并无二致,本节不再赘述。

四、死缓期满后的变更程序

"死缓"是一项具有临时性质的执行制度。两年期满后,罪犯所受刑罚的性质或者执行方式将有所改变。而关于两年期的起算点,根据最高人民法院《关于适用〈中华人民共和国刑事诉讼法〉的解释》,死刑缓期执行的期间从判决或者裁定核准死刑缓期二年执行的法律文书宣告或送达之日起计算。

当两年期满后,如前所述,根据我国《刑法》第50条之规定,对死缓犯人,可能有三种处理结果:判处死刑缓期执行的,在死刑缓期执行期间,如果没有故意犯罪,两年期满以后,减为无期徒刑;如果确有重大立功表现,两年期满以后,减为25年有期徒刑;如果故意犯罪,查证属实的,由最高人民法院核准,执行死刑。

(一)死缓变更死刑立即执行

死缓变更死刑立即执行,即被判处死刑缓期二年执行的罪犯,因其在两年考验期内故意犯罪,而由最高人民法院核准执行死刑的制度。

"死刑缓期二年执行"变更为"死刑立即执行"的条件是罪犯在两年考验期内有故意犯罪。如果死缓犯并不是在考验期内而是在考验期满后尚未减刑之时犯罪,不能变更为死刑立即执行,只能在将死缓依法变更为徒刑后,与新实施的故意犯罪实行并罚。如果死缓犯所犯之罪不是故意犯罪而是过失犯罪,也不能启动该程序。另外,从死缓制度的价值出发,应当对"故意犯罪"的所犯之罪进行限缩解释,即死缓犯只有在实施了抗拒改造的故意犯罪时,才能启动该程序,而如果只是实施了与抗拒改造无关的故意犯罪,则不应当变更为死刑立即执行。

有争议的问题是,罪犯两年考验期内故意犯罪,是立刻启动死缓的变更程序,还是需要两年期满后才启动变更程序,刑法并没有明文规定。对此,理论上存在争议,实务上的做法也并不一致。有的观点认为,只要故意犯罪查证属实,就可随时执行死刑。有的观点主张,无论故意犯罪多么严重,只能等两年期满后再执行死刑。[①] 由于死缓的宗旨是给犯罪人以自新之路,将故意犯罪的情形也解释为两年期满后方可执行,并不只是让犯人多活几天,而是具有减少执行死刑

---

① 高铭暄、赵秉志主编:《刑罚总论比较研究》,北京大学出版社2008年版,第235页。

的可能。这涉及先故意犯罪后有重大立功表现的应如何处理的问题。① 我们认为,这样的理解是符合死缓立法目的的,但存在一种例外。当死缓犯犯所再犯之罪属于应当判处死刑立即执行的犯罪时,不需要等到"两年期满",便可执行死刑。

至于死缓变更死刑立即执行的程序,依据最高人民法院《关于适用〈中华人民共和国刑事诉讼法〉的解释》第 415 条之规定,被判处死刑缓期执行的罪犯,在死刑缓期执行期间故意犯罪的,应当由罪犯服刑地的中级人民法院依法审判,所作的判决可以上诉、抗诉。认定构成故意犯罪的判决、裁定发生法律效力后,应当层报最高人民法院核准执行死刑。

(二)死缓变更徒刑

死缓变更徒刑,即被判处死刑缓期二年执行的罪犯,因其在两年考验期内没有故意犯罪,而由人民法院依法减为无期徒刑或者有期徒刑的制度。具体而言,被判处死刑缓期执行的罪犯在死刑缓期执行期间,如果没有故意犯罪,两年期满以后,减为无期徒刑;如果确有重大立功表现,两年期满以后,减为 25 年有期徒刑。

至于死缓变更徒刑的程序,根据我国《监狱法》第 31 条之规定,判处死刑缓期二年执行的罪犯,在死刑缓期执行期间,符合法律规定的减为无期徒刑、有期徒刑条件的,两年期满时,所在监狱应当及时提出减刑建议,报经省、自治区、直辖市监狱管理机关审核后,提请高级人民法院裁定。死刑缓期执行期满减为无期徒刑、有期徒刑的,刑期自死刑缓期执行期满之日起计算。

---

① 张明楷:《刑法学》(第四版),法律出版社 2010 年版,第 480 页;高铭暄、赵秉志主编:《刑罚总论比较研究》,北京大学出版社 2008 年版,第 235 页。

第十八章 拘役刑的执行

第一节 拘役刑概说

一、拘役刑的概念

我国刑法并没有明确拘役的概念,较之于无期徒刑与有期徒刑而言,拘役属于短期自由刑,即在短期内对罪犯以剥夺其人身自由为执行内容的刑罚。"拘"乃"拘留、拘束、限制"之谓①,"役"为"需要出劳力的事"之意②,结合而言,拘役系指短期剥夺人身自由并使其服劳役,这与我国理论通常所说的"拘役是剥夺犯罪分子的短期自由,就近实行强制劳动改造的刑罚"③是一致的。然而由于拘役的短期性特性,系统性地对罪犯进行劳动改造或者劳役不具有现实性。此外,根据《监狱法》的规定,劳动改造仅仅是改造罪犯的一种方式,以劳动改造来定义拘役是不妥当的。

根据我国《刑法》第43条与第69条的规定,拘役的期限为1个月以上6个月以下,数罪并罚时不超过1年。因此,我国的拘役刑是短期剥夺犯罪人的人身自由的刑罚方法,是主刑的一种。

与无期徒刑、有期徒刑相比,拘役在适用的对象、执行的期限、执行的方式与地点等方面均有不同:

首先,拘役的对象属于罪行轻微、主观恶性不大,但是需要短期关押的罪犯。从我国刑法分则来看,共有316个条文中出现了拘役,其中95%的过失犯均配备了拘役刑。由此可见,拘役所适用的对象往往是过失犯、较为轻微的故意犯。对于此类罪犯予以剥夺短期自由,往往是因为其犯罪行为造成了一定的社会危害,并且不予关押会对社会有潜在的危险。因此,短期关押有利于其反思醒过,防止其再犯。

其次,拘役属于短期自由刑,在刑罚体系中承接着有期徒刑与管制,属于较轻的刑罚种类。从执行期限上看,有期徒刑与拘役是以六个月为分野的;而尽管管制的期限为3个月到2年,但由于管制只是限制自由的刑罚,并未完全剥夺人

---

① 中国社会科学院语言研究所词典编辑室编:《现代汉语词典》(第5版),商务印书馆2005年版,第735页。

② 同上书,第1615页。

③ 樊凤林、周其华、陈兴良主编:《中国新刑法理论研究》,人民出版社1997年版,第255页。

身自由,因此,拘役的惩罚要重于管制。同时,与有期徒刑、管制相比,拘役的期限仅为1个月到6个月,可适用的幅度小。

最后,拘役的执行有别于有期徒刑的执行,尽管二者均为剥夺罪犯自由的刑罚。根据我国《刑法》第43条的规定,被判处拘役的犯罪分子,由公安机关就近执行。在执行期间,被判处拘役的犯罪分子每月可以回家一天至两天;参加劳动的,可以酌量发给报酬。由此可见,公安机关是拘役刑的执行机关。而就近执行,则主要考虑了两方面问题:其一,为有利监管以及便于罪犯回家,应在罪犯的工作地、居住地执行刑罚;其二,由于各地经济条件的差异,无法一律送交拘役所执行,因此,没有拘役所的,可以就近放在看守所内执行。考虑到长期以来,各地拘役所设置不规范,缺乏执法和管理依据,并且基础设施条件差、安全系数低,不利于拘役刑罚执行工作的开展和进行。同时,由于被判处拘役刑罪犯的数量相对较少,单独设置拘役所难以形成关押规模,不符合刑罚执行经济性原则。因此,根据2005年公安部出台的《关于撤销拘役所有关工作的通知》,撤销拘役所,将其整体编入看守所。所以,就近执行,实际上是在就近的看守所内执行。

二、拘役刑的起源、发展及趋势

从国家建立、刑罚逐渐制度化的历史来看,中国早期刑罚体系主要是由生命刑和身体刑组成的,对人的自由的禁锢仅仅出于查明犯罪事实、防止再犯或逃跑的考量。待中国古代刑罚体系相对成熟以后,徒刑的刑期也通常在1年以上[①],即不存在与拘役相对应的刑罚,历代的律例典章中均未见拘役刑(短期自由刑)的踪影。

现代意义上的拘役刑的出现,始于20世纪初的清末修律。由修律大臣沈家本主持的,日本刑法学家冈田朝太郎为顾问的刑律修订,主要参考了日本刑法典,将封建五刑的"笞、杖、徒、流、死"改为"死刑、徒刑、拘役、罚金"这四种主刑。沈家本在奏疏中解释了拘役所针对的对象与所替代的刑种,"专科轻微之犯,以当旧律笞杖"。[②]《钦定大清刑律》的刑种变革为后来的北洋政府与国民政府继受,成为了正式的法定刑罚种类。

新中国成立以后,由于存在(短期)徒刑以及劳役等刑罚措施[③],因此,拘役作为制度性的刑罚暂时消失了。及至1957年,拘役作为刑罚种类出现在我国《国境卫生检疫条例》之中。直到1979年制定《刑法》时,拘役正式制度化,成为

---

① 如隋文帝所颁布的《开皇律》规定徒刑有五,分别为一年、一年半、二年、二年半、三年。
② 故宫博物院明清档案部汇编:《清末筹备立宪档案史料》,中华书局1979年版,第845页。
③ 例如,1952年《中华人民共和国惩治贪污条例》第3条规定,个人贪污数额,不满1000万元者,判处1年以下的徒刑、劳役或者管制。

了主刑。此后单行刑法与司法解释开始广泛运用拘役,到 1997 年《刑法》修订之时,大多数的犯罪均配备了拘役作为法定刑。

在拘役制度化的历史上,对其存在的价值,始终存在巨大争议,由此则分野出拘役的存废论之争。持拘役废除论的观点认为:(1) 拘役的适用率极低,这与其主刑的地位极其不符;(2) 刑期太短不利于教育改造功能的实现;(3) 拘役刑执行条件恶劣,不仅不能使人改善,还易于犯人间互相学习、交叉传染;(4) 作为轻微的刑罚种类,其适用往往对犯罪人复归社会产生不利影响。① 相反,持拘役存留论的观点则是:(1) 拘役适用率低往往是审判人员对其价值认识不清所致;(2) 刑期太短、交叉感染、负面标签等缺陷,并非拘役独有,包括中短期的徒刑在内都存在这些缺陷;(3) 尽管自由刑一体化是世界刑法改革的趋势,但是就其结果来看,是不断实现自由刑的开放化或半开放化,反观拘役,正好符合了这一潮流。②

本书认为,拘役的存废之争,其实不是在一个层面上展开的争论,即存留论的立场实际上是肯定短期自由刑的价值,而废除论则主要是围绕拘役实际执行的问题而展开批判,其本身并非否定短期自由刑。因此,与其说是存废之争,毋宁说是如何更好地执行拘役刑之争。因此,如何提升罪犯矫正效果、防止交叉感染、实现罪犯顺利复归社会等问题,才是拘役未来变革的方向。我们认为,拘役代表着自由刑的轻缓化趋势,也符合刑法罪刑均衡原则。因此,不能简单废除,而应结合罚金刑、易科劳役、宣告缓刑等措施来实现罪犯处遇的社会化,以减少拘役所带来的弊端。

第二节 拘役刑的执行

一、拘役刑交付执行

对于判处拘役的罪犯,在判决、裁定生效后,由交付执行的人民法院将判决书、裁定书、人民检察院的起诉书副本、自诉状复印件、执行通知书、结案登记表及时送达公安机关。公安机关在收到以上司法文件后,应当及时将罪犯送交看守所执行。看守所在接收被判处拘役刑罪犯时,应当核对人民法院将判决书、裁定书、人民检察院的起诉书副本、自诉状复印件、执行通知书、结案登记表,核实无误方可接收。如果上述法定文书不齐全或者有记载有误,应当通知人民法院

---

① 参见马克昌主编:《中国刑事政策学》,武汉大学出版社 1992 年版,第 147—148 页;赵秉志:《中国刑法修改若干问题研究》,载《法学研究》1996 年第 5 期。

② 参见陈兴良主编:《刑种适用总论》(下卷),法律出版社 1999 年版,第 200 页;樊凤林主编:《刑罚通论》,中国政法大学出版社 1994 年版,第 197 页。

及时补全文书或者补正内容。如果存在错误执行的可能时,看守所应当拒绝接收。

对于判处拘役符合暂予监外执行条件的罪犯应当依法决定暂予监外执行。在交付执行前,暂予监外执行由交付执行的人民法院决定;在交付执行后,暂予监外执行由看守所提出书面意见,报设区的市一级以上公安机关批准。

拘役刑的执行方法,大致与有期徒刑的执行方法相同,均包括监禁、教育、劳动等改造措施,因此不再赘述。所不同者,拘役属于半开放式处遇,即依据罪犯在服刑中的表现,可以获得每月一天到两天的回家探亲机会。需要注意的是,由于拘役所撤销、并入看守所,所以在看押罪犯时应当注意分押分管,防止已决犯与未决犯的交叉感染或者通风报信。同时,这也有利于集中化地对已决犯进行教育和劳动改造。

二、拘役刑执行中的具体问题

在拘役刑的执行之中,通常会出现以下几种问题:

(1) 案件已经上诉,但是一审被判处拘役刑的被告人实际被羁押的时间已经与一审宣告刑期相等时,如何处理?我们认为,为避免超期羁押,人民法院可视情形对被告人变更强制措施,将逮捕变更为监视居住或取保候审。

(2) 如何适用"被判处拘役的犯罪分子每月回家一天至两天"?根据公安部于2001年的《关于对被判处拘役的罪犯在执行期间回家问题的批复》:首先,应当根据其在服刑期间表现以及准许其回家是否会影响剩余刑期的继续执行等情况综合考虑,由负责执行的看守所提出建议,报其所属的县级以上公安机关决定。被判处拘役的外国籍罪犯提出回家申请的,由地市级以上公安机关决定,并由决定机关将有关情况报上级公安机关备案。对于准许回家的,应当发给回家证明,告知其应当按时返回监管场所和不按时返回将要承担的法律责任,并将准许回家的决定送同级人民检察院。被判处拘役的罪犯在决定机关辖区内有固定住处的,可允许其回固定住处,没有固定住处的,可在决定机关为其指定的居所每月与其家人团聚一天至两天。看守所根据被判处拘役的罪犯在服刑及回家期间表现,认为不宜继续准许其回家的,应当提出建议,报原决定机关决定。对于被判处拘役的罪犯在回家期间逃跑的,应当按照我国《刑法》第316条的规定以脱逃罪追究其刑事责任。另外,早先的理论和实践均认为,由于回家路途遥远,可以累积使用假期,在途时间计算在假期之中。但是,依据2008年公安部《看守所留所执行刑罚罪犯管理办法》第57条的规定,罪犯回家时间不能集中使用,不得将刑期末期作为回家时间,变相提前释放罪犯。实际上是修改了累积或集中使用假期的做法。

(3) 有期徒刑、管制刑与拘役的并罚问题。实践中有被判处拘役缓刑的罪犯又犯有期徒刑之罪的或者被发现有漏罪的,有管制犯在管制期间又犯拘役之罪的,由于有期徒刑、管制刑与拘役并非同种类刑罚,不能合并执行。从防范罪犯脱逃监管、有效进行教育改造等方面考虑,应以刑罚轻重为标准,优先执行较重的刑罚。

(4)拘役刑的缓刑。根据我国《刑法》第72条的规定,对于被判处拘役、3年以下有期徒刑的犯罪分子,根据犯罪分子的犯罪情节和悔罪表现,适用缓刑确实不致再危害社会的,可以宣告缓刑。拘役的缓刑考验期为原判刑期以上1年以下,但是不能少于2个月。

(5)拘役刑的减刑。尽管我国《刑法》第78条规定了拘役可以适用减刑,但是根据最高人民法院2012年出台《关于办理减刑、假释案件具体应用法律若干问题的规定》第13条之规定,对于判处拘役或者3年以下有期徒刑、宣告缓刑的犯罪分子,一般不适用减刑。如果在缓刑考验期间有重大立功表现的,予以减刑,同时缩短缓刑考验期限。但是存在实际执行的期限限制,实际执行的刑期不能少于原判刑期的1/2,且拘役的缓刑考验期不得少于2个月。

(6)拘役行执行完毕。对于被判处拘役刑的罪犯,如果在服刑期间未犯新罪,也未发现漏罪的,刑期届满,看守所应当发放"刑满释放证明书"。

第十九章 财产刑的执行

第一节 财产刑概说

一、财产刑的概念、特点及其适用

(一) 财产刑的概念及特点

顾名思义,财产刑是指以剥夺罪犯财产作为惩罚的刑罚方法。根据我国《刑法》第52条及第59条的规定,我国法定的财产刑种类包括罚金与没收财产两种,其中罚金刑是指由人民法院判决,并由其负责执行的,强制罪犯向国家缴纳一定数额金钱的刑罚方法。而没收财产则既可针对罪犯个人合法财产的一部分(部分没收),也可针对个人全部合法财产(全部没收),二者均属于附加刑。

财产刑是与生命刑、自由刑、资格刑相并列的一个刑种,具有自身的特点,主要包括以下四个方面:

(1) 财产刑针对的是罪犯的财产,这是显著区别于其他刑种的。财产刑的立法原意是通过剥夺罪犯的一部或者全部财产的方式,实现对罪犯的惩罚,并使其迁善改过。

(2) 财产刑属于轻刑,与剥夺人的生命权与自由权相比,剥夺人的财产是刑罚轻缓化的表现。事实上,随着刑罚轻缓理念的普及,财产刑为更多的国家加以立法确认,并广泛地适用于轻微犯罪以及过失犯罪之中,是短期自由刑的替代处遇措施。

(3) 财产刑的执行主体是人民法院,具体而言是第一审人民法院。这主要是出于判决执行便捷的考虑:原审人民法院往往是财产所在地法院,也更加熟悉犯罪人个人财产状况。

(4) 财产刑所执行的罚金或财产应当全部上缴国库,因此,财产刑不同于我国《刑法》第36条所规定的赔偿经济损失,因为前者是刑罚的一个种类,支付的对象是国家;而后者本质上则是一种民事赔偿的强制手段,支付的对象是被害人及其家属。

(二) 财产刑的适用

尽管罚金刑与没收财产均属于财产刑,但由于二者在立法上的表述与具体规定不尽相同,因此,有必要对二者加以分别说明:

从我国刑法分则对罚金刑的规定来看,罚金刑既可以单独适用,也可以与其他刑罚种类结合适用。从罚金刑适用的对象上看，可以适用罚金刑的罪名多数为过失犯罪、贪利性犯罪以及轻微人身犯罪。罚金刑在刑罚体系中地位的升高，本身是与现代社会过失犯罪的激增分不开的。从罚金的适用方法上看，存在单科罚金、选科罚金、并科罚金这三种形式，其中罪犯的客观罪行越重、主观恶性越大，适用选科或者并科的可能性就越大，反之亦然。从罚金数额的规定来看，主要有无限额罚金制、限额罚金制、比例罚金制与日额罚金制这四种，其中，我国刑法仅规定了无限额罚金制、限额罚金制与比例罚金制这三种。

较之于罚金刑，没收财产刑要严厉得多，从没收的对象上看，没收的财产既包括罪犯的一部分财产，也包括罪犯的全部财产。从我国刑法分则对没收财产的规定来看，没收财产常常与死刑、无期徒刑合并适用，并不存在单独适用的空间。同时，没收财产适用的罪行也往往较为严重，通常是经济犯罪、财产犯罪或者国事犯罪等。另外，在没收财产的具体适用上，根据司法机关是否具有自由裁量权，可以分为选并（选择附加没收财产的处罚）和必并（必须附加没收财产的处罚）两种方式。

需要注意的是，根据我国《刑法》第 60 条及 2010 年最高人民法院《关于财产刑执行问题的若干规定》的第 6 条，被判处罚金或者没收财产，又同时承担刑事附带民事诉讼赔偿责任的被执行人，应当先履行对被害人的民事赔偿责任。判处财产刑之前被执行人所负正当债务，应当偿还的，经债权人请求，先行予以偿还。这其实是确立了财产刑适用中的"先民后刑"的原则，这是对被害人及民事权利人利益的优先保护，体现了国家权自我约束，彰显不与民争利的理念。

二、财产刑的起源、发展及趋势

根据学者考证，罚金刑系由希腊古代赔偿金制度或日耳曼民族之赎罪金制度演变而来，即国家往往对犯罪人科以强制赔偿义务，令其对被害人支付若干赔偿金。① 同时，我国《尚书·舜典》也有"金作赎刑"一说。② 由此可见，罚金刑的历史是非常久远的。从成文立法来看，公元前 18 世纪的《汉谟拉比法典》以及古罗马的《十二铜表法》均有罚金刑的规定。我国《唐律》的名例篇则有"诸应议、请、减，及九品以上之官，若官品得减者之祖父母、父母、妻、子孙，犯流罪以下，听赎"的一般性规定。尽管自古中外立法上便有罚金刑的相应规定，但应当指出，较之于生命刑、肉刑等，罚金刑不仅适用的罪行有限，通常只针对违反诉讼程序的行为，而且往往对被适用者设置了身份限制，如《唐律》中听赎的对象仅仅是官吏及其亲属。

---

① 参见张甘妹：《刑事政策》，台湾三民书局 1979 年版，第 337 页。
② 曾宪义主编：《中国法制史》，北京大学出版社、高等教育出版社 2000 年版，第 50 页。

至于没收财产的产生,学界通常认为晚于罚金刑,这与社会物质财富的增长是密不可分。据英国著名法学家布莱克斯通的考证,是否没收财产是重罪与轻罪的主要区别,甚至于英文中的重罪(felony)一词在词源上便包括了没收财产的意义。① 我国古代早在战国时期的《魏律》中,就有了没收犯罪人家产的藉刑之规定。此后的《汉律》《北齐律》《梁律》均有没官之刑的规定。及至《唐律》,没官之刑是指将谋反、大逆正犯的所有财产予以没收,之后历代基本沿袭。由于没收财产通常依附于重大犯罪,所以有"从刑之最重者"的说法。②

财产刑在刑法之中真正确立自己的地位,始于1810年《法国刑法典》。该法典对罚金刑作了系统规定,标志着罚金刑进入了成熟时期。③ 罚金刑开始作为主要刑种,广泛适用于各类犯罪之中,财产刑大有取代自由刑成为刑罚最重要刑种的趋势。这种刑种重要性的变迁,与以下几个方面不无关系:其一,社会存在的变化使得社会意识加以变迁。从自然经济之下的传统社会向商品经济的近代社会转变后,财产的作用日益增加,剥夺财产给罪犯带来的严厉程度有时不亚于剥夺自由。其二,随着科学技术的发展,交通肇事、环境污染等过失犯罪日益严重,罚金刑的适用既可以实现惩罚的目的,也可以为消除恶害提供资金保障。其三,经济的日益发达,市场的愈发繁荣,使经济犯罪与法人犯罪不断的滋生,生命刑、自由刑等传统刑种对于这类犯罪显然鞭长莫及。其四,由于具有轻缓性的特点,在刑罚轻缓化与扩大非监禁性的思潮之下,财产刑的日趋重要也就成为了大势所趋。

第二节 罚金刑的执行

一、罚金刑执行的依据

罚金刑执行的依据是指已经生效的附有罚金刑的法院判决书或裁定书。根据2010年6月1日起施行的最高人民法院《关于财产刑执行问题的若干规定》(本章内简称《若干规定》)第2条之规定,"第一审人民法院应当在本院作出的刑事判决、裁定生效后,或者收到上级人民法院生效的刑事判决、裁定后,对有关财产刑执行的法律文书立案执行。"由此可见,罚金刑执行的前提条件是生效判决,罚金刑的执行始于人民法院对执行罚金判决的立案。

---

① 参见邱兴隆、许章润:《刑罚学》,群众出版社1988年版,第236页。
② 参见陈兴良主编:《刑法适用总论》(下卷),法律出版社1999年版,第212页。
③ 参见陈兴良主编:《刑种通论》,中国人民大学出版社2007年版,第302页。

二、罚金刑执行的主体

罚金刑执行的主体是人民法院,根据《若干规定》的第1条,财产刑由第一审人民法院负责裁判执行的机构执行。如果被执行的财产在异地的,第一审人民法院可以委托财产所在地的同级人民法院代为执行。

三、罚金刑执行的时间

根据我国《刑法》第53条之规定,罚金刑执行的时间是指人民法院在判决中指定要求罪犯缴纳罚金的期限。同时,根据2000年最高人民法院《关于适用财产刑若干问题的规定》第5条之规定,所谓的"判决指定期限"应为从判决发生法律效力第2日起最长不超过3个月。也就是说,如果在规定的期限内罪犯自觉缴纳罚金的,人民法院无需强制执行;但如果罪犯逾期未缴纳或者未足额缴纳罚金的,根据我国《刑事诉讼法》第260条,人民法院应当对其进行强制缴纳。

四、罚金刑执行的方式

依据我国《刑法》第53条的规定,罚金刑执行有四种法定执行方式:其一,一次性缴纳,即在判决指定的期间内要求罪犯一次性将法院所判处的罚金全额缴纳的方式。这主要适用于经济条件较好,一次性缴纳不至于影响罪犯及其共同生活人基本生活的罪犯。其二,分期缴纳,即在判决指定的期间内要求罪犯分次将罚金缴纳的方式。这适用于经济条件较差,无能力一次性缴纳的罪犯。其三,强制缴纳,即罪犯在判决指定的期间内未缴纳或未足额缴纳罚金,期满后人民法院使用强制手段予以追缴的方式。这主要适用于有能力缴纳而拒不缴纳的罪犯,法院主要通过冻结罪犯银行存款、查封扣押不动产、拍卖罪犯财产来实现罚金的追缴。其四,随时追缴,即对于在指定期间内不能缴纳全部罚金的罪犯,人民法院只要发现其存在可供执行的财产,就可以立刻予以追缴。

五、罚金数额的减免

依据我国《刑法》第53条的规定,罚金数额的减免是指人民法院在判处罪犯罚金刑之后,由于其遭遇不能抗拒的灾祸而导致足额缴纳确有困难时,按照一定的法定程序予以减少或者免除罚金的刑罚减免措施。我国《刑法》之所以规定这一措施,是因为罚金不仅仅是为了增加国家财政收入,更重要的是通过罚金的经济功能惩罚犯罪人,防止其再犯。[①] 因此,当罪犯因为天灾人祸而无法缴纳罚金时,国家对其罚金数额进行减免,不会与罚金刑的主旨相冲突,相反更能够

---

① 参见侯国云主编:《刑罚执行问题研究》,中国人民公安大学出版社2005年版,第230—231页。

感化教育罪犯、使其自省,这也是完全符合刑罚人道主义原则的。

最高人民法院《关于适用财产刑若干问题的规定》第6条对罚金数额减免的事由作了较为详细的规定:所谓"由于遭遇不能抗拒的灾祸缴纳确实有困难的"情形,主要包括因遭受火灾、水灾、地震等灾祸而丧失财产;罪犯因重病、伤残而丧失劳动能力,或者需要罪犯抚养的近亲属患有重病,需要支付巨额医药费等,确实没有财产可供执行的情形。同时该条对罚金数额减少或者免除的程序作了规定:当具有可以减免罚金数额的事由时,应由罪犯本人、亲属或者犯罪单位向负责执行的人民法院提出书面申请,并提供相应的证明文件。人民法院审查以后,根据实际情况,裁定减少或者免除应当缴纳的罚金数额。另外,根据《若干规定》第11条,人民法院应当在收到申请后1个月内依法作出裁定或者驳回罚金减免申请。

从司法解释的立场来看,人民法院在裁定减免罚金数额的时候,应当重点审查以下内容:其一,是否发生或者存在罪犯不能抗拒的灾祸。这一点关系到财产刑对罪犯的惩罚与教育功能能否落实的问题,如果灾祸是罪犯故意或者放纵引起对的,那么即使存在确实无法缴纳的困境,也不可以减免罚金数额。其二,要查清罪犯是否因为不能抗拒的灾祸而陷入无力缴纳罚金的困境。如果罪犯依然有缴纳罚金的能力,人民法院应当执行罚金刑,而不能擅自减免罚金数额。

六、罚金刑执行的中止与终结

罚金刑的中止是指人民法院在执行罚金刑的过程中,发现有阻碍执行或者可能导致错误执行的情形时,依法裁定中止罚金刑的执行。根据《若干规定》第8条,通常中止罚金刑执行的情形包括:其一,执行标的物系人民法院或者仲裁机构正在审理的案件争议标的物,需等待该案件审理完毕确定权属;其二,案外人对执行标的物提出异议确有理由;其三,其他应当中止执行的情形。罚金刑中止的效果不是终局性的,当有碍执行的情形消失后,人民法院应当继续执行罚金刑。

罚金刑的终结是指人民法院在执行罚金刑的过程中,发现有不应当继续执行罚金刑的情形,依法裁定终结罚金刑的执行。根据《若干规定》第9条,通常终结罚金刑执行的情形包括:(1)据以执行的刑事判决、裁定被撤销的;(2)被执行人死亡或者被执行死刑,且无财产可供执行的;(3)被判处罚金的单位终止,且无财产可供执行;(4)依照《刑法》第53条规定免除罚金的;(5)其他应当终结执行的情形。罚金刑终结的效果是终局性的,但是如果人民法院发现被执行人有藏匿、转移财产的情形的,应当追缴。

第三节 没收财产刑的执行

没收（confiscation, forfeiture），指的是强制性地将与犯罪有关的财物无偿地收归国有的，以区别于监禁刑的非监禁刑罚方法。从各国来看，没收的范围很广泛，既包括没收与犯罪活动实施有关的物品，又包括没收赃物，同时也包括没收犯罪分子个人合法的财产。在我国，《刑法》第 64 条对犯罪物品与犯罪所得的处理进行了单独规定，属于没收的一种类型，但并不属于作为刑罚类型的没收财产。而没收财产则由《刑法》第 59 条作为刑罚种类进行了规定，"没收财产是没收犯罪分子个人所有财产的一部或者全部。没收全部财产的，应当对犯罪分子个人及其抚养的家属保留必需的生活费用"。因此，没收财产是指人民法院通过判决，将犯罪分子所有财产的部分或全部强制无偿地收归国有的刑罚方法。没收财产的执行包括没收财产的执行主体、执行时间、没收财产的范围、没收财产的处置等程序。

一、没收财产的执行主体与执行时间

根据 2000 年最高人民法院《关于适用财产刑若干问题的规定》第 1 条之规定，与罚金刑一致，没收财产的执行主体为第一审人民法院；当被执行的财产在异地的，第一审法院可以委托财产所在地的同级人民法院代为执行。

根据 2000 年最高人民法院《关于适用财产刑若干问题的规定》第 3 条第 2 款之规定，与罚金刑不同，没收财产的执行，人民法院应当立即执行。也就是说，人民法院无需等待罪犯自觉缴纳，即可直接强制执行没收财产刑。

二、没收财产的执行范围

根据我国《刑法》第 59 条的规定，没收财产的范围应当仅限于犯罪分子个人所有财产的一部或者全部。在司法实践中，应当注意以下三个方面的问题：

（1）没收财产与没收犯罪物品及赃物的区别。

从性质上说，没收财产属于刑罚种类，而没收犯罪物品及赃物则是一种行政处置行为。从执行的主体上看，没收财产刑的执行主体只能是人民法院，而没收犯罪物品及赃物可以由任何具有执法权的机关进行处置。从没收的客体上说，没收财物严格限制为犯罪人个人合法财产，而犯罪物品及赃物则既不合法，又不受犯罪分子个人所有这一限制。

（2）没收财产需要坚持罪责自负及人道主义原则。

罪责自负是现代刑法的基石之一，我国关于没收财产的规定就严格遵循这一精神，严格限制被没收财产的范围，不得没收属于犯罪分子家属所有或者应有

的财产。同时，尽管根据犯罪人的罪行，应当依法判处没收个人财产，但是，出于人道主义的考量，应当为犯罪分子及其所抚养的家属保留生活所必需的财产。这既满足了犯罪人及其抚养的家属的基本生活需要，又有利于感化和教育改造犯罪人。

（3）没收财产与偿还债务及民事赔偿责任的不同。

根据我国《刑法》第60条，"没收财产以前犯罪分子所负的正当债务，需要以没收的财产偿还的，经债权人请求，应当偿还"。同时，根据2010年最高人民法院《关于财产刑执行问题的若干规定》第6条，"被判处罚金或者没收财产，同时又承担刑事附带民事诉讼赔偿责任的被执行人，应当先履行对被害人的民事赔偿责任"。由此可见，在没收财产的执行中，应当坚持合法债务及民事赔偿的履行优先的理念。

需要注意的是，所谓"正当债务"，依据2000年最高人民法院《关于适用财产刑若干问题的规定》第7条，是指犯罪分子在判决生效前所负他人的合法债务。同时，对于应当优先偿还的正当债务，经合法债权人申请，人民法院可以先行予以偿还。

三、没收财产的执行处置

没收财产的处置包括对犯罪人财产的短暂处置与终局处置。其中短暂处置是指人民法院在诉讼过程中对所涉财产进行的保全措施，而终局处置是指对所没收的犯罪人个人财产的最终处分。

根据2000年最高人民法院《关于适用财产刑若干问题的规定》第9条，人民法院认为依法应当判处被告人财产刑的，可以在案件审理过程中，决定扣押或者冻结被告人的财产。同时，根据2010年最高人民法院《关于财产刑执行问题的若干规定》第4条，人民法院应当依法对被执行人的财产状况进行调查，发现有可供执行的财产，需要查封、扣押、冻结的，应当及时采取查封、扣押、冻结等强制执行措施。这些对财产的处置措施便是暂时性的、诉讼保全性的，是没收财产刑得以顺利执行的保证。

没收财产的终局处置主要涉及的是所没收财物归于何处的问题。从各国立法例来看，一般都明文规定所没收财物应当收归国库，我国自然也不例外。根据2010年最高人民法院《关于财产刑执行问题的若干规定》第7条，执行的财产应当全部上缴国库。委托执行的，受托人民法院应当将执行情况连同上缴国库凭据送达委托人民法院；不能执行到位的，应当及时告知委托人民法院。

四、没收财产的具体执行程序

根据2010年最高人民法院《关于财产刑执行问题的若干规定》第3条第2

款,对没收财产的执行,人民法院应当立即执行。人民法院在作出没收财产的判决以后,应当制作执行通知书,连同判决书副本,一并移送执行庭执行。在必要的时候,可以会同公安机关一同执行。执行完毕后,执行庭应当制作执行终结通知书,详细记录执行对象、执行日期、执行过程以及执行结果等执行情况,并由被执行人签字确认,并将文书存档备案。

第二十章 资格刑的执行

第一节 资格刑概说

一、资格刑的定义与特征

（一）资格刑的定义

资格刑，顾名思义，是以剥夺罪犯某类资格为内容的刑罚。而所谓资格，是指从事某种活动所应具备的条件、身份等；或者是指由从事某种工作或活动的时间长短所形成的身份。① 与自由刑等称谓一样，资格刑并不是一个具体的刑种名称，而是学理上的一个概念。有所不同的则是，资格刑在其形成演化的历史上，其称谓可谓五花八门，包括名誉刑、权利刑、能力刑、褫夺公权等等。"近代刑法中出现的名誉刑，亦称能力刑，或称褫夺公权。实际上三者是同义词，只是由于侧重方面的含义不同而有不同的文字表述。如称名誉刑，就是把剥夺犯罪者的荣誉称号、学位称号以及其他奖章、奖状的内容加以明确化或显得突出一些。如称能力刑，就是把政治权利的被剥夺突出起来。"②考虑到资格刑的称谓已经广为学界认可③，同时较之于"名誉""能力"等，"资格"更为抽象，内涵更为丰富，本书采资格刑这一概念。

关于资格刑的定义，学界聚讼不已、莫衷一是。有的认为资格刑"是剥夺犯罪者享有公权能力的刑罚"④，也有的认为"资格刑乃国家剥夺犯人担任公务员或为公职候选人资格以及享有公法上之权利的法律效果"⑤，多数则认为"资格刑是剥夺犯罪人行使某些权利之资格的刑罚"⑥。的确，剥夺公权能力或者政治权利是各国资格刑所共通的，同时也是资格刑的主要组成部分。然而，如果只将资格刑概念界定为公权的丧失，会导致资格刑内涵的不当缩小，诸如剥夺从事一定职业的权利、剥夺荣誉称号或者民事亲权等民事权利，将无法被涵盖。因此，本书认为，资格刑就是指以剥夺犯罪人从事某类活动资格为内容的刑罚总称。

---

① 中国社会科学院语言研究所词典编辑室编：《现代汉语词典》（第5版），商务印书馆2005年版，第1801页。
② 甘雨霈、何鹏：《外国刑法学》（上册），北京大学1984年版，第516页。
③ 陈兴良：《刑法适用总论》，法律出版社1999年版。
④ 韩忠谟：《刑法原理》，北京大学出版社2009年版，第381页。
⑤ 林山田：《刑法学》，台湾商务印书馆1983年版，第307页。
⑥ 高铭暄主编：《刑法学原理》（第三卷），中国人民大学出版社1994年版，第107页。

根据我国《刑法》第 34 条、第 35 条之规定,我国的资格刑包括作为附加刑的剥夺政治权利以及针对外国人的驱逐出境这两类刑罚。

(二) 资格刑的特征

(1) 惩罚轻微性。总体而言,较之于生命刑、自由刑而言,资格刑属于较为轻缓的刑罚种类,属于轻刑的范畴。我国刑法的规定也正好说明这一点:其一,剥夺政治权利是作为附加刑的形式而存在的,而驱逐出境则仅仅是针对非本国公民而适用的;其二,从剥夺的内容上看,政治权利包括选举权和被选举权、言论、出版、集会、结社、游行、示威自由的权利、担任国家机关职务的权利、担任国有公司、企业、事业单位和人民团体领导职务的权利,这些相较于剥夺生命以及长期监禁,无疑是轻微的。

(2) 时限有期性。与自由刑相似,资格刑的轻重是可以通过期限的长短来表示该刑轻重程度的。根据我国《刑法》第 55 条、57 条的规定,对于被判处死刑、无期徒刑、管制以外的犯罪分子,剥夺政治权利的期限为 1 年以上 5 年以下。在管制刑中,被剥夺政治权利的期限与管制期限相等,同时执行。而在死刑或者无期徒刑中,政治权利则被终身剥夺,只有当死缓减为有期徒刑、无期徒刑减为有期徒刑的情形中,剥夺政治权利的期限才应当改为 3 年以上 10 年以下。

(3) 司法经济性。剥夺政治权利或者驱逐出境,不需要具体的执行场所,因而也就避免了大量司法资源的投入。其执行的环境是开放式的,监管的方式可以多样化,且不需要大量的人力物力参与期间。①

(三) 与相似措施的区别

(1)《外国人入境出境管理法》及其实施细则中所言及的驱逐出境和限期出境,与作为资格刑之一的驱逐出境有何区别?本书认为,前者和后者的主要区别在以下三个方面:其一,适用的对象不同,前者适用的是违反行政法规的外国人,而后者则是违反刑法的外国人;其二,决定处罚的主体不同,前者由主管出入境的公安机关决定,后者则是由人民法院决定;其三,程序与后果不同,前者适用行政程序,而后者则适用刑事诉讼程序,且会对该外国人产生报告义务。

(2) 是否法律法规涉及行为人资格丧失的均属于资格刑?我国《公务员法》《人民法院组织法》《检察官法》等都对相关人员的任职资格作了限制,曾因故意犯罪或者被剥夺政治权利的人,往往不得担任相关职务。尽管这些法律规定与资格刑在限制行为人资格方面有同一指向性,但是由于前者所剥夺的并非刑法所明文规定之内容,且未经法院通过刑事诉讼程序而宣告,所以均不属于资格刑。

---

① 比如建立一个面向公众的全国资格刑罪犯信息档案库或者网上查询系统,以便监管机关、出版机关、用人机关等监督、查询被剥夺政治权利罪犯的执行情况。

(3) 禁止令是否属于资格刑？禁止令是我国《刑法修正案（八）》所新增设的规定，根据 2011 年最高人民法院、最高人民检察院、公安部、司法部《关于对判处管制、宣告缓刑的犯罪分子适用禁止令有关问题的规定（试行）》第 3 条、第 4 条、第 5 条的规定，法院可以对被判处管制或者宣告缓刑的犯罪分子，宣告禁止令——禁止其从事某些活动、进出某些场所或者接触某些人员。禁止令确实剥夺行为人从事某些行为的权利，使得行为人丧失某些资格，但是，这与作为刑罚种类的剥夺政治权利以及驱逐出境是不一样的。如前所述，禁止令目前在我国并非一种刑罚，而属于一种类似于保安处分的措施，因此禁止令与资格刑在性质上是有明显区别的。

二、资格刑的功能与价值

资格刑的功能是指立法机关创制、适用以及执行该类刑罚所可能产生的积极的效果，而资格刑的价值则取决于其功能及其效果。一般而言，刑罚功能往往是由个别预防功能与一般预防功能所共同组成的。其中，个别预防功能是指向犯罪人的，包括剥夺和限制其再犯能力、个别威慑、个别鉴别、感化、改造等作用。而一般预防功能则是针对犯罪人之外的所有人的，包括对犯罪被害人的安抚、对潜在犯罪人的威慑以及对一般人的教育等功能。[①]

因此，作为刑罚种类之一的资格刑同样应该具有这些刑罚的一般性功能。不过，需要注意的是，不同的刑罚类型，其所侧重的功能是不一样的。我们认为，资格刑的功能侧重的是个别预防功能，尤其侧重在剥夺或限制再犯能力、个别鉴别与感化之上。这是因为较之于其他刑罚类型，资格刑所施加的处罚往往是比较轻微的，且通常以附加适用的形式存在，所以这对于一般预防而言，几乎是没有威慑效果的。正如李斯特所言，"名誉刑一方面意味着对被判刑人的羞辱，另一方面也标志着犯罪人的法定权利的减少"，资格刑更倾向于对轻微犯罪人的特殊预防。[②]

剥夺或限制再犯能力是资格刑的应有之义，即在单独适用资格刑时，往往通过对其政治权利的剥夺或者将其驱逐出国境，就可以防止其再犯。个别鉴别及感化功能则是强调通过附加资格刑，可以使得犯罪人明确其犯罪的严重性，进而实现了通过刑罚感化罪犯的目标。

需要注意的是，在学理上存在的资格刑的否定论者，其理由为：（1）存在可能的"刑罚过剩"问题，即犯罪人出狱后还要执行资格刑，这与出狱（改造良好）是矛盾且多余的；（2）资格刑会减损被执行人的生存能力以及自信心等，不利于

[①] 参见邱兴隆、许章润：《刑罚学》，中国政法大学出版社 1999 年版，第 66 页以下。
[②] 〔德〕李斯特：《德国刑法教科书》，徐久生译，法律出版社 2000 年版，第 440 页。

被执行人的再社会化;(3)缺乏相应的威慑力。对此,我们认为,其一,"刑罚过剩"问题确实是存在的,但这并非资格刑之过,而应是裁量之过。对不同程度的犯罪,考虑罪犯执行情况,宣告附加不同期限的资格刑,这是在法官合理的裁量权限内的。另外,释放出狱只是因为刑罚期限届满,而并非意味着成功改造,因此,对出狱者执行资格刑并不必然存在逻辑上的矛盾。其二,再社会化的问题,往往是传统刑罚措施共有的问题,毋宁说是刑罚共有的缺陷。是故,对资格刑而言,该批判缺乏针对性。其三,缺乏相应威慑力的问题。这涉及如何看待不同的刑罚类型之效果的问题,这种批判衍生的逻辑就是刑罚应当保持严厉化态势。在当下刑罚种类多样化、刑罚轻缓化的趋势下,可以认为这一批判是不成立的。

三、资格刑的适用

(一) 资格刑的定位

资格刑的定位是指其在一个国家或者地区的刑罚种类及其体系之中的地位。从刑罚种类上看,资格刑是与生命刑、自由刑等刑罚种类相并列的刑罚类型,这是各国或地区立法例共通的。但是,从其在刑罚体系中的地位来看,则存在诸多不同类型的立法例:有明确其为附加刑的,如意大利、荷兰以及我国澳门地区及台湾地区;有明确其既可以作为主刑,又可以作为附加刑的,如朝鲜等;也有明定其可为主刑、附加刑、从刑以及监禁和罚金替代刑的,如法国等。①

就我国而言,资格刑包括剥夺政治权利与驱逐出境两种措施。其中,剥夺政治权利在刑罚体系中的定位为附加刑。根据附加刑之定义,附加刑乃附加适用之刑,在我国既可附加适用,又可独立适用,因而反推主刑只能独立适用。② 所以,尽管驱逐出境并未明确规定在法定附加刑种类之中,但由于其既可以附加适用又可以独立适用,故无争议地属于附加刑的一种。

(二) 资格刑的适用方式

资格刑的适用方式是指为了实现刑罚的功能与目的,而合理运用刑罚的方法。根据不同的标准,资格刑的适用方式呈现多样性。从是否一揽子剥夺罪犯权利的标准来看,可以分为全部剥夺与选择剥夺。我国属于不区分罪犯个人情况,一揽子剥夺其全部政治权利的立法例。从是否必须适用资格刑的标准来看,可以分为强制剥夺与裁量剥夺。我国既有对特定罪犯必须附加剥夺政治权利的强制剥夺,又有由法官选择适用的裁量剥夺。从期限的长短来看,又可以分为终身剥夺与定期剥夺。我国对被判处死刑、无期徒刑的罪犯,必须宣告剥夺政治权利终身;而针对其他罪犯,则可以在1—5年的范围内,选择相应期限进行宣告。

---

① 参见高铭暄、赵秉志主编:《刑罚总论比较研究》,北京大学出版社2008年版,第360页以下。
② 参见陈兴良:《口授刑法学》,中国人民大学出版社2007年版,第411页。

第二节 剥夺政治权利的执行

一、剥夺政治权利的内容及其适用范围

根据我国《刑法》第 54 条之规定,剥夺政治权利具体指的是剥夺罪犯的:选举权和被选举权;言论、出版、集会、结社、游行、示威自由的权利;担任国家机关职务的权利;担任国有公司、企业、事业单位和人民团体领导职务的权利。

剥夺政治权利的适用分为附加适用和独立适用。就独立适用而言,剥夺政治权利主要在以下罪中被适用:其一,危害国家安全罪——分裂国家罪,煽动分裂国家罪,武装暴乱、叛乱罪,颠覆国家政权罪,资助危害国家安全犯罪活动罪,叛逃罪,为境外窃取、刺探、收买、非法提供国家秘密情报罪;其二,侵犯公民人身权利罪——非法拘禁罪,侮辱罪,诽谤罪,煽动民族仇恨、民族歧视罪,破坏选举罪;其三,妨害社会管理秩序罪——煽动暴力抗拒法律实施罪,招摇撞骗罪,伪造、变造、买卖国家机关公文、证件、印章罪,盗窃、抢夺、毁灭国家机关公文、证件、印章罪,伪造公司、企业、事业单位、人民团体印章罪,伪造、变造居民身份证罪,非法获取国家秘密罪,聚众扰乱社会秩序罪,聚众冲击国家机关罪,组织、领导、参加黑社会性质组织罪,包庇、纵容黑社会性质组织罪,非法集会、游行、示威罪,非法携带武器、管制刀具、爆炸物参加集会、游行、示威罪,破坏集会游行示威罪,侮辱国旗、国徽罪;其四,危害国防利益罪——聚众冲击军事禁区罪,聚众扰乱军事管理秩序罪,冒充军人招摇撞骗罪,伪造、变造、买卖武装部队公文、证件、印章罪,盗窃、抢夺武装部队公文、证件、印章罪。

从独立适用的罪名上看,主要是一些罪行较为轻微、尚不需要施以主刑的犯罪,多为妨害社会管理秩序犯与轻微国事犯。从犯罪的性质上说,配备独立适用剥夺政治权利的犯罪,几乎全部为法定犯而非自然犯。这与资格刑的刑罚目的——剥夺其再犯能力是相关的,即针对罪行较为轻微的法定犯,剥夺其相应的政治权利,就可以实现"使之不为害"的刑罚目标。

二、剥夺政治权利的执行机关及其职责

根据我国《刑事诉讼法》第 259 条的规定,剥夺政治权利的执行机关是公安机关。另外,《刑法》第 58 条第 2 款规定:被剥夺政治权利的犯罪分子,在执行期间,应当遵守法律、行政法规和国务院公安部门有关监督管理的规定,服从监督;不得行使本法第 54 条规定的各项权利。由于公安机关的社会管理性质,以及实际监管能力,由其担任执行机关在我国目前阶段是妥当的。

就其职责而言,可以分为接收罪犯、执行刑罚以及执行完毕三个阶段。在接

收罪犯阶段,公安机关应当审查相关法律文书、手续是否合法、完备。接收机关应将罪犯列入重点人口进行监管,并依法限制其活动范围。在执行中,公安机关应该监督罪犯有无行使相关政治权利的违法行为。如果出现罪犯迁居、死亡等情形,应当通知原审判机关、检察机关以及监狱部门。执行完毕后,公安机关应当通知其本人及其所在单位、居住地基层组织。

三、剥夺政治权利的具体适用问题

(一)剥夺政治权利的附加适用

根据我国《刑法》第56条、第57条之规定,适用强制剥夺政治权利的情形包括三类:被判处死刑、无期徒刑的罪犯以及危害国家安全的罪犯。另外,对于故意杀人、强奸、放火、爆炸、投毒、抢劫等严重破坏社会秩序的犯罪分子,可以附加剥夺政治权利。

(二)剥夺政治权利的期限

根据我国《刑法》第55条和第57条,剥夺政治权利的刑期分为两种:终身剥夺与定期剥夺。其中,终身剥夺适用的情形是被判处死刑和无期徒刑的场合,当死缓犯减为有期徒刑,以及无期徒刑减为有期徒刑时,剥夺政治权利的期限应改为3年以上10年以下。在定期剥夺的场合,法官可以在1年以上5年以下裁量宣告。而在主刑为管制时,剥夺政治权利的期限与主刑期限相等,即3个月以上2年以下;数罪并罚时,剥夺政治权利的期限最高不超过3年。

(三)剥夺政治权利的刑期起算

剥夺政治权利的刑期起算,与其他刑罚的起算不同,原因在于其既可以单独适用又可以附加适用。单独适用的刑期起算,自然是从剥夺政治权利判决生效之日起计算。

附加适用剥夺政治权利的,起算较为复杂,可以分为以下三种情形:

(1)根据我国《刑法》第55条第2款,判处管制附加剥夺政治权利的,剥夺政治权利的期限与管制的期限相等,同时执行。即在这种情况下,剥夺政治权利的起算点为管制判决生效之日。

(2)根据我国《刑法》第58条第1款,附加剥夺政治权利的刑期,从徒刑、拘役执行完毕之日或者从假释之日起计算;剥夺政治权利的效力当然施用于主刑执行期间。在主刑为有期限的自由刑(即拘役与有期徒刑)时,剥夺政治权利的起算点为主刑执行完毕、赦免或者假释之日。

(3)结合我国《刑法》第57条和第58条的理解,在主刑为死刑或无期徒刑时,剥夺政治权利的起算点为主刑变更(死缓减为有期徒刑、无期徒刑减为有期徒刑)并执行完毕、赦免或者假释之日。

第三节 驱逐出境的执行

一、驱逐出境的内容与适用范围

驱逐出境是指对在我国犯罪的外国人实行强制离开我国境内的一种刑罚措施。我国《外国人入境出境管理法》第 14 条规定：依照中国法律在中国投资或者同中国的企业、事业单位进行经济、科学技术、文化合作以及其他需要在中国长期居留的外国人，经中国政府主管机关批准，可以获得长期居留或者永久居留资格。这样的资格是我国法律概括性赋予给所有经过合法途径、具备合法手续的外国人的。因此，驱逐出境实际上剥夺了外国人在中国居留或者停留的资格；对于中国公民则不能适用驱逐出境的刑罚。另外，我国刑法并没有规定驱逐出境的期限问题，即被驱逐的外国人在何时可以返回中国。参照 1992 年最高人民法院、最高人民检察院、公安部、外交部、司法部、财政部联合颁布的《关于强制外国人出境的执行办法的规定》（下文称《强制出境办法》）之规定：凡被驱逐出境的外国人，均须列入不准入境者名单执行。凡被列入不准入境者名单的外国人，执行的公安机关应当在执行前向其宣布不准入境年限。由此可见，驱逐出境也是存在执行期限的。

二、驱逐出境的具体执行

（一）驱逐出境的执行机关

根据《强制出境办法》的规定，执行和监视强制外国人出境的工作，由公安机关依据有关法律文书或者公文进行。对于被判处驱逐出境刑罚的外国人，其具体的执行机关为省级公安机关指定的公安机关。需要注意的是，《强制出境办法》中既包括作为刑罚的驱逐出境，也包括作为行政措施的强制出境，而后者的执行是由当地公安机关执行，这是不同于作为刑罚的驱逐出境的。

（二）罪犯的交付执行

罪犯的交付执行因驱逐出境是否独立适用而有所不同：对于单独适用驱逐出境的罪犯，人民法院应当自该判决生效之日起 15 日内，将对该犯的刑事判决书、执行通知书的副本交付所在地省级公安机关，由省级公安机关指定的公安机关执行。对于附加适用驱逐出境的罪犯，则必须首先执行主刑，并应在主刑刑期届满的 1 个月前，由原羁押监狱的主管部门将该犯的原判决书、执行通知书副本或者复印本送交所在地省级公安机关，由省级公安机关指定的公安机关执行。

（三）执行前的准备

根据《强制出境办法》的规定，被省级公安机关指定执行的公安机关，在执行前应当有以下准备：

（1）对被强制出境的外国人持有的准予在我国居留的证件，一律收缴。对护照上的签证应当缩短有效期，加盖不准延期章，或者予以注销。

（2）凡被驱逐出境的外国人，均须列入不准入境者名单。凡被列入不准入境者名单的外国人，执行的公安机关应当在执行前向其宣布不准入境年限。

（3）对被强制出境的外国人，执行机关必须查验其本人的有效护照或者其他替代护照的身份证件，以及过境国家或者地区的有效签证。不具备上述签证或者证件的，应事先同其本国驻华使、领馆联系，由使、领馆负责办理。在华有接待单位的，由接待单位同使、领馆联系。没有接待单位的，由公安部出入境管理局或者领馆所在地公安机关同使、领馆联系。在华无使、领馆或者使、领馆不予配合的，应层报外交部或公安部，通过外交途径解决。对与我毗邻国家的公民从边境口岸或者通道出境的，可以不办理对方的证件或者签证。

（4）被强制出境的外国人应当办妥离境的机票、车票、船票，费用由本人负担。本人负担不了的，也不属于按协议由我国有关单位提供旅费的，须由其本国使、领馆负责解决。使、领馆拒绝承担费用或者在华无使、领馆的，由我国政府承担。

（5）对已被决定强制出境的外国人，事由和日期是否需要通知其驻华使、领馆，可由当地外事部门请示外交部决定。

（6）对有可能引起外交交涉或者纷争的案件，主管机关应及时将有关案情和商定的对外表态的口径等通知当地外事部门。需对外报道的，须经公安部、外交部批准。

（四）驱逐出境的执行期限

负责具体执行的公安机关，应当按照交付机关确定的期限立即执行。如有特殊情况，需要延期执行的，报省、自治区、直辖市公安厅、局核准。

（五）驱逐出境的执行地点

（1）对被强制出境的外国人，其出境的口岸，应事先确定，就近安排。

（2）如果被强制出境的外国人前往与我国接壤的国家，也可以安排从边境口岸出境。

（3）执行机关应当事先与出境口岸公安机关和边防检查站联系，通报被强制出境人员的情况，抵达口岸时间、交通工具班次、出境乘用的航班号、车次、时间，以及其他与协助执行有关的事项。出境口岸公安机关和边防检查站应当协助安排有关出境事项。

（4）出境时间应当尽可能安排在抵达口岸的当天。无法在当天出境的，口岸所在地公安机关应当协助采取必要的监护措施。

第二十章　资格刑的执行

（六）驱逐出境的执行方式及注意事项

（1）被人民法院判决独立适用驱逐出境，由公安机关看守所武警和外事民警共同押送；对主刑执行期满后再驱逐出境的外国人由原羁押监狱的管教干警、看守武警和公安机关外事民警共同押送。对上述两类人员押送途中确有必要时，可以使用手铐。对其他被责令出境的外国人，需要押送的，由执行机关派外事民警押送；不需要押送的，可以在离境时派出外事民警，临场监督。

（2）执行人员的数量视具体情况而定，原则上应不少于2人。

（3）押送人员应提高警惕，保障安全，防止发生逃逸、行凶、自杀、自伤等事故。

（4）边防检查站凭对外国人强制出境的执行通知书、决定书或者裁决书以及被强制出境人的护照、证件安排放行。

（5）执行人员要监督被强制出境的外国人登上交通工具并离境后方可离开。从边境通道出境的，要监督其离开我国国境后方可离开。

（6）对被驱逐出境的外国人入出境交通工具等具体情况，应拍照，有条件的也可录像存查。

21 世纪法学系列教材书目

"21 世纪法学系列教材"是北京大学出版社继"面向 21 世纪课程教材"(即"大红皮"系列)之后,出版的又一精品法学系列教科书。本系列丛书以白色为封面底色,并冠以"未名·法律"的图标,因此也被称为"大白皮"系列教材。"大白皮"系列是法学全系列教材,目前有 15 个子系列。本系列教材延续"大红皮"图书的精良品质,皆由国内各大法学院优秀学者撰写,既有理论深度又贴合教学实践,是国内法学专业开展全系列课程教学的最佳选择。

- **法学基础理论系列**

英美法概论:法律文化与法律传统	彭 勃
法律方法论	陈金钊
法社会学	何珊君

- **法律史系列**

中国法制史		赵昆坡
中国法制史		朱苏人
中国法律思想史(第二版)	李贵连	李启成
外国法制史(第三版)		由 嵘
西方法律思想史(第二版)	徐爱国	李桂林
外国法制史		李秀清

- **民商法系列**

民法学	申卫星
民法总论(第三版)	刘凯湘
债法总论	刘凯湘
物权法论	郑云瑞
侵权责任法	李显冬
英美侵权行为法学	徐爱国
商法学——原理·图解·实例(第三版)	朱羿锟
商法学	郭 瑜
保险法(第三版)	陈 欣
保险法	樊启荣
海商法教程(第二版)	郭 瑜
票据法教程(第二版)	王小能
票据法学	吕来明

物权法原理与案例研究　　　　　　　　　王连合
破产法（待出）　　　　　　　　　　　　许德风

- **知识产权法系列**

    知识产权法学（第五版）　　　　　　　　吴汉东
    商标法　　　　　　　　　　　　　　　　杜　颖
    著作权法（待出）　　　　　　　　　　　刘春田
    专利法（待出）　　　　　　　　　　　　郭　禾
    电子商务法　　　　　　　　　李双元　王海浪

- **宪法行政法系列**

    宪法学（第三版）　　　甘超英　傅思明　魏定仁
    行政法学（第三版）　　　　　　罗豪才　湛中乐
    外国宪法（待出）　　　　　　　　　　　甘超英
    国家赔偿法学（第二版）　　　　房绍坤　毕可志

- **刑事法系列**

    中国刑法论（第五版）　杨春洗　杨敦先　郭自力
    现代刑法学（总论）　　　　　　　　　　王世洲
    外国刑法学概论　　　　　　　　李春雷　张鸿巍
    犯罪学（第三版）　　　　　　　康树华　张小虎
    犯罪预防理论与实务　　　　　　李春雷　靳高风
    监狱法学（第二版）　　　　　　　　　　杨殿升
    刑事执行法学　　　　　　　　　　　　　赵国玲
    刑法学各论（第二版）　　　　　　　　　刘艳红
    刑法学总论（第二版）　　　　　　　　　刘艳红
    刑事侦查学　　　　　　　　　　　　　　张玉镶
    刑事政策学　　　　　　　　　　　　　　李卫红
    国际刑事实体法原论　　　　　　　　　　王　新
    美国刑法（第四版）　　　　　　储槐植　江　溯

- **经济法系列**

    经济法学（第六版）　　　　　　杨紫烜　徐　杰
    经济法学原理（第四版）　　　　　　　　刘瑞复
    经济法概论（第七版）　　　　　　　　　刘隆亨
    企业法学通论　　　　　　　　　　　　　刘瑞复

商事组织法	董学立
金融法概论(第五版)	吴志攀
银行金融法学(第六版)	刘隆亨
证券法学(第三版)	朱锦清
金融监管学原理	丁邦开 周仲飞
会计法(第二版)	刘 燕
劳动法学(第二版)	贾俊玲
反垄断法	孟雁北
中国证券法精要:原理与案例	刘新民

● 财税法系列

财政法学	刘剑文
税法学(第四版)	刘剑文
国际税法学(第三版)	刘剑文
财税法专题研究(第二版)	刘剑文
财税法成案研究	刘剑文 等

● 国际法系列

国际法(第二版)	白桂梅
国际私法学(第二版)	李双元
国际贸易法	冯大同
国际贸易法	王贵国
国际贸易法	郭 瑜
国际贸易法原理	王 慧
国际投资法	王贵国
国际货币金融法(第二版)	王贵国
国际经济组织法教程(第二版)	饶戈平

● 诉讼法系列

民事诉讼法	汤维建
刑事诉讼法学(第五版)	王国枢
外国刑事诉讼法教程(新编本)	王以真 宋英辉
民事执行法学(第二版)	谭秋桂
仲裁法学(第二版)	蔡 虹
外国刑事诉讼法	宋英辉 孙长永 朴宗根
律师法学	马宏俊

公证法学　　　　　　　　　　　　　　　　　马宏俊

- **特色课系列**

　　　世界遗产法　　　　　　　　　　　　　　　　刘红婴
　　　医事法学　　　　　　　　　　　　古津贤　强美英
　　　法律语言学(第二版)　　　　　　　　　　　　刘红婴
　　　民族法学　　　　　　　　　　　　　　　　　熊文钊

- **双语系列**

　　　普通法系合同法与侵权法导论　　　　　　　　张新娟
　　　Learning Anglo-American Law: A Thematic
　　　　　Introduction(英美法导论)(第二版)　　　李国利

- **专业通选课系列**

　　　法律英语(第二版)　　　　　　　　　　　　　郭义贵
　　　法律文献检索(第二版)　　　　　　　　　　　于丽英
　　　英美法入门——法学资料与研究方法　　　　　杨　桢
　　　模拟审判:原理、剧本与技巧(第二版)
　　　　　　　　　　　　　　　廖永安　唐东楚　陈文曲

- **通选课系列**

　　　法学通识九讲　　　　　　　　　　　　　　　吕忠梅
　　　法学概论(第三版)　　　　　　　　　　　　　张云秀
　　　法律基础教程(第三版)(待出)　　　　　　　　夏利民
　　　经济法理论与实务(第三版)　　於向平　邱　艳　赵敏燕
　　　人权法学　　　　　　　　　　　　　　　　　白桂梅

- **原理与案例系列**

　　　国家赔偿法:原理与案例　　　　　　　　　　　沈　岿
　　　专利法:案例、学说和原理　　　　　　　　　　崔国斌

2014 年 1 月更新

教师反馈及教材、课件申请表

尊敬的老师：

您好！感谢您一直以来对北大出版社图书的关爱。北京大学出版社以"教材优先、学术为本"为宗旨，主要为广大高等院校师生服务。为了更有针对性地为广大教师服务，满足教师的教学需要、提升教学质量，在您确认将本书作为教学用书后，请您填好以下表格并经系主任签字盖章后寄回，我们将免费向您提供相关的教材、思考练习题答案及教学课件。在您教学过程中，若有任何建议也都可以和我们联系。

书号/书名	
所需要的教材及教学课件	
您的姓名	
系	
院校	
您所主授课程的名称	
每学期学生人数	学时
您目前采用的教材	书名_____ 作者_____ 出版社_____
您的联系地址	
联系电话	
E-mail	
您对北大出版社及本书的建议：	系主任签字 盖章

我们的联系方式：

北京大学出版社法律事业部

地　　址：北京市海淀区成府路 205 号　　联系人：李铎
电　　话：010-62752027　　　　　　　　　传　真：010-62556201
电子邮件：bjdxcbs1979@163.com
网　　址：http://www.pup.cn
北大出版社市场营销中心网站：www.pupbook.com